英国式占星術

Discover the real you

ジョナサン・ケイナー
竹内克明訳

説話社

日本の読者の皆さまへ

世界各地の文化を研究すると、各々が独自の宇宙観を擁していることが分かります。しかし、文化の違いを乗り越えて、似通った考え方が普遍的に共有されている部分が少なくありません。この本は、星がいかに私たちの人生に影響を及ぼしうるかという疑問について、西洋的な視点から解説したものです。その陰には5千年に及ぶ西洋占星術の歴史があります。

しかし、どの文化圏に生まれようが、そして現在どこに住んでいようが、宇宙の影響力は基本的に同じであると私たち占星術師は考えています。

豊かな精神性にあふれる伝統文化と、最先端技術が共存する日本は、長らく私の賞賛の的でした。このたび、拙著が日本語に翻訳され、日本の皆さまと新たな接点ができましたことを、心からうれしく、幸せに思っております。

この本で述べられている考え方というのは、私のものではありません。西洋占星術を実践する人々全員が共有する知識を、私なりの表現方法で記述したものです。ただ、長年にわたる私独自の研究調査の成果を、そこかしこに盛り込んではあります。

本書を読むことによって、あなたの心理構造や、気分や、願望を探り出し、実り多い人間関係と、もっと幸せな明日の構築に向けてお役立ていただければ、著者としてこれに勝る喜びはありません。

ジョナサン・ケイナー

英国式占星術

◆ 目 次 ◆

序章 **ジョナサン・ケイナーからの伝言** 11

日本の読者の皆さまへ 3

第1章 **太陽星座の秘密** 13

牡羊座
エネルギーにあふれ、いつも忙しくしていないと気が済まない 16

牡牛座
勤勉で分別があり、常に最上のものを求める傾向がある 22

CONTENTS

双子座
変わり身が早く、停滞した状況を何より嫌う　28

蟹　座
人生を安定させるために、驚くほどの不便に耐えられる　34

獅子座
情が深く、気配りも行き届いている　40

乙女座
自分の才能を乱用することなく、常識をわきまえた性格の持ち主　46

天秤座
だれとでも打ち解けることができ、期待された役割を演じようと努める　52

蠍　座
人生を楽しまんがために、遊びでさえ仕事と同じく真剣になる　58

射手座
瞬間瞬間を生きるのが好きで、義務に従うことを嫌う　64

山羊座
責任感と威厳のある人として、周囲の信用を勝ち得る　70

水瓶座
心は感情を支配すべきであって、支配されるべきではないと思っている　76

魚　座
物質的繁栄よりも、心のぬくもりにより価値を置いている　82

第2章 月星座のマジック　89

月が牡羊座にある場合　94
月が牡牛座にある場合　98
月が双子座にある場合　102
月が蟹座にある場合　106
月が獅子座にある場合　110
月が乙女座にある場合　114
月が天秤座にある場合　118
月が蠍座にある場合　122
月が射手座にある場合　126
月が山羊座にある場合　130
月が水瓶座にある場合　134
月が魚座にある場合　138

CONTENTS

第3章 運命の輪
143

1、太陽と月が同じ星座内にあるあなたの人間関係 148
2、太陽と月が隣同士にあるあなたの人間関係 149
3、太陽と月の間に空白が1つあるあなたの人間関係 151
4、太陽と月の間に空白が2つあるあなたの人間関係 152
5、太陽と月の間に空白が3つあるあなたの人間関係 154
6、太陽と月の間に空白が4つあるあなたの人間関係 156
7、太陽と月の間に空白が5つあるあなたの人間関係 157

第4章 愛の星、金星
159

金星が牡羊座にある場合 164
金星が牡牛座にある場合 168
金星が双子座にある場合 172

金星が蟹座にある場合 176
金星が獅子座にある場合 180
金星が乙女座にある場合 184
金星が天秤座にある場合 188
金星が蠍座にある場合 192
金星が射手座にある場合 196
金星が山羊座にある場合 200
金星が水瓶座にある場合 204
金星が魚座にある場合 208

第5章 完ぺき！ 相性診断 213

テスト1 似た者同士 216
テスト2 あなたがひそかに望むものは？ 220

テスト3
あなたのパートナーが本当に欲しているものとは？ 224

テスト4
お互いをどう思っているか？（パート1） 224

テスト5
お互いをどう思っているか？（パート2） 229

テスト6
あなたはパートナーのことを誇りに思っていますか？ 230

テスト7
お互いを誇りに思っていますか？ 235

テスト8
2人は宇宙のハーモニーを奏でているか？ 236

テスト9
あなたはどんな恋人を求めているのか？ 242

テスト10
あなたのパートナーはどんな恋人を求めているか？ 246

テスト11
ケンカか、甘いささやきか？（パート1） 246

CONTENTS

テスト12
ケンカか、甘いささやきか？（パート2） 249

テスト13
性的相性（パート1） 249

テスト14
性的相性（パート2） 253

巻末付録

惑星運行表 255

太陽の運行表 256
月の運行表 262
金星の運行表 327
火星の運行表 334
「運命の輪」シート 339

あとがき 340

編集協力／孝坂 薫（エスネット）
レイアウト／戸川 玲
イラスト／山下洋子
　　　　　石坂 香
惑星運行表作成／小曽根秋男

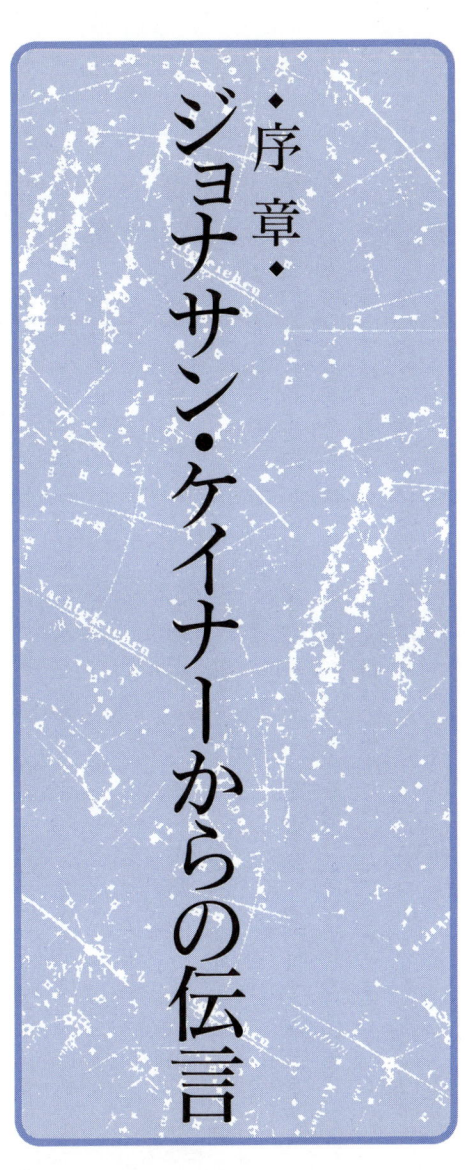

序章・ジョナサン・ケイナーからの伝言

★——星占いに旅立つ前に

　ようこそ。この本は占星術という名の魅惑に満ちたジャングルを、安全かつ効率的に探検するのをお手伝いする目的で書かれました。

　あなたがこの本を読み終えるころには、ご自分の性格について、より深い知識を得ていることは疑いありません。自分の関心分野や得意分野は何か、どんな潜在能力を秘めているのか、そしてどうし

たら自分の夢を実現することができるか、といったことも分かってくるはずです。もちろん、自分の愛する人が宇宙からどんな影響を受けているか、調べてあげるのもいいでしょう。どうぞ何度も読み返して、この本を十二分に活用してください。

ただ一点ご注意ください。たとえ、このジャングルに以前あなたが足を踏み入れたことがあったとしても、1人でさまよい歩くのは危険だ、ということです。ライオンや虎が「間違った前提」とか「広く一般に受け入れられている偏見」とかいう衣をまとって潜んでいます。また、一見恐ろしい姿をしていても、その実はよく調教されていて、あなたの手から餌を食べるような獣もいます。この本の終わりにある表はその一例です。まさに鬱蒼としたジャングルのようで、見ただけでうんざりしてしまうかもしれませんが、実は、この表の使い方は簡単そのものなのです。どうぞガイドである私の先導に従って、1章ずつ探検していってください。

まずは、あなたの太陽星座を見てみましょう。「太陽星座」とは、雑誌や新聞を開けば真っ先にあなたの目がいくであろう、世間一般で知られている星座を指しています。次に月の星座に移り、この強力な星が暗示する、あなたの隠された一面を検証します。

そして次に――。まあ、これから先に何が待ちかまえているのか、全部お話するのはやめておきましょう。とにかく、私が安全だと言うまでは、勝手に歩き回って本書を飛ばし読みするのは控えてください。ただ、第1章に限っては、関心がないのでしたら自分の星座だけ読んで、あとは飛ばしていただいて結構です。読み終わったら89ページの第2章に移り、もうちょっと突っ込んであなたの内面を覗いてみましょう。

第1章 太陽星座の秘密

あなたの星座の解説を読む前に、次の2つの質問に答えてください

★ そもそも「太陽星座」とは何なのか、知っていますか？
★ あなたの太陽の星座が何か、100％確実に分かっていますか？

私たちは新聞や雑誌の占い欄に毎日のように目を通しています。しかし、かといって人々が占星術の本当の意味を理解しているかというと、それは疑問です。たとえば、各星座の下に書かれている日付というのはおおよそのものです。出版媒体によって日付が異なっているというのはよくあることで、星座の境目に生まれた人は困ってしまうのです。あるいは次のような文章を読んだことがあるかもしれません。

★「蠍座はセックス好き」
★「双子座は金もうけのためだったら親まで売りに出す」
★「獅子座は頻繁に鏡を見ないといられない」

一般に流布しているこのような情報というのは、実のところ神話、迷信、はたまたねつ造された思いつきにすぎません。本書を読み進むうちに、なぜそのようなとんでもない神話が生まれてきたのか、太陽星座がいったい何で、月星座とどう違うのか、といったことが分かってくるはずです。あなたの性格が自分の星座の性格描写とどうも合致しない、と感じているとしたら、その理由ものみこめるはずです。

それではページをめくって、ご自分の星座の説明を読んでください。もしもあなたの太陽星座がはっきりしない場合は、以下を読みましょう。

第1章　太陽星座の秘密

★ あなたは星座の境目にお生まれになりましたか？

自分の太陽星座がはっきりしている場合は以下を読む必要はありません。2つの星座の境目あたりに生まれた場合は、どうぞ引き続き読み進めてください。まずうれしい事実をお教えしましょう。どっちつかずの「境目」に生まれた人というのは存在しないのです。境目というのはあくまで人工的な概念にすぎず、太陽の星座は各人に1つだけです。「2つの星座をちょっとずつ共有」するようなことはありません。

各星座の始まりと終わりの日付というのは年によって前に行ったり、後ろに来たりして、少しずつずれています。ですから、はっきりしない場合は256ページの表で調べてください。面倒臭いとは思いますが、絶対に手間をかけるだけの価値はあります。表が難解でないことは私が保証します。

さて、これであなたの「太陽の星座」が確実

になりました。256ページへの小旅行で、これまであなたが信じてきたことが裏切られなかったとしたら、結構なことです。しかし、もしもあなたがアイデンティティーの危機に陥ってしまったとしたらどうしましょう？ これまで「X座」だと思い込んでいたのに「Y座」だということが判明してしまったら？

どうぞパニックに陥らないでください。まず自分の新しい星座の説明を読んでみてください。突然すべてが意味を成し始めたのではないでしょうか？ まだ満足いきませんか？ よろしい。「古い星座」に未練が残っているのには、別の理由があるかもしれません。それは実のところ、あなたの「月の星座」のせいかもしれませんし、はたまた「金星の星座」のせいかもしれません。答えを見つける方法はただ1つ、本書を読み進めることです！

太陽が牡羊座

牡羊座

3・21 ▼ 4・19

エネルギーにあふれ、いつも忙しくしていないと気が済まない

※太陽が各星座に入宮する日は、年によって異なります。各星座の境目に近い方は、256ページの「太陽の運行表」で、あなたの正確な太陽星座をチェックしてください。

性格

- 牡羊座の人は決して問題に圧倒されるようなことはありません。与えられた課題がどんなにうんざりするものでも、いつも熱意と勇気と忠誠心をもって臨みます。牡羊座の人々のハートは夏の太陽のように熱く、心は灯台のように輝いています。友達の災難を見て見ぬふりをすることはできませんし、不正は必ず暴きます。

- 牡羊座の人はもって回った言い方というのはしません。聞く人の心証には頓着せず、いつもはっきりと自分の意見を述べます。エネルギーにあふれ、衝動的な彼らは、すばやく結論を導き出すことができます。頭の回転が速く、短時間のうちに情報を処理できます。

- 牡羊座を理解したかったら、スポーツカーのフェラーリを所有している、と仮定してみればいいでしょう。この車というのは、限界に挑戦しない限り宝の持ち腐れです。たとえ街中でも猛スピードを出して疾走し、急ブレーキをかけ

第1章　太陽星座の秘密

太陽が牡羊座

て止まりたくなるでしょう。彼らが忍耐不足と評されるのはこれが原因です。ナッツの殻を割るのにハンマーを使う、と非難される理由もまたしかりです。でも長距離を急いで旅行しなければいけないとき、フェラーリは実に重宝します。つまり、重要な課題に取り組まなければいけないとき、牡羊座の右に出る者はなし、ということです！　プレッシャーの下に置かれれば類稀な能力を発揮することでしょう。山を動かしたかったら牡羊座に頼めばいいのです。

牡羊座はいつも忙しくしていないと気が済みません。友達はこのことを肝に銘じておいたほうがいいでしょう。彼らの落ち着きのないエネルギーは、自己破壊に結びつかないよう、建設的に昇華する必要があります。牡羊座の友達のためにパーティーを企画するのだったら、何かのイベントと結びつけることです。彼らに約束の時間を守らせたかったら、急ぎの理由を考えればいいでしょう。また、何かを完遂したいときには、彼らにイニシアチブを取らせたら、まず後悔はしないでしょう。

● ● ● ● ●
家

牡羊座の家は快適ながら、決して静まりかえることはありません。たとえ家の中に引っ込んでいるときでも、彼らは挑戦や刺激を求めるのです。

一歩家を出たら、妥協して上司の命令を受けるかもしれませんが、家の中でそういう従属的役割に甘んじるというのは許せないことです。イライラを発散し、支配的な地位を享受できるような空間があなたには必要です。重要なのはあなたの家がどこにあって、どんな外見をしているか、ということではありません。むしろだれと一緒に住んでいて、パートナーがどれだけあなたに敬意を払ってくれるかということです。

太陽が牡羊座

そんな条件さえ満たされれば、小屋に住もうが宮殿に住もうがたいして変わりはない、といったところでしょうか？

ファッション

牡羊座のファッションは彼らの行動と似たところがあります。すばやく身につける、ということです！　朝、彼らはいちばん手近にある服を選ぶのが普通です。ドレスアップするときは、一目瞭然の、視覚的効果の高いファッションを選びます。

何を身につけようが、キラリと光る自信とエレガンスを演出できるあなたです。でも装飾的なアクセサリー、宝石、洋服などにはあまり関心がないようです。すっきりしていて、シンプルで、大胆で、頑丈な素材の服があなたには似合います。大きな帽子をかぶったり、赤の洋服を着たりすることにためらいを感じる人が多い中、あなたの場合、どんなに真っ赤な色でもどんなに大きな帽子でも、無理なく着こなすことが可能です。効果が大きすぎる場合は、花柄のスカーフ、帽子、ベルトなどでイメージを和らげればいいでしょう。

食べ物

軍隊に食べ物はなくてはならないエネルギー源です。牡羊座についても同じことが言えます。軍隊も牡羊座もパワーの星、火星によって管理されています。空腹だったらあなたは能率的に行動できません！

牡羊座を管理する火星は辛くてスパイシーな食べ物と関係があります。つまり、理論的にカレー好きだということです。涙が出そうなほど辛い食べ物が好きで、メキシコ、タイ、インド

第1章　太陽星座の秘密

太陽が牡羊座

ネシア料理のレストランに喜んで足を運びます。では、あなたの舌が激辛食品に耐えられなかったらどうしましょう？　その場合、牡羊座の性格はたぶん朝食時に発揮されることでしょう。あなたはフィルターコーヒーよりインスタントを好みます。固ゆで卵より半熟卵を、しぼりたてのオレンジジュースよりパック入りのほうを好みます。なぜならあなたは余分な時間をかけて準備をするのに耐えられないからです。だれかが料理してくれない限り、調理時間は短ければ短いほどいいようです。

お金

●●●「金融機関は潜伏している軍隊より危険」「お金で買えるのは友達ではなく、一段上の敵である」

この2つの発言には200年のへだたりがあ
りますが、前者がアメリカの建国の父、トーマス・ジェファーソンの言葉で、後者がユーモア作家で環境運動家のスパイク・ミリガンの言葉だというのはちょっと意外かもしれません。両方とも鋭い洞察力に富み、強烈で、ややシニカルです。いずれも牡羊座のお金への態度を言い得て妙だと言えるでしょう。あなたはお金にはいっさい幻想を抱きません。お金持ちになる可能性については部分的に惹かれるものはあるにせよ、同時に心のどこかで警報ベルが鳴るようです。成果をあげることは可能です。でもそのためには目標に集中することが必要です。一生懸命に働き、同時に常に努力を傾けることで突破口を開かなければなりません。

これは想像するほど簡単なことではないかもしれません。

なぜならあなたには、急に思い立ってプランを変えたり、即興の決断をくだす傾向が認められるからです。

太陽が牡羊座

牡羊座の人はまた、無から有を創り出す仕事の満足感を味わいたいがために、安定収入を犠牲にして、新境地に臨む決心をすることが少なからずあります。それにより、経済的には貧乏になるかもしれませんが、精神的には豊かになります。どの程度まで犠牲にできるかは、通常の安定収入の欲求がどれだけ強いかによります。

適職は？

● 冒険家、外科医、脳外科医、皮膚科医、ダイヤモンドカット士、消防士、美容師、芸能プロデューサー、舞台監督、刃物研磨士、眼鏡関係、整体療法師、政治家、レーサー、広報関係、スポーツ関係

恋愛

● 牡羊座というのは伝統的に「新しい始まり」を象徴します。それであなた自身も、新鮮な出会いから得られる興奮をいつも求めているようなところがあります。特別な人とつき合い始めたときのときめきが大好きです。ですから注意していないと、恋愛中毒がもとでだれかと永遠の契りを結ぶことができなくなるかもしれません。それには成熟した人生観を育成することが大切です。

● 牡羊座の人は恋愛の話になると目が潤んでしまいますが、普通セックスで引っ込み思案になることはありません。行動的かつ情熱的です。押しが強いにもかかわらず、その実は救いようがないほどのロマンチストなのです。驚くほどソフトで優しく、センチになり得ます。

第1章　太陽星座の秘密

太陽が牡羊座

つまり、落ち着きのない性格を克服し、退屈の限界点を高めなければなりません。隣の芝生が青く見える傾向を矯正しなくてはなりません。

そのために確実な方法は、わざと緊張した恋愛関係を持続することです。

あなたはパートナーの動向を100％つかんでいないのをある程度まで好むようなところがあります。それにより、2人の長期的な関係に安住し、退屈してしまう恐れを回避できるからです。

その結果、相手があなたに忠誠を尽くしているのを承知のうえで、無意識のうちに彼（彼女）を忍耐の限界にまで追いつめてしまうような傾向が出てくるのです。ケンカの種を自ら作り、火花が飛び散ったら、驚いたふうを装うのです。

このため、あなたと同じくらいジャブを交わし合うのを好む人が理想的なパートナーと言えるかもしれません。愛する人が血気盛んで、ケンカや紛争を楽しむ類の人だったら、あなたは快い緊張感に満ちた関係に安住できるというわけです（ほとんどの人はそんな関係からはいち早くおさらばしたいところでしょうが）。

でもパートナーがそんな性格の持ち主でなかったら、あなたのほうが自らを調整する必要があります。もっと落ち着き、予想外の行動を慎み、波風の立たない関係を受け入れる度量を育てなければなりません。

そのために最上の方法は共通のチャレンジを見つけることです。共通の「敵」に手を取り合って立ち向かうことで、心の痛みがなく、かつ緊張の伴われた関係を楽しむことができるでしょう。

太陽が牡牛座

牡牛座
4·20 ▼ 5·20

勤勉で分別があり、常に最上のものを求める傾向がある

※太陽が各星座に入宮する日は、年によって異なります。各星座の境目に近い方は、256ページの「太陽の運行表」で、あなたの正確な太陽星座をチェックしてください。

●●●●● 性格

牡牛座の人は自然界と一体になれる、というすばらしい才能に恵まれています。自然の壮大な美と力を感動せずにはいられない彼らは、その美と力をできる限り自らの中に再現しようと試みるのです。牡牛座は忠誠心に富み、態度が一定していて、他者を新しい高みに引き上げる特別な能力を持っています。

牡牛座は忍耐強い。自分が何を欲しているのか分かっていて、それを手に入れるまでは決してあきらめません。能力の伴わない忍耐はもちろん無意味ですが、幸い彼らは勤勉で分別があります。たぶんあなたは派手に振る舞うよりも、能率的に行動するほうを好むと思います。でも、それは退屈だという意味ではもちろんありません。旺盛な食欲に恵まれた牡牛座は常に最上のものを求める傾向があります。食べ物に限らず、高品質のもの、洗練されたものが大好きです。「エレガントな変人」が牡牛座のトレードマークです。

第1章　太陽星座の秘密

太陽が牡牛座

物欲が強く官能的な牡牛座が、なぜ同時に創造性に富み、かつ精神も豊かであり得るのか、説明するのは容易ではありません。でもそれが牡牛座にとってはごく普通のことなのです。牡牛であることに欠点があるとすれば、気分の上下が激しい、ということでしょう。ゴールに向かっていない、と感じると牡牛座は憂鬱になってしまいます。ゆっくりと確実にどこかに向かっている、という感覚がいつも必要なのです。

牡牛座は、自分の所有物と一体化して安心感を得るようなところがあります。したがって牡牛座を喜ばせたかったら、趣味のコレクションに加えられるようなアイテムを贈ればいいでしょう。牡牛座はまた「経験」も集めます。ですから、周到にアレンジされたパーティーや外出、はたまた特別なぜいたくを楽しむチャンスを提供する、というのは理想的なプレゼントになるはずです。

●●●●
家

牡牛座はどんなに質素な家に住んでいても、そこを宮殿よりも美しく装飾することができます。単にぜいたくを好むだけではなく、自分の人生になくてはならないものと、とらえているようです。

あなたが家を選ぶ際問題になってくるのは「家族が快適に住める広さだろうか？」ということではなく、「私の持ち物を十分に収納できるだけの広さがあるだろうか？」ということです。あなたはとにかく物を集めるのが好きなので、大工さんがいくら棚を取り付けても、これで十分ということがありません。これは残念なことです。なぜなら、物の数を減らしさえしたら、もっと小さな家で事足りるだろうからです。ドアの周りにバラが生えている必要はありません。

なぜなら、あなたの園芸の才能を持ってすればバラを育てることなど朝飯前だろうからです。でも大きな庭と広々とした台所は必須でしょう。

―などでしょう。牡牛座は喉を管理しています。その結果、お気づきかどうか分かりませんが、あなたの首は人を感動させるだけの美しさを秘めているのです。ただ、人によっては体型を美しく見せるような洋服を選ぶ必要にも迫られるでしょう。

● ● ●
ファッション

完ぺきに装う術を心得た牡牛座ですが、普通大胆な色やスタイルは好みません。スマートで地味な色合いの、趣味のいい服を好む傾向があります。

特別なときに絹、ベルベットやレースを着る人がいます。この種の素材というのは着る人を繊細に優しく演出してくれます。しかしあなたがこの素材を身にまとうと、豊かで自信にあふれたイメージになるようです。特に深くてリッチな色合いの生地を選ぶとその傾向が高まります。あなたにとっての理想的なアクセサリーはネックレス、クラバット（ネクタイ）、チョーカ

● ● ●
食べ物

牡牛座は高品質の食べ物に惹かれる傾向があります。食べることが好きで、グルメ料理には目がありません。

グルメの星座、牡牛座のことを「ふくよかな」星座だと言う人もいますが、そういう不当な中傷はいただけません。あなたは確かに味覚を刺激するのが好きですが、普通ウエスト・ラインがおかしくなり始める前に自分を抑制することができます。お好みの食べ物はエキゾチックな

第1章　太陽星座の秘密

太陽が牡牛座

高級食材です。懐さえ許せば、アスパラガス、キャビア、ブルーベリー、マンゴーやウズラの卵に舌鼓を打ちます。可能だったら高級レストランで夜ごと食事をします。質屋の世話にならなければいけないような高級ワインは欠くべからざる食事の友です。デザートは？　もちろんチョコレートです。甘いものにはまったく目がないあなたのことですから。

お金

●●●●
起業家が成功するために必要な2つの特質がある。忠誠と熱意である。

この示唆に富んだ言葉は19世紀の代表的経済学者、ジョン・スチュアート・ミルが語ったものです。彼はあなたと同じ牡牛座でした。私がこの言葉を引用したのには2つの理由があります。1つには、牡牛座のぬけめのない経済観念を示したかったからです。そしてもう1つには、牡牛座が生まれつき有している、お金もうけの能力を上の2つの言葉に集約できると考えたからです。ミルが意識していたか否か定かではありませんが、「忠誠」と「熱意」という2つの言葉は、あなたの星座に共通する最も強力な特質を表していると言えます。

いったん納得したらあなたは石の上にも三年の気構えで頑張ります。意志の弱い人ならすぐにあきらめてしまうようなものにもあなたはおじけづきません。時にはそれで損する場合もありますが（突然自分の課題を捨てて、急に浮上してきたチャンスに対応する、ということができない）、長い目で見ればこれは失敗しようのない確実な戦略なのです。精鋭の集まるチームの一員となり、難しい課題を成功裡のうちに終了させるだけの力があなたには備わっています。富を築き、高い地位と安定を確保する能力に恵まれていると言えるでしょう。

しかしながら、この可能性を満たすためには、少なくとも一時的に独立や自由を求める精神を犠牲にする必要があるようです。

●●●適職は？

俳優、建築家、骨董商、芸術家、オークション関係、銀行員、金融業、大工、テキスタルデザイナー、家畜飼育、シェフ、お菓子屋、ダンサー、農業、庭師、宝石商、質屋、音楽家、看護婦、ピアニスト、彫刻家、歌手、耳鼻咽喉科医、会計士、ヴォイストレイナー、パン屋

●●●恋愛

牡牛座は支配欲が強い星座です。自分の所有物は大切にしますが、パートナーまで所有物の一つと見なすような傾向がなきにしもあらずです。

あなたの恋愛を成就させるのに最大の障害となっているものがあります。なんとそれは皮肉にもあなたが生まれつき持っている安定指向です。恋という名のマジックを死なせたくないために、ちょっとでも恋愛関係を脅かすような兆候が見られると、あなたはいきりたちます。その結果、トラブルを起こしやすいスポーツカーよりも、故障の少ない普通車を選ぶ傾向が出てくるわけです。

なぜこのような態度が、いけないのでしょうか？それは、この不確実な世界においては、状況、人、恋愛関係など、すべてがうつろう可能性を秘めているからです。牡牛座のあなたはほかの星座のだれよりも、統合しようとする本能が強いのです。保護したり、維持したり、集めたりするのが本能的に好きだとい

第1章　太陽星座の秘密

うことです。もしもあなたのパートナーが冒険や実験的な人生を好むようだったら、あなたは永遠に神経をすりへらすことになるでしょう。それでいて、パートナーが同じように保守的だったら、表面的には仲むつまじいものの、実は停滞した状況に退屈し、満たされない思いを味わう危険性も秘めているのです。

2人の関係がすべりやすい坂道を転がり始めたら、それを救う道はただ1つ、未知のものに対する恐怖心を克服することです。恐れるものを避けようとして必死になりすぎると、かえってそれを呼び込んでしまうことがあります。いったんこのことを認識したら、自分の所有物にしがみつく力を少し弱めるのも1つの手だ、ということが分かってくるでしょう。解放してあげてください。たとえ2人が別れることになっても、彼（彼女）に捨てられても、円満別居することになっても、別にたいしたことではない、と自分に言い聞かせるのです。

このやり方をほかの星座が採用したら、災難を招くだけです。でもあなたにとっては、恋愛を成功に導くためになくてはならない原則だと言えるでしょう。もともと注意深いあなたのことですから、これを過度に使用するはずはないからです。私のアドバイスに従えば、信号が黄色になっても、パニックに陥って全エネルギーを消耗することはなくなるでしょう。冷静に適切な処置をほどこせるようになると思います。

ところで、牡牛座はひどく官能的です。あらゆる肉体的体験に身を投げ打って、まだ満足するということがありません。貪欲だと評する人もいるくらいです。

双子座 太陽が双子座

5・21 ▼ 6・21

変わり身が早く、停滞した状況を何より嫌う

※太陽が各星座に入宮する日は、年によって異なります。各星座の境目に近い方は、256ページの「太陽の運行表」で、あなたの正確な太陽星座をチェックしてください。

● ● ●
性格

双子座は夢織り人です。たとえ老年になっても、皆が幸せを謳歌（おうか）するよき世界の到来を無垢（く）に信じてやまない永遠の子供です。シンプルで、人を信じる熱意にあふれた内なる深い泉が、双子座1人1人の大いなるパワーの源となっているのです。

正気を逸したくなかったら、決して双子座の人と討論しないでください。まるで知的なジェットコースターのように、話題がめまぐるしく移り変わり、スピードが上がったかと思うとゆっくりになり、あっちに曲がり、こっちに曲がる会話に対応できるのだったら話は別ですが。双子座はとにかく討論を好みます。最終結論よりも、むしろ説得の過程そのものを楽しむところがあります。質問をするのが大好きで、ほかの人が遠慮して避けるような質問を直にぶつけて臆しません。

時には落ち込んでだれとも話したくなくなることがありますが、幸いそういう状態は長く続

第1章 太陽星座の秘密

かず、すぐに回復します。ほとんどの人がクレージーだと思うようなことも、双子座には話しても大丈夫です。真面目に取り合ってもらえるでしょう。同様に双子座自身も、奇妙きてれつな考えやアイデアを真面目に語ってはばかりません。

双子座は思いもよらず人から反感を買われることがあります。これは感覚よりも思考を好むからです。恋、愛情、悲しみ、欲望など理性で計れないものを無理に理性的にとらえようと試みるからです。これにより、独創性に満ちた聡明な洞察力を得ることもありますが、トラブルや無理解の原因になったりもします。

双子座の誕生日のお祝いには、ケーキやキャンドルは必要ありません。充実した会話の種になるようなプレゼントを贈ったり、インスピレーションにあふれた場所に連れていってあげれば、十分満足するのですから。

家

● 双子座の家は宮殿のように豪華である必要はありませんが、見たり遊んだりできる、たくさんの物にあふれていなくてはなりません。
● ただボーッと座っていることに耐えられないからです。

あなたにとって完ぺきな家はアメリカ、ウィスコンシン州のネイティブアメリカン居住区でしょう。彼らのライフスタイルというのはあなたにぴったりあてはまるはずです。なぜなら、のろしでメッセージを伝え合うという珍しいコミュニケーションの手段を試すことができるからです。でなかったら、塀越しに隣人とゴシップを楽しめるような庭つきの家が理想と言えます。どこに住もうが、どんな家に住もうがあなたのお気に入りの場所は玄関です。なんといっても家の中心は郵便受けにあるからです！

太陽が双子座

●●● ファッション

●●● どんなにスマートに装うよう努力しても、双子座のファッションにはいつもどこか外れたところ、いきすぎのところがあるようです。
●●● 双子座の辞書には、微妙という言葉がないのです！

人をノックアウトするファッションにかけて双子座の右に出る者はいません。あなたのタンスには宝物というよりも鎧が収納されている、と言ったほうが適当でしょう。洋服の1枚、1枚が自己主張するために選ばれます。変わりやすい（というかあえて言うなら矛盾する）双子座のことですから、実に多くの主張をしたいことでしょう。ですから、あなたにとって理想的な洋服とはムードに合わせて調節できるようなものです。リバーシブルのジャケットや袖を取り外せるドレスなどは、きっとアピールするはずです。あなたはまたアクセサリーを好みます。特に大きなアクセサリーが好きで、普通の人なら暖炉の上に飾っておくようなものをイヤリングとして身につける傾向があります。

●●● 食べ物

●●● 双子座にとって多様性というのはなくてはならない要素です。特にこれは食べ物の好みにあてはまります。

あなたが典型的な双子座だったら、食べ物には大して頓着しないでしょう。冷蔵庫に何かあったら、好き嫌いを言わずなんでも喜んで食べるほうです。調理法が簡単で調理時間が短いというのは大事な要素ですが、味そのものには極度なこだわりを見せないのです。ただ、いろいろな種類の珍しい食べ物が一緒に並べられていると、あなたはうれしくなります。好奇心旺盛

第1章　太陽星座の秘密

なあなたのことですから、全部の食べ物を少しずつ味見しないわけにはいかないのです。

また、新しい味のためなら長距離を苦にせずいそいそと出かける、という傾向もあるようです。

●●●お金●●●

「活発な産業活動が、世界の富を築く。産業活動が順調に進行していれば、財政運営がどうであれ、富は蓄積される。しかし、活動が停滞していれば、どんなに台所運営がうまくても富は腐敗するだろう」

この記述が双子座によって書かれた、というのは驚くにあたらないのではないでしょうか？

さらにこれが有名な経済学者、ジョン・マイナード・キーンズの言葉であると聞いて、うれしく思われたのではないでしょうか？　あなたが

国の台所運営を任されたら、経済は間違いなく発展することでしょう。でも、そうなったら、あなたは巷にあふれているさまざまな経済的チャンスに手をつけられなくなります。

ということでジレンマが生じてくるわけです。

あなたもお団子を食べたい、ということです。というか、それだけでは物足りず、できるだけ多くのお菓子に、できるだけ多く手を出したいということです。食べ物の比喩をもう少し発展させてみましょう。あなたはとても食べきれないくらい大量の食べ物を皿に乗せようとする傾向があります。さらに不安につき動かされて、卵を1つのバスケットに入れず、あれこれ分散させようとします。この傾向は克服しなければなりません。安全な道を選ぶか、それとももっと冒険的な道を選ぶかは、さして重要ではありません。何をしようが、狼をドアから遠ざけておくだけの、成功と経済的発展を享受できるでしょう。

ただ自分の才能を薄く広げすぎて、なんでも屋になってしまったらその限りではありません。専門分野を持ったらあなたは繁栄します。

適職は？

- 広告代理店、自転車製造、会計士、書店、放送関係、ブローカー、バスの運転手、統計関係、出版、技師、ジャーナリスト、講師、言語学者、機械工、荷物配達人、神経外科医、ポーター、郵便局員、電信電話関係、交通関係業務、タイピスト、天気予報官、作家

恋愛

- 古典的な意味でのロマンスというのは、ほとんどの双子座にそれほどアピールしません。
- 単に話をする相手、というか話を聞いてくれる相手が欲しいだけです。双子座はすぐに退屈してしまいます。だから変わり身が早いのです。彼らは停滞した状況を何より嫌うのです。

たった1人の連れ合いと一生を終えることのできる双子座はいない、と主張する人がいます。ディスク・ジョッキーが黙り続けていられないのと同じで、双子座の下に生まれた人々は一夫一婦制に耐えられない、というのです。理論的にあなたは、バラエティーや興奮、脇道にそれることや娯楽、それにちょっとばかりの危険がなくては生きる価値がないと考える節がある、ということですね。

ある程度までこの主張は真実だと言えます。反りが合わない相手と一緒にいることができないのは確実です。性格の一致しない相手と一緒になっても、なんとかそれに順応して何年も耐え忍ぶ生活をする人がいますが、そういう人と

第1章　太陽星座の秘密

(太陽が双子座)

違って、あなたは何よりも自分の幸せや自由を大切にするタイプです。とは言っても、あなたがヨボヨボになるまで1つの関係から次の関係へと渡り歩いて一生を終える、ということではありません。というか、常時パートナーを変え続けるのではなく、その日その日のあなたのニーズに応じて、器用に変身してくれるようなパートナーを見つけなければならない、ということです。

多重人格のあなたには、たくさんの顔を持つ相手がふさわしい、ということです。少なくとも、変わり続けるあなたのムードに、そのつど順応してくれるような相手が必要です。できればあなたのムードを彩ってくれるような人が理想でしょう。

つまり、あなたにふさわしい相手というのはちょっと変わり者である必要がある、ということです。

ただ、この場合の問題点というのは、パートナーがあなたと同じくらい浮き足立っていて、水星的な特質を備えている、という可能性です。どんどん進んでいく彼(彼女)に、あたふたとついていかなければならないのは、あなたのほうかもしれません。でも、同じような討論やケンカを毎日のように繰り返す関係に捕らわれてしまうよりは、そのほうがずっと好ましいと言えるでしょう。

ですから、双子座が真実の恋を見つけるのは不可能、というような主張にどうぞ惑わされないでください。次回新しい関係に入ろうとするとき、2人の恋がどんなふうに発展していくのかに思いを馳せてみてください。あるいは今おきまりの相手がいるのだったら、どうやったらその人と一緒に成長していけるのか、彼(彼女)と一緒に、その可能性を探ってみることが大事です。

蟹　座

人生を安定させるために、驚くほどの不便に耐えられる

6・22 ▼ 7・22

太陽が蟹座

※太陽が各星座に入宮する日は、年によって異なります。各星座の境目に近い方は、256ページの「太陽の運行表」で、あなたの正確な太陽星座をチェックしてください。

性格

蟹座は12星座の中で最も感受性の強い星座です。人々の問題に感情移入したり、気にかけたりせずにはいられません。人を幸せにしているとき、最も幸せだと感じます。不本意に相手を傷つけたと感じたときほど悲しくなることはありません。蟹座の友達がいれば、あとはほかに何もいらないでしょう。

蟹座の人々は安全第一主義者です。これで「強い感情」という要素がなかったら、彼らは冒険を知らない、退屈な星座になっていたことでしょう。いったんだれか、または何かに強い魅力を感じるや、すべての警戒心は風に吹き飛ばされてしまいます。これはそうそうあるわけではありませんが、いったん起こるととてもドラマチックです。つまり、蟹座は1つの騒動から次の騒動までの期間、状況を安定させようと努力しながら人生を歩む、という体質なのです。

自分の人生を安定させるために、蟹座は驚くほどの不便を耐え忍ぶことができます。周囲の

第1章　太陽星座の秘密

人々はそれを当たり前のこととして受けとめています。でも例の強い衝動が内からわき上がってくるや、これまで必死で積み重ねてきたものをすべて投げ打ち、息をのむほどのリスクを冒すのです。これまで同様の安定を確保しながら、かつ状況を進展させたい、という願いがこのような行動を正当化するのです。普通この願いはかなえられます。

基礎固めをしようとしている蟹座に対して、活動範囲を広げるよう説得を試みるのは無意味です。同様に、情熱で燃え盛っている彼らに対して、常識ある態度を採用するよう説得するのも無意味です。どちらにせよ、彼らはあなたの進言を無視せざるを得ないでしょう。蟹座は他者の面倒を見るのは得意でも、あれこれ命令されるのは好まないからです！

蟹座に贈るものとしてまず間違いないのは「安心」です。彼らはいつも罪悪感を感じているため、それでいいのだ、と言ってくれる人が必要なのです。タイミングを慎重に選んで、適切な言葉で話しかけてあげれば、どんな高価な物よりも、貴重なプレゼントとなるでしょう。

● ● ●
家
● ● ●

蟹座の家というのは、一歩足を踏み入れたらすぐ見分けがつきます。ソフトで家庭的で、まるで胎内にいるようです。一度落ち着いたら帰りたくなくなるでしょう。

蟹の星座とはいえ、背中に家を背負ってあちこちを転々とするのは、あなたの性に合いません。定まった家がない、というのを考えただけであなたは、自分の甲羅に隠れたくなってしまいます！　あなたにとって、家は世界で最も重要な場所であり、どんな代価を支払ってでも、快適なものにしたい、という願いを持っています。

あなたは、安全で、暖かくて、快適で、友達を歓迎できる空間を造ることに生きがいを感じます。そんな空間さえあれば、大邸宅であろうが、簡素な小屋であろうが関係ありません。

ファッション

● ● ●
蟹座は自分を安心させてくれるファッションが好きです。たとえぜいたくに装う人でも、お決まりのアイテムというのがあって、それがないと裸でいるように感じてしまいます。

● ● ●
自分の性格を見せびらかすために洋服を選ぶ人がいますが、蟹座の場合は逆に性格を隠すためのファッションを好む傾向があります。と言ってもあなたが地味な服が好き、というわけではありません。むしろあなたのタンスは、人もうらやむようなエレガントな洋服であふれかえっていることでしょう。つまり感受性豊かで、

脆い内面を隠すために装う、ということです。あなたの最大の売り物は目です。たとえメークアップをしていなくても、たぶんあなたが認識しておられる以上の輝きを放っているはずです。顔の上半分に合わせて装えば、あなたの長所が最大限引き出されるでしょう。

食べ物

● ● ●
胃は蟹座によって支配されています。だから彼らは好物の食べ物を食べることで安心感を得ます。でもそのおかげでダイエットをするのが難しくなります。

● ● ●
蟹座は月によって管理されており、一方、月は酪農製品を管理しています。理論的にあなたは牛乳や、クリームや、バターや、チーズや、卵を好むはずです。あなたはまたメロンやマッシュルームとも関係がある、とされています。

第1章　太陽星座の秘密

奇妙なことに、あなたにはスナック菓子系を受けつけないだけの意志力はあるものの、いつも空腹感を覚えているのです。有名なトールキンの小説に出てくる、ビルボのように、いつも胃袋にちょっとだけ余裕があるようです。

●●● お金

- 「大企業の成長は単に適者生存の法則に基づく」
- 「アメリカン・ビューティーと名づけられたバラはその華麗な姿とかぐわしい香りで人々の気持ちを明るくしてくれる。しかしその美は、初期のつぼみのいくつかを犠牲にすることでもたらされるものである」

右の言葉を残したJ.D.ロックフェラーは極めて裕福な蟹座でした。彼の言葉は、蟹座ならだれでも時に直面せざるを得ないジレンマを適確に言い当てています。あなたには容赦のないビジネスを敢行するだけの能力が生まれつき備わっています。しかしその過程で、これもまたあなたに生まれつき備わっているセンチメンタルな側面を犠牲にしなければいけないのを何よりも嫌うのです。このように正反対の方向に引き裂かれるのを避けんがために、多くの蟹座はお金もうけのチャンスを自ら放棄してしまいます。残りの蟹座は、冷徹なビジネス本能をしばらくの間自由にのさばらせた後に、気前よく富の再分配を計るわけです。ロックフェラーがまさにその例です。

あなたが彼と同じくらいお金持ちになれるかは保証の限りではありませんが、自分が何をしたいのかはハッキリとつかんでさえいれば、成功は目に見えていると言えるでしょう。

●●● 適職は？

パン屋、大工、管理人、仕出し料理屋、板前、魚屋、ガラス職人、産婦人科医、家事評論家、幼稚園の先生、ホテルマン、民宿経営、クリーニング業、しいたけ栽培業、動物学者、看護婦、栄養士、鉛管工、船員、店員、福祉関係

恋愛

蟹座のキーワードは「感受性」です。触覚、味覚、臭覚などが研ぎ澄まされていますが、特に恋愛関係はことのほか冴えています。たとえ2人の関係がうまくいっていなくても、なんとか関係を持続させるよう努力します。

しかし、いったん堪忍袋の緒が切れたら、そこまでです。

● 蟹座をパートナーに持つ、ということは感情という名の火山と生活を共にするのと同義です。内に眠る獣が目覚める兆候を戦々恐々として待っている、といった感があります。でも普通の状態にあるときは、優しくて、同情心にあふれ、面倒見がいいのです。さもなかったら、あなたの相棒はとっくの昔に荷物をまとめて別のだれかのところに向かっていたことでしょう。

恋愛関係を持続させたかったら、ときどき発生するこのような爆発をコントロールしなくてはなりません。普段はチャーミングなジキル博士であっても、ハイド氏がときどき顔を出し、しかも変身するごとに凶暴性を増していくのだったら、何にもなりません。それに怒りを発散せずに、ためにため、あげくの果てに核兵器と同じくらいの威力で爆発するのだったら相手がかわいそうです。愛するあなたのパートナーはもちろんのこと、最大の敵でさえ、そんな扱い

第1章　太陽星座の秘密

をすべきではありません。

そこで質問です。時としてあなたが神の怒りにも似た畏怖感を他人に露呈するのはなぜでしょうか？　普段のあなたというのは、逆に他人に対して恐れにも似た感情を抱いて生活しているのですから疑問はますます強まるばかりです。

答えというのはしばしば質問それ自体に内包されているものですが、この状況に関する限り、前者の原因は後者にある、と言えるでしょう！　あなたの問題点というのは両極端を行ったり来たりする、ということです。あなたはささいな事柄を次から次へと甘んじて受け入れます。パートナーと話し合うことなく、皿洗いはみんなあなたの仕事となります。さんざん相手に利用されても、常に荷物を運ばされても、単なるおまけ的な存在になっても、少しも気にしていないふうを装います。

しかしある時点でとうとう我慢も限界に達し、前述したような雑事を、国会の審議事項のような重要性を持って論じ始めるわけです！

こんなことは言いたくないのですが、あなたの恋愛関係というのは本質的にすべて権力闘争のようです。相手の矛盾には我慢がなりません。批判されるのは大嫌いだし、いつも過小評価されるのを恐れて生活しています。平等な関係というよりも、相手を支配したいという願望が強いようです。それで、かわいそうなあなたのパートナーはそれらをすべて耐え忍ばなくてはならないのです！

では、どうしたらいいのでしょう？　支配したい、という願望については、ほかにハケグチを求めたほうがいいでしょう。自分のエネルギーをすべて恋愛関係に注ぎ込むのではなく、逆にできるだけエネルギーを傾注しないように努めるべきです。それでもなお、相手にとっては十分すぎるほどでしょう。

獅子座
情が深く気配りも行き届いている

7・23 ▼ 8・22

太陽が獅子座

※太陽が各星座に入宮する日は、年によって異なります。各星座の境目に近い方は、256ページの「太陽の運行表」で、あなたの正確な太陽星座をチェックしてください。

●性格

獅子座が持っている最高の資質は頑強な精神力です。彼らはどんな不幸に遭遇しようとも、人類への希望を絶やさず、人生の裏に潜むマジックを信じて疑いません。このように2つの内なる炎を絶やさず燃やし続けることで、獅子座は嫌が応でも他人の人生に光と温かさをもたらさずにはいられない、ということです。

獅子座は、ほめられるのが好きです。そんなふうに生まれついているのですから仕方ありません。問題は彼らが頑固で押しが強く、意識せずに人の心証を害することがある、ということです。ですから、人の関心をいとも簡単に自分のほうに向けさせることはできるものの、それに伴われるべき尊敬の念が、必ずしもいつもコンビを組んでいるわけではない、ということです。さらに、獅子座は自分のやり方というのに固執し、望むものが手に入らないと機嫌をそこねます！　その結果、事態はますます悪化する、

第1章　太陽星座の秘密

ということです。ほかの人々も似たようなところがありますが、獅子座の場合は上手に気持ちを隠せないのです。以上が獅子座の主たる短所ですが、同時にこれは最大の長所にもなり得るのです。

ということで、獅子座は世間に受け入れられにくい感情を隠すことを苦手としますが、同時に善意も隠すことができないのです。幸せな獅子座が発散する温かさは冷凍庫さえ溶かしてしまうでしょう！　そんな明るい性格の獅子座のことですから、彼らのそばにいると、一緒にいる人まで情熱的になってしまいます。悲しいことに、そんな獅子座の裏表のない性格が人のカンに障ることがあります。彼らの屈託のない微笑みが感受性のなさの表れだと誤解されるのです。しかし実のところ、獅子座の情は深く、気配りの精神も行き届いています。にこやかな外面という薄皮をいったん剥いだら、抑制の効かない感情がほとばしり出てくることを、彼らは

よく心得ています。獅子座から贈り物をもらったらそのことをよく理解できるでしょう。彼らは感情的にも金銭的にも決して出し渋ることはしません。ですからあなたが獅子座にプレゼントするときも、同じようにためらうべきではないのです。

●●●
家

●最高級品と称されるものはなぜかいつも獅子座の下に行き着くようです。でも彼らは、そんな品物を自分だけで独占せず、愛する人と分かち合いたい、という願いを持っているようです。

気前のよさで知られる獅子座ですが、同時に自尊心の高いことでも有名です。つまり、骨董品とテニスコートと室内プールを完備した、郊外の大邸宅こそあなたにふさわしいのです。

今のあなたの住居というのは必ずしもこのような描写にはそぐわないかもしれません。しかし、少なくともそれは、街で最もおしゃれな場所に位置しているのではないですか？　というか、そんなふうに思いたいのではないでしょうか？　獅子座は基本的に、自分が社会のトップに君臨していて、一般大衆は自分についてくるべきだ、と考えたがる傾向がある、ということです。

ファッション

● 獅子座は劇中の人物のように装おうとします。
● ほとんどの獅子座は美しく華麗なイメージを演出しようとします。そうでなかったら、少なくとも自分の艶やかな容姿に気を配ります。
● あなたは艶やかな長い黒髪をお持ちですか？　答えがノーだったら、どうしてそうならない

のでしょう？　ジャングルで最も大きな猫と関係がある、というのがお気に召さないのでしょうか？　もっと控え目なイメージを演出しようとしておられますか？　典型的な獅子座は皆見事な頭髪に恵まれています。あなたのファッションやアクセサリーはすべて髪型、色、質感などに合わせて選ばれるべきです。ショートにしておられるのだったら、適当な服を選ぶのは至難の技となるでしょう。故意に派手な服を選んで、自分のパワーを的確に投影しなければなりません。一方長髪だったら、ヘアスタイルに似合う服が自然と決まってくることでしょう。

食べ物

● 獅子座はスパイシーで、色彩鮮やかで、高価な食べ物を好みます。貪欲というわけではないのですが、ご馳走が目の前にあったら、た

第1章　太陽星座の秘密

● とえ空腹でなくてもちょっとつままずにはいられません！

太陽に管理されている獅子座は、かんきつ系の果物、ざくろ、オリーブなどとつながりがあります。というか、熱帯地方で育つ食べ物はすべてつながりがあると言えるでしょう。「熱のある」食べ物が好きです。必ずしもカレーや唐辛子が入っていなくてもいいのですが、ツンとくるような芳香を持つ、ショウガ、ペパーミント、シナモン、ナツメグ、マスタードは好まれるはずです。

あなたはしっかり食べるというよりも、つまみ食いタイプです。というのは、身体のラインを保つために、お皿には山盛りによそわないよう気をつけるからです。そのかわり、スナック類を一日中食べて空腹を満たし、驚くほど活発な神経エネルギーでカロリーをすべて燃やしてしまう、というわけです。

● ● ● お金

「新しい発見を実用段階までもっていくためには、多くの補助的な発見を寄せ集めて大いに改善を施す必要がある」

古典的経済学者、アルフレッド・マーシャルの言葉です。彼はあなたと同じ獅子座でした。

獅子座の個人的出費額というのは、ちょっとでも刺激されるとたちまちうなぎ登りに増加するようです。予想外の修繕費用や旅行費用に、ぜいたくな嗜好を満足させるための必要経費が相まって、すぐに金欠病になってしまうということです。普通シンドロームは以下のような過程で発生します。困窮し、家を売るか、先祖伝来の家具を質に出そうと心に決めた瞬間、突然天の啓示を受けるのです。つまり、自分は現在の収入をはるかに上回る才能に恵まれているはずだ、というひらめきです。

その結果、大幅な昇給を勝ち取るか、もっといい就職口を見つけるか、あるいはもっと有望な収入源を確保して、ハッピーエンドに終わるという寸法です。奇妙なのは、これが必ずしもたとえ話ではなく、現実に起こり得る、ということです。

●●●● 適職は?

俳優、スポーツ選手、銀行家、酒醸造業、ブローカー、ダンサー、タレント、映画スター、映画監督、森林関係、貴金属関係、心臓の専門医、宝飾関係、市長、結婚相談員、貸金業、登山家、ポップシンガー、劇場経営

●●●● 恋愛

獅子座は自分を称賛してくれる人を周りにはべらせるのを好みますが、媚を売る人は好みません。獅子座の愛情を得るためには、まず尊敬を勝ち取らなければなりません。獅子座の魅力を否定できる人はまずいないと言っていいでしょう。多くの人々は彼らの愛情を勝ち取るために必死になります。

獅子座のあなたは生まれつき誇り高く、独立精神旺盛です。したがって、どんなパートナーと一緒になるべきか、ということは重要な問題となってくるわけです。その人は、

（a）あなたの称賛者として、サポートと自由を提供してくれるような人でしょうか？

（b）それともあなたと同じくらい自我が強く、チャレンジを提供してくれるような人のほうがいいのでしょうか？

（c）それともこの2つを兼ね備えたような人がいいでしょうか？

（d）それとも、この2つのどれでもない、と

第1章　太陽星座の秘密

いうことでしょうか？　獅子座に似合うような人はいないということでしょうか？

ちょっと悲観的になって、答えは（d）だと思われたかもしれませんが、そんなことはありません。あなたのハートで輝く明るい光が何よりもそのことをよく心得ているはずです。

恋愛を成功に導き、長期間にわたる安定を確保するためのコツがあります。つまり、ハートが止まり、脈が上がり、心臓が高鳴る古典的な意味でのロマンスというのは、永続的な現象ではない、という事実を認識することです。現実的な関係には、浮き沈みやストレスがつきものです。意志の疎通が完全に断たれてしまうこともあります。さらに、ずっと破壊力を有するような要素も発生し得ます。それは空虚で、浅薄で、イライラさせられる倦怠期の到来です。こんなときに2人は別れだの、離婚だの、婚外交渉だのといった可能性を考慮する誘惑に駆られるのです。しかし逆に、こんなときだからそ恋愛の深みや共感を確認し合う絶好のチャンスだと考えられないでしょうか？　話したくないときに会話を強要されたい人などいるわけがありません。分かち合いたくないときに、分かち合いを強要されたがる人などいません。与えるものが何もないのに、愛情を強要されたい人などいません。でもそんなときに、パートナーが同情やサポートや、無条件の理解をあなたに見せてくれたら、どんな頑固な人でも心を開かずにはいられないのではないでしょうか？

そうですね、ここでの問題点は、獅子座のあなたが右記のことを受ける側の立場を好み、与える側に回らせられるのは嫌だ、ということです。ですから別にこれを義務ととらえないでください。単にこの分析からインスピレーションを受けてください。あなたの旺盛な独立精神を逆手に取ってください。ジャングルに分け入って外見だけ魅力的な相手を探すのではなく、あえて耐え忍んでみてください。

乙女座

自分の才能を乱用することなく、常識をわきまえた性格の持ち主

8・23 ▼ 9・22

太陽が乙女座

※太陽が各星座に入宮する日は、年によって異なります。各星座の境目に近い方は、256ページの「太陽の運行表」で、あなたの正確な太陽星座をチェックしてください。

●性格

乙女座は人に情報を与え、教育することを自らの使命ととらえています。とはいえ、お説教したり、大声で自己主張したりするのは彼らのスタイルに合いません。相手の意見に耳を傾け、理解し、自ら手本となって、優しく相手に諭すことを好みます。乙女座の精神というのは本質的にヒーリング（治癒）の精神です。全人類の肉体的、および精神的な健康

こそ乙女座が願ってやまないものだと言えるでしょう。

乙女座は絶好のタイミングというものを心得ており、さらに類稀な洞察力をも備えています。ただ同時に自己不信が強く、そのあたりは残りの11星座にとって救いだと言えるでしょう。したがって、自分の才能を乱用するということがなく、常識をわきまえた性格の持ち主となるわけです。受動的でもなく攻撃的でもなく、節度があって、かつ官能的な人々です。人生を思う存分楽しみたいと思ってはいても、そういう欲

第1章 太陽星座の秘密

望には危険も伴われている、ということをよく承知しています。完ぺきなプランを立案し、こういう動きに出たらこういう跳ね返りが予想される、というようなことを見通すことができます。こんなふうに書くと、まるで堅物のように聞こえるかもしれませんが、乙女座の手にかかると、常識は行動の抑止力ではなくなるのです。周りをよく見ずに発砲してしまう人と違って、乙女座はまず状況を子細に観察します。それで、適切な武器を使って、適切な的に狙いを定めている、ということを十分に確認したうえで発砲するのです。

ただ乙女座は自分自身の人生をそんなふうに自信ある態度で見つめていません。自信がないからこそ、自分のことをきちんと管理できると言えます。内心、自分の大志におじけづきながらも、同時にそういう抑圧的な態度に欲求不満を覚えるのです。この両面性というのは決して解決できないものであり、あえて解決しようと

試みるべきではありません。乙女座がほかの乙女座に惹かれるのはこのような理由によるものです。意識していようがいまいがお互いを求め合う、というわけです。乙女座はだれとでも打ち解けることができ、聞き分けがよく、相手がだれであろうと助けの手を差し伸べることをよしとします。寛容的で、忍耐強く、思慮深い人です。ですから彼らに贈り物をするときは、同じように注意深くする必要があります。贈り物を選ぶときは慎重に慎重を期しま す。

家

ほかの星占いの本を読むと、乙女座が整理整頓にとりつかれているかのように評されていますが、彼らは単に物を組織立てて収納したいだけなのです。両者には大きな差があります。

乙女座は整頓好きとされています。ある程度までこれは正しいでしょう。でも、あなたの家が展示会場のようだというわけではありません。完ぺきな部屋が発散する冷たさというのは、温かなあなたの性格には合致しません。それに永遠に物を引き出しに収め続けているよりも、はるかに意義ある仕事があるはずです。ということで、あなたは組織された混沌を好む、といったほうが適当でしょう。無数の物を所有しているあなたですが（捨てるのが嫌いなため）すべてきれいに収納されてはいます。でも書類の山だの数々のファイルなどはあなただけが見分けることができる、ということです。

●●● ファッション

●● 乙女座は決して適当に洋服を選びません。だらしない乙女座でさえ、それぞれのアイテムを慎重に選び、最大の「だらしない効果」を狙います！

乙女座は清純な星座ゆえに白を着るべきだと考える人は、占星術はおろか洗剤の値段も知らないのでしょう。乙女座は、永遠の処女というよりも、収穫の女神を象徴する豊饒の星座です。自分のよさを最大限引き出したかったら、「アース・カラー（大地の色）」を選んでください。ダーク・グリーン、赤みがかった茶や、粘土の赤などです。スマートに裁断され、巧みに縫製されて、プロの雰囲気を演出してくれるような服を選んでください。アクセサリーはシンプルに、靴は慎重に選んでください。なぜかあなたは頭から足首まではよく見えるのに、そこから下はもうひとつパッとしないところがあるからです。

●●● 食べ物

第1章　太陽星座の秘密

- 乙女座は食べ物にはうるさい星座です。何を食べたいかはその日のムードによります。食べたいもののためだったら苦労を厭わないようなところもあります。

オードブルにはフェンネルとくるみとパセリのサラダ、メインにはディルとキャラウェイ・シードの香りも高い、ニンジンとセロリと豆のシチューなどはいかがでしょう？　これにはオート麦のパンとヘーゼル・ナッツのパテを添え、デザートはアーモンドのタルトを食された、らいかがですか？　食欲を刺激されますか？　そのはずです。というのは、これらの食材はすべて乙女座を管理している水星と結びついているからです。肉がないというのはむしろ適当だと言えます。乙女座全員が菜食主義者になる、というわけではないのですが、あなたは分別ある食生活を心がけます。つまり、知的に栄養摂取することを楽しみとする、ということです。

- 「あらゆる妨害要素が克服されないかぎり、実行すべきではない」

お金

この言葉を残した、名高いジョンソン博士は乙女座の下に生まれました。この発言の背後に隠されている真意が何なのか、もうすでにお分かりのことと思います。乙女座は綿密に問題を分析することで、恐れを克服しようとします。あまりにも注意深く解剖し、その核心に迫るため、彼らの手にかかればあらゆる問題は骨抜きにされてしまいます。悲しいことに、彼らは自分の下に巡ってきたチャンスまで同様のプロセスで処理しようと試みるため、気落ちするような結果に終わるというわけです。ほんの少しでいいですから、時々、警戒心をゆるめるよう努めれば、あなたは今よりもずっとお金持ちになっているはずです。

適職は？

公認会計士、総務関係、動物調教師、経理関係、慈善事業関係、薬局、養鶏業、公務員、洋裁業、歯科医、栄養士、医師、書籍編集、雑貨屋、家庭教師、図書館司書、微生物学者、自然医療関係、看護婦、写真家、ピアノ調律師、衛生検査員、教師、獣医

恋愛

乙女座はお世辞を受けつけません。ご機嫌をうかがったら冗談半分で相手をしてくれるでしょうが、決してそれで落ちることはありません。乙女座は実のところ「内向的な」星座なのです。外交的に見えても、社会的な役割を演じるなり、演技するなりして、そういうあなたはパートナーにとって至極扱いの難しい

● 仮面をかぶっているにすぎないのです。

乙女座は水のお風呂のようにロマンチックで、コンクリートの塊のように感受性豊かで、ワニのように傷つきやすい存在だ、と言われています。それが本当だったらどんなにいいでしょうか。情熱は、その後遺症を無理なく消化できる丈夫な胃の持ち主に預けておいて、自分はだれにも邪魔されない象牙の塔という安全圏に逃げ込んでしまわれてはいかがでしょうか？ こういう考えというのはきっとあなたにアピールすると思います。でも実のところ、あなたもだれかの腕に抱かれ、愛撫され、優しくキスされ、愛の言葉を耳元でささやかれるのを熱望しているというわけです。恐ろしく甘いですよね。あなたの心の中にいる皮肉屋はこういうことを聞いただけで震えあがってしまうことでしょう。でもあなたの魂に潜む詩人のほうは欲望で身を震わす、という次第です。この二面性が原因で、

第1章　太陽星座の秘密

恋人となります。知性に敬意を表してもらいたいのか、情熱をぶつけてもらいたいのか、どうやって判断すればいいというのでしょう？　甘いながら無意味な言葉を耳元でささやいてもらいたいのか、複雑なグラフを眼前に提示してもらいたいのか、どうやって見分ければいいのでしょう？　まったくです。さらにあなたのほうでも分からないことがあります。つまり、ちょっぴり頭が悪いものの、外見は美しい人を選んだらいいのか、服装のセンスはゼロでも頭脳のほうは洗練された天才を選んだらいいのか、と解せない、というわけです。

答えを一言で言えば、あなたには直感力に優れた恋人が必要だということです。あなたをすっかり見通すことのできる真のソウル・メイト（赤い糸でつながった魂の恋人）が、あなたにふさわしいということですね。それではこの奇跡をどうやって達成したらいいのでしょうか？

答えは簡単、奇跡は自分の手で作り出すしかないのです。いつか白馬に乗った王子様がやってくるにちがいない、などと夢想していてはなりません。自分の手の届く範囲で適当な人材がいないか、探してみてください。

たぶんその人材というのは、なんのことはない、あなたの現在のパートナーだと思います。それでは今の相棒がまったく救いようがないか、あるいは今あなたに恋人がいない場合はどうしたらいいのでしょう？　でしたら、友達か知り合いで、ある程度共感を覚えられる人のことを考えてみてください。その人と共に、対人関係という新しい地平線を開拓してみてください。

その人との絆が断ち難いものになるまで、努力を積み重ねていってください。そうしたら、死が2人を分かつまでどころか、その彼方まも共に歩むことが可能でしょう。乙女座1人1人以上を達成できる力が備わっています。自分には愛が必要だということを納得したら、後は行動あるのみです。

51

天秤座

9・23 ▼ 10・23

だれとでも打ち解けることができ、期待された役割を演じようと努める

※太陽が各星座に入宮する日は、年によって異なります。各星座の境目に近い方は、256ページの「太陽の運行表」で、あなたの正確な太陽星座をチェックしてください。

太陽が天秤座

● 性格

● 正義の守護役、天秤座に課せられた使命というのは、おそらく最も世間に無視されやすい類のものだと言えるでしょう。直感よりも知性に重きを置き、厳格になることなく公正であるべし、というものです。この使命を遂行するにあたり、彼らは、ほとんどの人が理解し得ないような選択を余儀なくされます。天秤座の人は、宇宙から課せられたこのような

● 重荷を、グチもこぼさず、しかも類稀なユーモアの精神をもって背負うわけです。

● 天秤座の人はカメレオンのようにほとんどだれとでも打ち解けることができます。彼らが八方美人と非難されるのはまさにこれが原因です。彼らは社会の底に流れる潮流というものに敏感であり、自分に期待された役割を演じようと努めるのです。このような行動というのは、社会に受け入れられたい、という欲求に端を発しています。

● しかしながら、これは、天秤座に備わってい

第1章　太陽星座の秘密

もう1つの欲求と矛盾することになります。つまり、社会や環境に偉大な足跡を残したい、という欲求です。天秤座の人の精神構造において、このような矛盾は以下のような妥協をもって表現されます。つまり、自分の意志を通したかったら、争いよりも和を重んじるべきだ、という考え方です。

このような考え方というのは哲学としては称賛に値しますが、現実問題となると果たしてどうでしょうか？　天秤座は秤の星座です。彼らはしばしば完ぺきな均衡を模索して両極端の間を行ったり来たりします。だれかの意見に熱心に耳を傾けたかと思うと、翌日には自分の意見を必死で押し通そうとしたりします。天秤座は話上手でチャーミングですから、善意であなたの面倒を見ようとしているのか、それとも下心があってあなたを利用しているのか、見分けるのは不可能です！　でも彼ら自身は自分のことをそんなふうに見ていません。いつも公平に行動している、と信じて疑わないのです。

天秤座はその外交手腕で赤の他人でさえ特別待遇を受けているかのような気持ちにさせてくれます。でも皮肉なことに、いったん親友として打ち解けると、もはやそのような態度を取る必要はない、と考える傾向があります。ですから、天秤座を魅了したかったら、素顔のままで十分だということをなんらかの方法で教えてあげればいいのです。

●●●
家

社交的な天秤座は普通、自宅で友人をもてなすのが好きです。彼らの家はたとえ質素でも例外なく優雅です。

天秤座の人は、ほとんどのことに関して気さくで公平な態度をとります。

[太陽が天秤座]

しかし、こと趣味嗜好に関しては、好みがはっきりしています。趣味の悪いペンキの塗られた大邸宅よりも、上品な色使いの小屋に住むほうを好みます。パートナーと生活を共にするのを好むあなたですが、こと室内装飾のこととなると自分の意見を最終案として押しつけようとするきらいがあります。特に重要なのは寝室です。あなたの審美眼が反映されたものでないと眠る気さえ起こりません。それから"ある活動"をすることも！

ファッション

●●●天秤座の人は人生のあらゆる場面において趣味のよさを見せますが、こと自分自身の外見となると、そういうセンスがもうひとつ十分に発揮されないきらいがあります。冒険をしたがらず、一度似合う組み合わせを見つけた

ら、強力糊のようにそれにずっと固執し続けるのです。

●●●秤の星座の下に生を受けたあなたですから、洋服のバランスの大切さというものを自然に理解しています。

つまり洋服がシンプルだったらアクセサリーは込み入ったものにし、逆もまた真なり、ということです。また、ファッションの基本的なルールを破るだけの芸術的センスにも恵まれていますから、勇気をもって冒険したら報われることでしょう。あなたの素敵な性格を光らせてくれるような洋服や色を探してみてください。ちょっと軽さを加えてみてください。カチッとしたビジネススーツの襟に漫画のバッジをつけるとか、普通のジャンパーとジーンズにベレー帽を合わせて、ちょっと斜めにかぶってみるとかです。こういった組み合わせの妙があなたのよさを引き出すのです。

第1章　太陽星座の秘密

食べ物

- 天秤座はインテリアにうるさい星座です。レストランではメニューよりもテーブルクロスのほうが気になるほどです！

天秤座を管理する官能的な金星のおかげで、あなたは五感を満足させてくれるものには目がありません。甘くてみずみずしいフルーツが好きなのもそれが原因です。さらにカロリーが高いリッチな食べ物、特にお菓子が大好きです。これに対処するために、厳しいダイエット計画を立て、鉄の意志でこれに臨みます。雨が降ろうが槍が降ろうが、決してあきらめません。といっても25分間という時間制限がありますが。

お金

- 「財産を所有する、ということについては利点がないわけではない。これに対する反論はしばしばなされてきたが、もうひとつ説得性を欠いているようだ」

言葉を慎重に選び、皮肉とユーモアに満ちたこの発言は、20世紀の代表的経済学者、J・K・ガルブレイズによってなされました。彼の著作はどれも一読に値し、実際最も広く読まれている学者の1人と言えます。そんな大先生の彼が天秤座だと知ったら、少しは親近感がわいてくるのではないでしょうか？　これだけ有名な先生だから、経済のことは表から裏まで知り尽くしていたはずですよね？　実のところ今の即答できない種類の質問です。答える前に、もう1つ、彼の有名な格言を読んでみてください。

「必要な仕事、もしくは緊急の仕事を回避する最良の方法の1つは、済んだ仕事にあたかもかかりっきりになっているように振る舞うことである」

太陽が天秤座

ピンときましたか？　さまざまな占星術的データによるとそのはずです。天秤座は命令されるのが嫌いなのです。あなたが自分の会社を興したがる（あるいは少なくともだれかの会社で自分だけの部署を持ちたがる）のは、これが原因です。ですから、あなたの仕事の邪魔をしてくるのはせいぜい鷹揚（おうよう）な上司か、礼儀正しい顧客だけということになります。問題は、どんなに成功しても、いつも人生がこんなふうに展開するわけではない、ということです。あなたには、お金を稼ぎ、堅実にキャリアを積み、天才的な創造性をある程度まで発揮する力がもともと備わってはいます。しかし、そのためには大きな機械の歯車のひとつに甘んじることも時には必要だ、ということを認識しなければなりません。独立の欲求を抑え、官僚に頭を下げ、権力者を無視したいという欲求をコントロールし、いくつか辛酸もなめなくてはいけないかもしれません。

でも、石の上にも3年です。やがて、あなたのやりたいようにやれる時が巡ってくるでしょう。

太陽が天秤座

●●● 適職は？

芸術家、美容師、化粧品関係、インテリアデザイナー、外交官、劇作家、針子、ファッションデザイナー、花屋、プロゴルファー、裁判官、曲芸師、弁護士、帽子屋、ミュージシャン、ピアニスト、詩人、政治家、渉外担当、受付、セールスマン、洋服屋、かつら・育毛関係、木材伐採業

●●● 恋愛

ストレスで機嫌をそこねる人がいます。天秤

第1章　太陽星座の秘密

- 座の人は実直に自分の魅力を全開します。彼
- らの微笑みは氷の心を溶かし、過酷な逆境を
- 和らげてしまいます。

ハロルド・ウィルソンがかつて言ったように、「政治の世界では、1週間は実に長い」としたら、天秤座の恋愛というのは、ほとんど永遠のように感じられることでしょう！　あなたが今いるところから人生の終わりまで、今のパートナーと共に人生を歩んでいく方法をお教えしましょう（今の関係がどんなにすばらしいか否かは別として）。

ちょっと奇妙に聞こえるかもしれませんが、関係を永続させようという志をそもそも忘れてしまうのです。あきらめてください。そのかわり、ここから週の終わりまで持続させることに集中するのです。そして次の週に取り組みます。あなたは遠い将来に備えて計画を立てるのが苦手です。これから20年先に何をしているのか、ということを考えただけで、意気消沈し、鈍い

痛みがあなたを襲います。

あなたが先のことを考えたがらないというのは、自分のことを極めて変わりやすく、反応の速いタイプで、いつ過激に別の道を歩み出してもおかしくない、と感じているからにほかなりません。たぶんそうかもしれません。

でもあなたは元の場所に戻ってくるように、卵が卵で、天秤座が天秤座であるように、あなたはご自分で考えているほど、予想のつかないような人格ではありません。今大切にしたいだれかがいるのだったら、遠い将来もそうあり続けるでしょう（その気持ちが強まることはないかもしれませんが）。ここからそこまで行く間に、ある程度のゆらぎや彷徨はあるかもしれません。ですから愛を永続させたいのだったら、ただリラックスして、心配するのをやめてください。

太陽が天秤座

蠍　座

10・24 ▼ 11・22

人生を楽しまんがために、遊びでさえ仕事と同じく真剣になる

※太陽が各星座に入宮する日は、年によって異なります。各星座の境目に近い方は、256ページの「太陽の運行表」で、あなたの正確な太陽星座をチェックしてください。

●性格

蠍座の使命は真実を見つけて他者に知らしめることにあります。というわけで、彼らは鋭い精神性に恵まれています。精神性よりも鋭いのは彼らの本能であり、さらにそれを上回るのが舌です。しかしながら、理解の伴われない真実が存在しないように、慈悲心の伴われない理解もまた存在し得ません。つまり、蠍座の人の性格というのは、実のところ鋭いのではなく、壊れやすいほど、限りなくソフトなのです。

蠍座の人は意志強固で直接的です。それで、欲しいもの（というか、欲しいと思っているもの）は、普通手に入れることができます。問題は蠍座1人1人の心の中に、不可能な夢を実現させようとする欲求が潜んでいることです。これで十分ということは決してありません。蠍座とうまくやっていきたいと思ったらこのことを肝に銘じておく必要があります。幸い、このような落ち着きのなさが蠍座の最大の難所ですから、

第1章　太陽星座の秘密

つき合っていくのは比較的簡単と言えます。ただ、物事を直接的に表現するのに慣れる必要はあります。彼らはタブーの話題に触れることを恐れません。セックス、死、トイレ、赤字といった話題を、人々が必死で避けようとするのが解せないというか、逆に面白がるところがあります。

蠍座の人は、正直であることが世間の眉をひそめさせる、ということを知っているため、交友関係に注意深くなるのです。つまり彼らが時に近寄り難いとか、秘密主義だとか言われるのはこれが原因です。セックスにとりつかれている、と非難される一因もここにあります。彼らは情熱的であり、すべての体験に身も心も投じます。でも彼らの楽しみが強烈なセックスに限られる、というわけではありません。人生をできる限り楽しまんがために、遊びでさえ仕事と同じく真剣に扱おうとするのです。対人関係において自分をひたすらガードする別の理由がこ

こにあります。彼らは自分の欲望の強さを十分に意識しており、人からそのことを指摘されるのを好まないのです。

蠍座にプレゼントをあげても、彼らの信頼を勝ち取ることはできないでしょう。信頼を得るには時間と誠意をかけることが必要です。でも彼らを受け入れ、理解している、ということを示すような何かを贈ることで、蠍座の微笑みを勝ち取ることができるでしょう。

● ● ● ● ●
家

●蠍座は家の雰囲気というものにとてもうるさく、汚ない家に住むことができません。

今では多くの人が家に警報装置を取り付けていますが、警報装置を守るための警報装置を備え付けているのは蠍座くらいのものでしょう。あなたの家は、砦よりも侵入が難しいです。

ドアの三重のカギ、ドアチェーン、覗き穴、「猛犬注意」の張り紙だけでは物足りず、家の周りにお堀を造って、跳ね橋をつけたほうがいいかどうか迷うほどです。このような厳重な注意は、家の財産を守るというよりも、家の中でやっていることを人々に知られたくないためではないかといぶかる人々もいますが。

ファッション

●服を選ぶ傾向があります。

蠍座は着こなしが上手ですが、ドラマチックな効果を狙うというよりも、むしろ微妙な洋服を選ぶ傾向があります。

蠍座に関する噂が本当だとしたら、あなたがスリットの入ったスカートや、高いハイヒールや網ストッキングを持っていないのはどうしてでしょう？ 金のメダルや、タイトなズボンやオープンシャツにしてもまたしかりです。実際、今あげた例をもうちょっとおとなしく、エレガントにした服を身につける蠍座もいることはいます。でも理由は誘惑するためではありません。むしろその反対で、恥ずかしがり屋さんの性格を隠すためなのです。でもほとんどの蠍座は、おとなしく、スマートで、地味めの服を故意に選ぶ傾向があります。これによって、背景に溶け込み、自分が望むときに表に出てこられるからです。

食べ物

●覚の持ち主です。

一般的に蠍座の人々はシャープではっきりした味の食べ物を好むとされています。甘党というよりも塩味が好きで、研ぎ澄まされた味覚の持ち主です。

蠍座の本領は洋服の趣味ではなく、食べ物の趣味に発揮されます。ニンニクが大好きなので

第1章　太陽星座の秘密

す！　たとえニンニク好きでも、風味づけの材料としか考えていなかったとしたら、あなたの「蠍座度」は、もうひとつです。本物の蠍座だったらニンニクを野菜と見なすことでしょう。キャベツのように料理して食べるか、もしくはフルーツのように生で食べるか、という世界です！　そのほかの典型的な蠍座的食べ物はと言えば、シャープで、酸っぱいか苦い食べ物、たとえばわさび、ケッパー、クレソン、紫キャベツなどです。

お金

●●●●「お金とは自由が硬貨になったものである。したがって、自由を剝奪された者にとっては、普通の10倍もの価値がある。お金がポケットでジャラジャラ鳴っていたら、たとえそれを使えなくても、その者は半分慰められているも同然だ」

この言葉の作者は19世紀のロシアの作家、フィヨドール・ドストエフスキーです。彼は蠍座でした。あなたの星座とお金の甘苦い関係を言い得て妙だと言えるでしょう。あなたにはお金を稼ぐ能力が備わっているかもしれませんが、それよりもさらに発達しているのが、お金を使う能力です。でも、あなたはお金の効用よりもその害のほうをはるかに意識しているはずです。

お金というか、お金に関する心配があなたの貴重な心の平和を奪い、もっと深遠で重要な問題に集中するのを妨げています。でも、余分なお金を手にしたところで問題が解決するわけではありません。かといって、経済機構に逆らって生きたところで、満足のいく解答が得られるとも思われません。

とにかく、お金の害を避けつつ、それがもたらしてくれる自由を楽しむ術を見つけなくてはなりません。

そのためには、お金に頼らず、むしろ至高のパワーに信頼を置くべきです。貪欲であらず、不注意であらず、しかし勤勉かつ感受性豊かであってください。そうしたらあなたの経済状況はひとりでに解決のほうに向かうはずです。余分なお金を稼ぎたかったら、あなたの中に眠っている芸術的な傑作を世に問うてください。小説、交響曲、彫刻、あるいは映画に全身全霊を傾けて制作してください。そうしたら老後の蓄えには十分な額を手にできるでしょう。

とはいえ、一定の期間部屋に閉じこもるのが難しい場合もあるでしょう。もしそれが純粋に経済的な理由だったら、なんとかして克服すべきです。でもそのほかの理由で芸術活動に没頭できないのだとしたら、もっと世俗的な分野であなたの想像力を発揮できるような仕事を物色しましょう。

●●● 適職は?

鍼灸師、歯科医、私立探偵、ジャーナリスト、病理学者、薬局、精神分析医、各種調査員、風刺作家、カウンセラー、外科医、皮革職人、税理士

●●● 恋愛

蠍座はセックス好きというわけではありません。単に自分の欲求や感情に正直で、それを積極的に表現するにすぎません。蠍座が人を信用するまでには長い時間が必要です。でも一度信用したら、忠誠心がゆらぐことは決してないでしょう。

今の恋を永続させることが難しいのではないかと危ぶんでいますか? だとしたら、それは

第1章　太陽星座の秘密

たぶん昔の恋が忘れられないからではないでしょうか？　どんなに頑張っても、あの魅惑に満ちた時や、心の痛みを消し去ることができないと、心の奥底で感じているのではないでしょうか？

蠍座の人というのは、ご存知のとおり12星座の中で最も感受性の強い星座です。そして感受性の強い人々というのは、人生のごく初期のうちに失恋の痛手を負いやすいのです。いったん傷ついたハートを完全に元に戻すのは難しいようです。傷ついている部分が刺激されるだけで心はかたくなになってしまいます。そして、新しい関係をどんなに強く求めていても、それがどんなにすばらしく見えても、再び傷を負うのを恐れて、深入りするのを避け続けるのです。

今あなたは自分の気持ちを告白せずにだれかのことを慕い続けているのかもしれません。もしくは失恋で負った傷を癒そうとしている状態かもしれません。あるいは、自分の考えたくないことを拒否する蠍座の傾向を考慮するに、単に感情が麻痺していて、それ以上考えたくない、と感じているのかもしれません。

理由はともかく、そんな状態では一緒にいる人、またはこれから一緒になる人に対して失礼です。自分自身を欺いているとも言えます。過去の亡霊は忘れ去ってください。あのころはまだ若くて、自我が確立していなかったのです。自分自身にチャンスを与えてやってください。

それと同時に、恋愛を過度に理想化せず、現実的になることも必要です。そうしたら、永遠の幸せを見つける確率はあなたが考えているよりもずっと高い、ということが納得できるはずです。

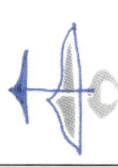

射手座

11・23 ▼ 12・21

瞬間瞬間を生きるのが好きで、義務に従うことを嫌う

※太陽が各星座に入宮する日は、年によって異なります。256ページの「太陽の運行表」で、あなたの正確な太陽星座をチェックしてください。

太陽が射手座

性格

- 射手座は精神的な悟りを追い求めています。
- 旅行、冒険、逃避、趣味といった活動を通して彼らが模索しているものはただ1つ、有限の世界と無限の世界を結ぶ、把握し難い英知という名の架け橋です。多くの射手座が道化師の帽子をかぶっていますが、帽子の下には12星座の中で最も深遠な哲学者の脳が潜んでいます。

自由奔放な人たちにとって、射手座は理想的な友人となることでしょう。何にでも関心を示し、ワイルドなアイデアにあふれており、一般的に言って大胆このうえありません。でも注意深い人にとっては、射手座は神経をすりへらす相手でしょう！ 表面的にのんきで楽天的であるぶん、内側は深遠で感受性が強いのです。社会の習わし、風習といったものが嫌いで、本当に感じ入ったときに自分の感情を表現するのを好みます。たとえば、ある日突然、次から次へプレゼントを贈り続けたかと思うと、その人の

第1章　太陽星座の秘密

誕生日をコロッと忘れたりします。相手がそれと同じことをしても、射手座は気にもとめないでしょう。実のところ、惰性で贈り物をもらうより、そちらのほうをはるかに好むようです。

射手座は瞬間瞬間を生きるのが好きで、永続的な約束、契約などがからむと、ひどく捕らわれたような気分になってしまいます。チャレンジや新鮮味がなくなると、熱意はとたんに萎えてしまいます。といっても彼らは自分の義務を尊重しますので、信用がおけない、ということはありません。しかし本質的に義務に従うことを好まず、予想のつかないような状況下にあると、水を得た魚のようになります。

射手座はまた「ノー」と言うのを好みません。これは抑制し難い楽観主義に裏打ちされた愛すべき特質と言えるでしょう。どうしても拒否する必要のあるときは、「たぶん」といったあいまいな表現を用います。これは注意深い「イエス」と間違えられることがしばしばあります。彼らの心理を読めるようになったら、射手座のパートナーの人生はずっと楽になり、2人の関係も幸せなものになるでしょう。

●●●●●
● **家** ●
●●●●●

射手座は奇妙な所に住むのを好みます。それが不可能な場合は普通の家をできるだけ奇妙な場所にしようとします。

あなたの家はぜいたくではありませんが、来客を歓迎するような雰囲気に満ちています。もっとも座るイスがあれば、の話ですが。イスはテーブルなどと高積みにされ、そのうち処分しようと計画されているようです。幸いお友達は、あなたが家庭的でないことをよく理解しています。あなたは冒険を心の滋養にするタイプで、屋根の修繕にお金を使うよりは飛行機の切符を買うほうを好む、ということを知っているのです。

太陽が射手座

でもいつか、ちゃんと動く掃除機になにがしかのお金を投資してほしい、と思ってはいるようですが！

●●●● ファッション

射手座は手近にあるものだったらなんでもまわず身につけることで悪名が高い。でも正式にドレスアップする機会が出てきたら、だれよりも光り輝きます！

ファッション・ショーで射手座を見つけるよりも、寿司屋で菜食主義者を見つけるほうが簡単でしょう。あなたは今のトレンドといったものに救いがないほど無関心で、それを特に気にもしていません。あなたが時を超えた着こなしの達人だったらそれでもかまいません。でもそうでしょうか？ 全然そんなことはありません。最新の流行を軽べつするだけでなく、伝統に従うのも好みません。デニムとツイードを合わせたり、アーミー・ブーツとシルクを合わせたり、目にも鮮やかな赤のトップにヴィヴィッドな緑のスカートを合わせたりして臆することがあません。さらにあきれるのは、こういうとんでもない組み合わせでも、サマになってしまう、ということです。少なくとも、ほとんどの場合は。

●●●● 食べ物

射手座はいつでもおなかをすかせています。幸いなことに彼らはその活発な神経エネルギーで多くのカロリーを燃焼させてしまいます。

それから、早食いの傾向が強いようです。

前菜にニラネギとアスパラガスのスープ、メインにひよこ豆のスパイシーなトマトソース煮込みワイルド・ライス添えはいかがですか？

第1章　太陽星座の秘密

デザートにはシナモンとクローブ風味のアプリコットとアーモンドのタルトなどいかがでしょう？　これらの食材はすべて、射手座を管理する木星によって支配されていますので、あなたが典型的な射手座だったら、今ごろはキッチンに走って料理し始めているはずです！　もしも料理が得意でないとおっしゃるのだったら、あなたは典型的な射手座ではないか、もしくは欲求不満の塊に違いありません。射手座というのは、見事なシェフ、そしてパーティーのホストまたはホステスになる可能性を秘めた星座なのです。

●●●
お金
●●「財産の額が分かるくらいだったら、本当の金持ちとは言えない」

と、射手座のお金持ち、ジャン・ポール・ゲティは20世紀始めに語りました。ケンタウルスの星座の下に生まれた人に「十分」という単語は存在しません。あなたのモットーはたぶん次のようなものかもしれません。「もしも仕事をするのだったら、思いっきり派手に稼ぐべきである。さらに念のため、その2〜3倍は稼いでおきたいものだ」

貪欲ということではありません。単に旺盛な食欲に恵まれているにすぎません。節約の必要性を感じていない、ということではありません。単に、救いようがないくらいぜいたくなだけです。考えてみれば、伝統的な意味で大志を抱いている、ということでもなさそうです。自分の幸運をどこまで押し通せるかという、飽くことのない好奇心に満ちている、といったほうが適当なようです。

悲しいことに、射手座のあなたは、酔っぱらいの宝くじ当選者と同じような思慮分別をもって浪費する傾向があるのです。

太陽が射手座

たとえあなたの経済状況が"しらふ"の考え方を必要としているときでも。ときにはあなたもけなげに自分自身を抑制しようと努めますが、すぐにその後で、別のところで散財し、すべてが水泡に帰してしまうようなこともあります。あなたの預金高がヨーヨーのように上がり下がりをするのはこれが原因です。

別の理由は、あなたが安定収入を目指すよりも、ベンチャービジネスに乗り出したり、怪しい金もうけの話に乗ったりするほうを好む傾向がある、ということです。幸い、あなたの常識が欠けている、と見るや、射手座を管理する世話好きな木星が乗り出してきて、注意を喚起してくれるのですが。

適職は？

● エアホステス、スチュワード、アナウンサー、弁護士、放送業界、聖職者、法廷関係事務員、エンジニア、探検家、映画監督、外国特派員、コント作家、貿易関係、発明家、競馬騎手、裁判官、哲学者、国際法学者、スポーツ選手、旅行代理店、ツアーの添乗員、大学教授、作家

恋愛

● 射手座が恋に落ちると、その恋の充足、および自分の気持ちの表現ということが最重要事項となります。格好つけてクールに振る舞う、ということができないのです。射手座にとって忠義を尽くすということはとても大事です。自分のハートのすべてを信頼する人に捧げ、同じことを相手にも要求します。

恋愛関係を永続させることが難しい、と感じておられますか？ あるいは過去にそういう体

第1章　太陽星座の秘密

験をなさいましたか？　それはたぶん頑張りすぎたからだと思います。射手座のあなたは、何をするにせよ、すべてにあり余らんばかりの楽観主義を持ち込まずにはいられません。具体的な行動に出ようが、単に夢を見ようが、物事の明るい面を見続けるのです。相手に惹かれないとまったく無関心ですが、いったん惚れたらとことん惚れぬきます。あまりにも入れ込みすぎて、自分の感情をスイッチのようにつけたり切ったりできなくなります。それであなたは制御できないような状態となり、結果的に自分の望む人を手に入れることができます。ただ、時に相手にとって一緒に暮らすのが難しい存在になることがあるのです。

あなたよりも自己不信が強い人や、感情的に不安定な人、はたまた概して悲観的な人はあなたの楽観主義を心強く感じますが、同時に圧倒されもします。時には射手座の微笑みから遠ざかって、自分自身の微笑みを取り戻す必要も出てくるようです。この場合の問題点は、あなたがパートナーから離れられない、ということです。それで、ケンタウルスよろしく、極端から極端へと激しくゆれることになります。2人の関係を永続させることができるという大いなる自信から、完全な自信喪失の状態になってしまうのです。

ですから、すべての射手座にとって恋愛関係を持続させるコツというのは、相手に合わせてペースをゆるめることです。あるいはパートナーが自分の感情を見つめることのできる余裕を相手に与えてあげることです。さらに、必要とあらば、しばらく脇に寄って事態を静観することも必要でしょう。憤りながら家を出てドアを激しく閉めるのはご法度です。

山羊座

12·22 ▼ 1·19

責任感と威厳のある人として、周囲の信用を勝ち得る

※太陽が各星座に入宮する日は、年によって異なります。各星座の境目に近い方は、256ページの「太陽の運行表」で、あなたの正確な太陽星座をチェックしてください。

太陽が山羊座

●性格

- ●山羊座は宇宙時計の管理人です。彼らは歴史を見つめ、過ぎ去った時の謎を計ることを希求します。しかしながら、彼らは時を自分のために利用するというよりも、むしろ他者に与えようとします。時という限られた貴重な資源を、他者が最大限活用できるようお手伝いをしてあげることが、すべての山羊座の高貴な願いなのです。

- ●何かをきちんと仕上げる必要があるのだったら、山羊座に話をもちかけてください。地に足のついた彼らは、妨害要素を軽くいなしながら、すべての課題を1つずつ丁寧に片づけます。極度のプレッシャー下に置かれても、弱音を吐くことはありません。少なくとも表面的なレベルでは、彼らは常に安定していて、責任感と威厳のある人として、周囲の信用を勝ち得ます。しかしながら、その内部はというと極めてソフトなのです。山羊座の人の心の中では、口にされることのない望みや強烈な感情が渦巻いています

第1章　太陽星座の秘密

普通彼らはこういった感情を抑制し、望みをかなえるための燃料に変換します。それでも、このような感情は潜在的な危険をはらんでいます。銀行の金庫に爆弾を保管している人のことを考えてみてください。遅かれ早かれ、何かが爆弾に火をつけるでしょう。山羊座の人はこのことを十分承知していますが、それでも自分の感情を認めたがらないのです。

彼らの親友になりたかったら、このことを肝に銘じておく必要があります。表面的なレベルでうまくやっていくことは簡単です。なぜなら、彼らはいつも役に立つ情報や実用的なアイデアを提供してくれるからです。面白い話題には事欠かず、聞き上手でもあります。でも、もっと深いレベルでは、別の話が隠されています。いったん信用したら、彼らは自分の秘密や恐れを告白してくれることでしょう。打ち解けると、警戒心が解除されるのです。山羊座への誕生日プレゼントとして、実用的な便利道具などを贈

るのは賢い選択と言えます。しかし、本当に彼らにあげるべきものは、裸の魂をさらすチャンスです。

●●●●●
家

山羊座はあらゆる意味で、自分の家を安全な場所にしたいと願っています。

宮殿のような家に住んでいる人がいます。触るのさえためらうような調度品や、外見は美しくても座り心地の悪いソファなどに囲まれて暮らしています。

しかしあなたの場合、表面的な美しさよりも、実用性や快適さを重んじます。ステンドグラスよりも、窓ガラスを二重にするほうを好みます。棚に中国の陶磁器を並べるよりも、おじいちゃんから受け継いだ古い置き時計を飾ることを好みます。

だれの目にも留まらない寝室に洋服ダンスを備えつけるよりも、イスの背に洋服をかけることを好みます。最新のインテリアということになったら、あなたの家は最下位にランクされるかもしれませんが、リラックスできる場所として、人の足が自然に向かうのはあなたの家のはずです。

ファッション

- 山羊座はあまりファッションに気を使いません。機能的かつ実用的な服を好みます。フリルのような余分な装飾には関心がありません。
- 特定の役割を演じるために、そういう服を求めているのだったら話は別ですが。
- 占星術の神話で、山羊座は過去を管理するとされています。あなたの場合最新流行の服も似合うことは似合いますが、クラシックなデザ

インで、時を超えたエレガンスで光沢のある服に身を包んだとき、最も快適と感じるはずです。お母さんから受け継いだ服だったらなおいいでしょう。おばあちゃんやおじいちゃんの服だったらもっと似合うかもしれません！　毎日和服を着てすごせ、とは言いませんが、純和風のクラシックな装いに身を包んだら、すばらしく映えることでしょう。

食べ物

- 山羊座は、あまり手がこんでいなくて、健康的な家庭料理を好みます。世界各地の料理を楽しみますが、美しく盛りつけられた料理や、高そうに見える料理には感動しません。
- 山羊座は新しい味を追求する意欲がない、と評されることがあります。一方あなたは自分のことを気取りのない性格、と考えたいようです。

第1章　太陽星座の秘密

健康的でシンプルな「大地の食べ物」が典型的なお気に入り料理です。複雑な料理は、一時的な流行を追いかける人々に任せておけばいいのです。あなたはホカホカのご飯に味噌汁、きんぴらゴボウに鮭の塩焼き、といった基本的な料理を好まれるはずです。あなたの食べ物への態度は、人生そのものへの態度と共通したところがあり、次のような言葉に置き替えられます。

「成功の公式が存在するのだったら、なぜ手を加える必要がある？」

●●●● お金

「大地の贈り物を交換することで豊饒（ほうじょう）と心の充足がもたらされる。でも交換が愛と平等の精神の下に行われないと、片方が貪欲（どんよく）となり、もう片方は空腹にあえぐだろう」

本文のおいしいところを読みたいがためにこの格言をさっと飛ばし読みされたのだったら、もう一度読み直してみてください。そこに私の言いたいことが凝縮されています。これは山羊座の詩人、カーリル・ギブランのものです。彼の美しい作品「予言者」から抜粋しました。あなたとお金の関係を言い得て妙だと言えるでしょう。怪しい金もうけ話や、倫理的に疑問のあるベンチャービジネスのことは忘れてください。ドアから狼を遠ざける方法はただ１つ、自分の得意分野を開拓することです。社会機構に合致した、公正で常識的な仕事を見つけることです。

山羊座のあなたはいろいろな能力を持っています。能率的で頭が切れ、整理整頓が行き届いていて、勤勉です。あなたには威厳があります。立ち上がって堂々と意見を述べると人々は思わず耳を傾けます。でも仕事をするにあたり、この特質のどれをも採用する必要性はまったくありません。そうしたら、満足の伴われない富がもたらされるだけでしょう。

真の意味での山羊座の成功の秘訣というのは、心から納得のできる計画やプロジェクトに全身全霊を捧げることです。そういう尊い作業に全身で心に従事していたら、まるで鮭が川に帰ってくるように、お金がごく自然にあなたのもとに流れ出すでしょう。

●●●● 適職は?

● 建築家、大工、起業家、整体師、時計関係、経済学者、骨董家具復元師、庭師、公務員、皮革職人、美容師、左官業、刑務官、不動産開発関係、古美術復元師、彫刻家、交通管理官、職業相談員、考古学者

●●●● 恋愛

● 山羊座は花束をやりとりするような浮わついたロマンスには関心を示しません。でも心底だれかを愛しているのだったら、もっと純粋で心に触れるような方法で愛情を表現します。
● 彼らは官能的です。ほかのどの星座よりも、相手に楽しみを与える術を心得ています。お疑いでしたら、友達の間で投票させてください。
● 山羊座のあなたの問題点というのは、どうしたら恋を永続させることができるのか、ということではなく、そもそも相手を慕う気持ちをどうやって表現したらいいのか、ということです。あなたが典型的な山羊座でないのだったら、この限りではありませんが。あるいは、相手との関係があまりにも自然で、あなたとの間にもともとツーカー的な連帯感が存在しているのだったら話は別です。でも一般的に言って、あなたは自分の胸の内をおいそれとは口にしません。

つまり、自分が100％納得できない限り、む

第1章　太陽星座の秘密

やみやたらと愛情を表明しない、ということです。さらにこの傾向は感情だけでなく、意見表明にもあてはまります。とはいえ、あなたに恋のゲームを演じる能力が備わっていない、ということではありません。セリフやポーズをバッチリきめて、状況に応じた対応をすることは十分に可能です。でも、あなたの行動というのは結局心の底からにじみ出たものでしょうか？ というか、相手はそんなふうに感じてくれるでしょうか？

今のパートナーが本当にあなたにふさわしい人だったら、つき合い始めたころから相手が気づいていることがあるはずです。あなたの心を開くのがいかに難しいか、ということです。気を使って、そのことには触れないでいるのかもしれません。あるいは、一度は口にしたものの効果がなかったので、今のままの状態で、できる限り楽しもうとしているのかもしれません。でも遠慮がちなあなたに対応して、自分自身を

守るために相手がバリアーを張ったのは確かだと思います。死が2人を分かつまで今の関係を妨害する要素があるとしたら、このバリアーをおいてほかにはありません。これを解体するために、突然メロドラマの主人公になる必要はありません。でも彼らの存在を認知し、自分の気持ちを言葉にするように努める必要があります。今の関係が単なる惰性に基づいていないこと、そして「変化を恐れる」ゆえに今の関係を持続しているわけではないことを相手にしっかりと伝える必要があります。

太陽が山羊座

水瓶座

1・20 ▼ 2・18

心は感情を支配すべきであって、支配されるべきではないと思っている

※太陽が各星座に入宮する日は、年によって異なります。各星座の境目に近い方は、256ページの「太陽の運行表」で、あなたの正確な太陽星座をチェックしてください。

● 性格

水瓶座は水運び人の星座ではありますが、水の星座ではなく、風、つまり思考、哲学、知性の領域に属します。水瓶座の人にも豊かな感受性や情熱が備わってはいますが、心は感情を支配すべきであって、これに支配されるべきではない、という考えが基本になっています。つまり、水瓶座の人は、客観的な物の見方の大切さをわれわれに教えてくれる、と

いうわけです。

●

専門家風のアドバイスが必要だったら、水瓶座の友人に意見を求めてください。質問内容が何であれ、明確な答えが返ってくるでしょう。90％その情報は正しいです。でも、あとの10％に気をつけなければいけません！ 同様の自信をもって答えが返ってくるでしょうが、完全に的外れのことがあります。両者をどうやって見分けたものでしょうか？ それが見分けられないのです。彼らは自分が間違いを起こすなどとは夢にも思っていないため、手がかりを見つける

第1章　太陽星座の秘密

ことができないのです。アドバイスに従って、初めて間違いが明らかになるというわけです。それで、証拠と共に苦情を申し立てると、素直に謝罪する場合もありますが、むしろ何食わぬ顔で言い訳をしてくる場合のほうが多いのです。ですから、水瓶座の人とうまくやっていきたいと思ったら、ユーモアのセンスと、少しだけ懐疑的な態度が必要です。彼らを変えることはできませんから、あなたのほうで合わせなくてはなりません。努力の価値は十分にあります。なぜなら、水瓶座の長所は短所を補って余りあるからです。

孤高で、知ったかぶりで、自尊心が強いと言われている水瓶座ですが、寛大で、思慮深くて、人並はずれた能力の持ち主であることも確かなのです。予想がつくような薄っぺらで退屈な人格ではありません。巨視的な理想家、人類愛に富んだ哲学者、はたまた心の広い思索家だと言えます。水瓶座の友人と一緒にいると、一種中毒になってしまうようなところがあります。いったん風変わりな点に慣れたら、彼らとの友情は何にも替え難いものとなるでしょう。

水瓶座にプレゼントを贈る場合は、彼らが新し物好きで、一風変わったアイテムに惹かれる傾向がある、ということを覚えておいてください。彼らが質の高い物を見分ける目を持っている、ということを認めてあげるようなプレゼントを贈れば、感謝されることは確実です。

●●●家

水瓶座は美しい庭のついた家にいるとき、最も快適と感じます。

水瓶座はちょっと変わっていて、討論好きで、よく不満をこぼします。行列を作るのが嫌いで、人混みが嫌いで、個人の権利を主張するのが好きです。

喧噪の都会に住むのは気が進まないことでしょう。人里離れた廃屋に手を入れて住んだり、鉄道の客車を改造した家などが理想かもしれません。経済的などの理由により、これがかなわなくても、あなたの家が自己表現という名の博物館といった様相を呈していることは確かです。

●●● ファッション

水瓶座の色のセンスを礼儀正しく表現するとすれば「クリエイティブに個性的」ということでしょう。

あなたはいろいろな意味で過激になり得ますが、こと洋服となると驚くほど保守的です。「抑制的」とまで表現したくなります。と言っても衣服費を節約したがる、という意味ではありません。高価な製品を好みます。質の高い服を見分ける目を持っているのです。バーゲン品で洋服ダンスをいっぱいにするよりも、丁寧に仕立てられたスーツを2～3着所有することを好みます。晴れの舞台に出るときや旅行しているときは、ファッショナブルな服や、未来的な装いを楽しみますが、毎日の服となったら話は別で、基本的な組み合わせに落ち着きます。コットンやレザーといった自然素材を好みますが、特にウールのニットウエアがお好きのようです。

●●● 食べ物

水瓶座は新しいレシピや料理にチャレンジするのが好きです。味は二の次です。なぜなら、話の種になるというのはそれ自体が大きな魅力だからです。

典型的な水瓶座だったら外食がお好きなことと思います。ある日はインド料理、翌日は中華料理、その翌日はイタリア料理で、その後はフ

第1章　太陽星座の秘密

ランス料理、といった具合です。聞いたこともないような外国の料理だったらなおいいようです。なぜならあなたは食べること自体よりも、新しい味覚の発見のほうを楽しいと感じるからです。欲求不満を解消するために、食べることに慰めを求める人がいますが、あなたは決してそんなことはありません。好みがうるさいため、退屈な食事をするぐらいだったらいっそのこと空腹でいるほうがましだからです。

お金

●●●●
「お金とは第六感のようなものだ。それがないと、あとの五感を十分に駆使できない」

実に印象深いこの言葉を残した作家のサマセット・モームは水瓶座でした。この発言は、水瓶座特有の思考法を冗舌に物語っていると言えます。この星座の下に生まれた人たちが、お金もうけをそれ自体のために追求することは稀（まれ）です。水瓶座のあなたのことですから抜け目がないかもしれません。すでに大成功を収めているかもしれません。あるいは高価な趣味をお持ちかもしれません。でも、私がとんでもない勘違いをしているのでない限り、貪欲（どんよく）ではないと思います。あなたにとってお金とはまさに第六感なのです。あなたが直感力を積極的に開発しようとしないのと同じことです。必要なときにはいつでもそこにある、という考え方です。つまり、金銭的な発展をごく当たり前の現象としてとらえている、ということです。適切な行動をとっていれば、インスピレーションはどんどんわいてくるし、お金は自然にあなたの下に流れてくる、という考え方が根底にあるわけです。

もちろん、あなたには優れた直感力や潜在的なお金もうけの能力がもともと備わってはいます。でも、両方共しゃかりきにならないほうが、その力は十二分に発揮されるようです。

適職は?

しかしながら、あなたの寛大さや同情心が、過度に強調されないよう気をつける必要はあります。というのは、このような特質というのは、あなたが能力を全開しようとする際、大きな重荷となってしまうからです。で、あなたの道行きが執拗に妨害されるのだったら、ボランティア活動を本質的なレベルで変えてしまえばいいのです。

つまり、それを余暇活動の一端としてとらえるのではなく、全体の収益プランの一部に取り込んでしまえばいいのです。今無料奉仕している活動から、収入を導き出す可能性がないかどうか検証してみてください。考え方をそんなふうに変えたとたん、突然チャンスが開けてきたことが分かるはずです。

- 俳優、美術商、パイロット、放送関係、市民団体活動家、コンピューター・コンサルタント、カウンセラー、電気技師、家具デザイナー、発明家、レーザー光線のオペレーター、照明デザイナー、エンジニア、航海士、国会議員、精神分析医、スタジオミキサー、社会福祉事業家、通信関係

恋愛

- ロマンスが最初に花開くころの水瓶座というのは、チャーミングで誘惑上手です。本に書いてあるような恋愛攻略法をよく心得ています。水瓶座の人は近寄り難く、壁があり、感情に欠けると伝統的に言われていますが、それが本当ならどんなにいいでしょうか!
水瓶座の人は一般的に言って、自分の知識だの、信条だの、人生の目標だのについて並々な

第1章　太陽星座の秘密

らぬ自信を持っています。でも、胸の内で感じていることがいったいどれほど確かなものなのか、というようなことを問われると、そういう確信に陰りがさしてしまう人が多いのです。彼らはそういう不確実性を何よりも嫌うので、自分の混乱を隠すために必死になります。それで、わざと大げさに表現するか、もしくは、そういう話題は遠慮したいなどとのたまわって、質問を却下してしまうわけです。

あなたの恋をどうやって永続させたらいいのか、というアドバイスを私が故意に遠回しに表現したのをお気づきのことと思います。指摘した特質については、ほかの水瓶座の人はともかく、あなたにはあてはまらないかもしれない、という余裕を残したつもりです。つまり「帽子があなたに合えば」ということです。で、あなたがそのことに考えを巡らしている間に、もう1つ、潜在的にあなたの心の平和を乱すようなコメントを、できるだけやんわりと伝えたいと

思います。偉大な心理学者、カール・ユングは以下のような説を固く信じていました。つまり、ある人が別の人を耐えられないと感じるのは、その人に自分のいちばん嫌な部分を見るからだ、ということです。それでは、机上の論理を離れて、今の話を現実の場合に適用してみましょう。水瓶座のあなたはアドバイスを受けるのを何より嫌うため、できるだけ慎重に以下を述べたいと思います。今つき合っている人、もしくはこれからつき合う人と楽しい関係を継続させるコツは、その人の嫌いな部分を見つめることです。そして、いつか彼（彼女）が欠点を克服してくれる日がくるのを期待するのではなく、むしろあなた自身を変えるように努めることです。そうすれば、あなたの恋愛は永続するでしょう。

太陽が水瓶座

魚　座

2・19 ▼ 3・20

物質的繁栄よりも、心のぬくもりにより価値を置いている

※太陽が各星座に入宮する日は、年によって異なります。各星座の境目に近い方は、256ページの「太陽の運行表」で、あなたの正確な太陽星座をチェックしてください。

●●●●● 性格

魚座は12星座中いちばんのマジシャンです。帽子からウサギを出すことはないかもしれませんが、毎日驚くべき変身を遂げます。魚座の人に授けられた最高の贈り物というのは、絶望を希望に、そして恐れを信念に変える能力です。ほかの人々が平凡なものとして見ごしてしまうものに潜在的な可能性を見いだし、その価値を皆に教えてくれます。

　魚座の人は勘が鋭い星座です。彼らの体内には特別のレーダーのようなものが備え付けられており、隠されたメッセージに周波数を合わせることが可能です。その結果、人の心の内を読み取ることができるのです。でも魚座の人がこの才能を悪用することは稀です。なぜなら彼らは感受性が鋭いと同時に良心が発達しているからです。これは幸いというものです。もしも本能が発達しているのと同じくらい情け容赦がなかったら、だれも彼らを止めることができないでしょう。

太陽が魚　座

第1章　太陽星座の秘密

うれしいことに、魚座のほとんどが物質的繁栄よりも人の心のぬくもりのほうにより価値を置くようです。もちろん例外はどこにもいます。しかし、貪欲な魚座でさえ避けることのできない基本的なハンディキャップというものが存在します。想像力過多だということです。

魚座は視覚的な人々です。総天然色で白日夢を見ます。運動選手にもともと肉体的な力が備わっているように、魚座の人々は何かを創り出す能力に恵まれているのです。詩人、芸術家、音楽家、作家、発明家の類が必要とする能力です。この種のひらめきにいつもアクセスできるというのはすばらしいことではありますが、半面コントロールすることが難しいのが欠点ではあります。魚座に贈り物をあげるのだったら、このような想像力を発揮する機会を作ってあげるのがいちばんでしょう。彼らの夢想に耳を傾け、理想を追求するよう励ましてあげてください。そして何よりも重要なことは、どの夢が現実的で、どの夢が絵に描いた餅なのか、区別してあげることです。

●●●●●
●●家
魚座の人にはカメレオンのような特質が備わっています。周囲の環境が変化するたびに、それに合わせて順応してしまうのです。変化の度合やスピードは関係ありません。

あなたの家は美しく装飾され、快適なことでしょう。でも、落ち込んでいる友達や隣人で、いつもあふれかえっているのではないでしょうか？　あなたのソファに座って、朝から晩まで胸の内を吐き続ける彼らはいったいだれなのでしょう？　夜になろうものならクッションを取り出して、ベッドにし、高いびきをかいて眠ります。そして翌日になったらまた最初に戻って、あなたの肩にもたれて泣き始めるのです。

いったい彼らはどこからやって来たというのでしょう？ それになぜあなたは彼らを招き入れるのですか？ おかげであなたの家は決して静かになることはなく、退屈とは無縁の毎日のようです。かつて夢見ていた気ままな生活からはほど遠いようではありますが。

ファッション

●魚座の人は、ロマンチックで理想主義的な精神を強調してくれるファッションを好みます。
●思いっきり派手で挑発的な装いをしても浮くことがありません。

魚座はミステリアスでエキゾチックな星座です。ですから魚座の人はミステリアスでエキゾチックな服をまとうべきです。カフタンや和服やサリーやサロンやペレリンやポンチョを着てしなやかに歩くためにあなたはこの世に生を受けました。まぁ、いつもこのように冒険的な服を着ているわけではありませんが、普通の装いをしても、一味違ったところがあるようです。遠くを見つめるあなたの目は自然と遠い異国の土地に向けられるようです。ですから時には自分を甘やかす意味で、あなたの魂に住む詩人を解き放ってあげるのもいいでしょう。長いこと夢見ていた、流れるようなローブや、複雑に織り込まれた生地のエスニックファッションに、勇気をもってトライしてみてください。

食べ物

●魚座にとって理想的な食卓とは、カラフルでエキゾチックな料理をゆっくりつまめるようなビュッフェ・テーブルでしょう。
●魚座の人は見た目と実際の味が異なる料理が好みのようです。ココナッツかレモンで微妙に

第1章　太陽星座の秘密

味つけされたライス、クミンかコリアンダーで上手に風味づけされたホワイトソース、ビールか玉ネギで発酵したチーズなどがこの例です。以上は、あなたが天界の偉大な魔法使い、海王星の影響の下に生を受けたからなのです。精魂込めて作られた料理をお好みで、食事のお供には、個性的で微妙で機知に富んだワインが欠かせません。魚座のあなたの舌は極めて敏感であり、それを刺激するのが大好きなのです。

お金

●●●●●
「世界で最も理解し難いものは所得税である」

この言葉は天才、しかも魚座の天才、アルバート・アインシュタインのものです。私がこの言葉を選んだ理由の1つは、E＝MCの2乗という法則を世界に問うた人が、所得税の還付に頭を悩ましている、という図が面白いと思ったからです。そしてもう1つの理由は著名な魚座の経済学者が見当たらなかった、ということです。これは驚くにはあたりません。あなたの星座というのは何かを創り出す能力に恵まれています。そういうクリエイティブな人々というのは、ドライで論理的で現実的な世界にはあまり向いていないようです。アインシュタインはクリエイティブな科学者として大成することができきましたが、優れた頭脳の持ち主の彼でさえ、お金といった退屈な話題には、もうひとつ頭が回らなかったようではありませんか。創造力のある人というのは概してそういうものなのです。もし現実的でかつクリエイティブだったとしたら、トラブルが発生するでしょう。クリエイティブな経済学者は信頼されません。クリエイティブな会計士は眉をひそめられます。クリエイティブな金融業者は逮捕されます！もしもあなたがこれらの分野で働いておられるとしたら、どうぞ悪く思わないでください。

朝から晩まで規則に従い続ける能力が全然ない、というわけではもちろんありませんので（もっとも夜にそれを補うような行為をする必要があるかもしれませんが）。でも、つまるところ、魚座のあなたがお金をもうけるコツというのは、何かを創り出す分野に進出することだとは思います。かつて興味を持っていたのに、諸般の事情で遠ざかってしまったものがありませんか？ 昔の趣味や興味やアイデアを再発掘してみてください。それにちょっと手を加えることで、将来の重要な資金源になるかもしれません。

●●● 適職は？

● 麻酔医、芸術家、バーテンダー、漫画家、化学者、靴屋、ダンサー、酒造業、手品師、映画監督、漁師、ものまねを得意とするコメディアン、海洋学者、石油化学関係、写真家、

● 配管工、詩人、私立探偵、航海士

●●● 恋愛

● 魚座が恋に落ちるとすべてはバラ色になります。彼らのファンタジーと比較すれば、巷の恋愛小説など経済学の教科書も同然です！ 長期的な関係に入っても、魚座の人は決して退屈することはありません。愛する人との毎日を新鮮で楽しいものにする能力をもっています。

● 魚座の人が生涯を通じて自分の愛をたった1人の相手に捧げ続ける、というのは不可能のようです。とはいえ、死が2人を分かつまで続く1対1の関係をあなたが維持できない、という意味ではありません（魚座がミステリアスな星座だということをかんがみると、死の果てまでもと言ったほうがよいでしょうか？）。しかし、

第1章　太陽星座の秘密

2人の関係がどんなに幸先のいいスタートを切ったとしても、それには自ずと限界がある、ということを理解しなければなりません。

あなたは想像力に富み、理想主義的で、海王星の影響を（少なくともある程度までは）受けた魚座ですから、努力すれば2人が1つに融合するのは可能だということを信じておられるに違いありません。それは確かに素敵な考えです。

詩人の魚座には特にアピールすることでしょう。でも現実問題となると、事はそれほど簡単ではないようです。

長期的な関係を享受しているカップルを見ると、2人がすべて異なる趣味を持っていて、家庭を離れた場でそれぞれに幅広い社交活動を楽しんでいるケースが多いようです。カップルとしてうまく機能していくために、細々とした問題や趣味の類にいちいち同意する必要はまったくありません。実のところ、2人が離れている間、どんな活動をしていたのか事細かに報告する必要さえないと考えます。もちろん正直であることは大事なことですし、両者の間に信頼という名の絆がなければなりません。でも表面をとりつくろって、偽りの幸せ芝居を演じることは避けるべきです。相手の趣味に関心がないのだったら、あえて興味があるように振る舞う必要性はどこにもありません。仕事でさえこの限りではありません。また、ケンカしないのが理想的な関係だなどという間違った考えに左右されるべきでもありません。

以上述べたようなことはもう知っていたかもしれませんね。でしたらあなたは、すでに永続的な関係を育む過程に入っている、と言えるでしょう。でも最近あなたが永遠の愛というものを信じられなくなってきているようでしたら、そろそろ机上の理想論と実際の現実とを心の中で区別する時かもしれません。

魚座

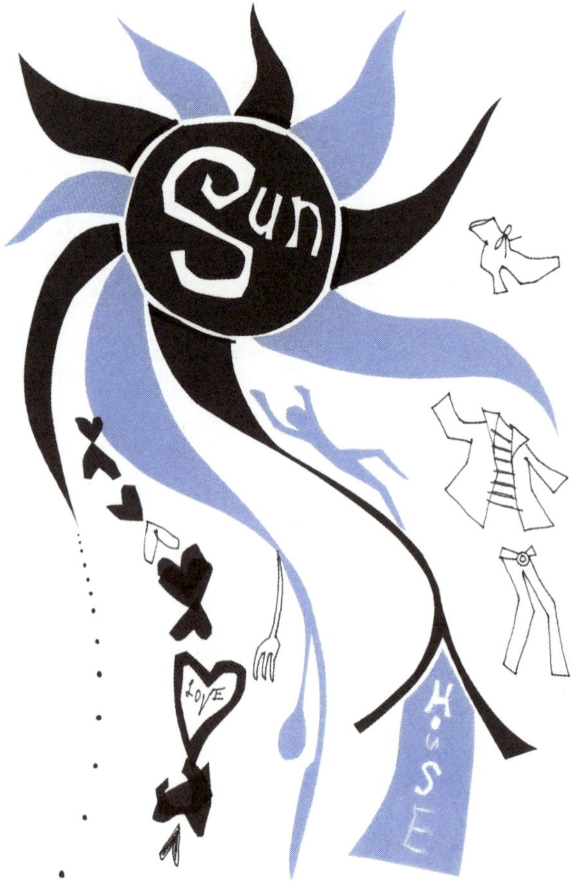
Sun
LOVE
HOUSE

… 第2章 …
月星座のマジック

★

あなた自身が知らないあなた 月星座に表れる素顔

太陽星座の説明を読んでみて、まぁ、当たっているところはあるけれども、自分のことを100％言い当てているとは言えない、と感じましたか？

あるいは、地球の人口の12分の1の人たちと同じ性格を共有しているという考え方は面白くないでしょうか？

であるとするならば、今から検証するのはあなたと他人との共通点ではなく、むしろ相違点のほうです。

本当のあなた

今、占星術に関してあなたが知っているのは、どの太陽星座の下にあなたが生を受けたか、ということです。太陽星座というのは、雑誌や新聞の占いで目にするあれです。30日という同じ期間内で生まれた人たちは皆あなたと同じ星座を共有するわけです。

なんでしたら太陽星座は一種の国籍のようなものだと考えてみてください。日本人の皆さんが素早いサービスを期待されるのに対して、イ

第2章　月星座のマジック

ギリス人が待たされるのをごく当たり前のことと考えるのと似たところがあります。同じ意味で、牡羊座と乙女座の人は、概して相反する人生観を持つ傾向が出てきます。というわけで、太陽星座はあなたに個性だの、行動規範だの、一連の癖だのを付与したのです。でも、日本人の皆さんを十把ひとからげにできないように、あなたは太陽星座以上の存在なのです。

あなたが社会で見せる表向きの表情と、私的空間で見せる脆い素顔との間には大きなギャップがあります。このギャップは昼と夜の違いぐらい大きなへだたりがあるのです。月星座はこんなとき有用になってきます。太陽があなたの表向きの顔とすれば、月はあなたの心の奥底に潜む素顔を表していると言えます。どのように問題に対処するか、何に希望をつなぐか、いつ、あるいはなぜ気分が変わるのかなどを表します。換言すれば、本当のあなたを語っている、ということなのです。

★ 自分の人生をもっと上手にコントロールしたい！無知な私たちに、月が語ることとは？

月というのは、人間の非理性的で直感的な部分に呼応しています。統計学者や科学者がすべてに論理的な説明を求めるように、ほとんどの人々には残念ながら潜在意識の存在を否定しようとする欲求があるようです。鮮明な夢を見て目を覚まし、これを忘れてしまおうとする理由がここにあります。また、私たちが本音を語りたがらないのもこれが原因です。夜の生き物である月にとっては夢や感覚がすべてなのです。

私の月星座の説明を読むということは、あなた自身の夢や感覚をもっと掘り下げて見つめるのと同義です。

あなたの内に衝動という名の潮流が存在します。潮の満ち干は月によって管理されています。これを理解することによって、自分の人生をもっと上手にコントロールすることが可能になるのです。

ここで、以下のような質問が出てくるかもしれません。

「でも月の星座の説明を読んだら（あるいは「自分の魂の内側を覗き込んだら」とも言えます）、自分がちょっとおかしいどころか、嫌な性格なのだということが暴露されないでしょうか？ パンドラの箱を開けてしまう危険性はないでしょうか？」

そうかもしれません。でも、むしろ自分の内

第2章 月星座のマジック

側を見つめることを拒否するほうが、あなた自身や周囲の人々にとって、はるかに危険な行為と言えるかもしれません。圧力鍋の蒸気を逃してやらないと、いつか圧力が頂点に達して、蓋をはじき飛ばしてしまうかもしれません。そこで私は、あなたが吹っ飛ばされてしまわないように、パンドラという名の圧力鍋の蓋をやんわりと開けるように努めたいと思います。でもあなたの助けになるようなことは伝えたいとは思っています。最初は私の言うことがあまりお気に召さないかもしれませんが。どうしても抵抗を覚えるのでしたら、それは現在の月の位置があなたの月星座と緊張した関係にあるのが原因かもしれません。2〜3日後に読み返してみてください。

あなたの月星座をチェック!!

90ページから141ページまでの情報は、自分の月星座を探り出さない限り、意味がありません。261ページからの「月の運行表」で、あなたの月星座をチェックしてください。12分の1の割合で、太陽と月星座が同じだということがあります。その場合はあなたがその星座をまさに体言している、ということです!

月が牡羊座の場合
機知に富んでいて、行動はあくまで敏捷

「君子危うきに近寄らず」と言いますが、牡羊座に月のある人は、愚か者でさえ尻込みするような場所に平気で足を踏み入れます。「慌て者」という言葉はあなたの性格を語るには不適切だという気がします。慌て者というのは、事を急いで、考える前に行動に出てしまうような人を指します。それにこの「病気」は、いくつかの欠点を取り除くことで「治療」することが可能です。しかし、あなたの場合は治療のしようがないくらい衝動的なのです。肌もあらわな服を着て酔っぱらって踊り、警察官にアプローチしてタンゴを一緒に踊るよう誘いをかけるのが、あなた流の「品行方正」です。駐車したいのにパーキングメーターが壊れています。カッとなってメーターをぶち壊す衝動を寸前のところで思いとどまったら、それがあなた流の「自己抑制」なのです。しかもあなたはこういう性行を誇りに思っているのですから困ったものです！

もしもほかの月星座の人に向かって以上のようなことを述べたら、致命的な問題が発生するのは疑いありません。でもあなたの場合は、たぶん今ニヤニヤ笑いながら、「ほかに言いたいことはありませんか？」とつぶやいているのではないか、と推測します。そうですか、そうおっ

第2章　月星座のマジック

月が牡羊座

しゃるなら先を続けましょう。あなたはとにかくクレージーで、見たくないものがあるととたんに視力を失ってしまうようです。しかし同時に、類がないくらい優しくて、親切で、寛容的な人なのです。あなたの性格には悪意のかけらもありません。突発的にとんでもない行動に出ることはあっても、ジクジクと人を恨んだり、30分以上口論を続けたりすることができないくらい、竹を割ったような性格なのです。

あなたは、その場その場の状況に応じて行動することができ、機知に富んでいて、行動はあくまでも敏捷（びんしょう）です。エネルギーにあふれていて、生まれつきリーダーの素質が備わっています。決してチャンスを素通りさせることはありません。ちょっとでも変化を察したら、すぐに飛びついて自分に有利なように導こうとします。もしも変化の兆しが認められなかったら、自ら変化を作り出すよう努めるまでです。

人生のペースが極端に落ちてしまい、今どこに向かっていて、それがなぜなのか、考えるのを余儀なくされることをあなたは何よりも恐れています。追い越し車線を走るのに夢中になったあまり、とうの昔に目的地を通り越してしまったことに気づいた運転手のようになってしまうのではないか、と危ぶんでいるのです。

意外に思われるかもしれませんが、あなたの最大の短所は怠惰だということです。と言っても、肉体的な意味ではありません。結果に頓着（とんちゃく）しない、ということです。「まあ、とにかく一か八かやってみて、どうなるか見てみよう」と言って、あなたは未成熟の計画や、人から眉をしかめられるような関係にどんどん飛び込んでしまいます。招かれざる状況がこれに続き、あなたは「おっと！」とつぶやきながら、事態の収拾をする、という次第です。しかし、絶望したあなたの家族は「おっと！」では済ませてくれません。あなたの「寄り道」に対する家族の反応はもうちょっと大きいのです。

月が牡羊座

でも長々と反応しないほうが彼らのためになるようです。ちょっとでもお説教をされていると感じると、あなたは真剣に耳を傾けているように装いつつも、その実は耳をふさぎ、一語でも頭脳に到達しないよう計るからです！　あなたのお気に入りの言葉は「あなたにできるんだったら、私はあなたよりも上手にやってみせる」です。

幸い、自己抑制や外交手腕の欠如は、生まれながらに備わっている温かさが補って余りあります。友達や家族やパートナーは、あなたの大胆不敵ぶりにお手あげ、といったところです。

心の奥深いところであなたは権力を志向しています。情け容赦のない征服者、恥を知らない専制君主、はたまた自分の領土どころか全世界を牛耳る並はずれた支配者の素質があなたの中に潜んでいます。あなたの気性は燃え上がるというのはちょっとおとなしすぎるようです。超新星のように爆発する、といったほうが適当でしょう。情熱についても同じことが言えます。いったん何か（またはだれか）が欲しいとなったら居ても立ってもいられなくなります。あなたが望みのものを手に入れられる確率が高いゆえんです。また、あなたを敵に回したら怖い理由もそこにあります。いつまでも人を恨み続けるということではありません。情熱でさえそれほど長続きしないかもしれません。しかし短時間でもそのパワーは強烈であり、多くの被害を起こしかねないのです。

幸い時の経過に伴なって、あなたの性格に丸みが出てきています。子供のころのあなたは手がつけられなかったはずです。あなたを育てたご両親は表彰状ものです。でも実際それはあなた自身にも適用されます。自分の中に息づく衝動的な性質を驚くほどうまく処理してきたからです。喜んでください、最悪の時期は終わりました。月星座が牡羊座の人は年を重ねるごとにだんだん丸くなっていくようです。

第2章　月星座のマジック

月が牡羊座

月星座が牡羊座、太陽星座が…

牡羊座
あなたは生まれついての人間発電機。欲しいものは是が非でも手に入れます。何かを計画したり、自分を抑制する能力に欠けるときもあるようですが。

牡牛座
表面はクールで静かに落ち着いていても、内面は短気で怒りっぽい。でも同時に行動家で、決断力に満ちています。

双子座
アイデアがあまりにも素早く頭に浮かんでくるため、口にする時間さえないほどです。聡明で生き生きとしており、機知に富んでいて、疲れを知らぬエネルギーの持ち主です。

蟹　座
あまりリラックスする、ということを知らないようですが、高い業績を誇り、世界に貢献するためのパワーと能力が備わっています。

獅子座
温かい性格の持ち主です。賢くて、チャーミングで、自信家です。でも、時に自分の判断力を過信する傾向が認められます。

乙女座
第一印象はおとなしくて柔和かもしれませんが、あなたを裏切った人に対しては怒れる虎が目を覚まします。

天秤座
いきり立ったカバのように猪突猛進型です。いったんアイデアが浮かぶと、目的を達成するために山をも動かします。

蠍　座
約束や課題を極めて真剣に扱います。どんな代価を支払おうと、約束を守ろうとします。

射手座
あなたの行くところには必ず笑いがあふれましょう。実用主義などという言葉は忘れましょう。人生は短いのです。代わりに冒険を十二分に楽しみましょう！

山羊座
どこでだれと一緒に住みたいか、ということがはっきりと分かっています。自分の家族を守るために戦うことを辞しません。

水瓶座
速い車が好きで、速読法を習うのに興味があります。A点からB点までを最短時間でカバーしないと気が済みません。

魚　座
あなたは忠義深い人で、約束を守ります。それで、人々は安心してあなたにお金の処理を任せます。あなたが人の期待を裏切ることはありません。

月が牡牛座にある場合
愛情面、金銭面で安定を強く求める

たぶんこのページを切り取って、保存しておきたいのではないでしょうか？　というか、あなたの場合、目に入るものはなんでも切り取って保存しておきたいかもしれません。あなたは頑固なほどの収集家です。ほかの人々は見るだけで満足し、そのまま忘れ去ることができますが、あなたの場合はとにかく所有する欲求が強いのです。家にはありとあらゆるこの世のぜいたく品があふれており、さらに「まさかのために」戸棚に予備の品まで用意されています。あなたはセールスマンにとってはうってつけの顧客です。金に糸目はつけません。すぐれた上質の品だったら是が非でも手に入れなければ気が済みません。それにあなたは息をのむほど頑固です。嫌なことを頼まれたら、手近の不動の物体にしがみついて、矢でも鉄砲でも持ってこい、の世界になります。

でも長所はこのくらいにしておきましょう！　短所はどうでしょうか？　そうですね、料理の腕前は一流でしょうし、園芸も得意なはずです。芸術家として何かを創り出す才能にも恵まれていると思います。あなたの才能に恐れをなしている行列する人々を断るだけで精一杯かもしれません。生きることを楽しむことにかけてあなたの

第2章　月星座のマジック

月が牡牛座

右に出る者はいないでしょう。ただ、五感を満足させようとする飽くことのない欲求がもとで時々、トラブルが発生することがあります。上質のものを見分ける目を持っているあなたは、低品質のものに甘んじたり、これを人にあげたりするのが耐えられないのです。それからあなたは感受性に富み、注意深く、賢明です。あなたほどの才能に恵まれない人は嫉妬してしまうかもしれません。

牡牛座に月があることで、愛情面、金銭面で安定を求める傾向が極めて強くなります。たとえ苦境に見舞われても、現状を維持せんがためにあらゆる不便を耐え忍びます。一緒に生活している相手に満足がいかなくても、荷物をまとめてほかの人の下に引っ越してしまうようなことはありません。これであなたの人生が極めて柔軟性を欠く結果となりますが、同時に心温まるほど相手に忠誠を尽くすことにもなります。だれかとの関係を終わらせるためには、複数の罪状が白日の下に晒されなければなりません。無駄を嫌うあなたは、冒険して損するよりは、全く冒険をしないほうを好む傾向があります。結果的にあなたは自分の愛情をたやすく人に捧げることはしなくなります。ちょうどあなたが得意とする園芸のようなものです。「好意」という名の苗床から「あなたのハート」という庭に移すまで、十分時間をおいて、相手の成長ぶりを確かめたいのです。2人の絆を永遠のものにするためには、まず十分に肥料をやり、その成長ぶりをとくと観察しなければなりません。ユリの球根の代わりに小玉ネギを売りつけられる危険性をひそかに恐れているからです。

イミテーションの宝石の山の中からたちどころに本物を見つけ出す鋭い目があなたには備わっていますが、それでも山を慎重に点検しないと気が済みません。ダイヤモンドの原石を見つけて、それを研きあげる可能性がなきにしもあらずですから。

月が牡牛座

このように自分の収穫から最大限の利益を引き出そうとするあなたの性格が、時に人々を遠ざけてしまうことがあります。あなたの高級な趣味にはとてもついていけない、と感じるからかもしれません。あるいはあなたの要求に応えるために無理しなければいけないからかもしれません。いずれにせよ、要求の水準が高いことは疑いありません。でもつまるところあなたが期待するのは、相手が（あなただけでなく彼自身のためにも）ベストを尽くす、ということなのです。こういう態度が、見せかけだけの人や、甲斐性のない人を遠ざけるのはかえって好都合と言えるかもしれません。あなたにふさわしいのは、趣味嗜好の水準があなたと同じくらい高く、かつ同じくらい誠実な人、と言えるかもしれません。それから、肉体的なコミュニケーションにまつわる、あなたの旺盛な欲求を満足させるためのエネルギーも必要かもしれません。

あなたは過去に自分自身を敵に回したことが何度かあったと思います。最近でこそそういう傾向を抑えることができるようになったかもしれませんが、誘惑はいまだに存在するようです。これはそもそも妥協を嫌うあなたの傾向に派生しています。自分の欲しい物を最高のタイミングでもらえないくらいなら、むしろもらわないほうがましだと考える傾向があるのです。これまで何度か、提示された申し出を断ったことがあるのではないでしょうか？　それらの申し出はきれいに包装されてはいなかったかもしれませんが、大切に育てあげればすばらしいチャンスに成長していたはずです。

子供時代のあなたはたぶん従順だったと思います。思春期のころは不機嫌だったはずです。そして大人になり、角が生えてきた結果、これを効果的にあなたに必要なのは怒って角を下げる代わりに、それを高々と誇示することです。

第2章　月星座のマジック

月星座が牡牛座、太陽星座が…

月が牡牛座

牡羊座
あなたは見かけほど無謀でも短気でもありません。十分な警戒心をもって自分を制御し、成功を手中に収める資質が備わっています。

牡牛座
今億万長者ではなくても、もうじきそうなるでしょう。お金を使うことは好きですが、お金もうけの才能はそれ以上にあります。

双子座
投資の才能に恵まれています。これは金銭関係に限らず、時間とエネルギーの使い方、そして友達の選択にも適用されます。

蟹座
慎重すぎると非難されることはあるものの、あなたが間違いをしでかすことはありません。一瞥しただけで人や物の真価を見通すことができます。

獅子座
一度決心したらあなたの心を変えることは不可能です。でも普通あなたの選択が正しいですから、さして問題ではありません。

乙女座
行動を起こさせるまでが大変ですが、いったん課題を与えられたらあなたを止めることは不可能です。それから批判は受け付けません！

天秤座
肩ひじ張らないのんきな性格です。ほとんど自分の中に取り込める度量の持ち主ですが、過度のプレッシャーだけはダメなようです。

蠍座
愛情面で安定を求める傾向がとにかく強いようです。あまりにも相手の好きなようにさせていますので、時には束縛することも必要でしょう。

射手座
あなたの課題としては驚くほど真面目です。自分の課題の絶えないこの世を癒す力を有しています。トラブルの絶えないこの世を癒す力を有しています。

山羊座
「肉体の悦び」に目がないところがありますから、友達にするには愉快な人です。「好き者」ではありますが、性格はとてもよいです。

水瓶座
自宅が安全で、自分の好きな人や物であふれている限り、外の世界がどんなに混乱していても十分に人生に対処していけます。

魚座
正当な教育の価値をよく心得ています。学問の世界が嫌いでも、情報を集めることは大好きなはずです。

101

月が双子座にある場合
聡明で、明るくて、ユーモアのセンス抜群

これからお話しすることに同意していただけるか、はなはだ疑問です。月星座が双子座の人は、ありとあらゆることに反論することを好みます。議論を呼ぶような発言をして、白熱した討論に従事するのが事のほか心地よいのです。
「そんなことはない！」ですって？ ほーら、ご覧なさい、もう反論しているでしょう？
でもこんなバカげたことでケンカするのはよしましょう。あなたは相手の反応を引き出すためにわざと自分の意志に逆らったような発言をすることがありますが、別に他意があってそうしているわけではないのです。あなたの発言のせいで感受性の強い人々が混乱してしまい、慌てることさえあるくらいです。相手との意見が食い違っていたとき、あなたは両者の意見の中間あたりで妥協するのを厭いませんし、それどころか喜んで自分の意見を引っ込めることさえあります。あなたを興奮させるのは討論の香りであって、勝利の味ではないのです。
あなたのこういう性行を見て、一貫性がない、と非難する人がいます。いったい何を見ているのでしょう？ あなたが心変わりをするのは、お日様が毎朝顔を見せるのと同じくらい確かなことではありませんか！ というか、ここでは

102

第2章　月星座のマジック

月が双子座

月がテーマになっていますから、月と言い換えてもいいでしょう。ただ月というのは太陽ほどは一定していません。月には満ち欠けがあります。あなたも同じです。カッコウのように堂々としていたと思うと、次の瞬間にはスズメのようにせわしなくなります。カササギのようにやんちゃに振る舞っていたかと思うと、ヤマウズラのように脆くなります。私がここで鳥を例にあげたのは、わざとそうしているのです。なぜならあらゆる意味であなたは鳥を思わせるからです。あなたは人生のささいな問題を後にして空にはばたき、高い位置から世界を見下ろすようなところがあります。何よりも嫌うのは鳥かごに入れられることです。

双子座に月があることのメリットは、機知に富んでいて、聡明で、明るくて、ユーモアのセンスが抜群だということです。でも時々落ち込むこともあります。奇妙なことに、この落ち込みはささいな事に端を発するのです。人生の大

問題には有能に対処できるのに、バカげた細々とした問題に嘆く傾向があります。本質的にあなたは探検家であり、実験家であり、発明家です。何にでも一度はチャレンジしないと気が済みません。あなたのパートナーも同じように心を広く持ち、チャレンジと刺激を常時あなたに提供する必要があります。さもないと、2人の関係は長続きしないでしょう。でも家族の場合、あなたの興味をつなぎとめるために必死になる必要はありません。家で興奮やドラマを味わえない場合は、あなたがそれを自ら作り出すわけです。

あなたは人を説得して皆のためになるように（と勝手に思い込んでいるのですが）、便宜を図ってあげることが大好きです。しかも微妙な演出で、まるで自分の意志でそうしているように思わせるのが得意です。たとえば、夜ベッドに1人横たわりながら、次のようなことを考えるのです。「太郎にこのことを言って、花子にこれ

月が双子座

これを伝えたら、雪子の手紙を星子が見えるようなところに置いておきましょう。これで星子と花子が面と向かい合うはず。そうしたら太郎と星子は別れるでしょう。太郎はそれで心配になって雪子に助けを求めるかもしれないけど、雪子はこれに応じるかなあ?」複雑ですか? 実際に心の中で考えるとそんなことはないようです。あなたの恋愛がテレビドラマのように劇的なのはちっとも不思議ではありません。

ただ、このように人をコントロールしたがるのは、自分の有利なように事を運びたいからではないのです。単に愛する人たちの問題ができるだけスムーズに解決するよう願っているにすぎません。あなたが身近な人に質問を浴びせ続けるのはこれが原因です。データが十分にそろっていなかったら、頭脳を駆使して問題を処理できないからです!

あなたの月が双子座にある、ということを友達に吹聴しまくっても、彼らはひざを打って「な

るほど、もっともだ」とは言わないでしょう。太陽星座が双子座の人が多重人格者だとしたら、月星座が双子座の場合はいわゆるジキル博士とハイド氏でしょう。というか、ほとんどそうだと言ったほうが適切でしょう。善人から悪人に変身するというよりも、おとなしい人から大胆な人に変わるという感じです。変身も突発的に発生するわけではありません。でも、あなたの人生という名のビデオを巻き戻して早送りで再生したら、この傾向が顕著に認められることは疑いありません。あなたの内なる双子は週ごと、月ごと、ひどいときには数年ごとの周期で変わりばんこにあなたを支配します。あなたの歴史がたった1人の個性によって作られなかったとは確実です。

第2章　月星座のマジック

月が双子座

月星座が双子座、太陽星座が…

牡羊座
あなたはとても聡明ですが、心変わりが早すぎるきらいがあります。周囲の人がなぜあなたについてこれないのか、いぶかるようなところがあります。

牡牛座
お金の扱いがうまい。あなたに有利なように事を運んでいても、はた目には公平に取引しているように思わせる能力の持ち主です。

双子座
金融業界に職を求めるべきです。時に知的な思索にふけるようなこともあるかもしれませんが、優秀なディーラーになることは疑いありません。

蟹　座
あなたは見かけよりもずっと強者であなたに同意させてしまうことができます。他人の視点を理解する能力が生まれつき備わっています。これを理解したうえで、徐々にあなたの視点のほうに誘導していくのです！

獅子座
他人の視点を理解する能力が生まれつき備わっています。これを理解したうえで、徐々にあなたの視点のほうに誘導していくのです！

乙女座
あなたの問題点というのは、自分に答えられない質問はない、と信じていることです。実のところあなたが得意としているのは、そういう質問を人から引き出すことなのです！

天秤座
あなたの唯一の主だった欠点というのは、次から次へと人に質問を浴びせて、答える猶予を与えないことです。

蠍　座
社会のタブーに魅了されています。礼儀正しい人々が表立って話題にしないようなことについて、その真相に迫りたがります。

射手座
長期にわたる安定した愛情関係を望んでいますが、だれと一緒になったものかハッキリしません。そこで複数の人と実験的に生活を共にしてみる傾向があります。

山羊座
人が自分で自分の面倒を見られるよう一生懸命考えてあげるようなところがあります。思いやりにあふれていますが、時にそれで自分のことを後回しにしてしまいがちです。

水瓶座
人生がお祝い事で明け暮れることはまずありませんが、ほんのちょっとの幸せを分かち合うだけで、そんな気分に浸ることができます。

魚　座
明るくて気さくな人々に囲まれ、知的な刺激に満ちた会話をしているとき、人生の喜びを感じます。

月が蟹座にある場合
他人から認めてもらうことを激しく求める

蟹座に月があることで、性格がぬれたスポンジのようにソフトで、涙もろくなります。自分にとって大切な人や物、信条を守り、保護したいという欲求が出てきます。さらに、奇妙に聞こえるかもしれませんが、面の皮が厚くなるのです。自分が心の奥深い部分でいかに脆いかを認識しているあなたは、お涙ちょうだい物語を聞くたびに涙を流さないよう固く心に誓っているわけです。ちょうどポール・サイモンの歌の主人公（私は岩、私は島）のようです。人はあなたの迫真の演技をすっかり信じ込んでしまいます。自分自身まで欺けるくらいです。

でも時々、感情という名の海が満ちて、不確実性という名の岸に打ち寄せてくることがあります。それであなたの「バカにしたらしょうちしない」的外観にひびが入り、おののくような心配の表情が覗くわけです。こういう状態になると、あなたは必死でこれを取り繕おうとします。それがいかに非生産的な行為でも関係ありません。

心理学者は以上のような傾向があなたの母親との関係から派生すると推量します。占星術師はというと「鶏が先か卵が先か」の論争を心理学者に挑むかもしれませんが、月星座が蟹座の

第2章 月星座のマジック

月が蟹座

人は、性別にかかわらず母親に対して強い感情を抱いているという点では同意します。極端な嫌悪か強い崇拝かのどちらかに二分されるでしょうが、とにかく強烈な感情が存在することは疑いありません。あなたが罪の意識と戦う必要に迫られたり、いつも周囲から認めてもらいたいという欲求を感じたり、まるで母親のように周囲の人々の面倒を見る不適切な衝動に襲われたりするのはそれが原因だと思われます。

次なるあなたの身上は「感受性」です。これについてはどんなに振り払おうとしても、結局戻ってきてあなたにまとわりつくようです。他人があなたのことをどう思っているかということを気にするあまり、あなたは複雑な自己防衛機構を打ち立て、これを維持することに人生のすべてを捧げるようなところがあります。時にあなたはド派手になります。思いっきり明るく振る舞っていれば、だれも自分の心理的鎧に気づかないだろうと期待するからです。時には正

反対の方向に進み、自分の殻に閉じこもってしまいます。だれともかかわり合いにならなければ、人を傷つけることもないだろう、という論法です。両方とも効き目はありません。セックスや権力やお金に血まなこになる人たちがいる一方で、あなたは他人から認めてもらうことを激しく求めます。その欲求があまりにも強いため、他人から認めてもらうことを求めるのは悪いことではない、ということを認めてもらう必要があるくらいです！ あなたのパートナーが聖人でもない限り、時々疲れてしまうゆえんです。

とはいっても、あなたが臆病だということではありません。ちょっとうがった見方をすれば、むしろそのほうがよいかもしれません。あなたには、ほとんど自分の本質に逆らうかのように、大胆な発言や逃避行動に及ぶ傾向があります。というのは、月の影響力が満ち欠けに伴って増減するからです。

月が蟹座

高揚した状態だと、だれもあなたを止めることはできません。敵を巨人のように見なして、愛する人の権利を守るために戦いぬくことを辞しません。でも、突然自分のしたことにハタと気がつき、手がつけられなくなる前に身を引くという次第です（もしくは、敵を全滅させる前にあえて身を引く、とも言えます。どちらの見方を採用するかはあなた次第です！）。一言では説明しがたいあなたの衝動を理解するために、ここである質問をしなければなりません。本当はお母様のことをどう思っていらっしゃいますか？ あなたの人生観のうち、感情面については、お母様の影響力が想像以上に及んでいると思われます。彼女を崇拝しているか、怒りを抱いているかのどちらかでしょう。これを探るためには月とそのほかの星の角度を検証しなければなりませんが、本書はそこまで詳しくは追求しません。いずれにせよ、2人の関係は「強烈」だったのではないでしょうか？ これはある程度まででしたら、ごく普通で自然の現象なのです。万人に共通しています。

フロイト、ユングやそのほかの偉大な心理学者たちは、我々の行動パターンの形成が幼少時にまで遡ると仮定しました。当初子供は母親から父親と同一化し、両者の区別をつけることはできません。次に親を拒否するという健康的な段階に進みます。そして最終的に親と和解するのです。でも月星座が蟹座の場合、この最終段階に到達するまでに、もっと時間がかかるのです。

でも乳離れが遅れているからと言って、罪の意識にさいなまれない限り、あなたが異常だということではありません。すでに宇宙からの助けを得て、成長の段階を着実に進んでおられるものと推測します。今後も一連の体験や内的な覚醒の過程を経ながら、日々成長していかれることでしょう。やがて心理的な枠から自分自身を解放できる日がくるであろうことを、私はここで予言したいと思います。

第2章 月星座のマジック

月星座が蟹座、太陽星座が…

牡羊座
「殻が固くて中身はソフト」という典型的なタイプです。あなたは生まれつき指導力に恵まれています。命令を受けるのが嫌いなあなたは、リーダーにうってつけだと言えます。

牡牛座
自分の周りの人たちを深く、情熱的に愛しています。忠義心、寛大さ共に右に出る者はいません。

双子座
自分の決めたことはすべて論理的な帰結に基づいていると考えたがる節がありますが、その実は大変な直感力に恵まれています。仕事ぶりはぬかりなしです。

蟹 座
自分の本音を包み隠さず語るか、あるいは隠し通すかのどちらかです。人には大いに与えるものの、人から受け取ることは拒否するようなところがあります。

獅子座
感受性を守るための殻は必要ありません。タフな獅子座の性格をもってすれば、敵を跳ねのけることができるからです。

乙女座
人に利用されないために、自分の優しさを隠すように努めていますが、どうも見透かされてしまうようです。

天秤座
愛する人たちが知る必要のないことを全力で隠そうとする傾向があります。たとえばあなたがいかに心配しているか、というようなことです。

蠍 座
人生とはなんぞや、ということを探るために勉強することが大好きです。

射手座
深遠な哲学者ですが、人は本のみに生きるものではない、心で感じることも心得ています。心で感じることに素直に従ったほうがよさそうです。

山羊座
パートナーを深く愛しており、忠誠心の塊です。相手があなたのことをコントロールしていると思わせるのを厭いません。もっとも実のところはその反対かもしれませんが。

水瓶座
人を落胆させるのが嫌いです。それで約束するにあたっては細心の注意を払います。

魚 座
陽気な性格の持ち主で、人生を軽く、ハッピーかつシンプルに生きたいと望んでいます。周囲の人はあなたのそんな態度にホッとします。

月が獅子座にある場合
非の打ちどころがないほどの完ぺき主義者

ここで改まって、いかにあなたがすばらしい人か、ということをお伝えする必要はないようです。月星座が獅子座なら、そんなことはすでに百も承知のはずです。あなたは博識家です。あなたの言うことはいつも正しいはずです。というか、少なくともそう信じ込んでいます。たしかにその通りかもしれませんが、時に周りの人々はそんなあなたの態度にカチンとくるようです。いかにもわけ知り顔で語るあなたの態度がカンに触るからかもしれません。あるいは、人に進言するのはよしとしても、逆に進言されるのは好まない、あなたのプライドが鼻につくのかもしれません。たしかなことは、あなたが人からアドバイスを受けることは決して、決してないということです。命令などもってのほかです！ あなたは態度が大仰ですし、利口ぶるところがありますし、あらゆる場面で主役になりたがります。しかし、同時に稀に見るほど親切で、温かくて、寛大で、純粋でもあります。それだけで千の罪を許されるほどです。あなたには名優の風格があります。生まれついての有名人です。温かさやカリスマ性や自信が内側からにじみ出てきます。これは別に演技ではありません。あなたの中に輝く何かがあるのです。

第2章　月星座のマジック

でも話はそれでおしまいではありません。マスコミに登場する著名人は概してそうなのですが、あなたはひそかに舞台恐怖症に悩まされています。何度嵐のような喝采を浴びながらスポットライトの中に立っても、舞台に上がる前は神経質に楽屋を行ったり来たりします。あなたと生活を共にする人が、不安と強がりの間を激しく行き来するあなたのこういう性格に気づくまでにそれほど時間はかかりません。舞台が跳ねた後は「すばらしい演技でしたよ！」という称賛の声をかけてあげなければなりません。

昼メロのような人生、あるいはほとんど喜劇のような人生を送る人がいます。あなたの場合は古風な恋愛ドラマに落ち着くようです。普通の問題というのは存在しません。反応するときは思いっきりドラマチックです。まったく無感情か、燃え上がるかのどちらかです。自分に与えられた課題や愛する人に全身全霊を傾けるのはそれが原因です。でも、そのおかげで何にでも過剰反応する傾向が出てきます。状況や会話に必要以上のものを注ぎ込んでしまうのです。

あなたは非の打ちどころがないほどの完ぺき主義者です。でもそれはあなたが病的なまでに細部に神経をとがらせるからではありません。間違いを見つけられ、批判されるのが耐えられないからです。さらに、通り一遍にほめられて、適当にあしらわれたのではないか、といつも心の中で疑っています。以上はあなたが幸せな恋愛生活を楽しんでいくうえでの最大の障害となりそうです。

子供時代のあなたはきっと早熟だったはずです。10代のころは周りよりも大人で、未熟なクラスメートたちを鼻で笑いつつ、自信に満ちた態度で外向的に振る舞っていたと思います。でもいざ大人になったら、強烈な自己不信と不安にさいなまれるようになるとはだれが想像し得たでしょうか？　たぶん、月星座の特性をよく心得た占星術師くらいのものでしょう。

月が獅子座にあることの福音というのは、あなたが生まれながらにして威厳と権威を漂わせている、ということです。一方それは呪いにもなりえます。いつの日か人の尊敬を失ってしまうことをひどく心配しているのです。それで、あなたは「高潔な態度」という避難所にしばしば逃げ込むことになります。あるいは、実証済みのテクニックに固執します。

結果的にあなたの行動は新奇さを欠くことになり、ワンパターンに落ち着いてしまいます。このようなやり方でよい結果を得られるのだったら、もちろんなんの問題もありません。しかしあなたは、克服すべき習慣や、ちっとも自分のためになっていない癖をたくさん抱えているのではないでしょうか？「間違いを犯すこと」にあまりにも神経質になるあまり、「間違いを正す」チャンスが巡ってきても、二の足を踏んでしまうようなところがあなたにはあります。人から認められることを欲するあまり、むしろ遠ざかっていたほうがいいような分野で認められようとします。批判を恐れるあまり、善意のよきアドバイスを無視します。うっかりそのアドバイスに従って、バカのように見えるのを避けんがためです。

誤解しないでください。あなたが始終こうだと言うつもりはまったくありません。月の周期があなたに不利に働くときにこんな状態になりうる、というだけの話です。私が無情にも以上のようなことを指摘したのは、不安を建設的に処理する能力があなたの中に備わっているからにほかなりません。やがて、仕事やプロジェクトはロケットのように飛び立つことでしょう。そうなったら、あなたのすべてを注ぎ込んでください。やがてあなたは真の誇りに満ち、謙遜するだけの余裕が出てくることでしょう。

第2章　月星座のマジック

月星座が獅子座、太陽星座が…

牡羊座
ほとんどいつでも落ち着いています。自分自身に対しても、他人に対しても肩ひじ張っていません。魅力と自信とユーモアの精神にあふれています。

牡牛座
自分や自分の達成したことに誇りを持っています。周囲の人はあなたのことを頑固だと思うかもしれませんが、あなたはとにかく最上のものでないと気が済まないのです。

双子座
結果を顧みることなく、物事をドラマチックに表現する癖があります。でもあなたのハートは寛大そのものです。

蟹　座
人あしらいやお金の扱い方が上手です。恋愛面や金銭面で長い間苦労することは稀なようです。

獅子座
磁力のような魅力とカリスマ性の持ち主です。でもほかの人があなたに落ちるのはともかく、自分自身に酔ってしまう傾向も否めません。

乙女座
あなたを討論でたたきのめしたり、やりたくないことを説得してやらせることは不可能のようです。

天秤座
あなたはあまりにもチャーミングなので、人をうまいことあやつって説得しても、ほとんどそうとは気づかれないようです。あなたに良心の呵責があるのは幸いというものです。

蠍　座
たぶん仕事でトップに立ちたいと思っているのではないでしょうか？　たとえそう思っていなくても、周りがただではほうっておかないでしょう。

射手座
あなたは人生という名の大学を卒業していないようです。永遠の学生であり、それを誇りに思っています。毎日が栄光に満ちた勉強です。

山羊座
他者に対する自分の責任を強く意識しています。お金がムダに使われることに我慢がなりません。そして、人生のミステリーを解き明かしたいという熱意に燃えています。

水瓶座
あなたの愛をすべて受け止めるためには、強靭な人でないと無理でしょう。でもそんな人を探し出し、ハートを射止めることがあなたの夢なのです。

魚　座
自分の仕事に誇りを持っています。人の欠点を見つけ出し、それを矯正してあげる能力も備わっています。

月が乙女座にある場合
官能的で、創造性・同情心にもあふれている

この解説を読むのにためらいを感じているのではないでしょうか？　長いこといぶかってきたことをここで確認するのが怖いのだと思います。つまり、あなたが存在価値のない人間で、救いようがないほど魅力や個性に欠ける、と言われるのが怖いのです。これまでどうにか人生を切り抜けてこられたのは、周りの人たちがうっかりしていたか、もしくは親切だったからです（とあなたは信じています）。

あなたがやっと自分の月星座を探り出すことができたのは幸いというものです。あなたのそばに近寄って、耳元で叫んであげることができ

ます。あなたは本当にすばらしい人です。唯一「悪い」点は月が乙女座にある、ということです。もっとも文字通りの意味で「悪い」ということではありません。単に自分の能力や業績を過小評価し、自己批判という名の鋭い牙で自分を切りきざんでしまうのが悪いのです。

多くの人々は、あなたのこういう傾向に内心ほくそ笑んでいます。これによりあなたを搾取し、操縦し、安働きさせることができるからです。一方あなたを愛する人たちは呆気に取られ、欲求不満の塊となります。そんなに知的で、セクシーで、感受性に富み、才能があって、ユー

第2章 月星座のマジック

モアのセンスも抜群なのに、なぜ自分をおとしめるのでしょうか？ イライラしている彼ら（やあなた自身）を安心させる方法は、ただ1つです。自分を卑下する癖を笑い飛ばしてください。聡明で機知に富み、才能にあふれた素質があなたの中に備わっています。そんなスターを自分の中に見いだしてください。

あなたはとてもつき合いやすい人です。寛容で思慮深く、いつも人のいいところを見つめようとします。一方、世間一般の評価はというと、公平に考え深く、賢明で物分かりがよく、頭が切れて面白い人というようなことです。あなたが唯一耐えられないのはバカな人たちですが、便利なことに敵もあなたを真剣に扱いません。あなたが定義するところの「バカ」とは、質よりも量を尊重し、本物よりも見せかけを好み、幸せよりもお金を大事にするような人たちを指します。自分のポリシーというものを持っているあなたは、そういう近視眼的な考え方を忌み

嫌います。破壊的で危ない人たちからは遠ざかったほうが賢明と考えるわけです。

残念ながら現代社会においては、遠ざかっていたい人に接触せざるを得ないような場面も出てきます。結果的にあなたは、偏見に満ちた狭量な人たちにせっつかれ、彼らとやり合うことを余儀なくされます。その結果あなたは疲れ切ってしまいます。それで身近な人たちに欲求不満のはけ口を求め、彼らもまた疲れてしまうというわけです。そんなバカげたことをいちいち気に病むのは時間のムダだということを知っていただきたいと思います。

あなたは単に常識の通用する社会に住みたいだけなのです。でも悲しいかな今の世の中、非常識がまかり通っています。人生の皮肉や諸葛（かいぎゃく）を理解する能力というのは一種の心理的防衛策とも言えますが、もっとリラックスした恋愛関係を楽しんでいくためには、自分の中でそういうシステムを起動させる必要があるでしょう。

月が乙女座

また、自分という人間を過小評価する傾向にしかるべく対処する必要もあるかと思います。あなたは両極端の間を行ったり来たりする傾向があるようです。つまり、自分の相手をしてくれる人などこの世にいるわけはない、という劣等感にさいなまれていたかと思うと、急に自分がだれよりも上等に思えたりします。これは不安を心理的に克服するための過剰反応と言えます。相手に与えることに集中し、批判精神を横に置いておくのが、充実した恋愛を楽しむコツです。月が乙女座にある人の長所は勤勉で、才能や誠意をありあまるほど持っていることです。

さらに、官能的で、創造性に富み、同情心にもあふれています。あなたに欠けるものというのは反抗心や傲慢な態度です。それから、あなたに言えないセリフというのがあります。それは「関心ありません」です。時に私たちは皆、このセリフを言う必要に迫られるものです。あなたの問題点というのは、どんなにささいな問題で

も、関心を払わずにはいられない、ということです。あなたにユーモアのセンスがあることは確かですが、概して人生や自分自身を真面目にとらえすぎるようです。圧倒されるような義務感に突き動かされ、あなたはありとあらゆる課題に全力を注ごうとします。自ら設定した水準が高すぎるため、なかなかそれに追いつくことができません。それであなたは永遠にがむしゃらに働き続けるわけです。

ところが周りの人たちはというと、あなたほど頑張っていないのに、ふんぞり返っている。そういう態度があなたの嫌悪感を誘発するのです。そして自問することになります。「やるべきことが山ほどあるはずなのに、なぜあんなにのほほんとしていられるのでしょう？　私はこんなに一生懸命頑張っているのに」。でも解決策はいたって簡単です。精神分析医に通う必要はありません。単にリラックスすればいいのです。もっともっとリラックスしてください！

月星座が乙女座、太陽星座が…

牡羊座
あなたは典型的な牡羊座からはほど遠いです。細部にまで目が届き、問題が発生する前に心配します。でも適応能力は抜群です。

牡牛座
ディープで官能的な一方、筋金入りの実用主義者です。質がすべてで、細部に注意を払わないと気が済みません。

双子座
とても利口ですが、時に考えすぎて損をします。実行に移す価値のあるアイデアを自ら棒に振ってしまうようなところがあります。

蟹座
注意深く、親切で、思慮深いです。それにとても賢いです。あなたを騙すことは不可能でしょう。

獅子座
自分の決断能力に誇りを持っていますが、必要以上に心配するところがあります。あなたの直感が間違っていることは稀ですから、あまり心配しないように。

乙女座
すばらしく不可解な人です。自分の気持ちを他人はおろか、自分自身にさえ打ち明けようとしません。にもかかわらずあなたは大きな底力を備えています。

天秤座
機知に富み、賢くて、人の本心を探り出すことにかけては名人級の腕前です。よく気がつく人です。

蠍座
あなたには見事な倫理感と洞察力が備わっていますが、そのうえ謙譲の精神にも富むため、たくさんの友人の尊敬を得ます。

射手座
とかくいきすぎる射手座の性行を抑制することができます。それでいて、柔軟性は保っていられます。成功は約束されたも同然です。

山羊座
旅好きです。見知らぬ土地に行って、違う人生観に触れることを好みます。それに、生まれつき強い信仰心があります。

水瓶座
2つの重要な星が「論理的な星座」にある人にしては、驚くほど同情心と感受性と直感力に富みます。

魚座
あなたは救いようがないほどのロマンチストです。パートナーの選択は論理的に行っているとロでは言っていますが、実は自分の直感に頼りきってい

月が天秤座にある場合

会話上手で、機転が利き、適応性に富む

月が天秤座にあるあなたは、自分の気持ちをいつも正確に理解しています。気持ちがはっきりしない、ということを理解しているのです！昔からそうでしたし、これからもずっとそうあり続けるでしょう。常時変わり続ける自分の気持ちとどうやって共存したものか、早くから頭をひねる必要があったのではないでしょうか？まだその方法を模索しておられるのでしたら、答えをお教えしましょう。自分の気持ちについてあれこれ考えを巡らすのをやめてください。あるいは、少なくとも毎日同じ気持ちを維持しようと努めるのはやめてください。あなたは、自分が心配しているのか自信にあふれているのかよく分かりません。幸せなのか怒っているのか、元気いっぱいなのか無感情なのか一向に区別がつかないのです。でも、そういうあやふやな性格を別にすれば、あなたは一流の人間です。

これは矛盾して聞こえるかもしれませんが、人間というのはつまるところ、あなたと同様、皆矛盾に満ちた存在ではないでしょうか？だとすると、あなたとほかの人々との違いは、前者が自己の矛盾を受け入れているのに対して、後者はこれを隠している、ということにすぎません。つまり、あなたは単に自分に正直なだけ

第2章　月星座のマジック

だということではないでしょうか？　より率直な性格の持ち主だ、とも言えますよね？　次々に質問をして申し訳ありません。しかし、そうすることで、あなたの中に存在する、もう1つの典型的な傾向を例としてお見せしたかったのです。つまり、答えが存在しない質問にあれこれ考えを巡らすことを楽しみとする、ということです。以上、問題点をあれこれ述べてきましたが、にもかかわらず、あなたは人生をずいぶん上手に生きておられます。なぜかと言いますと、あなたはチャーミングで、会話の名手で、誘惑上手で、機転が利き、一緒にいて楽しいからです。一言で評せば魅力にあふれています。

しかし、あなたは自分の欠点を痛いほど認識しているので、他人に自分と同じ傾向を認めると、これを非難する傾向があります。

あなたの最大の問題点というのは、相手を簡単にメロメロにしてしまう術を心得ている、ということです。生まれつきの個性や身のこなし

や気品に恵まれていることは確かですが、さらに強力な奥の手も用意されています。適応性に富む、ということです。あなたは、相手から求められているものを本能的に察知し、いとも容易に自分の性格を変え、提供することができます。

しかも、あなたがそれを楽しんでいるのですから始末に負えません。愛する人に望みのものを提供してあげるのが何よりもうれしいのです。あなたの性格が、一変するのです！　それで相手は「本当のあなたを見せてください！」と要請します。これに対してあなたは「えーっと、本当の私のどれをお見せしましょうか？」と言い返すわけです。相手の聞きたい言葉を語り、望み通りの反応をし、最後の決め手として、相手のハートを射抜くような視線を投げかけます。

以上は特に問題ではありませんが、違う場面で別のだれかが入ってくると、話がややこしくなってきます。

月が天秤座

まあ、これはちょっと大げさでしたが、とにかくあなたが感情的なカメレオンになる傾向があることは疑いありません。これは、ぜひとも気をつける必要があります。

あなたは問題をありとあらゆる角度から分析する傾向があります。それで、解決策が見つかったころにはすでに時効になっている、というような場合があり、家族はうんざりしてしまいます。友達はあなたを心から信頼したものか定かではありません。ロマンティックなパートナーはあなたから直接的な答えを引き出せないので絶望してしまいます。結局あなたは許されるのですが、それはあなたが自分の魅力を利用する術を知っているからです。たとえ相手を断っていても、逆にチャンスを提供しているかのような錯覚を与えることができます。でも、安定した恋愛生活を楽しむためには、全員の承認をもらおうとすることで安定感を求めるべきではありません。自分の内部を安定させることのほ

月が天秤座

うが大切です。

あなたは言ってみれば、心もとない綱渡りの曲芸師のようなもの。2〜3分瞑想して、このことに思いを巡らしてみてください。きっとこのアドバイスはほかの月星座の解説の2倍の価値があることがお分かりになると思います。

天秤座は秤の星座ですが、あなたは、みんなに平等でありたいという願いに優先順位を置きません。それが理想ではありますが、あなたがもっと意識しているのは、自分に与えられた人生の条件が理想的というのからはほど遠い、という事実です。あなたはこの不均衡を直すために、かなりのエネルギーを注いできました。自分がまだ所有していない物を手に入れたいという欲求は、あなたの場合ことのほか強いのです。望みのものを手に入れるチャンスがあるのだったら、どんな不便も気にしません。必要だったら、ピンと張られた木綿糸の上さえ歩くでしょう。

第2章　月星座のマジック

月星座が天秤座、太陽星座が…

牡羊座
かなり強い自己啓発意欲があります。でも、その方法がもうひとつ分からないときもあるようです。

牡牛座
すばらしい審美眼をお持ちです。色、質感、風味などを楽しみます。たぶん自ら創り出す意欲もあるでしょう。

双子座
すべてを理性的に分析しようとする傾向があります。それで、思わぬときに直感を受けた場合はびっくりしてしまいます。

蟹座
あなたは自分の愛する人々や信条を是が非でも守ろうとします。そのために時間やハートを捧げるのを嫌がりません。

獅子座
話し上手で、とろけるような微笑みの持ち主です。瞳はダイヤモンドのように輝きますから、だれでもイチコロです。でも必要とあらば、鋭い表情を見せることもできます。

乙女座
あなたから情報を引き出そうとしている人を見るにつけ、かわいそうに思います。なぜなら、あなたは見事に人を煙に巻くことができるからです。

天秤座
人の攻撃や中傷を受け流すことができます。それで、友達や家族が感情的な人の場合、彼らのほうがかえってイライラするくらいです。

蠍座
自分が心の中で感じていることが本物なのか、それとも、そういう錯覚に陥っているのか区別がつきません。でも、すばらしい目的意識と底力の持ち主です。

射手座
手帳は予定で埋まっています。整理がつかないほどの友達を持っています。あまりにも忙しいので、友人たちはあなたを捕まえるのに、ひと苦労です。

山羊座
大変なカリスマ性の持ち主です。やることなすこと成功するのはそれが原因でしょう。

水瓶座
もうちょっと心を開いたら、ジャンボジェットが2機並んで通りぬけられるでしょう。この世に不可能なことはないと信じています。たぶんそれは正解でしょう。

魚座
人生の意味を探り出すことに情熱を燃やしています。深遠で意義深い質問を問い続けます。

月が天秤座

121

月が蠍座にある場合
直感力と豊かな創造力に恵まれている

あなたの月星座を巻末でチェックしたとき、ページに印をつけなかったことを祈っています。あなたの秘密をだれにも知らせたくはないでしょう？　もしも今だれかが肩越しに本を覗いているようだったら、急いでページをめくり、注意をそらせてください。

冗談を言ってるのか、ですって？　そうではありません。月が蠍座にある人が、いかに自分の秘密に敏感であるか伝えようとしたにすぎません。彼らは、自分の嫉妬心や欲望や情熱やライバル意識が、人並み外れて強いことを気にかけています。実のところ、自分の感情があまりにも強いので、彼らはそれにしっかりと蓋をして、人目に晒さないようにしているのです。時には自分自身までだまそうとします。一見気楽で、軽くて、さわやかですが、表面下では苦悩と不安の海が渦巻いています。

このシンドローム、ピンときましたか？　そうだろうと思っていました。もう1つ、別のことをお教えしましょう。あなたは不機嫌で、気分屋で、所有欲が強く、心配性で、他人の真意について救いようがないほど疑り深く、強烈な肉体的欲求の持ち主かもしれません。しかし同時に、直感力に優れ、豊かな創造力に恵まれて

第2章 月星座のマジック

おり、人の胸の内を恐ろしいほど敏感に察知することができます。これは恥ずかしいことでもなんでもありません。

あなたはだれかに一目会った瞬間、あるいは電話で第一声を聞いた瞬間、その人が尊敬に値する人か否か、判断することができます。あなたの本能が間違っていることはまずありません。

このように、即興かつ厳格な「信頼テスト」をいったん通過したら、あなたは他者が決して凌駕(りょうが)することのできないような支援と気配りをその人に提供します。ただ残念なのは、あなたの心が外科医のナイフよりも鋭いということです。

感情と同じくらい強いのが、あなたの頭の中を通過する思考です。ほかの人が「意見」を持っているとしたら、あなたが持っているものは「裁決」です。他人の「アイデア」に相当するものはあなたの場合「脳波」です。そして、「不安」に相当するものはいわく言い難い「恐れ」です。

最初の2つは長所と言えます。あなたの並外れた知性をやっかむ人でさえ、そのことは否定できないはずです。しかし、最後の「恐れ」はどうでしょうか？　心配という名の悪魔や、疑惑という名の亡霊を自由に呼び出すことができる能力で、あなたは人生を楽しむ術をみすみす棒に振ってしまうところがあるようです。

あなたの家族は、そういう心配性の傾向をあらかじめ考慮に入れています。それで、賢い人は絶好の対処方法を心得ています。別に戦ったり、守ったりする対象を用意して、気をそらせてあげる、ということです。一方占星術師は、月が蠍座にある人がお似合いの伴侶を得ているか、一目で見分けることができます。その人が微笑んでいるか否かを見るのです。微笑みは、蠍座の強い感情エネルギーがある種の肉体エネルギーに変換されたことを意味するからです。

今からあなたの暗部に迫りたいと思いますが、その前に公平を期する必要があります。私は精

月が
蠍　座

神分析医ではなく、占星術師として訓練されています。今から申し上げる用語を、私が正式に使う権利を有しているというわけではありません。ですから、拒否したかったらそうしていただいて結構です。

その言葉とは、「パラノイア（偏執病）」です。さて、これに言及する前にさらに公平を期したいと思います。私の月星座も蠍座なのです。ですから、あなたをいじめる目的でこんなことを言っているのではありません。このやっかいな言葉を述べるまでに私がいかに気を使ったか、お分かりいただけたと思います。さらに蠍座がいかに人を正直にするか、私の告白から理解していただけたものと思います。われわれ蠍座は、表面的なきれいごとをはるかに上回るものを見通すことができます。それに、自分の本能が感知したことに、あえて目をつぶることができません。静かな生活を楽しむためにそうしたいとは思うのですが、他人が嫌がっているのを承知

のうえで、発言に及ばざるを得ない場合もあります。証拠を片手にだれかに対峙（たいじ）されることが頻繁にあります。外見を保つために、私たちの信用を失墜させようとする人さえいます。それで私たちは閉鎖的になり、世捨て人になるか、もしくは表面的な性格の陰に隠れてしまうわけです。私たちは本当にパラノイアなのでしょうか？　そんなことはありません。しかし、自分や他者を守るために私たちが採用する防衛機構のせいで、パラノイアに似た症状が露呈されることはあります。

さて、以上を申し上げたところで、大変よいお知らせがあります。今から2008年の間、蠍座を管理する冥王星が射手座を通過します。射手座は拡大志向で楽天的な星座です。これから年を経るごとに、自分の感性の鋭さについて、誤ったり、恐れたりする衝動が薄れていくでしょう。そして私たちに与えられた洞察力をもっと効果的に使えるようになるはずです。

第2章 月星座のマジック

月星座が蠍座、太陽星座が…

牡羊座
太陽星座、月星座共にパワーの星、火星によって管理されているあなたは、どんな代価を支払ってでも権力と勝利を自分のものにしようとします！

牡牛座
しばしば感情的に不安定になり、自分の意志を押し通そうとしますが、同時に極めて賢明で、感受性と直感力に富みます。

双子座
さわやかで陽気な双子座の仮面は、内に潜む深い洞察力と感受性を隠すのには最適です。

蟹 座
感受性が強すぎて損をしているところがあります。あまりにも多くのことを真剣にとらえすぎるようです。でもそれを受け入れるだけの心の広さがあります。

獅子座
ベルベットの手袋の内側には鉄拳が隠されています。自己防衛のために使われますが、あなたを見下げる人は気をつけたほうがいいでしょう。

乙女座
ひどい自己批判の傾向さえなかったら、今ごろは世界とまではいかなくとも、一国くらいは治めていたでしょう。

天秤座
見事な洞察力を実用的な目的で使うことができます。人からは賢人と見なされており、お金に困ることもないようです。

蠍 座
あなたはあなたですから、人があなたを選ぶか否かはその人次第です。でも、ほとんどの人は「あなた」を選ぶようです。

射手座
思わぬところで自分の感情の深さを思い知らされ、いつも驚かされています。でもあなたの直感はほとんどいつでも正しいのです。

山羊座
友達を選ぶときは慎重を期します。でも、いったん友達になると家族のように密接につき合います。

水瓶座
月が蠍座にあることで、他人の意見に敏感になります。そのおかげで水瓶座の行きすぎが抑えられ、たくさんの人があなたを尊敬することになります。

魚 座
いつも同じ場所にいて、同じ精神状態でいることに耐えられません。それさえクリアできれば自分の人生がどこに向かっているのか、ということには さほど頓着しません。

月が蠍座

月が射手座にある場合
過去の自分の記録を塗り替えようとする

占星術の本によると、月が射手座にある人たちは楽しく、人なつっこくて、心が広く、冒険を好み、派手で寛大だとされています。以上はみな正しいですが、ただ事実の半分しか語っていないこともたしかです。パーティーの華で、会社でも自宅でも明るさを振りまいているかもしれませんが、近くに寄って見てみると、意外にも、偉大な哲学者スモーキー・ロビンソンの次のような言葉が浮かんでくるのです。「あなたの涙のあとをたどるのはたやすい」。あなたの明るさというのは実のところ演技だと言えます。陽気に振る舞っていれば、自分の内面がいかに脆いか悟られずに済むからです。同じ意味で、寛大さは一種の自己防御策だと言えるでしょう。拒否されることを恐れているのです。あなたの心の奥底に潜むものを表現しようとしたら、満たされない（というか満たされ得ない）情熱の火山と言ったほうが適切でしょう。

普段は軽いジョークを飛ばし続けているあなたですが、時にそれができなくなることがあります。内なる火山が噴火せざるを得なくなるのです。これはそうそうあるわけではありませんが、いったんハートが情熱であふれると、射手座の「アンプ機能」が相まって、望むものを手

第2章　月星座のマジック

に入れるために手段を選ばなくなるのです。ほかの人だったら考えも及ばないようなリスクを負っても平気です。とんでもない発言をし、見果てぬ夢を追いかけます。すべてを過度に、真剣にとらえます。幸いあなたのユーモアのセンスが戻ってくるまでにそれほど時間はかかりません。危険な欲求はすぐに収まります。

射手座は元気に満ちあふれていて、ユーモアのセンスがあり、温かい星座です。親切で同情心にあふれてもいます。でも月はここでちょっと「迷子」になってしまう傾向があります。ちょうど、小さな村から大都会に出てきた人が迷ってしまうようなものです。月というのは、人の性格形成において、いつも自分の位置を確認していたいという欲求があります。射手座は常に変わり続けている星座です。射手座のモットーは「先へ、先へ」です。これは安定と安全を求める月とは相いれないところがあります。結果的に月が射手座にある人はしばしば落ち着かず、

不安に陥りがちです。いつも堅固なものにしがみついていたいという欲求がありますが、決して落ち着くことができないのです。

元気いっぱいで、人がよくて、自信にあふれた性格の陰には競争心が潜んでいます。いつも自分と他人を比較しているだけでなく、しばしば過去の自分の記録を塗り替えようともします。頻繁に非現実的なアイデアやとんでもない企画を追求し、自分の神経や勇気を試そうとします。

あなたの家族は、このようにやる気満々の人と生活を共にするのをシンドイと感じるかもしれません。目標が一定していれば問題ではありません。しかしあなたは途中で課題を打ち切って、優先順位を入れ替えてしまう傾向があります。それで安定志向の家族の面々は、すっかり混乱してしまうわけです。優しくて、軽くて、おしゃべりだった子が次の瞬間には大真面目になり、特定の問題に固執するのがどうしても解せません。

率直に言って、あなた自身も解せないはずです。また、自分がパートナーに何を求めているのかはっきりしないため、相手側も、あなたに何を提供したものか、途方に暮れてしまいます。それで、大きなチャレンジが発生し、皆で力を合わせて事に臨むような事態になったとき、あなたの対人能力が最大限生かされるわけです。

軽くて、明るくて、楽しくて、陽気なはずの射手座に、以上のような暗部が潜んでいた、ということが信じられないかもしれません。しかしながら、ちょっと目には分からないかもしれませんが、あなたの中に危険を愛する衝動が潜んでいることは明らかです。皮肉なことに、そのの衝動はあなたが正義を愛する、という事実から派生しています。あなたはだれが何をしようが、ほとんどの場合許すことができます。あなたの善意を悪意に変えるにはよほどのことがなければなりません。しかし、だれかが人の道を踏み外したような行為に及んだら、あなたは復讐の天使と化します。どんな代償を支払ってでも、敵にそのことを知らしめずにはいられないでしょう。

こんなことはそうそう起こるわけではありません。しかしいったん起こったら、それはあなたの人生観に深遠な影響を及ぼすことでしょう。帽子の下に大きな角が生えることは稀ですが、小さなハチが飛び交うことは頻繁にあるようです。だれかが泣きをみていると知ったら救援に駆せ参じます。その結果やりすぎて辛酸をなめることがありますし、ひどい場合には、助けてあげた人に寝返られることさえあります。

以上は、あなたが子供のころ、親切にサポートを提供してくれた人の行動をマネたい、という欲求がもとになっています。今度そういう状況になったら、子供時代の記憶を思い出してみてください。自ら正義のために戦うのではなく、ぐっとこらえて、自然の摂理を信じてください。やがて悪は自然に滅びるでしょう。

月が射手座

第2章　月星座のマジック

月星座が射手座、太陽星座が…

牡羊座
野性的で自由の精神にあふれた、恐れを知らぬ冒険者です。土壇場で仕事を片づける傾向があります。それに、笑いを取るためだったらなんでもしますよ。

牡牛座
落ち着いたふうを装いたいものの、心の奥底は、情熱的で興奮しやすい性格です。よくツキに恵まれます。

双子座
あなたの問題点というのは、アイデアがひらめくと、それがどんなにとんでもないものでも、実行に移さずにはいられない、ということです。幸い、普通、事はうまく運びます。

蟹座
人を助けるために全力を尽くすこと

を嫌がりません。適応性に富み、気楽で、心が温かいです。

獅子座
あなたのことを常識に欠ける、と考える人もいるようです。でもそんなに愉快な性格で、人生を思いっきり楽しんでいるのですから、気にしないでください。

乙女座
ちょっとしたことに当惑し、あれこれ考えます。好奇心旺盛で適応力に富み、バカなことを楽しむ精神の余裕もあります。

天秤座
明るくて陽気な性格であり、よいアイデアにあふれています。ただ、夢中になりすぎて、常識をないがしろにすることが時々あります。

蠍座
お金の扱い方が上手です。心配しないで、お金のほうがあなたを追い

かけて、もっと心配してくれとせがみます。

射手座
あなたは、典型的な「起き上がりこぼし」です。どんなに張り倒されても、ちょっとゆれた後、すぐに元に戻ります。

山羊座
安定していて、しっかりとした大会社や組織に自分を捧げる、という考え方が好きです。

水瓶座
善意の人で、とても話しやすい雰囲気を持っています。太陽、月星座共に極めて社交的な星座です。仕事を片づける暇がありますか？

魚座
派手で情熱的な性格が人気の的です。チャンスをつかむ能力があるため、成功します。

月が射手座

月が山羊座にある場合
自分をコントロールしたいという欲求が強い

多くの歴史上の偉人たちがこの星座の下に生を受けました。山羊座は、本来だったら臆病なはずの人を、絶対権力者、独裁者、専制主義者に変えてしまう影響力を持っているようです。あなたの心の奥底にも、出世欲や、支配欲や、畏怖心にも似た尊敬を集めたいという欲求が潜んでいるはずです。そしてこの欲求がたぶん以下の2つのうち、どちらか一方の形で表現されたのではないかと思います。つまり、職場、社交の場、または家庭で、絶対権力者の地位に上りつめたか、もしくは至高の権力を求める衝動をあまりにもうまく抑制した結果、究極の負け犬となり、皆に利用され尽くされたか、のどちらかです。

どちらにせよ、あなたは必要とあらば、反対意見を足元にも寄せつけないような強い決意や、天地をもゆるがすような激しい怒りを表明することができます。しかし、同時にそういう資質を悪用しないだけの常識や責任感が備わっているのは幸いというものです。ほとんどの場合、あなたは、冷静沈着で、常識があり、自己抑制が利きます。均衡の取れたものの考え方や、問題に流されないだけの落ち着きが備わっており、多くの人々の尊敬を集めています。しかし、い

第2章 月星座のマジック

周囲の人々はあなたのことを、意志強固で、自信家で、成熟していて、責任感が強くて、分別がある、と見なしています。しかし、あなた自身は自分のことを弱くて、不安定で、子供っぽく、注意散漫で思慮が足りない、と考えているようです。これは占星術師にとって大いなる謎ではあります。たぶん自分の欠点を意識しているからこそ、これを補うために努力を重ねるのでしょう。時としてこの傾向が逆流するのは、こんなところに原因があるのかもしれません。自分のよい面を引き出そうとして努力していると、かえってマイナス面が家族に向かって露呈されてしまうのです。

あなたにはコントロールしたいという強いニーズがあります。主としてこれを自分自身に適用し、強い衝動や感情的な弱さの抑制に努めるわけです。しかし時には他人の人生でもこの抑止力を行使したいという欲求に襲われることがあります。それは控え目に言っても、なんといっても正義の戦いに臨むとなったら、もしくは巨悪を正すような事態となったら、いかなる人や組織でもあなたの行く手をさえぎることはできないでしょう。

うか、情熱的に行われます。介入を受けた人は、あなたの思いの深さや、そもそもあなたがちょっかいを出してきた、ということ自体に驚いてしまいます。あなたがそういうことにかまう人ではない、という印象を抱いていたのですからなおさらです。ただし、普段のあなたはパートナーに日常の決済を任せることにやぶさかではありません。しかしその場合でも1つの条件があります。あなたが艦隊の最高指令長官で、パートナーは一軍艦の船長だということです。あなたはパートナーの選択にあたっても、自分同様強い人に惹かれる傾向があります。最高指令長官として、自信をもって仕事をあずけられる人を好むのです。しかし、いったん深刻な状況が発生すると、緊張が高まることとなります。

長官室を離れて甲板で船長と対峙し、どちらに指令権があるかを話し合うのです。自分の能力について自信が深まれば深まるほど、自己主張の必要性が軽減し、それだけ2人の関係にも波風が立たなくなるでしょう。小さいころからあなたの将来は、周りの大人たちによってしっかりと方向づけられていたのではないでしょうか？ ある権威者、たぶん男性によって、幼いあなたの心に消去し難い情報が刷り込まれたのではないかと思います。それであなたに期待されていることは、はっきりと理解できたものの、果たしてその人の理想通りに生きられるか、はなはだ心もとなかったのではないかと思います。幼いころから不平や批判の矢面に立たされてきたと思いますが、それと同じくらいの称賛や理解を受けられたのでしたら、あなたは幸運だと言えます。

たぶんもっと優しい人があなたの代わりに仲介に入ってくれたのではないかと思います。た

とえそうであったとしても、あなたが相反する2つの欲求の狭間で育ってきたことは確かです。つまり、支配者の理想を実現させたいという欲求と、それに反抗したいという欲求です。一部のあなたは自分の能力を証明したいと願っています。一方、別のあなたのほうは、無能な自分が権力者を喜ばすことなど、どの道不可能だから、いっそのことすべて放り出してしまいたい、と思っています。その日から今日までどれだけの歳月が流れたか知りませんが、そういう教育の名残というのは依然としてあなたの中に残っているはずです。

重要なのは、あなたの中にきざみ込まれたものです。杓子定規になりすぎて、あなたの精神が解放されきっていません。最近自己解放の欲求がことのほか強まったはずです。すばらしいスタートをきったことは確かですが、まだまだ先は長いです。あなたの先にはこれまで知り得なかったような自由が待っているのです。

第2章 月星座のマジック

月星座が山羊座、太陽星座が…

牡羊座
人々の尊敬を集めたいがために一生懸命働きます。その結果、しかるべく地位を手に入れ、周囲が敬意を払わずにはいられない立場となります。もっとも彼らの胸の内は分かりませんが。

牡牛座
あなたと討論するのは意味がありません。簡単に「ノー」と言えますが、そういう状況になることは稀のようです。

双子座
解説するのが上手で、自分の論点を説得することにかけては右に出る者はいません。時に少々上手すぎるきらいがありますが。

蟹座
自分に課せられた責任を真剣にとらえすぎる傾向があります。仕事が済むまではどうも落ち着きません。

獅子座
必要とあらば、大いなる威厳をもって振る舞えます。時には必要がなくてもそうなります。多くの人々があなたに畏怖の念を抱いています。

乙女座
自分の判断力を必要以上に疑う傾向があります。それはむしろ幸いというものです。さもなかったら、周りの人はあなたの強い意志に太刀打ちできないでしょう。

天秤座
家や家庭はあなたにとってとても大切です。おそらく混沌としていた過去の代償を求めているのかもしれません。自分の周りが安全であるよう心を配ります。

蠍座
強力な知性の持ち主で、複雑な考え方を吸収することができます。それに伴って性格も強いです。

射手座
突拍子もない考え方が、至極現実的で実現可能であるかのように思わせる能力があります。そればかりか、しばしばそういうアイデアでお金もうけることさえあります。

山羊座
外面はチタンのようにタフですが、ハートはゼリーのようにソフトです。性格はそれに輪をかけて、優しく、彩り豊かです。

水瓶座
夜見る夢は忘れるよう努めますが、現実的な夢の充足のためだったら、一生懸命頑張ります。

魚座
友達や友情をとても真面目にとらえています。あなたの友達は岩のようにあなたにすがることができます。

月が山羊座

月が**水瓶座**♒にある場合
活気にあふれ、魅力的で、一緒にいて楽しい

あなたは世界で最も官能的で、行動的で、知的な人間の1人です。でも感情ということになるとまるで冷凍コロッケのように無感覚になってしまいます。自分の周りを見回すと、内なる蛇口を開けることで、ハートにたまったものを洗いざらいぶちまけることのできる人たちであふれていることに気づきます。「感情をぶちまけてみなよ」と言われても、あなたは次のように答えるしかありません。「感情って何？　分からないものはぶちまけられないよ」。自分の感受性のなさにすっかり気落ちしたあなたは、1人になって苦い涙を枕にこぼします。そのとき天か

ら声が聞こえてきます。「その涙が深い気持ちの表現でなくてなんなのじゃ？」

あなたはご自分が考えておられるようなロボットではないことをここで強調したいと思います。感受性にあふれ、浅薄な性格というのからはほど遠いあなたは、いったん感情という名のプールに飛び込んだら、二度と上がってこれなくなるかもしれないことを恐れているのです。

月が水瓶座にあることで、感情が欠如する、ということではありません。むしろ愚かさが欠如する、と言ったほうが適当です（と言うか、「ほとんど」欠如する、と言うべきでしょうか？）。

第2章　月星座のマジック

情熱は一通りの点検を済ませないかぎり、発散させるべきではない、と考えているのです。でも、すべての感情はつまるところ皆、非論理的です。あなたの場合、通常とは違った刺激を受けたときにのみ、感情があふれるわけです。でもそれで、あなたが変人だとか冷たいとかいうことを意味するのではありません。あらゆる意味であなたはノーマルですし、周囲の人々もそう考えています。あなたがそう思っていないだけの話なのです。

他人があなたの性格でいちばん気に入るのは、あなたがちょっと変わっている、という点です。これは、鼻があなたの顔になくてはならない要素であるのと同様、あなたの性格で切っても切り離せないものです。これで好き嫌いがはっきり二分されることでしょう。もっと普通の相手を好む人は自然とあなたからは離れていくでしょう。つまるところあなただって第一印象をよくするためにユニークな個性を隠そうとはしま

せん。結局、人はあなたをあなたとして受け入れるしかありません。それで、人によってあなたのイメージにかなりの差違が生じてきます。あなたが毎日のように変わるからです。

それはそれでかまいません。なぜなら、あなたにとって、多様性とは人生を彩るものではなく、人生そのものだからです。お互いに面識のないあなたの友達2人が会って、話をしたとします。そこであなたのことが話題になったのに、お互い、同一人物のことを話していたとは気づかなかった、というようなエピソードを聞くたびに、あなたは大喜びします。

幸いあなたのパートナーは、多様性に富むあなたの性格に1つ1つおつき合いする必要はありません。だれかが「伴侶」という部署に座って待っていてくれるだけで満足だからです。それであなたは安心して外に出て、違う顔を演じられます。今そういう相手に恵まれていなくても、探し出すのはそう難しくはないはずです。

月が水瓶座

あなたはちょっと変わっているかもしれませんが、同時に活気にあふれ、魅力的で、一緒にいて楽しい人だからです。しかし、色恋沙汰がからまない他の家族の面々とは性格の衝突があり得ます。彼らには、いつ、どこで、どのようにあなたと会うか、という選択肢がありません。その逆もまた真です。結果的に、あなたのどの顔とつき合わなければならないか、という予想がつきません！ あなたの側でこのことを念頭に置くことによって、家庭内の人間関係がぐんとよくなることでしょう。

月が水瓶座にあることで、2つの相いれない願いが生涯を通じてあなたの中で優劣を競い合う結果となります。この種の内なる戦いが偉大な性格形成の一助となるのです。しかしながら、本当の意味で成功し、かつ幸せになるためには、自分を成功に導いてくれるものと、幸せにしてくれるものを和解させる必要があります。あなたにとっての成功とは、自分がこの世で唯一無二のかけがえのない存在である、ということを世界および自分自身に証明することを意味します。あなたはとにかく他者と一線を画したいのです。いっさい妥協することなく、自分のやり方に固執したいのです。他人に指を指され、称賛と畏怖の念をこめて、「あそこにひときわ光る人がいる」と言われたいのです。

以上は悪いことでもなんでもありません。しかしあなたにはまた、受け入れられ、歓迎され、愛され、信頼され、グループに属したい、という願いもあります。理論的には、妥協を好まない人が組織に属するのは容易なことではありません。10代のころのあなたは永遠の愛を求めて傷つきました。いまだにその傷が癒えていない状態だと思います。さて、大人に成長した今は、自分を受け入れてもらうために、人に会うたびに違う顔を演じる必要はありません。自分を自分として受け入れ、それを誇りに思うだけで事足りるのです。

第2章 月星座のマジック

月星座が水瓶座、太陽星座が…

蟹　座
自分の気持ちを客観的につかめません。家族も、あなたのことをよく理解できません。でも、自分以外の人のことは手に取るように分かります。

獅子座
王侯貴族のような性格が、内側の優しくて温かいハートを一部（時にはすべて）隠してしまうことがあります。

乙女座
あなただけにしかない鋭い洞察力に恵まれています。他者が見落としてしまうような側面に気づきます。

天秤座
冒険家で、探検家で、パーティーが大好きです。でも、夜通し踊り明かすだけでなく、徹夜で討論することも大好きです。

蠍　座
愛する人の面倒を見てあげることに誇りを抱いています。本当に打ち解けない

牡羊座
他人があなたのことをどう思っているか、ということが全然気になりません。これは幸いというものです。なぜなら、ほとんどの人はあなたのことをどうとらえたらいいのか分からないからです。

牡牛座
新しもの好きです。家は便利な製品などであふれかえっています。そうでなかったら、人間関係にそういう興奮を求めるでしょう。

双子座
自分は愚かな俗世間や巷にあふれる問題を超越している、と考えたがる傾向があります。ある意味では確かに、あなたという人はそうなのかもしれません。

射手座
独創的な思考能力に恵まれています。複雑な概念を理解できるだけでなく、冗舌に語ることもできます。

山羊座
将来のニーズを事前に予知し、それを準備できるという、革新的な能力に恵まれています。おかげで銀行預金高は上がる一方です。

水瓶座
創造者はあなたを創造してから、型を壊してしまいました。予備の型があると思ったようです。いつも周りを驚かせます。自分自身もびっくりするくらいです。

魚　座
あなたの心は謎めいています。少なくともあなたにはそう思えます。他者はあなたの感じていることをもっとはっきり理解できるようです。

ないと、自分の本音を語りません。

月が水瓶座

月が魚座にある場合
ハートが感性であふれかえっている

海のそばで暮らしたいですか？ でしたら、あなたは典型的な魚座です。そういうニーズや憧憬や衝動があまりにも強いので、たとえだれかと強く愛し合っていても、あなたの心の空白が埋まることはないでしょう。もっと広大で、つかみがたく、謎めいた何か、たとえば海と交わることがあなたには必要なようです。あなたのハートは常に航海し、泳ぎ、波乗りし、潜っていたいようです。

友達があなたを謎と感じるのはまさにこれが原因です。感情のかけらも見せないのに、あなたのハートが感性であふれかえっているのは明らかです。どれだけ仕事や私生活で成功していても、あなたにはどこか「陸に上がった魚」のようなところがあります。とはいえ、あなたを心底満足させるものが海に限定される、ということではありません。巨大な組織で刺激とチャレンジに満ちた責任を全うすることが、あなたの心のギャップを埋めるのかもしれません。とにかく確かなことがあります。魚座は、何が起こっても不思議でないような環境で不可能なことを成し遂げて、初めて満足感を味わえる、ということです。

ほかの月星座の解説を読むと、ほとんどがあ

第2章　月星座のマジック

るパターンを追っていることにお気づきになると思います。まず長所を述べます。短所がこれに続きます。そして、そのような資質がいかに各々の愛情生活に問題を投げかけているかを検証するのです。しかし、あなたについて書く場合は、そういう公式を採用できません。私の知る限りでは、魚座に生まれることによって、愛情生活が不利に展開する確率は低いようです。月が魚座にあることで、敵ができにくくなります。だれとでも友達になれます。そして、ラッキーなだれかの理想的な伴侶にもなれます。

というか、各文章の前に「ほとんど」をつけたほうがいいでしょうか？　何もあなたが完ぺきだと言おうとしているのではありません。しかしあなたは無味乾燥になることなく人畜無害で、めそめそすることなく同情心に富み、横柄になることなく利口で、くすくす笑いをすることなくユーモアの精神に富んでいます。あなたの欠点というのは（これを欠点と呼べれば、の

話ですが）、「現実味に欠けるほど性格がよい」ということです。自己批判の精神のかけらもない人でさえ、あなたの愛を受ける資格はないとうなだれてしまうでしょう。非常識なくらい常識があって、不公平なくらい公平です。だれを憎むこともなく自分を犠牲にできて、憎らしいくらいです。

多くの人は、あなたのように優しい人と一緒になるのにかえって抵抗を覚えるようです。だれかがあなたの弱点を見つけ、感情的な反応を引き出したいと思ったとします。そのためにあなたを挑発しても、のれんに腕押しで、相手はますます欲求不満を覚えるだけです。それで、あなたは故意に怒ったり、嫉妬したり、苦悩している風を装って、相手を満足させようと試みるのです。といってもあなたが無感情だというわけではありません。むしろその反対です。あなたのハートでは深い感情という名の潮がいつも満ち干を繰り返しています。

ただ、その感情が歓喜ではなく苦悩の場合、あなたは他人に迷惑をかけたくないがために、それを胸の内にそっとしまっておくのです。あなたはそんじょそこらでは見られないほど、かけがえのない人なのです。
　権力を志向する人がいれば、お金や恋愛、官能的交わりを渇望する人がいます。あなたがそのような欲望にまったく目が向いていないということではありません。でも、欲望があなたの人生を支配することはありません。もし支配されたら、望みのものをたっぷりと手に入れることになるでしょう。なぜなら、あなたは自分の渇望するものを否定するような人ではないからです。でも心底あなたが渇望しているものは、現代社会に不足している人生の意味です。目標があってこその人生です。しかし、世間一般の人が格闘している目標や志といったものは、なぜかあなたの関心をそそりません。あなたの関心をそそるためには高貴な超越といった要素が

なくてはなりません。それで、絵画、詩、音楽などの芸術活動が一部の魚座を満足させます。そのほかの人々は信仰活動、または慈善活動に没頭することで、満足感を味わいます。
　以上がきれいごとすぎるという感想を持たれたのでしたら、ちょっと待ってください。あなたの魂に強烈な体験を渇望する部分があります。あなたはとにかく俗っぽいことを嫌うため、現実逃避の手段に身を投げてしまう可能性があるのです。自分の芸術に取りつかれたり、狂信的になるのがその例です。でも、もっとひどい場合にはそれでもまだ物足りなくなってしまいます。心の"よりどころ"がなくなったあなたは危険を省みず自分を極限まで追いつめます。子供のころのあなたは知りたがり屋さんでした。10代のころは討論好きでした。そして大人に成長した今は、選択肢を解体するのではなく、それを生かすようなライフスタイルを構築する術を学んでいただきたいと思います。

月が魚座

第2章　月星座のマジック

月星座が魚座、太陽星座が…

牡羊座
人はあなたの英知や倫理観に敬意を払わずにはいられません。時にしゃべりすぎで、押しつけがましい、と感じさせることもあるようですが。

牡牛座
あなたには詩人の魂がありますが、それがひとり歩きしないように気をつけています。でもあなたは、ご自分が望んでおられる以上にセンチで、感受性に富んでいます。

双子座
突然考えがひらめいて、約束をすっかり忘れてしまう傾向があります。あなたの友達が同様に柔軟性に富んでいることを祈ります。

蟹　座
ほとんどの場合、あなたは自分自身や人生全般についてリラックスしています。直感力がいつもあなたを適当な方向に導いてくれるようです。

獅子座
表面的に親分肌を装えるのはもうけものです。あなたが実は面白い人だということがバレたら、人はあなたを真剣に扱ってくれないでしょう。

乙女座
幼少時の緊張が原因で、夢はかなわないもの、と思う傾向があるようです。でも、それにもかかわらずあなたの夢はよく実現するようです。

天秤座
義務感が際立っています。野性的な衝動をコントロールするよう頑張るおかげで、分別があるような印象を与えることができます。

蠍　座
ほとんどの場合、軽くてのんきな性格です。何が起ころうと、ユーモアのセンスを忘れません。

射手座
射手座は旅行好きですが、あなたの場合、家に帰ってくることも大好きなようです。

山羊座
偉大な教師になれます。なぜなら、あなたは人生という名の教室における、熱心な生徒だからです。いつも事実を追い求めています。

水瓶座
感受性に富んだハートと論理的な頭脳が相まって、向かうところ敵なしです。あなたの銀行預金高がそれを証明してくれるでしょう。少なくともいつかは。

魚　座
信じられないほど他人に構わず、自分のポリシーを貫きます。しかし、すばらしい人でもあります。

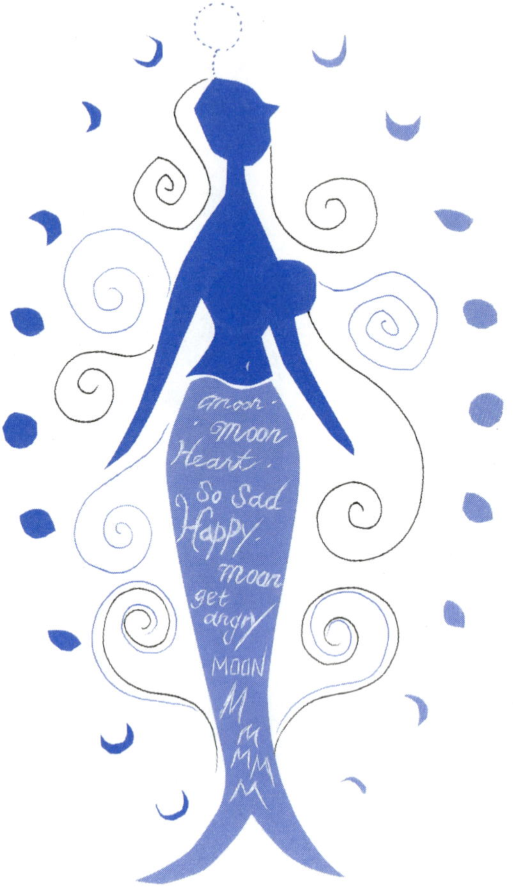
moon
moon
Heart
So Sad
Happy
moon
get angry
MOON
M
M
MM
M

第3章 運命の輪

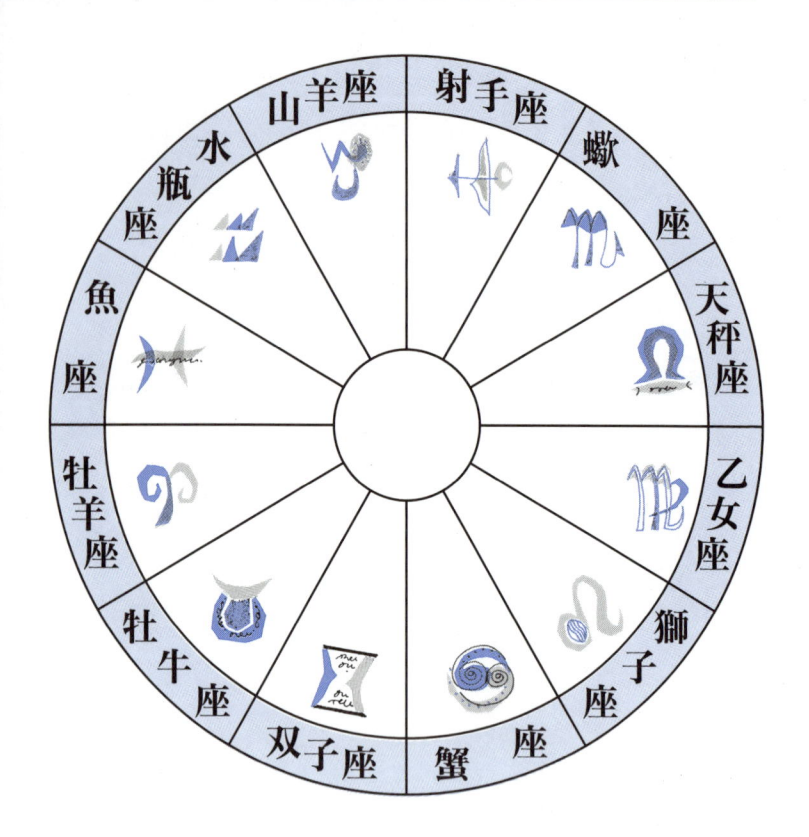

あなたの「運命の輪」

あなた自身の星座を記入するために、
この輪を使ってください。

第3章　運命の輪

あなたの性格を探り、将来の可能性を発掘する！
あなたの「運命の輪」

これであなたの太陽星座と月星座が分かりましたから、2つの要素がどんなふうに有機的に結びついているか、お知りになりたいことでしょう。また前章で、太陽と月の組み合わせについて、たった3～4行くらいの記述しかなかったことを、けげんに思われたかもしれません。

これについてもっと詳しく書くことができたのは事実です。その気になれば、各組み合わせについて詳しく解説した144章の本を書くことも可能だったはずです。コメントを短くしたからといって、私が仕事を怠けた、ということではありません。太陽と月の組み合わせについ

ては、占星術的な観点から正確に検証するための、もっとよい方法が存在する、ということです。

ペンキの缶を思い浮かべてみてください。いくつかの基本色を組み合わせることでさまざまな色を作れるのだったら、144色もの缶をそろえる必要はありませんよね？

秘密の公式を知っていれば、たくさんのペンキ缶をスーツケース1つに圧縮することは可能なのです。同じ意味で、占星術の基本原理を知っていれば、あまたある参考書も不要になるはずです。

そこで、この章、というかこの本の残り全部をプロのコツを伝授することにあてたいと考えています。占星術の「規則の本」をいちいち紐解く必要性からあなたを解放してあげたいのです。その代わりに、そういう「規則の本」の元になった、単純な原理をあなたに伝授してさしあげましょう。

★——「運命の輪」であなたの位置を割り出そう

ステップ1

これは簡単です。というのは、あなたがすでに知っている情報を単に書き記すだけにすぎないからです。256ページの「太陽の運行表」であなたの太陽星座を見つけ、144ページの「運命の輪」の該当する星座に「太陽」と書いてください。われわれプロの占星術師のやり方

ということで、「運命の輪」にようこそ。これであなたの性格を探り、将来の可能性を発掘してください。難しくもないし、時間を浪費することもありません。でも極めて洞察力には富んでいます。なぜなら、今からあなたに説明しようとしていることは、本質的に個人のホロスコープ診断の原理を単純化したものだからです。

をマネて、もっと芸術的に迫りたいのでしたら、小さな太陽のマーク☉を書いてもOKです。

今あなたがしたこと

おめでとうございます！　あなたが生まれたときの、太陽のおよその位置を「運命の輪」に書き記すことで、個人のホロスコープ製作への第一歩を踏み出したことになります。

さて、もうちょっと複雑な作業に移ることにしましょう。

第3章　運命の輪

ステップ2

144ページの「運命の輪」に戻り、今度はあなたの月星座に当たる星座を261ページの「月の運行表」で見つけてください。そこに「月」と書くか、小さな月のマーク♪を記してください。12人に1人の割合で、太陽星座と月星座が同じになる人がいるはずです。その場合は2つを同じ場所に納める必要があります。

今あなたがしたこと

「運命の輪」に2つ目の印を書き記したことになります。これで準備はほぼ整いました。ところであなたは、たった今、偉大な科学者兼占星術師たちと同じ足跡をたどったことになります。クラウディウス・プトレミーや、ガリレオやケプラーたちと同様、古代の神秘的な方法を用いて、空の地図を描き出したことになります。さて、残すは最後の一段階です。

ステップ3

もう一度144ページの「運命の輪」に戻って、太陽と月の間にある空白を数えてください。それさえ済めば、「運命の輪」が何を語っているのか、探り出すことができるのです。空白を時計回りに数えると、太陽と月の関係が次のうちのどれかにあてはまるはずです。

① 同じ星座内にある　② 隣同士になっている
③ 空白が1つ　　　　④ 空白が2つ
⑤ 空白が3つ　　　　⑥ 空白が4つ
⑦ 空白が5つ（向かい合わせ）
★ 空白が6つ以上の場合は反対方向に数えてください／

★1 太陽と月が同じ星座内にあるあなたの人間関係

人があなたのことを批判するとしたら、柔軟性のなさがまず指摘されるかもしれません。伝統にこだわりすぎたり、自分のやり方に自信を持ちすぎていることが、よく非難の対象となるようです。ある程度までこの意見は正しいですが、だからといって、性格を過激に変える必要はありません。人に変わったところや、マイナーな短所があったとしても、それはしばしば特別の才能がいきすぎた結果にほかならないからです。

以上はあなたの場合、容易にあてはめることができるようです。新しい方法を採用するより、伝統を踏襲することを好むのは、あなたに忠義心や、一貫性を保ちたいという強い欲求があるからです。時々、自己の正当化を試みるのは、

生まれつき自分の気持ちや信条に自信を持っているからです。

あなたの性格の一部を変える必要があるとしたら、話し方を変えることです。メッセージの内容そのものは変える必要がありません。言葉というものがいかに人の心に大きな影響を与え得るか、ということを忘れてしまうと、人間関係に歪みが生じてきます。丁寧にお願いしていても、命令しているように聞こえることがあります。善意のアドバイスが講釈に聞こえることがあります。前例に従うことを好むあなたの性格が頑固と勘違いされます。以上はまったく皮肉というものです。なぜなら、本当のあなたは極めて優しく、謙譲の精神に富み、人なつっこくて、「可愛い」性格でさえあるからです。

② 太陽と月が隣同士にあるあなたの人間関係

ハエを殺す？　とんでもない。ハチでさえ執行猶予にするでしょう。あなたには、自ずと人の性格の最上の部分を見つめようとする傾向があります。たとえ傷つけられても、許し、水に流します。あなたより寛容度の低い友達が心配になってしまうほどです。

実際、あなたの下心のなさがかえって誤解の原因になっています。あなたが人の本心を読もうとしないため、人も自分と同じだという前提に立ってしまうのです。したがって、あなたは

周囲の人たちは、あなたの性格のどちらの側を目撃することになるのか定かではありません。時にあなたは、人とつき合うにあたり恐ろしく実務的になります。そうかと思うと、心の奥深くにあるものや、感情的に脆い部分を臆面もな

自分の思っていることを素直に表現します。自分の言葉が彼らの心に届いたとき、どんなふうに響くか、ということなどおかまいなしにしゃべるわけです。したがって、恋人や友達や家族の面々から少しばかりの信頼と協力が得られれば、事は簡単に解決するはずです。だったら、単純に頼めばいいだけの話ではないでしょうか？　その通り、単純に頼めばいいのです。でもその前に、その頼み方自体を慎重に検討するようにしてください。

く晒すこともあります。社会的にそういう部分を見せるのが適切ではない、と思われる場合さえあるようです。あなたがそんなふうにして自分の真実を晒したお返しとして、個人的な秘密を打ち明けるのを厭わない友達が何人かいるの

ではないでしょうか？　でもその一方で、身近な家族が個人的な話題を持ち出すのに躊躇したりします。新しいソファの色を何色にしましょうか、というような話題がせいぜいなのです。

なにも故意にそうしているわけではないのですが、一部のあなたはそういうやり方に至極満足している部分があります。というのは、人とどこまで親密に交わるべきか、はっきりしないからです。強力な感情というのはあなたを魅了する一方で、不安にもします。あなたは直線的な人生を好みます。複雑怪奇な感情など願い下げなのです。と言ってもあなたが、自分や他人の感情の存在を無視しようとしている、ということではありません。というより、とても深遠で強烈なことに関するかぎり、あなたは「いないいないバア」ゲームを演じたいのです。その重要性を認識したすぐその後で、何事もなかったかのように人生を歩み始めたいのです。

以上は太陽と月があまりにも近寄りすぎてい

ることがその理由です。太陽は表面意識を、月は潜在意識を表します。自分の心の奥底で起こっていることを客観的につかめないのです。ちょうど高速道路の運転手のようなものです。追い越し車線に入って車を追い越した後で、いつ元の車線に戻ったら安全なのかはっきりしないのと同じです。

あなたの心理的な盲点であまりにも多くのことが起こりすぎています。

あなたの言動が不本意にも人を傷つけてしまい、それを指摘されて、驚かされることがしばしばあるのはこれが原因です（また時には相手の期待している言動を気にかけないために、人を傷つけることもあります）。

車の運転の比喩を続けましょう。運転中うっかり道を外れてしまいそうになったら、クラクションを鳴らすよう、隣席の家族に頼んでおいたらどうでしょう？

そうしたら、あなたの奇妙な行動パターンを

第3章 運命の輪

③ 太陽と月の間に空白が1つあるあなたの人間関係

あなたは概して気楽で、話しやすい性格の持ち主です。時には癇癪を起こすこともありますが、あなたを取り囲んでいる善意という名のバブルをはじくのは並大抵のことではありません。あなたは鷹揚で、信頼がおけ、誠実で、自分に自信を持っています。人を助けるのが好きですが、無条件にだれでも助けるというわけではなく、その人がまずそれなりの努力を傾ける必要がある、ということを認識しています。それで、相手の話に耳を傾け、公平かつ心の開かれた友人であろうと努めます。つまり理論的にあなたは理想的な結婚相手、従業員、はたまた友人だということです。それでは現実には？　もちろん、その可能性大ですが、あなたの寛容の精神にマイナス面が見られることも事実なのです。

あなたは皆のお母さん役、お父さん役を努める傾向があります。守ったり、慈しんだり、先導したり、慰めたりする衝動を否定できません。それは素敵なことではありますが、弱く不安定な人たちが、蛾が街灯に群がるように、あなたの周りに集まってきます。あなたの肩にもたれて泣くのを自分の権利と考えている人さえいるようです。その結果、片方の肩は永遠にぬれた状態です。もう一方の肩はというと、重荷を背負いすぎたせいでいつも痛んでいます。

あなたはこれを愚痴1つこぼさず受け入れま

受け入れるどころか、好きになってくれるかもしれません。そもそも天才というのは、そういう奇妙な言動に特徴づけられるものなのです！

④ 太陽と月の間に空白が2つあるあなたの人間関係

すが、時に必要以上の援助を人に与える傾向が認められないでもありません。つまり、辛酸をなめることによって人間的に成長する機会を彼らから奪っている、ということです。さらに同じ原因がもとで別のトラブルが発生する可能性も考えられます。親というものは常に感謝され、尊敬されるとは限りません。それどころか、嫌悪や反抗の対象となり得ます。あなたを取り囲む「失われた魂たち」は実の親との葛藤をあなたとの関係に持ち込み、親に対する憎悪をあなたに投影します。あなたの信頼を試し、忍耐力を追いつめ、もっと悪いことには、ひそかにあ

なたへの不満を他者にぶちまけたりします。そのことを知ったあなたは、いったいなんでそんな事態になってしまったのか頭を抱えてしまいます。

あなたにはなんの非もない、というのが答えです。ただ必要以上に人のことをかまいすぎたということです。もっと安定して、満たされた生活を楽しむために、人を見てから助けの手を差し伸べるようにしてください。または、完全に大人対大人のつき合いに限定するのも手です。つまり最終的には各人が自分自身の面倒を見るべきだ、という考え方です。

古代神話は月を女性、太陽を男性と見なしました。現代の占星術師はというと、この説に諸手を上げて賛成します。でもあなたの場合、この概念を無条件に受け入れる、ということはないと思います（もっともこの説に限らず、あらゆる概念に反対したがるかもしれませんが）。

第3章　運命の輪

太陽と月がほぼ直角を形成しているときに生まれたあなたは、何事につけ額面通り受け取りたがらない傾向があるのです。いつも理由や代替案を模索しています。それに一般的でない、マイナーな意見をサポートすることも好みます。異論を唱えるのを好むあなたに敬意を表しましょう。太陽を母、月を父と見なした文明がかって存在したことは確かです。しかし、太陽と月を同一の性と見なした文明は決して存在したことがない、という事実です。あなたがどちらの説を支持するかは定かではありませんが、要するに、「運命の輪」における男性エネルギーと女性エネルギーの関係は、あなたの場合互いに挑戦し合うような角度を形成している、ということです。

以上、あなたが何事につけ異論を唱えたがるゆえんです。しかもそれは他人との話し合いだ
けに限られません。自分で何かを決めようとしている際も同様なのです。あなたはまったく相いれない2つの衝動を、いつも自分の内で和解させようと努めています。つまり、理論的に自己主張したいという衝動と、直感的に順応したいという衝動です。

以上のような性向がどんなマイナス面をあなたにもたらすかは、すでによくご存知の通りです。意見が一定していず、予想がつかなくて、説得するのはほぼ不可能、というような評価を一般的です。愛され、尊敬されてはいるかもしれませんが、一筋縄ではいかないことは確かです。したがって、あなたの恋愛関係というのは、まぁよく言えば「ダイナミック」です。生活に波があり、討論の種には事欠きません。静かで満ち足りた平和共存の後に、争いや騒動が続くという具合です。

あなたの人間関係を向上させるコツが、仕事を成功させるためのコツと同じだというのはうれしい偶然の一致と申せましょう。「運命の輪」はあなたにあり余らんばかりの創造性や、独創性、そして想像力を賦与しました。したがって人ではなく、概念と戦ってほしいのです。社会の規則ではなく、芸術や科学の伝統を論議の種

⑤ 太陽と月の間に 空白が3つあるあなたの人間関係

もしも化粧品会社が、あなたのエッセンスをとらえて瓶に詰め、売り出したら一財産築くことができるでしょう。太陽と月がバランスよく配置されることで、カリスマ性にあふれる人が生まれます。

もうちょっと繊細でない言い方をすれば、セックスアピールにあふれている、ということです。

としてください。急所を突いた質問を、全人類に代わって矢継ぎ早に発していれば、社会の利益に資するだけでなく、余分な闘争エネルギーをも消費してくれます。そういうエネルギーというのは、取るに足らないささいなヤボ用に浪費するよりも、建設的に昇華することで、はるかにその潜在性を発揮してくれると言えます。

生まれつき魅力に恵まれている、ということに気づかなかったですって？　謙遜はやめてください。あなたが時々、人に大きなインパクトを与えていることに気づいていない、とは言わせませんよ。あの人の膝が震えていたのや、目が潤んでいたのは風邪のせいだとでも思ったのですか？　ひょっとしたらそうかもしれませんね。

第3章　運命の輪

母なる自然はバランスを取ることに懸命になるあまり、類稀な容姿をあなたに与えた一方で、そのことを特に意識させないよう、計ったのかもしれません。だったら、残りの人にとっては不幸としか言いようがありません。微妙に誘惑的な雰囲気に無邪気な表情が相まって、ますます抗し難い魅力が演出されるのですから。

あなたの磁力の何分の1かでもお裾分けにあずかりたいと思っている人が歯を食いしばって悔しがることがあります。こうして事実を知された後でさえ、あなたが自分の魅力を利用するのに特に関心を示さない、ということです。

外で華麗な恋愛ゲームを演じるより、家にこもって家族の介護をしたり、そのほかの高貴な仕事に従事するほうを好むようなところがあなたにはあるのです。たとえ冒険に満ちた人生を志向したとしても、容姿といった漠然とした要素には頼りたがらないところがあなたにはあります。ということは、あなたの恋愛関係、または

人間関係が常に順調だということでしょうか？　どんなに自分の魅力を抑えようと努めても、同性の人たちはあなたに嫉妬してしまうようです。異性との関係については、相手が自分の心よりも外見に惹かれているのではないか、という疑いを常に払いのけられません。

そして、あなたのパートナーはというと、異性の注目を集めずにはいられない人を伴侶としていることで、常に危機感を抱いているようです。もちろん、あなたのパートナーもあなたと同じように類稀なる容姿に恵まれていたら話は別ですが。

でも、あなたは生まれつき静かな人生を好むところがあります。

潜在的にトラブルを起こしやすい人とあえて一緒になりたいですか？

★6 太陽と月の間に空白が4つあるあなたの人間関係

あなたはすばらしくよい人です。少なくともこの件に関して反論する人はいないでしょう。でも、何があなたをそんなに特別な人にしているのか、という段になると意見は分かれ、友達の数と同じだけの説が存在するようです。

あなたは状況に応じて変身します。といっても、自分を偽って演技する、ということではありません。というより、そばにいる人のニーズを直感的に感じ取り、適応してしまう、という見事な能力の持ち主だ、ということです。自分で自分の面倒を見られる強い人間だったかと思うと、別の人の前では優しく、脆い魂の持ち主になります。この両極端の狭間で、たくさんの人たちが彼らなりのあなたのイメージを持っているわけです。

あなたは幅広い社会層の人々と交友することを好みます。したがって、もしあなたの友人2人がバッタリ道で出くわしてあなたのことを話題にしたとしても、お互いに同一人物のことを話している、ということに気づかないかもしれません。さらに驚かされるのは、2人の会話にあなたが加わっても、別に違和感なくスムーズに会話が進む、ということです。

あなたは装う、ということをしません。純粋に多様性に富んでいるのです。ただ、ごく自然にカメレオンになれるあなたの能力が、思いもよらず、身近な人を欲求不満に陥れたり、脅威を感じさせたりすることがあります。それで、所有欲の強い人はひそかにあなたを束縛することを画策します。

第3章　運命の輪

⑦ 太陽と月の間に空白が5つあるあなたの人間関係

これに対してあなたは、無垢な表情で正直に次のようにやり返すまでです。「いいですよ。もしお望みでしたら私のほかの部分はもう出かけなければなりません」こうして、その人はうまいことはぐらかされてしまうのです。

もしも友達を作るにあたって、リラックスして、落ち着いた人のみにしぼり込むように努めれば、その後の緊張感は回避できます。でも、あなたの中の何かが磁石のように、気性の激しい人に惹かれる傾向があるのです。少しばかりの火や情熱を好むところが、あなたにはあります。

す。つまり、自分自身に着火するよりも、他者の燃える火に手を出したほうが簡単だ、ということです。でも、重要な人間関係をもう少し楽にしたかったら、熱を遠ざけるのが必要です。

そのための最良の方法は、自分だけの情熱を見つけることです。その情熱を人に注ぎ込んでくださく、偉大な使命やビジョンに注ぎ込んでください。これをあなたの人生における主要な熱源とすれば、自然に人々がその周りに集まってくるでしょう。そうなったら、あなたは他人の定めた規則に従う必要はありません。人々が自然にあなたのやり方に従ってくれるはずです。

あなたは極めて強い意見の持ち主です。何事につけ、どっちつかずの状態になることは稀です。そういう意見にちゃんとした理由づけがあるのでしたら、それはそれでかまいませんが、あなたは時に不当な偏見を、完ぺきに正当化された好き嫌いに祭り上げてまう傾向があります。

第3章　運命の輪

好き嫌いを表明するのは人間の権利ではありません。その理由づけが論理的でなくてはならない、とする法律はありません。あなたの場合は特に「ワル」の傾向が否めません。愛する人と正反対の意見を持つことを自分の原則としているようなところさえあります。お互いの趣味嗜好が違っていても、いいチームを組めることは確かですが、たぶんあなたのパートナーは、あなたの口から賛成とか同意とかいう言葉が漏れるのを切望しているはずです。

その類の発言はいつもしている、ですって？　なるほど、でも確かですか？　心ではそう思っていながら、次の瞬間には正反対の発言をすることはありませんか？　相手の反応を引き出すために、あえて自分の意志に逆らったような発言ばかりしていたせいで、そういう反応がほとんど習慣のようになってしまったところはありませんか？　あなたのパートナーは逆らわれることにすっかり慣れっこになってしまので

はないでしょうか？　その結果、あなたが二者択一に迫られたら、結局反対意見に落ち着くことを、覚悟するようになってしまったのではありませんか？

社会や家族内でのあなたの人間関係や恋愛関係が気持ち緊張しすぎているのは、これが原因ではないでしょうか？　少しばかりの多様性というのは、人間関係のよきスパイスとなり得ます。

でも、永遠に綱引きをしているように相手に感じさせるのは、カレー粉を一瓶全部鍋にあけてしまうようなものです。

第4章 愛の星 金星

★ 自分自身のイメージが大きく変わってしまうかもしれない!?

金星、愛の星がささやく

この章を読むにあたっては、普段おなじみの太陽星座のことは一時忘れてください。あなたがどんな恋人なのか、どんな恋人を求めているのか、そして将来どんな恋愛を楽しめるようになるのか、ということを知るために、もう一度あなたの誕生日をチェックしていただきたいのです。

318ページの「金星の運行表」を参照してください。自分の金星星座を見つけるのにそれほどの時間はかからないでしょう。

でも、そこから得られる情報は自分自身の概念を永久に変えてしまうはずです！

第4章　愛の星、金星

官能と自信と魅力にあふれる自由な星が教えるものとは？
金星および金星星座の性質

あなたと一緒にいるのも耐えられない、という人がいるかと思えば、あなたの魅力に負けそうと感じ、強力に惹かれる人がいます。これからその理由を検証していくことにしましょう。

金星はロマンスだけでなく、芸術や音楽も管理しています。そこで、あなたの美的感覚にも迫ってみたいと思います。あなたのお気に入りの色や形、それにボディーや顔を一緒に研究してみることにしましょう。

金星（ビーナス）はロマンチックな星です。その名前自体がミステリアスで官能的なイメージを呼び起こします。でもローマ人が彼女にビーナスという名前をつけるはるか以前から、彼女は誘惑のシンボルだったのです。バビロニア人は彼女を豊饒の女神イシュタールと呼びました。シュメール人はというと、嵐の女神イナンナと名づけました。エジプト人は魅惑の女神アイシス、そしてギリシア人はアフロディーテと名づけたのでした。ギリシア神話において、アフロディーテは女性的魅力の究極の象徴であり、キューピッドの母でもありました。

あなたが典型的な男性だったら、金星星座はあなたの理想的な女性像を表します。誘惑のシンボルアフロディーテは、変装が得意です。

★ すべての女性の心にアフロディーテの精神が宿っている！

あなたのハートをつかみたいと思ったら、彼女はあなたのお気に入りの衣装をまとうでしょう。あなたが女性だったら、金星星座は、あなたがどんな女性的魅力を持っているか、ということを表します。ただ、ここで告白しなければなりません。男性と比較すると、女性の理想的な恋愛像の解読は、複雑極まりない作業になるということです。アフロディーテは究極の自由な女性でした。特定の男性と契りを結ぶことはありませんでしたが、出会う男性1人1人の心に深い欲望の念をかき立てたのです。機知に富み知的なヘルメス、物静かで筋骨たくましいアドニス、そしてもったいぶって力にあふれたゼウスなど多種多用の神々と情熱的で充実した交わりをしました。このような華々しい情事の陰には寛容的な夫がいました。人見知りで怒りっぽい、傷ついた細工師、ヘパイストスです。彼女の大胆な行動をけしからん、と思われたしたら、ここのところは抑えておいてください。彼女は本物の人間ではなく、象徴的な女神ですから、しかるべく扱う必要があります。いつかビーナスに関する本を1冊書き上げたいと思っています。

でもここのところは、すべての男性にアピールするような女性像として彼女のことを考えていただきたいと思います。

男性の金星星座は、アフロディーテに接近するにあたって、彼がどのような態度を取る傾向があるか、ということを物語ります。つまり、ヘルメス、アドニス、ゼウス、ヘパイストスのいずれのタイプか、ということです。一方女性の金星星座については、この4人の神々のうち、

第4章　愛の星、金星

どのタイプに惹かれるのか、ということを表すものではありません。すべての女性の心に理想的な男性像というのは存在しますが、占星術でそれを判断するためには金星星座ではなく、火星星座を見なければなりません。これについては後の章で説明したいと思います。

現時点で金星星座を検証するにあたっては、すべての女性の心にアフロディーテの精神が宿っている、ということを心に留めておくだけで十分でしょう。それは自由の精神です。その時のムードに合わせて自分のお好みのタイプの男性を選ぶ権利を有している、ということです。

男性のホロスコープにおいて、金星星座は理想の女性像を表します。自分のアフロディーテがどんな姿をしているのか、彼女に接するときどんな態度をとるか、というようなことを表すわけです。一方女性のホロスコープにおいては、金星星座は女性らしさの表現方法を物語ります。女性をリラックスさせ、官能と自信と魅力にあ

ふれさせるような状態を表します。人生でどんな役割を演じれば、このうえなく自由で女性的な気分になれるかを教えてくれるのです。

金星は太陽に2番目に近い惑星で、大きさは地球と同じくらいです。表面は硫黄酸で覆われ表面温度は摂氏460度にも達しますが「思わず近寄りたくなるような比類のない美しい星」だということは宇宙飛行士さえ認める事実です。金星を遠くに浮かぶガスと岩の塊としか見られない人たちは、この星が地球のできごとに影響力を及ぼすなどという説を受け入れないでしょう。しかし、愛もまた科学では証明できない現象ではあります。金星が単なる惑星にすぎないとおっしゃりたいのでしたら、虹もまた光の屈折によって生じる興味深い自然現象にすぎません。ロマンスは論理的な説明を超越します。そして、占星術についても同じことが言えます。でも、両者はまごうかたなき〝現実の存在〟なのです。

金星が**牡羊座**にある場合
愛情表現が豊かで、感情の起伏が激しい

あなたと創造性
企画の立案を任せれば、あっと言う間に作成してしまう

あなたにはゼロから何かを創りあげる技術が備わっています。既存のアイデアに磨きをかけ、進歩させる才能のある人と比べ、あなたの場合はほとんど無から有を生じさせることを得意とします。

あなたが原色やすっきりした形や強い個性に惹かれるのはたぶんそれが原因でしょう。人生の微妙なニュアンスを楽しまないことはないのですが、ことあなたに関する限り、それはケーキのデコレーションか、壁に塗るペンキと同じようなものなのです。まず最初にケーキを焼き、壁を作らなければなりません。それを装飾する楽しみは他者に任せておけばいいのです。もし希望者がいるのだったら、卵を泡立てたり、れんがを積み上げる作業を任せてもいいでしょう。あなたにとって主たる楽しみは、魔法を起こす土壌を整えることにあります。材料をそろえ、素材を注文して、作業を起動させることです。

第4章　愛の星、金星

企画の立案をあなたに任せれば、あなたは、あっと言う間に見事な青写真を次から次へと作成してしまうでしょう。他者は都合を見計らって、それらを現実のものにしていけばいいのです。

金星が牡羊座

あなたとロマンス
情熱はキラキラと輝き、氷のハートでさえ溶かす

牡羊座に金星があるということは、情熱の塊と同義です。物欲しそうに何かを夢見ている、というようなことはあなたの人生で一時たりともなかったのではないでしょうか？

あなたにとって夢はかなえるためにあります。とにかく世界に飛び出していって、夢を現実のものにしなければ気が済みません。計画にリスクがありすぎると人に指摘されたら、あなたはことさら一生懸命に働き、彼らをギャフンと言わせる楽しみを味わうまでです。

恋愛、仕事、お金、すべての面において負けん気が強いです。自分を勝者と見なす必要があります（それは結構なことです）。でも、常に他人と自分を比較し、あの人の持っている物をなぜ自分はまだ手にしていないのだろう、といぶかるところがあります（それはあまり結構なこととは言えません）。

あなたの最大の魅力は図太い神経です。表面的にはいくら臆病に見えても、自分の本心をありのままに打ち明けたり、大胆な申し出をすることに躊躇しません。自発的で、強靱で、磁力のような魅力があります。

しかし、後先省みず実行に移した結果、後悔することもあります。

あなたの目は時に炎のように燃えることもありますが、普通は情熱でキラキラと輝いています。

金星が牡羊座

その輝きは人を感化するようなところがあり、氷のハートでさえ溶かしてしまいます。人はあなたの自信を称賛し、横柄な態度を嫌悪します。自信と横柄さの境目というのは限りなく短いですから、あなたの人間関係というのはドラマであふれ返ることとなります。

あなたは「言うことを聞かない」タイプの人です。虎穴に入ることを恐れないだけでなく、虎穴から救出されても、すぐにそこに舞い戻ってしまうのです！

恋人としてのあなたは冒険心とエネルギーにあふれ、愛情表現が豊かです。

でも、感情の起伏が激しいことから、あなたよりも精神的に安定したパートナーだと混乱してしまうところがあります。

あなたの女らしさ
——女性たちへ
か弱い女性からはほど遠く、有能で情熱的で独立心旺盛

あなたがまつげをしばたかせて、たくましい男の助けを求めることがあったとしたら、太陽は西から昇るでしょう。あなたは、頭の悪いか弱い女性からはほど遠い存在です。有能で情熱的で独立心旺盛です。強くて自立していて官能的です。

生身の女性であり、箱に入ったリカちゃん人形ではありません。マッチョマンに弱い、ということはありません。理想の男性は自分を平等に扱ってくれる人です。あなたの領域に敬意を払い、社会悪を正すために共に戦ってくれる人です。物静かな人でも、表面下に豊かな個性さえ潜んでいれば問題ありません。会話を主導す

第4章 愛の星、金星

金星が牡羊座

ることなどお手のものですから。むしろ、感受性のかけらもないような男から、退屈な話を聞かされ続けることのほうが願い下げというものです。

あなたの理想の女性
―― 男性たちへ
恋愛が完全に安定していない状況を好む

あなたにとって理想の女性とは、明るくて、強くて、自立心に富んだ人です。「私をみくびったら承知しないよ！」とばかりに、革の手袋をした手で銃をすばやく抜き、早撃ちするような女性が好みです。

あなたには秘密の欲求というのがあります。女性に支配される、とまではいかないものの、しっかり汗をかかせてくれるような人が好きなのです。簡単に落ちない演技をする女性が好きなのではありません。簡単に落ちない女性が好きなのです。考え得る限りの手を使いつくして息せききっているときに、振り返って自分をつかまえてくれる女性に惹かれるというわけです。

彼女の第1バイオリンに合わせて、第2バイオリンを演奏することになってもかまいません。しかしこの場合は彼女の演奏技術が超一流である必要はありますが。恋愛が完全に安定していない状況を好むということです。

かいがいしく尽くしてくれる美しい芸者より、西部の荒くれ女のほうを好む、ということですね。

金星が牡牛座にある場合
自分のすべてをパートナーに捧げる

金星が牡牛座

> **あなたと創造性**
> 微妙な色合いや感触といった
> ものにこだわりを見せる

「速く生産し、高く積み上げ、安く売る」現代社会において、あなたは稀少価値の人です。古風な職人気質の美徳を信じている、ということです。

あなたは、平均を少しだけ上まわったような品を無数に作り続けるよりも、真に卓越した一編の小説やシンフォニーや絵画や彫刻や庭を作り上げるほうをはるかに好みます。仕事を完ぺきに仕上げる時間や素質がないと思ったら、トライすることさえしないでしょう。

微妙な色合いや感触といったものにあなたはこだわりを見せます。濃い目の木製塗料を松に塗って樫と偽ることはありません。あるいはポリエステルを絹とごまかすことはありません。個人的に訓練した有能な弟子でもいない限り、汚れ仕事に人に仕事を任せるのも好みません。自ら手を出して、最高品質のものを作り上げるよう努めるのです。

同様に、苦労して手にしたお金を使うことに

第4章　愛の星、金星

かけても、あなたは慎重です。家を安物のガラクタでいっぱいにするよりも、本物を1点購入します。

もちろん、最高級品で家をいっぱいにすることができればもっといいのでしょうが。あなたは時間と技術と、それにお金にかけては、極めて賢い投資の才に恵まれていると言えるでしょう。

あなたとロマンス
絶え間なく押し寄せる強力な波にわが身を任せる

牡牛座に金星があることで、ほとんど息を飲むくらい、肉体的な刺激に敏感になります。カメラのような記憶力を誇る人がいる一方で、あなたは感覚的な記憶をすべて蓄えています。触り、感じ、味わい、聞くだけでその記憶を永遠に留めておくことが可能です。

あなたにとって自分の住む環境が事のほか大切なのはそのためです。環境運動家が煙突から煙が出ている光景にいきりたつのと同じで、標準以下の品物で人生の質を落とすことがあなたには耐えられないのです。すべては最高品質でなければ気が済みません。

あなたは座るものや、食べるものや、眠るものや、聞くものにうるさいですが、それよりももっとこだわるのは、あなたの情熱を燃え上がらせる権利をだれにいいかげんに対応する人は、あなたの分野で合格でも、決して受容されません。あなたは自分のすべてをパートナーに捧げます。

愛の表現は芸術や音楽や文学や自然の美を観賞する過程と似通ったところがあります。

まず、つま先が目覚めます。やがて、その感覚はゆっくりと頭の頂上にまで上りつめていきます。

そしてあなたは絶え間なく押し寄せる強力な波にわが身を任せるのです。

以上のような側面を普通の人はまず見通すことができません。あなたは凡庸な仮面をかぶったダークホースを志向しているからです。あなたは言葉よりも行動を重視します。哲学よりも体験のほうが大事なのです。

そこで、そういう本能的な欲望を共有できる人を選んでアプローチを試みるわけです。あなたの魅力に逆らえない人は、自分の最も奥深い領域にまで侵入できるあなたの能力に感嘆の念を禁じ得ません。

一方あなたとの交際を困難と感じる人は、あなたが見せかけだけの役割を演じることを拒否したり、社会的な体裁の維持に関心を示さないことを憎悪するのです。

あなたの女らしさ
——女性たちへ
奥行きのある女性の強さが常に全面に出ている

自分の長所を最大限引き出すことに躍起になる女性がいるものです。デートや特別行事ともなると、思いっきり着飾ります。でもあなたの場合、最初から官能が匂い立っていますから、逆に着こなしを控え目にする必要があるようです。

奥行きのある女性の強さが常に前面に出ている、ということで、あなたは華麗というよりも豊かな人です（華麗という言葉には表面的な響きがあるため）。ロールスロイスに安っぽい装飾が必要ないのと同様、あなたもまた自分が女であることを、男から確認してもらう必要があります。結果的に相手はよりどりみどりです。

第4章 愛の星、金星

金星が牡牛座

見せかけだけの人や利口ぶる人はまず選にも入れません。あなたが惹かれる男性は深くて官能的で誠実な人だからです。

> ## あなたの理想の女性
> ――男性たちへ
> 料理や家事が得意で、肉体的な要求にも応えてくれる人

あなたにとっての理想の女性というのはフードつきの長いガウンをまとっています。彼女は慈しみの天使であり、謎の人であり、温かさと優しさの具現者です。

さらに不平ひとつこぼさずに9人の子供をあなたのために喜んで産み育ててくれます。彼女の治癒能力を頼って列を成す人々の面倒を見るばかりか、あなたの肉体的な要求にも応えてくれます。

天使がなぜここまでやってくれるのか、謎には違いませんが、話はそこで終わりません。彼女は料理や家事が得意で、家は快適そのものです。裏庭で育てる蘭が高値で売れるため、あなたは生活費を稼ぐことから免除されます。血と肉でできている女性に要求する空想としては話ができすぎているですって？

確かにその通りです。でも、このイメージに最も近い女性が（というか、近いように見える女性が）、いつもあなたのハートをつかむのです。

金星が双子座にある場合

いつも新しい何かを求めている

> **あなたと創造性**
> 知性や機知が備わっており、細部にまで目が届く

あなたは作家になるべきです。なぜなら言葉の達人ですから。地図の製作にも向いています。なぜならA地点からB地点にまで行くための最良かつ最短のコースをたちどころに割り出せますから。さらに天気予報官もいいかもしれません。気象状況の変化といったものに興味があるでしょうから。ということであなたには知性や機知が備わっており、細部にまで目が届きますが、時に、自分よりも他人の才能を開花させることに手を貸したがる傾向も見られます。現実離れした教授のアシスタントになって、その人からたくさんのことを学びつつ、お返しに世の中の常識について教えてあげる、というのがその例です。でも時にミイラ取りがミイラになることもあります。教授に常識を講釈しようとしていたところが、逆に相手から丸めこまれて常識を失ってしまう、というような状況です。双子座に金星があることで、相手の意見に熱心に耳を傾ける傾向が出てきますが（それは結構な

第4章　愛の星、金星

ことです)、簡単に説得されてしまう傾向も否めないのです（こちらは結構なこととは言えません）。同じような意味で、商取引する際も注意が必要です。あなたはアイデアの宝庫であり、普通のものを特別なものに見せる能力にかけてはピカイチです。しかし、商品の真価を問うのに躊躇したり、簡単に取引に応じてしまう傾向もあります。その結果、相手だけが甘い汁を吸うことになるのです。

あなたとロマンス
恋愛で最も重要なのが、充実したコミュニケーション

<small>金星が双子座</small>

あなたは機知と洞察力と独創性に富み、生きとしています。以下のような究極の選択に迫られたら、あなたはどうしますか？　最高のルックスながら退屈な性格の人と、一風変わった容姿ながら頭の切れる人のどちらかを選ばなければならない、という場合です。あなたは迷うことなく後者を選ぶと思われます。とどのつまりが、寝室で行われる共同作業よりも、会話のほうがあなたにとってはるかに大切だということです。

と言っても、あなたが恋愛の肉体的な側面を軽視しているというわけではありませんし、美しい顔や身体に関心がない、ということでもありません。つまり、あなたにとって恋愛で最も重要なのが、充実したコミュニケーションだということなのです。理想を言えば、頭脳と美を兼ねそろえた人だったら文句はないでしょう。もっと言えば、各々を1人ずつそろえるという手もあります。独身を通すという考え方も受け入れられないではありませんが、人生が独房のようになったらおしまいです。あなたは多様性や変化を心のエネルギーとして生きる人だからです。

金星が双子座

したがって、あなたのパートナーは、あなたの興味を引き止めておくだけの多面性を有していなければなりませんし、異性とふざけたがるあなたに脅威を感じないだけの人間的な度量も必要です。

あなたはいつも新しい何かを求めています。また、しばしば型にはまった考え方に疑問を呈します。結果的にあなたは何事につけ満足するということがありません。あなたと同じく、いつも人生の境界線を広げたいと思っている人は、あなたを非常に魅力的だと感じます。共に考え、戦い、そしてなにより笑い合うことができるからです。静かな人生を送りたいがために順応する傾向のある人は、あなたと共にいると、笑うというより泣いてしまうでしょう。こういう人たちには注意が肝要です。あなたは感覚よりも思考を好むところがあるものの、実は優しくて感受性に富んだ心の持ち主です。それでお涙ちょうだい話にはついほだされてしまうのです。

あなたの女らしさ——女性たちへ
あなたはあなたとして愛されたいと思っている

あなたよりもセクシーな女性はいるかもしれませんが、まだお目にかかったことはありません。表面的に似通った女性だったら、一度や二度は出くわしたかもしれませんが、よく観察してみたらちょっと退屈だったし、あせってもいたようです。それは残念なことです。あなたの前にひざまずく称賛者を追い払うために、ライバルの存在は案外有用だったでしょう。あなたは鋭い機知と、完ぺきな洞察力の持ち主ですから、お目あての男性の理想のタイプを見抜き、カメレオンのように変身することが可能です。ですから、その気になれば落とせない男性はいないと言っていいでしょう。

第4章 愛の星、金星

金星が双子座

でもあなたはあなたとして愛されたいはずですから、理想の男性は、あくまでもあなたの本質を見通せるような切れ者でなければなりません。彼はルックスがよくなくてはなりませんが（周りをうらやませがらせるため）、あまりにも絶世の美男子だと、いつも彼を奪われる心配をしていなくてはなりませんから、避けたほうが賢明かもしれません。

あなたの理想の女性
――男性たちへ
教えることが好きで、時勢に合った話題を議論する人

あなたがひそかに夢見る女性は黒い大学のガウンと、きれいなちょっとした何かをまとっているはずです。あなたからの恋のさやあてに応じる前に、彼女は、アッシリア帝国の首都と、円周率の小数点以下10ケタと、歴代のローマ皇帝を時代順に暗唱することをあなたに要求するかもしれません。前記の課題のいずれかでも果たせなかったら、彼女は「面白くてためになる」ような方法であなたに授業をしてあげる必要が出てくるでしょう。

あなたがセクシーな女性を求めているのか、それとも教師を求めているのかは疑問の残るところです。しかし、後者が「体罰」を連想させるため、金星が双子座にある男性に「厳しい教育」を求める傾向があるわけではない、ということをつけ加えたいと思います。あなたの夢の女性は、しかし、教えることが好きで、時勢に合った話題を議論する能力がなくてはなりません。しかも軽くて、ユーモアのセンスも必要です。つまり、おちゃめであると同時に聡明で、切れ者であると同時に優しくて、頭と外見が共に秀でた女性でないとダメだということです。

金星が蟹座にある場合

相手に気前よく愛情を注げる

あなたと創造性
強い倫理観と直感力に裏打ちされた、清廉潔白な人

芸術家の金星が、家をこよなく愛する蟹座にインテリア・デザイナーの能力を賦与します。あなたには、平凡な住まいを栄光の宮殿に変える能力が備わっています。でも蟹座は見栄を張るということをしません。それで気取り屋さんの金星に対抗して、スタイルよりも快適さを重んじるようになるのです。それで、あなたの家にはムードや本物の雰囲気といったものが漂ってはいますが、表面的に美しいだけの人工的な住まいというのとは違います。

仕事をするにあたっても、同じように均衡を保とうとする傾向が出てきます。あなたは強い倫理観と直感力に裏打ちされた、清廉潔白な人です。バレる心配のない嘘をついて金もうけをするよりも、真実に賭けるほうを好みます。そで、他者が享受している安っぽい成功というのはまずあなたの下には訪れません。

あなたは芸術、園芸、治癒、人材管理の才に恵まれています。それは稀少価値のある才能と

第4章　愛の星、金星

して周りから高く評価されるか、もしくは当たり前のこととして受けとめられます。でもどちらにせよ、あなたにとって大した違いはありません。正しいことに全力投球する満足感を味わうことが、あなたには何よりの報償だからです。

あなたが唯一攻撃的になるのは、慈善活動に従事するとき、もしくは人助けをするときに限られます。あなたは、人が苦しんだり不当な扱いを受けているのを見るのが耐えられません。

そこで、不幸な人たちを助けたり、被害者を苦境から救うために、わが身を捧げるのです。公式の慈善活動や、友達を助けるための個人的なキャンペーンに従事しているとき、あなたの天才的な創造性がいかんなく発揮されます。金銭的な報酬だけが目的だったらとてもこうはいかないでしょう。

あなたの献身的な姿勢は称賛に値しますが、時にあなたは自分の下にもたらされたチャンスを、みすみす棒に振ってしまう傾向があります。

他者が苦しんでいるときに特権を享受するのは不謹慎だという考え方です。もし次回、このようなシンドロームが現れたら、次の点を考慮してみてください。より大きな権力を有していたら、それだけ世のため、人のために尽くせる確率も高くなる、ということです。

あなたとロマンス
度量が大きく、人に惜しみなく愛を与えることができる

蟹座に金星のあるあなたは、とにかく自分が愛され、求められ、必要とされている、ということを確認する必要があります。と言うと、まるで性格の弱い人のように聞こえるかもしれません。でも実のところそれは並々ならぬあなたの強さの元となっているのです。

拒否される、ということを何よりも恐れるあなたは、自分の気持ちを告白する前に慎重に慎重を期す傾向があります。あなた以外の人で、同じくらい控え目な人は、おそらく自分の気持ちを相手に伝えることなく、悶々とした日々を送るに違いありません。

あなたの奥ゆかしい傾向を補う資質があります。度量が大きく、人に惜しみなく愛を与えることができる、ということです。ちょうどお金持ちが自分の懐を心配することなくポンと10万円を寄付できるのと同じようなものです。貧乏人だったらこうはいきません。千円寄付するにも家計簿とにらめっこしなければいけません。

一方お金持ちには無限の蓄えがあるため、そんなことは気にもとめません。同じような意味で、豊かな慈愛に富むあなたは、相手に気前よく愛情を注げるのです。

あなたの女らしさ
——女性たちへ
弱者を保護し助けてあげたい欲求に満ちあふれている

あやしく、誘惑的に、セクシーに男に迫るというのは、あなたにとって病院に観光旅行に行くみたいなものです。プレイガールはおろか、美神ビーナスでさえあなたにはアピールしないかもしれません。考えてみれば第10病棟のほうがはるかに望ましいというものです。そこでは、人を助けてあげたい、という優しく温かな欲求を満足させることができます。自分のセックスアピールを利用するというのは、あなたにとっておぞましいことですが、弱き者をしっかりと胸に抱いてあげるというのは、誠実なあなたの心にしっかりと抱いているはずです。

もちろん、それで一部の男たちはあなたのこ

第4章　愛の星、金星

とをたまらなく魅力的だと感じることになります。網ストッキングにヨダレをたらす男たちがいるように、正直で正義感に燃えたあなたにうっとりとなる男たちがいる、ということです。

この理想的な組み合わせには短所が1つあります。弱く、疲れた男たちはわれ先にとあなたの玄関に押し寄せますが、強くて自立したタイプは、エプロンのヒモにでも縛りつけてでもおかない限り、あなたから遠ざかってしまう傾向があるということです。

あなたの理想の女性
――男性たちへ
あなたの幸せは私の幸せ、と言ってくれる優しい女性

蟹座に金星のあるあなたはとても官能的で、肉体的な刺激に敏感に反応します。ただ、エキゾチックな香水の香りにおぼれるよりも、自家製のアップルパイの香りにうっとりします。あなたがひそかに夢見る女性は、寒い夜、暖炉の前にいるあなたに熱いココアを持ってきてくれるような人です。あなたの仕事の話に身を乗り出し、悩みを打ち明ければ同情し、スポーツの話をしたら面白そうに耳を傾けるふりをしてくれる女性です。男の中の男を気取っていても、あなたはしょせん、愛する女性のひざの上でゴロゴロと喉を鳴らす、飼い慣らされた子猫ちゃんです。あなたの幸せは私の幸せ、とばかりにかいがいしくあなたに尽くしてくれる、家庭的で、しっかり者で、優しい女性に惹かれるということです。ただそれよりも、もっとアピールすることが1つだけあります。彼女を本当に幸せにするテクニックをベッドの上で実演する機会を与えられることです！

金星が蟹座

金星が獅子座にある場合
領土で覇権を確立する欲求を持つ

あなたと創造性
正真正銘のエキスパートを目指す

カメラの前に立つ、という職業は考えるだけであなたを凍りつかせるかもしれません（あるいはそうでないかもしれません）。でもあなたは、冷静で抑制の効いたイメージを投影するのが、ことのほか上手なのです。観衆が本物のあなたを観ているわけではなく、演者を観ているのだ、ということを自分自身に説得できたら、

アヒルが喜んで池に飛び込むように、あなたもそういう機会に飛びつくかもしれません。この前提というのはとても大切です。なぜならあなたは公衆の面前で恥をかく、ということが耐えられないからです。

と言ってもあなたがバカになれない、ということではありません。でもあなたがジョークを言うときは、聞く人がシラけないように、細心の注意をもって行います。リスクを冒すのを恐れている、というわけではありません。ただ、十分に計算されたリスクでないといけないのです。

第4章　愛の星、金星

ダンス、デザイン、料理、作曲、発明、修復など仕事の種類は問いません。完成品に優雅さや気品や洗練された雰囲気が表現されるよう最善を尽くします。新しい領域に進出するときは、それをありとあらゆる角度から検討し、慎重に慎重を期します。

自分の請け負う仕事にも、同様に緻密なコントロールを行使しようとします。その分野におけるエキスパートと思われたいのではありません。正真正銘のエキスパートを目指すのです。完成品には厳しいチェックの目を光らせ、他者がちょっとした傑作品と見なすようなものさえお蔵入りさせてしまいます。仕事を依頼されたら、最も能率的と思われる最短距離を選択します。あなたが選択を誤るのは稀（まれ）です。つまり、あなたが失敗するのは稀だということです。

金星が獅子座

あなたとロマンス
喜んで誘いにのるけれど、自分1人の時間も楽しめる

獅子座に金星があるあなたは人気者です。人生のありとあらゆる階層の人たちが、いわく言い難い磁力に惹かれてあなたの周りに集まってきます。見知らぬ人が身の上話を打ち明け、友達は隠していた秘密を告白します。まるであなたに生まれつき催眠術師的な力が備わっているようです。しかし、何もあなたが意識してそうしているわけではありません。あなたはよく社会から隔離されたような気分になることがあります。友達から話がくれば喜んで誘いにのりますが、自分1人の時間というのも同様に楽しめるのです。表面的にはおっとりしているように見えるかもしれませんが、あなたに欲望がないということではありません。

むしろ、あなたの星座盤のライオンは、自分の領土で覇権を確立する欲求を持つ、野心に満ちた生き物だと言えます。ただ、自分の力に自信があるため、攻撃的になる必要はありません。ライオンに歯向かうのは愚か者だけですから、あなたには恐れという感情がありません。同様に自分自身にチャレンジすることも稀です。結果的に、あなたはむしろ毛のふさふさした、おねむで官能的な子猫ちゃんのようになることもある、ということです！

パートナー選びの段になったら、もう1つ、宇宙的に不利な点が出てきます。ライオンは簡単に称賛者を周りに集めます。でもあなたと同じライオンはお互いに距離を保とうとします。

それでは、ロマンスということになったら、だれが名乗りをあげるのでしょうか？ やはり、愚か者に限られるのでしょう。つまり、あなたの側で上等なおバカさんを物色しなければならない、ということです。そんな人は存在するの

でしょうか？ それは心配いりません。

あなたの女らしさへ
――女性たちへ
古着をひっかけて街に出ても称賛の視線を集められる

男たちはまるで蛾が街灯に集まるようにあなたの周りではばたきます。それで羽が燃えてしまったら、あなたの責任でしょうか？ 灯りを故意に振りまわしていたら確かにそうかもしれません。タンスをひっかきまわしたすえにやっと表に行く勇気を出すことのできる女性がいる一方で、あなたは古着をひっかけて街に出ても、称賛の視線を集めることができます。女王か、ひょっとしたら女帝のように振る舞うことができます。何も無理にそうしているわけではありません。自然にそうなるのです。周囲の反応も同

第4章　愛の星、金星

金星が獅子座

じように自然に起こります。以上はもちろん結構なことです。でも、努力しなくてそれほどセクシーなあなたが本気になったらどうなってしまうというのでしょう！時々あなたの注意を引くに足る男性が現れます。あなたの中の雌ライオンは、決して獲物を逃さない、卓越したハンターです。かと言って、あなたが女性上位を好むということではありません。実のところ、強い男とやり合った末、ほんのちょっとだけ「手なづけられる」ことを好む傾向もあるようです。

あなたの理想の女性
——男性たちへ
ガッツのある、一筋縄ではいかない女性が好き

あなたはプリマドンナに惹かれます。女性が足を踏み鳴らして自己主張をしている様はあなたを面白がらせると同時に興奮もさせます。ガッツのある、一筋縄ではいかない女性が好きなのです。それであなたは彼女の意に従うか、あえて逆らって、彼女の怒鳴り声を覚悟するかの、どちらかの選択に迫られます。どちらを選択するかは、あなたの星座盤のほかの要素を考えなくてはなりません。しかし、あなたが火のような女性に惹かれる、という事実はほかのどんな占星術的要素をもってしても否定することはできないでしょう。あなたの夢の女神は、自分の意志があり、強くて、カリスマ性があって、貴族的です。シャープで、お色気たっぷりで、自己中心的です。でも彼女はうっとりとするほどきれいです。ささいな欠点など簡単に許し、忘れてしまうでしょう。あなたが分かっていることはただ１つ、彼女が愛を求めたら最後、あなたを情熱的に抱きしめ、愛の最後の１滴までしぼりとってしまう、ということです。

金星が乙女座にある場合
官能的で、口達者で、こまやかな気配り

あなたと創造性
効率的であると同時に生産性が高い

あなたはすばらしい整理能力に恵まれています。だからこそあなたの人生は混沌としているのです。自分のスケジュールをうまく管理するのに自信のない人はすべてに印をつけ、メモし、再確認して、ファイルします。あなたは何をどこにしまったのかだいたい把握していますので、再三にわたってチェックして時間を浪費するよ

りも、新しい企画に時間を費やしたほうが有意義だ、と考えるのです。

あなたが効率的であると同時に生産性が高いのはこのためです。あなたは荒々しい太字と、神経質な細字のほぼ中間あたりの太さを選び、器用な手つきでどちらの太さも可能にしてしまうのです。

乙女座に金星があるということは、官能的なアフロディーテの魅力と、実務的な水星の機知と柔軟性が見事に溶け合うということです。また、宇宙の治癒者カイロンの遺産も受け継いでいます。自分の仕事をするにあたって、戦略的

第4章　愛の星、金星

かつ実用的になるのはこのためです。何事も経験だとばかりに、仕事をわざわざ難しくするのは意味がないと考えます。実際に試行され、効果のほどが証明された方法だったらそれを使わない手はないではありません。壊れていないのだったらなぜ修理する必要がありましょう？　人気があるのが明らかだったらみすみす中止する意味はありません。既存の方法の悪い点をこきおろすよりも、よい点を称賛するほうが理に適っていると考えます。何かを壊してゼロからスタートするよりも、修理し、改善するほうを好むというわけです。

妥協することなく、人の意見に真面目に耳を傾ける能力のおかげで、あなたの仕事は玄人から素人まで幅広く評価されます。どんな分野に進んでも成功する可能性を十分に持っています。絵画、陶芸、料理、造園、工芸、編み物、歌、ダンス、演劇、作家、治癒、マッサージ、測量、調査、コンサルタント、娯楽、何をさせても、

つつましく誠実な態度で仕事に打ち込み、自ら誇れる仕事を成し遂げることが可能です。

あなたとロマンス
永遠の若さを保つ術を心得ている

乙女座に金星のあるあなたは、細部に目が届くなどという世界ではありません。五感が鋭敏に研ぎ澄まされているのです。ベックスタインとスタインウェイの違いを聴き分けることができます。シルクとサテンの違いを感じ分けることができます。りんごの紅玉と富士の違いをひとかじりして言い当てることができます。人は、あなたが細かいことを気にしすぎる、と感じるようです。あなたを嫌う人は普通それを理由としてあげます。幸いあなたの識別力を称賛する人が批判者を補ってあまりあります。

金星が乙女座

あなたの優れた識別能力は仕事や芸術方面でその本領を発揮しますが、あなたが人気者でファンがいっぱいいるのは、もう1つ別に理由があるようです。乙女座に金星があることで、老化の過程に逆らうことができるのです。あなたが永遠の若さを保つ術を心得ているというのは初耳かもしれません。でも、本能はその秘訣にすっかり通じているようです。あなたの年齢の半分にも達しない人から称賛の視線を集めたり、ティーンエイジャーのような精神を保っていられるのはそのためです（まさかファッションで10代だとは思いませんが）。同い年の人にシワができれば、あなたには笑いジワができます。同僚が浮き世の苦労で老けこんでも、あなたは途方もないアイデアに有頂天になっています。美しく年を重ねたい、などという意志はさらさらありません。いつも楽しくて、新鮮で、新しい計画やプランに燃えているあなたです。と同時にとても官能的で、口達者で、こまやかな気配りを見せます。唯一欠けているのは退屈という言葉です！

あなたの女らしさ
― 女性たちへ
誰かを助けるたびに、女としての優しさに目覚める

ハンドバッグに数々の化粧品を持ち歩く女性がいます。あなたも化粧品の1つや2つは持っているかもしれませんが、なんといってもそれをはるかに上回るアイテムがあります。胃腸薬、頭痛薬、魚の目除去用ばんそうこう、リップ・クリーム、殺菌剤、虫除けスプレーの数々がバッグの中で歩くたびにガチャガチャ鳴っているのです。もちろん今あげたのはほんの一例にすぎません。なにもあなたに神経症の気があるというわけではありません。薬品の数々はあなた

第4章　愛の星、金星

の個人用ではなく、ケガをした人や病人に出くわしたときのためなのです。しかしナイチンゲールを気取っているわけではありません。さしずめ、女性版ドリトル先生といったところでしょうか？　大小を問わず、あなたはすべての生きものを治癒したいという気概に燃えています。なぜならだれかを助けるたびに、女としての優しさに目覚めるからです。あなたにとって理想の男性は医師です。

あなたの理想の女性
——男性たちへ 絶好のタイミングを心得た、不思議の国の女王

あなたが夢見る女性は、あなたを抱く前に厳粛な儀式をとり行う必要があります。まず愛の欲求を高めるお菓子が、ハチミツを発酵させた

金星が乙女座

お酒と共に食されます。そして情熱の精霊を召喚するためのキャンドルが灯され、花のエキスを塗って身体を清めた後は衣装をまとい、愛の交わりのために最適の時間が水晶玉で占われるのです。そして初めて、魔法の交わりの儀式が営まれます。その後、彼女がほうきにまたがって丘の上の魔女の集会に出かけても、あなたはとんと気にせず帰りを待ちます。でも、彼女の愛の妙薬というのは、なんのことはない、普通のチョコレートでお酒はただのカクテルで、花のエキスは市販の香水。光の儀式と言っても調光器を操作するだけのこと。水晶玉占いをするのは今夜のテレビ番組がみな面白くないからです。ほうきはせいぜい愛用の車にすぎませんし、魔女の集会は単に女のコ同士の集まり、というだけのことなのでしょう。でも本質的に変わりはありません。あなたの夢の女性は、絶好のタイミングを心得た、不思議の国の女王にほかならないのです。

金星が 天秤座 にある場合
自分の長所を誇示し、短所は無視する

> **あなたと創造性**
> 大した努力をすることもなく
> 称賛の拍手を受ける

あなたは何をやらせても器用にこなすので、右手で1つの仕事をして、左手で別の仕事ができるほどです。実際両手利きをさらに一段上回っています。腕の関節を自由に調節できるため、自分で自分の背中をたたく（自画自賛する）という難しい芸当もやってのけられます。あなたはまた豊かな想像力に恵まれていますので、仕事に手をつける前の段階で、すでに立派な仕事を果たした自分を見てしまいます。それで始める前に仕事を終えてしまい、心の中で勝利に酔いながら、次の仕事へと関心を向けていくのです。

というわけで、あなたが自分の才能を生かしきっていないのだったら、意識して努めることで、短所を長所に変えることは可能です。天秤座に金星があるということは貴重な宇宙からの贈り物ですので、これを最大限利用しない手はありません。ほかの人々の場合はもっと仕事をこなしながら、少ない金銭的報酬に甘んじてい

第4章　愛の星、金星

ます。あなたの場合は大した努力をすることなく称賛の拍手を受け、なおかつ金銭的報酬も手にすることができます。でも、自分にもう少し厳しくなるよう努めてみてください。

たぶんそのための最良の方法は、ある種の仕事仲間を見つけることでしょう。お互いの能力を補い合えるような人とチームを組んだら、あなたのやる気もぐんと高まるにちがいありません。

あなたとロマンス
あなたが自分に自信がある分、それを人は高く評価する

天秤座に金星のあるあなたはとても五感が発達しており、あらゆる機会をとらえて人生を楽しもうとします。ベッドの中で熱く燃えるのは

言うまでもありません。それよりももっと驚かされるのは、一見なんの変哲もない活動をどうしてあんなに楽しめるのか、ということです。

たとえば、ほかの人々は小腹がすけば台所に行ってインスタントラーメンを作るのがせいぜいです。でもあなたの場合は台所に入ったと思ったら次の瞬間にはグルメ料理を持って出てきます。ほかの人々は仕事で疲れた夜は熱いお風呂につかるのが関の山ですが、あなたの場合は精油だののハーブだのを入れた香り高いお湯に身を沈めるのです。ほかの女性が洗面所で手早くメークを直すとしたら、あなたは短時間のうちに完ぺきなお化粧をすることができます。そして、次に鏡を見るまでこんなに美しい顔を見ることができないなんて悲しいわ、と思いつつ、しぶしぶ洗面所を後にするのです。

あなたは自分に自信があります。だからこそ人が、あなたのことを高く評価するのです。

自画自賛はすべきではない、という考え方に

金星が天秤座

あなたは反対です。それどころか、日時計は日陰に置くべきではない、という考え方の持ち主です。恥じらいもなく自分の長所を誇示し、短所は無視します。ほとんどの人々はそんなあなたに好感を持ちます。お返しとして、あなたも彼らに批判的な態度をとりません。あなたを好きになってくれる人はそれ自体で価値がある、という論法です！ それであなたの人気はます ます上がるわけです。

もちろん、謙譲の精神に欠けるとして、あなたを高く評価したがらない輩もいることはいます。でも、そういうお高くとまった人はだいたいあなたから遠ざかろうとしますから、あなたが彼らの存在に気づくことは稀だということです。気づく必要もないでしょう。

金星が、そのホームグラウンドである天秤座にいるあなたのことです。自分が思っている通りの素敵な人に違いありません。

あなたの女らしさ
——女性たちへ
目の輝かせ方や身のこなし方、話し方などが男を魅了する

あなたには夢見る夢子さん的なところがあります。でも、天秤座に金星があるということは、宇宙の呪いではなく祝福です。したがって、追いかける虹は普通つかまえることができます。ありきたりの物を特別な物に変身させてしまう術をあなたは心得ています。あなたの手にかかれば平凡な部屋はたちまち美の館に大変身です。それに、自分自身も百万ドルの価値があるように演出することができます。必ずしもファッションの達人というわけではありません。と言うより、目の輝かせ方や身のこなし方、話し方などが男を魅了するのです。あなたを一目見た瞬間、男たちは期待に胸がふくらむのです。

第4章　愛の星、金星

でもその期待が、あなたのイメージだけに向けられているのか、はたまたあなたの真の性格を見通してのことなのかをはっきりさせる必要があります。あなたの理想的なパートナーは強くて、真面目で、直接的な人です。でも注意しないと、夢を見させてくれることと、夢を満たしてくれることとの区別がつかない複雑な男と一緒になってしまう危険性もあります。どうぞご注意のほどを。

あなたの理想の女性
――男性たちへ
性格そのものを頻繁に変えてしまう女性を好む

女心と秋の空と言います。これはあなたにとって魅力的な特質ですが、あなたの場合さらにもう一歩進んで、性格そのものを頻繁に変えて

金星が天秤座

しまう女性がお好みのようです。熱いまなざしをからませながらコケティッシュにあなたを誘惑したと思ったら、次の瞬間には六法全書、はたまた量子力学の教科書からおもむろに視線をあげる知的な友に大変身します。ある夜はあなたのために夕食を用意し、パイプに火をつけ、お酒を注ぎ、スリッパを持ってきてくれます。かと思うと次の夜にはあなたを引きずり回してナイトクラブをハシゴし、夜明けまで踊り続けます。唯一彼女に保ってもらいたいものがあるとしたら、いつも優雅さを発散させていてほしい、ということです。これは現実のパートナーに望む注文としては少々高すぎると言わざるを得ません。でもそんなイメージにいちばんピッタリくるパートナーを得たいと思ったら、自分の言動をよく研究したうえで、もっと軽く、柔軟な発想を心がけてください。そして、今のパートナーのいちばんよいところを引き出すように努めてほしいと思います。

金星が蠍座にある場合

ある特別の感情を相手に誘発させる

> **あなたと創造性**
> ベストを尽くしたいという燃えるような欲求がある

あなたにはエネルギーの浪費を避けようとする傾向があります。もしも片手を一振りすることで仕事を片づけることができるのだったら、なぜ両手をバタバタさせなければならないのでしょう？ ハードワークと、献身的な努力と、超人的な犠牲なくして仕事を完遂できないと判断した時にのみ、あなたは躊躇なく以上のような特質を総動員して仕事に臨むのです。自分に驚異的な集中力があるということを知っているからこそ、仕事を受けるにあたって慎重になるわけです。仕事をを請け負うことに同意したら、自分の全人生をそれに賭けます。あらゆる角度から検討し、障害物をはねのけ、事業の成功に向けて脇目も振らずに進みます。

この星回りの人は特に医師、科学者、そして会社社長に向いています。でも同様に芸術家、作家、音楽家にも適していると言えます。なぜなら、以上のような職業に従事している人たちに、ある共通点があるからです。ベストを尽く

第4章　愛の星、金星

したいという燃えるような欲求です（ベストになりたいではありません）。

蠍座のあなたは、「でもそれは費用対効果が低いだろう」とか「ここを無視してもだれも気づかないだろう」といった言葉を断固として拒否します。あなたは熱狂的な完ぺき主義者です。場合によっては妥協する必要性も心得た現実主義者ではありますが、一度始めたら途中で投げ出すことはありません。決して！

> **あなたとロマンス**
> **すべての場合において誘惑が多すぎる！**

占星術師でなくても金星が誘惑のシンボルであることくらいは分かっておられるでしょう。それに12星座に少しでも通じておられれば、蠍座がセで始まる言葉と密接に結びついていることもご存知のはずです。それでこの2つのシンボルを合わせたら、人の興味が何に集中することになるか、天才でなくてもだいたいの検討はつくはずです。これだけの大きなヒントを与えたところで、あとは皆さんのご想像にお任せすることにしましょう。一方占星術師にとって、金星が蠍座にあるということは、幼児がお菓子屋さんにいるのと同義です。歌謡曲のスターがファンクラブのコンサート会場にいるのや、酒好きが酒場にいるのと同じことなのです。

意外に思われるかもしれませんが、金星と蠍座というのは理想的な組み合わせではありません。幼児は幼稚園にいるべきです。歌謡曲のスターは新しい観衆の前に立つというチャレンジが必要ですし、酒好きはもうちょっとアルコールの少ないところにいるべきなのです。すべての場合において誘惑が多すぎます。耽溺してしまう傾向や、ひょっとしたらいきすぎてしまう可能性が憂慮されます。

金星が蠍座

あなたに、心配の種でもあるということでしょうか？ たぶん、そんなことはないと思います。

この本の読者の年齢ともなれば、自分を抑える術を学んでおられるはずです。さもなかったら、抑えないとどういうことになるか、身にしみて分かっておられるはずです！ 前記で心が痛んだようでしたら、金星が生殖と同時に創造も象徴するということを伝えておきたいと思います。

蠍座は肉体の充足だけではなく、精神性の追求も管理しているのです。事態が少々あやしくなってきたら、余分なエネルギーを芸術や音楽や詩に注ぐようにしてください。

肉体と精神、どちらの道を歩むにせよ、あなたの崇拝者が後を絶たないことは確かです。蠍座全員が間違いなく共有していながら、ほかの星座が決して到達し得ない能力というのがあります。それは、ある特別の感情を相手の心に誘発させるパワーです。

金星が蠍座

あなたの女らしさ
——女性たちへ
極めてセクシーな女性になり得る

あなたはとってもワルイ女性です。表面的にはどんなにお嬢様を装っていても、あなたの魂にいたずら者の精神が潜んでいます。人が何を感じているのか、男が何を思っているのか、たちどころに理解できます。このような能力を駆使して、相手がまったく気づかないうちに、人を操縦することが可能です。まぁ、能力の半分程度しか活用してないことは確かかもしれませんが、実際には道徳的な許容量の2倍はやっているはずです。

あなたは極めてセクシーな女性になりえます

第4章 愛の星、金星

あなたの理想の女性
――男性たちへ
肉体的な情熱をめくるめく満足させてくれる女性を好む

が、身体の中でいちばんセクシーな部分は小指です。これ1つあれば男を苦もなくつまみあげることができます。でも実のところ、あなたの術にハマらない、したたかな精神を求める傾向があるようです。自分の精神構造をよく理解しているため、女性の心も読める男が理想、ということです。単純に読めない男性にあなたが落ちがちなのは、それが原因です。で、時々単純に読めないのが、中身が濃いからなのか、それとも中身がまったくないからなのか、チェックせずに、落ちてしまうことがあるようです。

目も覚めるような美女に惹かれる男性がいる

金星が 蠍座

かと思えば、慈愛に富んだ優しさに心ときめかせる人がいます。あるいは見事な知性で頭脳をくらくらとさせてくれる女性が好きな人もいます。一方あなたはと言うと、肉体的な情熱をめくるめく満足させてくれる女性に惹かれるのです。イケナイ提案や、とんでもない誘いを、毎日（いや、言い換えましょう、毎日というより毎時間です！）のように仕掛けてくれる女性が好きなのです！　思春期の若者は、1年か2年そういうファンタジーにおぼれる時期がありますが、蠍座の場合そういう不作法な女性を生涯夢見るようです。

なに、そんなことはないですって？　すみません、すっかり言い忘れてました。あなたは自分のプライバシーを守ることにもずいぶん熱心なんですよね。新聞であなたの想像力に成人指定されることなど願い下げですよね？　ということで、今のはすべてジョークです。実のところあなたが好きなのは編み物が得意な女性です。

金星が射手座にある場合
飽くことのない自由な冒険心の持ち主

> **あなたと創造性**
> どんな仕事をしても、高い水準に到達させるべく努力する

何をするにしてもあなたはガッツで臨みます。「くまのプーさん」に登場するティガーのようです。あふれんばかりの熱意とエネルギーの持ち主ですが、本当は自分が何を欲しているのかはっきりしません。ティガーはピグレットのとうもろこしや、イーオーのあざみや、プーのハチミツを試食し、結局ルーの強化薬に落ち着きました。あなたもまたいろいろな可能性を試行錯誤する傾向があります。

しかし、あなたほど趣味の広くない人はそれでイライラしてしまいます。今日ジャズやラップを聴いたかと思うと翌日はバッハです。今日はゴーギャンを語っているかもしれませんが、昨日はコンスタブルでした。神経痛を患っている人に、今週冷たいシャワーを処方しても、来週は熱いお風呂になるかもしれません。言いたいことを分かりやすくするためにちょっと誇張しましたが、時にはあなただって誇張するはずです！

第4章 愛の星、金星

射手座に金星のある人々がなんでも屋だというわけではありません。しかし、進取の気性に富んでいることは確かです。どんな仕事をしても、高い水準に到達させるべく真面目に努力します。

でも時々、次の仕事に何を選択すべきか迷ってしまうこともあります。あなたは勝利の栄冠にあぐらをかくような人ではありません。より高く、より先に、があなたのモットーです。キャリアを積んでいく際にもしばしば同じことが言えます。

> **あなたとロマンス**
> あなたを愛するか、嫌悪するかの両派にハッキリ分かれる

あなたは飽くことのない冒険心の持ち主です。他者と一線を画し、大胆で勇敢でワイルドで自由であることにスリルと生きがいを感じる人です。自分自身が絶対的な法であろうとします。あなたは群集の一員というよりリーダーであり、「私の行動を真似るのではなく、命令に従え」という言葉をモットーとします。人々はあなたを愛するか、嫌悪するかの両派にハッキリと分かれます。どちらであろうとあなたはかまいません。

しかし、両者に共通する点が1つだけあります。あなたが不利な条件も省みず困難な課題に臨み、傷1つ負うことなく目的を完遂する様を、彼らは口をあんぐりとあけて見ている、ということです！

失敗するとなったら、見事なほどバカげた方法で間違えます。決死のジャンプを試み、傷1つ負わずこれを成し遂げたとします。しかし熱狂した観衆が放り投げたバラを拾おうとして、すっ転んでしまうというようなことです。

あなたはお金持ちではないかもしれませんが、

絶好のチャンスをものにすることは頻繁にあるようです。安定して予想のつくパートナーを求めている人は、とてもあなたについていけないでしょう。竜巻と婚約したほうがまだましかもしれません。

でも、チャレンジと娯楽をコンスタントに提供してくれる人を面白いと思うセンスがあるのだったら、あなたのそばに近寄ることはできるかもしれません。もっともパートナーとしての地位を確保したかったら、さらに一生懸命走る必要があるでしょう。

> ## あなたの女らしさ
> ——女性たちへ
> 知的で、楽しいことが好きで
> 抑圧を知らない女性
>
> あなたよりも勇敢で冒険心のある女性がいる

としたら、彼女の居場所を知りたいのではないでしょうか？ 神経質にあとをついてくる人よりも、あなたを挑発してくれるくらいの女友達が欲しいのではないかと思います。でなかったら、あなたのド根性に驚き、恐れをなす人です。

自立していて、恐れを知らず、あけっぴろげのあなたに、ほとんどの女性はただあきれ返るだけです。でも男性に与える影響はさらに大きいようです。理論的にあなたは知的で、楽しいことが好きで、抑圧を知らない女性であり、すべての熱血漢の憧れの的です。現実には？ 男たちはあなたが異性と肩を並べ得る能力を脅威と感じるようです。それであなたを安全圏から観賞しつつ、その実は、か弱い女性と一緒になって安っぽい勝利を味わうというパターンに落ち着きやすいようです。注意していないと、忠実な下僕か、またはあなたの真の価値が分からない間抜けと一緒になってしまう可能性があります。でも注意深くしていれば、あなたが必要

第4章　愛の星、金星

としていて、かつあなたにふさわしい男性と一緒になれるでしょう。旅の友として彼と手を取り合って、正義感に満ちた人生を歩んでください。旅の途中で幾多のドラゴンを退治し、囚われ人を解放してあげてください。

あなたの理想の女性
——男性たちへ
将来を悩んで時間を浪費することのない女性が好き

あなたが夢見る女性の辞書には不確実という単語がありません。彼女は自分の願望や目的地やそこへの行き方をしっかりとわきまえている人です。温かいハートや優しさや感受性や情感にあふれているものの、過ぎ去った過去を悔やんでめそめそしたり、将来を悩んで時間を浪費することのない女性が好きです。そのかわり彼女は毅然と顔を上げ、微笑んで、自らに課した目標に勇敢に立ち向かっていきます。そんな彼女の人生におけるあなたの役割は、かたわらから彼女を応援するにとどまらず、平等のパートナーとして、共に人生の大冒険に臨んでいくことです。

時には議論を戦わすこともあるかもしれません。でもそれで彼女の信条に耳を傾けるスリルを味わうことができるでしょう。

それに、ごく時たま、彼女が見逃した重要なポイントを指摘してあげられるかもしれません。

でもつまるところ、あなたはスーパー・ウーマンと一緒にいられるだけで満足です。共に手を取り合い、彼女に先導されるでもなく、従うでもなく、冒険の数々を一緒に体験していくことが何にも勝る喜びなのです。

金星が山羊座にある場合

人もうらやむような強さに恵まれている

あなたと創造性
建築や機械製作の才能に恵まれている

この星回りの人は男女共、建築や機械の才能に恵まれている場合が多いようです。物の仕組みに魅了され、実用的で頑丈な品を自らの手で作り出します。とはいえ、あなたが自由な発想と直感力を必要とする芸術家になれない、ということではありません。製作でも、たとえ芸術家のほうに傾いていたとしても、自分の作品を高名な代理店に安く売って、高値で売らせるようなことは決してしません。あなたはお金の価値というものをよく理解しています。それは、あなたが貪欲だからではなく、機械の仕組みを理解するノリで、経済の流通システムを理解しているからです。

絵を描くとなったら、絵の具の組成について研究します。陶芸をするなら、さまざまな窯の温度で実験します。音楽をやるとしたら、音波について勉強します。

同じ意味で、日常の行為にも、科学と芸術の入り混じった総合的なアプローチを試みるので

第4章　愛の星、金星

す。料理をするときは、最適の火かげんを見つけ出そうとします。皿洗いでさえ芸術の域にまで高めることができるかもしれません！

あなたとロマンス
人が好きにするのを許してしまうところがある

山羊座に金星のあるあなたはとても忠誠心が強い人です。相手がパートナーとしての務めをどうにか果たしている限り、ひどい扱いを受けても、黙って耐え忍びます。人の役に立ちたいという願いがあるうえに、自分を優先することに罪悪感を感じるため、人が好きにするのを許してしまうところがあるのです。それで、我慢が限界に達するまで、殉教者の地位に甘んじるのです。

これはあなたのことを少しでも言い当ているでしょうか？　影響力が少ないことを望みます。あなたの星座盤にこの分析を補うような要素があるに違いないからです。でも、影響力の大小を問わず、この傾向には注意を払う必要があります。なぜなら、あなたは支配欲の強い人に惹かれる傾向があるからです。あなたが弱いということではありません。それどころか、あなたは人もうらやむような強さに恵まれています。

ただ、それは馬車馬の強さであって、荒くれ馬のそれではありません。あなたはただ、尊厳のある仕事を求めているにすぎないのです。でも、この世は簡便な解決方法を求める人々であふれかえっています。それで、あなたの良心がこのような輩によって利用されてしまうのです。

なんとも皮肉なのは、望みさえすればあなたが指導者になりえる、ということです。必要な資質はすべて備わっています。

唯一欠けているのは、自分の能力を世に問う能力です。仕事面で言えば、あなたは職人気質の人です。全体を見つつ細部に気を使い、仕事に没頭しつつ状況を冷静に分析することができます。でもあなたの仕事を利用して他人があなた以上に稼ぐような事態がしばしば発生します。同様に恋愛面でも、精神的、肉体的に不利な立場に陥りやすいのです。

最悪（それとも最良？）の点は、あなたの心が広いため、そんなことにはほとんど頓着しない、ということです。

あなたの女らしさ
——女性たちへ
自分をコントロールできる能力に恵まれている

自分の尊厳や体裁を守ろうとする女性は大勢います。でもあなたの場合はお調子者を演じてもらって結構です。ワイルドで、風変わりで、ちょっと「危険な」女性として世間に顔見せできるのです。

それはまあ、演技ではありますが、大人に手をつながれた子供がいじめっ子に対してあかんベーができるのと同じで、安心してそういう役割を演じられるのです。つまるところあなたは大変な常識の持ち主ですので、社会的にも道徳的にも恋愛の面でも、自分を限界まで押しやることが可能です。でも最後の一線は決して超えないでしょう。

自分をコントロールできる能力に恵まれているあなたは、なんと言いますか、もっとボンヤリした男性と一緒になれるというぜいたくを享受できます。風変わりな性格をことさらに強調して、そういう男性をわざと引きつけるのもいいでしょう。

たとえそれで、浮き世離れした甲斐性のない

金星が山羊座

第4章　愛の星、金星

男と一緒になっても、あなたは彼を成功者の地位にまでのし上がらせることができます。実のところ、そういうチャレンジのほうをこそ好みます。

あなたの理想の女性
──男性たちへ
成熟した人生観を備えたしっかり者タイプが好き

頭が悪い、バカな女のコタイプは願い下げです。極端に年上の女性とまではいかないものの、成熟した人生観を備えたしっかり者タイプが好みです。性格がちょっと厳しくて女性上位でも、関心が萎えるということはなく、それどころか変に魅力的とさえ感じます。

実際、金星が山羊座にある男性は、厳格な女性に命令されることを好むケースが往々にしてあるようです。

この傾向がどこまでいくかは、あなたの星座盤のそのほかの要素を見なくてはなりません。まあ、マーガレット・サッチャーとシンディ・クロフォードを同じレベルで見ることはないでしょうが、表面的に常識があって、その実は官能性を備えている女性が好みだということは確かです。チャラチャラした女のコより、芯の強い自立した女性のほうがはるかにあなたにアピールします。

金星が山羊座

金星が水瓶座にある場合
人生も恋愛も器用に泳いでいける

> **あなたと創造性**
> 人が5年後にするであろうこ とを今日するのが好き

あなたはファッション、思想、芸術やテクノロジーの分野でいつも最先端をいくのが好きです。人が5年後にするであろうことを今日するのが好きなのです。懐疑的な人たちに自己弁護をしたり、実験モルモットの憂き目を味わったすえに、5年が経過するころには、あなたの興味は別の分野の将来に目が向いているというわけです。

だからといって、革新的なのは必ずしも未来的と同義ではありません。感受性と創造性に富んだあなたのアンテナは、しばしば古いトレンドのリバイバルをピックアップすることもあります。

しかし、あなたのアイデアをお金に変えるためには、自分の信条を熱っぽく語り、人がリスクを負うのをよしとするまで、説得を試みなければなりません。あなたを理解できない人は、あなたの奇妙なライフスタイルや、風変わりな友人たちや、一風変わった買い物の数々に疑問

第4章　愛の星、金星

を呈すかもしれません。しかし、水瓶座に金星のある人は、必要とあらば優れた意志疎通能力を発揮できます。あなた流の物の見方に改宗させるのは無理かもしれませんが、意見を容認させるところまでは持っていけるのではないでしょうか？

> ## あなたとロマンス
> 変人、奇人をパートナーとして選ぶ傾向がある

水瓶座に金星のあるあなたは究極の変態です。どうぞ誤解しないでください。なにもあなたの夜の活動を示唆しているわけではありません。この星回りの人がごく普通の恋愛生活を送ることは完ぺきに可能です（もっともそちらのほうが少数派でしょうが）。一般家庭向けに書かれたこの本の主旨を外れた分野で、あなたがどんな活動に従事しているかは横に置いておくとして、友人やパートナーの選択という段になったらあなたは確実に異例の存在です。変人、奇人、社会追放者の類に取り囲まれることを好むのです。

「正直言って、だれだれさんのどこがいいのかちっとも分かりません。」というようなことを友達から言われるたびに真の満足感を覚えるようなところまであります。このようなコメントを聞いて、自分の選択が正しかったことを確認したあなたは、その関係を永続的なものにすべく頑張るという次第です。

この頑張りというのはとても大切です。なぜなら、変人以上にあなたが惹かれる人がいるとしたら、それはあなたに関心を示さないお相手だからです。

こと恋愛になると、高価な美しい鳥を手中に収めるよりも、藪の上すれすれを危なっかしく飛行する大衆的なツバメのほうを好むようなところがあなたにはあります。

金星が水瓶座

仕事に対する態度についても同様です。よい仕事をしたいというよりも、人が決して手をつけないような仕事に手をつけるのが好きです。前途有望な計画を離陸寸前に捨て去り、困難が目に見えている仕事にあえて挑戦することもあります。

以上のように、自分で自分を最大の敵に回してしまう傾向があなたにはあるのです。

しかし、幸いそれを補うだけの才能と性格のよさにも恵まれていますから、結局人生も恋愛も器用に泳いでいけることでしょう。

あなたの女らしさ
——女性たちへ
自分でない女性を演じることが好き

あなたは自分の意見というものを持っている、自信に満ちた女性ですが、少し矛盾するところがあります。たとえば、自らの本質をしっかり理解しているにもかかわらず、自分でない女性を演じることが好きなのです。水瓶座に金星があることで、自然と演技の才能が賦与されます。

たとえば「ここにいらっしゃい」的な表情を作って男のハートをとろけさせたかと思うと、近寄り難いさっそうとしたビジネスウーマンを迫真の演技で演じたりします。生ぬるい人生を好むタイプの人は、両極端の間を行き来するあなたがどうにも理解できません。芸術、音楽、環境、そして男、すべての面において、あなたははっきりした趣味を持っています。惚れたら惚れ抜きますが、気に入らないとこれっぽっちの関心も示しません。あなたの瞳は関心の度合に応じて輝いたり潤んだりしますが（ここから が混乱するところです）男が見せかけだけの薄っぺらな情熱を見せた場合、あなたの関心はたちまち萎えてしまいます。

第4章 愛の星、金星

あなたのことを生き生きとしたセクシーな女性だと思う男性はたくさんいますが、理想のタイプではありません。表面的な性格を見通して、真のあなたを看破できる男性こそあなたの情熱をかき立てるのです。

あなたの理想の女性
――男性たちへ
彼女の強い性格に陶酔したいと思っている

あなたが理想とする女性像を語るのは特に難しいです。なぜなら、あなたは自分を驚かせてくれる女性が好きだからです。性格を描写できるようだったら、驚かされるはずはありませんよね？

あなたが気難しくて混乱した女性や、扱いの難しいことにかけては定評のある女性に頻繁に惹かれるのはそういう理由によります。予想のつかないパートナーとつき合う、というチャレンジが好きなのです。彼女は奇妙で一定しない行動パターンの持ち主か、謎の過去を秘めた女性のどちらかです。あるいはその両方を兼ね備えているかもしれません。彼女のことを理解するために大変な努力を重ねます。つまるところあなたは、彼女の強い性格に陶酔したいというようなところちょっと畏怖を感じたいというようなところさえあるかもしれません。

身近から見ている人にとって、あなたの恋愛関係というのは不安定で、危なっかしいのです。一見不仲のように見えるかもしれませんが、その実あなたはクリエイティブな緊張感を楽しんでいるのです。

そして、あなたが夢見る女性もまたそんな関係をひそかに楽しんでいることは、ほぼ間違いありません。

金星が魚座にある場合

ロマンスでの人気が確立される

あなたと創造性
宇宙の静かなシンフォニーと共鳴し合っている

魚座に金星のある人は2つのタイプに分かれます。すばらしい音楽の才能に恵まれていて、それを意識している人と、同じように才能に恵まれながら、それを意識していない人の2つです。前者に属する人にいまさらコメントする必要はありませんので、ここでは後者にしぼって話したいと思います。たとえあなたに音を聴き分ける耳がなくても、あり余るほどのリズムやハーモニーや詩があなたの魂に備わっているのは確かです。ベートーベンは聴覚を失っても作曲をあきらめることはありませんでした。音を聴き分ける能力については、何人のポップ・ミュージシャンを引き合いに出せばいいでしょうか?

音楽というのは単に技術的に精緻を極めることとは違います。実際技術がすべてだったら、音楽は数学の一派になってしまうでしょう(バッハを見てください)。音楽とは感覚であり、感情であり、芸術であり、即興です。環境に美し

第4章　愛の星、金星

い微妙なパターンを創り、人の心を豊かにすることです。下手にチューニングされたギターより、きちんと整備されたエンジンのほうにこそ音楽があります。適当にアレンジされたオーケストラの伴奏より、賢く選ばれた洋服の組み合わせにこそハーモニーがあります。そして、下手に指揮されているオーケストラ演奏より、上手に組織されている車のセールスにこそリズムがあります。これまで一度も楽器に触ったことがないかもしれませんし、そんな気もさらさらないかもしれません。でもあなたには、人生の微妙な変調を感じ取ったり、脈絡のないアイデアを美しく組織された計画に整えたり、材料を選ぶにあたってその声に耳を傾けたりする能力が備わっています。つまりあなたは、決して途絶えることのない宇宙の静かなシンフォニーと共鳴し合っているということです。呼びかけに応えれば、生涯音符（お金）不足に困ることはないでしょう。

あなたとロマンス
人を喜ばせるためだったら千里の道も厭わない

金星が魚座にある人は、ロマンスの星が純粋な詩の星座に位置している、ということです。この世で最も優しくて涙もろい人かもしれませんが、同時に洞察力と直感力と天才的な創造性に恵まれています。豊かな想像力を上回る資質があるとしたら、それは、寛大な性格です。人を喜ばせるためだったら千里の道も厭いません。これに、温かな性格と、何でも態度で示す気質が相まって、恋愛面でのあなたの人気が確立されます。でも、友達の人生相談に乗ってあげる能力に比べたらそれも物の数ではありません。あなたの第六感というのは、決して過ちを犯すことのない、内なるレーダーシステムのようです。

金星が魚座

あなたの女らしさへ
――女性たちへ
発散せずにはいられない、謎めいた雰囲気を持つ

他者が考えていることや、感じていることを即座にキャッチできるのです。続いて第七感が天啓のようにひらめき、人の最大の夢をかなえてあげるためには具体的にどうすればいいのかを正確に理解できるというわけです。

時にあなたは必要以上に人を助けてしまい、苦労して人生勉強をする機会を奪ってしまいます。でも、あなたがいつも誠実であることは確かであり、結果はいつも上々です。もし、あなたを嫌う人がいるとしたら、気難しがり屋や悲観主義者です。彼らはあなたの心の広さや屈託のない態度を見て、自分を恥じてしまうのです。

何年も前にゾンビーズが『彼女はそこにいない(She's not there)』というヒット曲を出しました。この楽曲はとらえどころのない、非現実的な女性を歌ったものでした。圧倒されて彼女を見つめても、どうしても理解できない謎の部分があるという内容でした。彼女は実在の人物だったのでしょうか？ それとも魚座に金星があったのでしょうか？ 実のところ、あなたは曲中の女性だったのかもしれないですし、あるいは謎めいた『イパネマの娘』だったのかもしれません。

でも、あなたのそういう特質というのは、容姿や、ファッションや、意識して演出している立ち居振る舞いとはいっさい関係ありません。それは、あなたが発散せずにはいられない、謎めいた雰囲気です。世俗を超越しながら、人の心をとらえずにはおきません。努力なくして幾多の詩人にインスピレーションを与えることのできるあなたを人はうらやむかもしれません。

金星が魚座

第4章　愛の星、金星

あなたの理想の女性
――男性たちへ
魅惑的で優しく、ドキドキするほど危険な人…

あなたのビーナスは魚座という名の水面から神話の人魚のように浮上してきます。彼女は魅惑的で優しいですが、同時にドキドキするほど危険でもあります。なぜなら、彼女はわれわれの理解の及ばない世界からやってきたからです。人魚と交わることは望めないかもしれません。でも、深い感情という名の海とは一体になれ

でも、あなた自身は自分をハスの花に座った女神ではなく、生身の女性として扱ってもらいたいと願うところがあります。一途にあなたを崇拝し続ける男性にあなたが落ちることがあるのはたぶんそのせいでしょう。

ます。でもいったんそうしたら、二度と地上に戻ってくることはできないでしょう。彼女を無視しようものなら、その姿をもう一度だけでも拝まんがために、一生が費やされることになるでしょう。

この夢の女神と共存することが可能だとしたら、両者間のコミュニケーションは言葉を超越した手段、霊感で行われるに違いありません。強烈なテレパシーの波が2つの異世界を分かつ海峡に、少なくとも一時的に橋を架けてくれることでしょう。共に力を合わせて、宇宙から苦痛や利己主義を取り除いてください。

2人の間に、セックスは存在し得るでしょうか？　たぶん。でも一般的な意味でのセックスとは趣を異にします。世俗を超越したエクスタシーというのは、人が人魚に恋したときの報奨であると同時に、計り知れない犠牲でもあるのです。

Woman
Woman
Woman
Woman
WOMAN
Woman
Woman
WOMAN
man
man
man
man
MAN
man
MAN
man
man
MAN

第5章 完ぺき！相性診断

★ この診断があなたを面白がらせるのは確実です！
恋愛相性丸わかり

あなたの恋愛関係というのは主として肉体的な魅力に基づいていますか？ それともプラトニックなものでしょうか？ 2人はお互いに信頼関係で結ばれていますか、それとも典型的な愛憎関係でしょうか？ もしも今の関係が理想的ではないのだったら、どうやって改善すればいいのでしょう？

この質問に対する答えを、星占いに求めることができます。

しかしそのためには、すっかりおなじみになった12星座のことはしばしば忘れなければなりません。

そのかわり、あなたの星座盤の星と、パートナーの星の角度を検証しなければなりません。これはちっとも複雑な作業ではありませんから、どうぞご心配なく。すでに「運命の輪」で体験済みです。ちゃんと訓練された占星術師にとって、星の角度というのは最も如実にその人を語る要素となります。前の章ではあなたの性格を探りましたので、この章では2つの星座盤をどうやって比較検討したらいいのか、お教えすることにしましょう。これを基に、2人の人間がどのような結婚生活を送ることになるか予想することができます。

第5章　完ぺき！　相性診断

そのために必要なのは単に鉛筆1本と少しばかりの忍耐力です。巻末（330〜331ページ）に空白の星座盤を用意しました。いったんこの技術を習得したら、あなたの需要が高まるかもしれません。

お友達があなたに相性の鑑定を頼んできて、空白の星座盤がなくなってしまうかもしれません。そのときに備えて、事前に星座盤のページをコピーしておくのもいいかもしれません。

まず、両者の表面的な共通点から見ていくこととしましょう。2人の太陽と月の位置を比較することで、2人がおしどりカップルか、それとも奇妙なカップルなのかが分かります。この診断があなたを面白がらせることは確実だと思いますが、一点注意を喚起しておく必要があります。恋愛体験のある方ならよくお分かりと思いますが、このテストで2人の関係が永続するのか、挫折するのかを計ることはできません。表面的に完ぺきなカップルの関係が崩れてしま

う、というのはよくあることですし、同時に奇妙な組み合わせながら永続した例もたくさんあります。

だからこそ、もう一歩奥に進んで2人の性的な嗜好およびそれ以外のつながりについても調べてみる必要があるのです。そして最後に、あなたと愛する人との間に本能的な引力が存在するか否かを見てみたいと思います。この章のテストで用いられる星は金星、月、太陽、そして火星です。

違う星を記入すると結果に誤りが生じることになりますから慎重に行ってください。

★──ロマンティックなつながり──2人の愛は100点満点!?

テスト1 似た者同士

2人のロマンティックなつながりを検証するために、ほとんどの占星術の本が触れないところからあえてスタートすることにしましょう。2人の太陽星座を比較するということです。輪を見て、あなたの太陽星座の部分に自分のイニシャルを書き込んでください。次にパートナーの太陽星座の部分に相手のイニシャルを書いてください。そして、2つのイニシャルの間にある空白の数を数え(時計回りに)、以下の説明で該当する説明を読んでください。2人の星座が同じだったら、同じスペースに2人のイニシャルを書かなければなりません。空白の数が5以上だったら反対方向から数えるようにしてください。

2人の星座が同じ場合

同じ星座を共有するというのは、よい点と悪い点が混ざり合っていると言えます。2人の共通点はたくさんありますが、同時にお互いの心の働きが分かりすぎるという難点もあります。あまりにも密接になりすぎて兄弟姉妹のような関係になりがちです。競争心も出てきて、犬猫のようにケンカしがちになります。最も興味深

第5章 完ぺき！ 相性診断

いのは2人が双子のように両極化するということです。ささいな違いが大きな違いに拡大します。1人がその星座の最良の特質を具現し、もう1人が、最悪の部分を表現するようになります。100点満点で診断すると、この関係というのは50点です。

星座が隣同士の場合

「月とスッポン」という表現に心当たりがありますか？ これから後のテストで、2人をつなぐ秘密の宇宙的リンクが見つかるかもしれませんが、この要素のみにしぼった場合、2人はさしずめスイスの科学者と南アメリカのサンバ・ダンサーのようなもので、お互いに理解し合うことは難しいようです。うまくいく可能性があるとしたらただ1つ、2人の心がとても広くて、お互いに感応しやすいハートを持っている場合に限られるでしょう。さもなかったら、100点満点での範囲で、この組み合わせというのは

注意深く30点というところでしょう。

空白が1つある場合

ほとんどの場合、明るく生き生きとした関係を楽しむことができます。2人がお互いの性格を補い合っているからです。もっとも、お互いの性格をほめ合う、ということはないかもしれません。でも、お互いの短所をやんわりと指摘し合うことができるというのは、ある意味で2人の関係が自然だからにほかなりません。共通点がたっぷりあるため話題には事欠きませんが、同時に異なる点も多々あるので、会話が退屈なうなずき合いに終わることがありません。表面的な相性が恋愛関係を計る唯一の尺度だとしたら、2人は完ぺきなカップルだと言えるでしょう。でも実際にそうか否かは、ほかの宇宙的つながりを検証しなければなりません。100点満点で言えば、この診断に関するかぎり、採点は希望に満ちた70点といったところです。

空白が2つある場合

この関係を単に可能性として見ているのでしょうか？ それとも契りを交わし合った仲としてとらえているのでしょうか？ どちらにせよ、太陽星座同士が直角を形成しているあなたは、ロマンチックな感情を抱いている人にロマンチックな感情を抱いている勇敢なあなたは、チャレンジを心の滋養にして成長するタイプです。静かな人生を志向する人はこのような関係には最初から見向きもしないでしょう。

とはいえ、2人の関係がうまくいかない、ということではありません。健康的で、ダイナミックで、丁々発止のコンビを組み、お互いのよさを最大限引き出し合える可能性は十分あります。2人が同意し合うことは稀かもしれません。ひょっとしたらお互いが異質だということに同意し合っているかもしれません。でしたら、相手の意見を変えて、自分に同意させることを楽しみとするくらいの気概が必要でしょう。

100点満点で、この関係はいわくありげな60点といったところです。

空白が3つある場合

2人の間にはうれしい調和が存在します。同じエレメント（火、地、風、水のいずれか）の下に生まれた2人は、似たような環境、体験やチャレンジを志向する傾向があります。でも、だからといって成功が保証されているというわけではありません。実のところ、偽りの安心感を抱いてしまうのが潜在的な問題点と言えるでしょう。表面的な共通点が奥に潜む相違点を覆ってしまいます。あわやのところでケンカになりかけたものの、肩ひじ張らない話し合いでなんとか収拾した、というような事例が少なからずあるのではないでしょうか？ でもつまるところ、2人は調和の取れたカップルと言えそうです。100点満点での間で、ここは思いっきりはずんで90点としましょう。

第5章 完ぺき！ 相性診断

空白が4つある場合

恋人同士、または夫婦同士としていかに親密でも、友達同士となると2人は共感し合えない部分があるようです。パートナーのことが分からない、理解できない、と感じておられるかもしれません。友達と一緒にいるときのような気やすさを連れ合いと味わえたらどんなにいいだろうと願う日々が続いているかもしれません。

だからといって、それだけでこの関係を精算する必要はどこにもありません。あなたの方が分別のある大人だったら、2人だけの世界で寄り添って一生を送るわけではない、ということを分かっておられるでしょう。それにほかの要素を勘案してみたら、もっと深い部分でお互いを理解し合っていることが判明するかもしれません。その場合には、表面的な相性の悪さを面白がるところまで持っていけるかもしれません。もしくは簡単に違いを克服できるでしょう。ちょっと警戒して、100点満点での範囲で20点以上はさしあげられません。

空白が5つある場合

2人の星座は、各々星座盤の真向かいに位置しています。これは磁石のようなものだと考えてください。強烈に引き合うか、あるいはそれと同様の力で反発し合うかのどちらかです。あるいは電磁石のようなものかもしれません。電流が変わるたびに親友になったり、敵同士になるというわけです！ その場合は、たぶん2人を結びつける共通の敵が必要でしょう。反対側の星座に生まれた人同士というのは状況が緊張していると共に手を取り合いますが、もはや力を合わせる理由がなくなると、自然に離れていきます。この関係がうまくいくためには、両者共ギリギリの人生を生きるのを好むようなところがないといけません。100点満点で、この宇宙の組み合わせは論議を呼んで40点です。

テスト2 あなたがひそかに望むものは?

「私の太陽」と書き込んでください。次に月星座の部分に「私の月」と書いてください。両方の間にある空白の数を数え、読み進めてください。

2人の人間がうまくやっていけるかどうかを見るために効果的な方法があります。各々が心の奥底でどんな恋愛観を抱いているのか個別にチェックするということです。これは要するに第3章でやったテストの繰り返しです。ただし今度はあなたなりの「夢のコンビ」の概念を定義するために太陽と月の関係を検証してみようというわけです。

そうしたらそれを一ひねりして、パートナーの定義と比較してみたいと思います。

上の輪であなたの太陽星座に当たる部分に

太陽と月が同じ星座にある場合

あなたにとって理想的な関係というのは、2人が一卵性双生児のようにピッタリ寄り添っていることです! カップルである以上、2人はお互いのことを表から裏まで知り尽くすべきだと感じています。何事につけ同意し合う必要がありますし、できるだけ行動を共にして、体験を共有すべきだという考え方です。それでは退屈するだけだと言う人もいるでしょうが、あなたは恋愛関係が停滞する可能性を少しも恐れません。

2人が本当に赤い糸で結ばれているのだったら、手を取り合って、人生の一瞬一瞬を共に歩んで行くべきだと感じています。

第5章　完ぺき！　相性診断

太陽と月が隣同士

　愛する人が別世界にいてもかまいません。ある意味で、パートナーが常時あなたのそばにいるよりも、そちらのほうがはるかに好ましいのです。カーリル・ギブランの以下の有名な一節には共感を覚えずにはいられません。「カップルはあまり近くに寄りすぎるべきではない。神殿の柱は建物を支えるために距離をおく必要があるし、樫の木と杉の木は近づきすぎるとお互いの影の中に入ってしまうからだ」。

　あなたにとって、2人の間にある程度の距離があるのは健康的なことなのです。2人の他人が一緒に暮らしている以上、意見や趣味嗜好の食い違いはあって当然だという考え方です。たとえ2人が深く、誠実に愛し合っていても、それを分かち合うために常時一緒にいる必要はない、と考える傾向があります。熱い情熱にあふれていても、自分の空間がないとなんだか捕らわれたような気分になってしまいます。

太陽と月の間に空白が1つ

　あなたは基本的にのんきな人ですので、ほとんどの人とうまくやっていくことができます。恋愛関係がおかしくなり始めても、すぐにそうとは気づかないのはこのためでしょう。表面的にうまくいっていたら、すべてがOKだと考えてしまう傾向があるのです。

　人間関係の緊張をエネルギー源にする人や、口論好きな人を、なだめ、落ち着かせる能力があなたにはあります。でもそういう人と一緒にいすぎると、時に疲れてしまったり、不当に文句を言われているように感じることがあります。あなた自身は、永遠の半戦争状態に自分を置いて、活気のある恋愛を楽しんでいるように感じる必要はどこにもないからです。結果的に、あなた1人がいつも妥協し、事態を鎮静化させているように思えてなりません。

太陽と月の間に空白が2つ

あなたは自分と共通点のない人に強く惹かれる傾向があります。変人で、移り気で、聞き分けが悪く、短気で爆発しやすい性格だとますます夢中になってしまいます。現実的な恋愛には苦痛が伴われるものなのだと、無意識の内に考える傾向さえあるかもしれません。注意していないと、結果的に、とても気難しい人に落ちてしまうかもしれません。もしくは、温和な人と一緒になりながら、その人が業を煮やすよう、常に挑発するような結果になってしまうかもしれません。自分の内にあるこういう傾向を意識し、コントロールするように努めたら、恋愛生活にもっと調和を見出すことができるようになるでしょう。努力の甲斐はあります。あなたは熱い情熱にあふれた特別な人です。それを愛する人と建設的に分かち合ってください。そのために必要なことは唯一、安全に見えるものをすべて疑ってかかる傾向を克服することです。

太陽と月の間に空白が3つ

あなたは愛情にあふれ、優しく、安定した人ですが、恋愛模様となるともうひとつドラマに欠けるようです。これは皮肉なことに、あなたがほとんどの人と違って、必死に愛を求めないからです。あなたは概して自分のことは自分で面倒を見られる人です。自分で自分を満足させることができる、とまで言えるかもしれません。危機が訪れてもそれを大げさに扱うことはありません。それは良いことですが、こと恋愛に関する限り、ちょっと安定しすぎて関係がダレてきた場合、誇張した態度が抜群の効果を発揮することがあるものです。

時には心配したり、過剰反応するように努めてみてください。さもないと、相手はあなたが自分を本当に必要としているのか否か疑ってしまうでしょう！

太陽と月の間に空白が4つ

あなたはこの地球上で最も救いようのないロマンチストか、あるいは治療不可能な皮肉屋のどちらかです。どちらにせよ、すばらしい可能性を秘めた関係を棒に振ってしまうような傾向があります。つまり、相手に気配りを見せず、関係をないがしろにするか、もしくはまったく逆に、相手への要求が大きすぎて関係がうまくいかなくなる、ということです。これに輪をかけるのが、「私を歓迎してくれるクラブには信用を置かない」という、グルーチョ・マルクス的な自己批判の精神です。だれかに好きだと言われると、その人は変わり者ではないかと考えてしまうところがあります。もちろんゴミのように扱われることを望んでいる、というわけではありません。でも、あなたが不釣り合いな相手を選んで、自らの人生を難しくしているのを見るにつけ、お友達はなぜいつもこうなってしまうんだろうと不審に思うという次第です。

太陽と月の間に空白が5つ

理想的な伴侶を求める欲求がとにかく強いのです。性格の核を成しているとさえ言えるかもしれません。それで、恋人がいても、その人に飽きたらず、一段上の相手をいつも探し求めることになります。もしくは今の関係がどんなにストレスに満ちてきても、あくまでそれに固執することになるかのどちらかです。あなたのお眼鏡にかなう相手は幾多の特別な資格を満たす必要があるでしょう。しかし、中でも最も求められる特質は、常に不安定なあなたを哲学的に受けとめる能力です。捨てられることを心配していたかと思うと、次には相手を傷つけてしまったのではないか、と悩みます。あなたとうまくやっていくためには聖人のような忍耐力が必要のようです。現実問題としては、心配が現実化する可能性は極めて低いと言えるでしょう。

テスト3 あなたのパートナーが本当に欲しているものとは？

前のテストで、あなたの星座盤における太陽と月の関係を見ましたので、こんどはあなたのパートナーを調べてみることにしましょう。やり方は前回とまったく同じです。相手の太陽星座の欄に、「(相手の名前)、太陽」と記入してください。月星座の欄には「(相手の名前)、月」と記入してください。そうしたら、太陽と月の間にある空白の数を数えましょう。空白が5つ以上あったら、反対方向から数えるようにして

ください。220ページ（テスト2）に戻り、該当する説明を読んでください。

パートナーの太陽星座、月星座があなたの星座とまったく同じになっていても、この診断については同じ結果が出るかもしれません。その場合は吉兆と考えてよいでしょう。でもあまり有頂天にならないでください。必ずしもそれは、お互いが運命のパートナーだということを表しているわけではないですから！

テスト4 お互いをどう思っているか？（パート1）

テスト1～3ではあなたとパートナーがそれぞれ恋愛一般についてどのような考え方を持っているのか検証しました。そこで、こんどは具体的に今あなたがかかわっている恋愛そのもの

第5章 完ぺき！ 相性診断

に焦点をしぼってみることにしましょう。2人は今の関係を違ったアングルから見ていると思われますので、まずあなたがパートナーのことをどう考えているかを見ることにします。続いて相手側があなたのことをひそかにどう思っているのか探ってみることにしましょう。

あなたの月星座の部分に「私の月」と書いてください。次にパートナーの太陽星座の部分に「(相手の名前)、太陽」と書いてください。2つの間にある空白の数を数えて、該当する部分を読んでください。

空白が5つ以上ある場合は逆に数えることをお忘れなく！

あなたの月と相手の太陽が同じ星座にある場合

あなたはこの人に強い共感を抱いています。実のところ相手の心があまりにもよく読めすぎる、というきらいもあるようです。それで夫婦というよりは兄弟姉妹のような感じさえするかもしれません。ただ、あなたにとっては当たり前のことを、パートナーがわざわざ言ったりするのが解せない、というようなことは時々あるようです。また相手のささいな言動がカチンとくることもあります。でも、概してあなたは相手のことをとても誇りに思っており、一緒にいると心底リラックスできます。2人の間にほとんどテレパシーが働いているようです。何キロも離れていても相手が何を思っているのか、感じ取ることができます。

またあなたは幸い、ケンカすることは稀です。でもいったんケンカすると、その原因がもうひとつつかめないのです。

単純に意見が違うというよりも、もっと深い部分で違っているように感じられるからです！あなたが耐えられないことは、相手が耐えられるでしょうし、その逆もまた真なりです。

あなたの月と相手の太陽が隣同士

何年この人と暮らしてみても、つかみどころのない謎めいた雰囲気が漂っています。
同様に相手もまたあなたのことをひどく誤解しているように感じることがあります（2人のホロスコープにほかの強力な引力が働いている場合はこの限りではありませんが）。あなたを喜ばせる術にかけてはもうひとつですが、カッカさせることにかけては問題ないようです！
この関係を「挑戦的」だと表現する占星術師がいることは確かです。もっと一般的な表現は「イライラさせられる」です。にもかかわらず利点があることも確かです。予想のつくような退屈な毎日にはまずならないでしょう。相手が次に何を言い出すのか、はたまた何をしでかすのかちっとも予想がつかないからです！あなた部分で違っているように感じられるからです！あなたが耐えられないことは、相手が耐えられるでしょうし、その逆もまた真なりです。

あなたの月と相手の太陽の間に空白が1つ

ほかのレベルでどんなに意見の食い違いがあっても、2人の関係がどうにかもっているのは、あなたが相手に称賛の念を禁じえないからです。相手の気質や振る舞い全般について実に温かい感情を抱かずにはいられません。あなたがパートナーを好きにさせて、不相応なわがままを許してしまうのはたぶんそれが原因でしょう！相手はあなたの気分をほぐし、怒りを鎮める方法を本能的に知っています。何か心配事があっても、物事の明るい面に関心を向けてしまうことができるのです。

あなたの月と相手の太陽の間に空白が2つ

愛する人を味方というより敵と見なすことが

第5章 完ぺき！相性診断

しばしばあります。遊びのケンカと割り切れれば、むしろこれを楽しむことができるでしょう。でも、丁々発止のやりとりがいつしか苦い口論に発展し始めると、これはもはや楽しみとは言い難くなります。相手はあなたの主義に逆らうような傾向がありますし、あなたの友達に認めたがらないこともしばしばです。永遠に互いの1歩上をいこうとする関係に疲れてしまうこともあるかもしれません。また、2人がロール・プレイを演じる傾向も認められます。1人が厳しい親、もう片方はきかん坊の子供を演じるというものです。あれこれ書いてきましたが、この星回りにあるたくさんのカップルが、長期間にわたって関係を持続させていることも確かなのです。前記のような不便を耐え忍んででも、一緒にいる価値は十分にあると考えているようです。お互いの違いを許し合える（または笑い飛ばし合える）平等な大人同士の関係を保つよう心がけてください。

あなたの月と相手の太陽の間に空白が3つ

自分のパートナーを明るくて温かくて太陽のような人だと考えるのは結構ですが、実際に後光が差していると考えるのは、どうしたものでしょうか？　愛する人の言うことが眉つばものでも一言一句信じたり、「あなたの行くところならどこでもついていきます」的な態度には注意してほしいと思います。ほかの分野ではしっかりとご自分の独立を保っておられるかもしれませんが、ことロマンスとなると、とたんに相手に翻弄されてしまう傾向が見られます。相手の欠点に盲目となっているというわけでもないのですが、相手を見るとき、バラ色に着色された眼鏡をかけることは疑いありません。

愛する人にそれほどの尊敬と愛情と誇りを注げるというのは素敵なことです。でも、それについては客観的な第三者の意見を求めたほうがいいでしょう。

相手に立派な人格を投影しておられるようですが、それはむしろあなた自身に投影すべきではないでしょうか？

あなたの月と相手の太陽の間に空白が4つ

愛する人は謎の存在です。ウットリするほどミステリアスであると同時に、イライラするほど理解に苦しみます。この人のことを結局どう思っているのか、もうひとつハッキリしません。というのは、そもそも相手をよく理解できないため、性格を公平に判断することができないからです。一緒にいるのが40分であろうが、40年であろうが大して変わりないようです。たとえ40年一緒に連れ添っていても、あと40年一緒に暮らすことになるか否かは定かではありません。パートナーがあなたに安定感を与えてくれないのがその理由です。

しかし、永遠に続く不確実性に耐えてまで今の生活を継続するだけの理由があるのかもしれません。この人と一緒にいると、常に面白いことを体験できるのです。一緒にいなかったら、まず手をつけることがなかったであろうことを（無理矢理）体験できるからです。一緒に暮らしていることが自分でも信じられないような人と共に生活することで、極めて建設的で創造性に富んだ火花を飛び散らせることが可能です。

あなたの月と相手の太陽の間に空白が5つ

この恋愛関係の成否は、第1にあなたとご両親の親子関係の成否にかかっています。第2に、あなたのパートナーとそのご両親の親子関係もからんできます。子供時代に目撃したご両親の関係を、大人になってから恋愛関係で再現しようとする傾向が2人に認められます。性別に関係なくあなたは母親役です。愛する人の健康を気遣い、過保護気味になります。一方あなたのパートナーは父親役です。普通だったら避けて通っているはずのチャレンジに果敢に立ち向か

第5章　完ぺき！　相性診断

テスト5
お互いをどう思っているか？
（パート2）

あなたが相手のことをどう思っているか見てうようあなたを鼓舞します。

2人の関係が多面的で、前記がそのうちの一局面にすぎないのだったら、これは両者にとってすばらしく健康的な傾向と言えます。しかし、それが2人の関係を束縛し始め、ひどい時には唯一の行動パターンにハマってしまったらどうでしょう？　あなたは、もっと衝突の少ない関係を渇望するようになるというわけです。精神的に成熟した2人の大人だったら、この関係から深い充足感と刺激を引き出すことができるでしょう。しかし、未熟な人同士の場合、壁にぶちあたり、対人関係にもっと成熟したアプローチを取る必要性を痛感することになるのです。

ところで、こんどは相手があなたのことをどう思っているかを見てみることにしましょう。前記の輪で相手の月星座を見つけ、「（相手の名前）、月」と書いてください。次にあなたの太陽星座の部分に「私の太陽」と書いてください。間の空白を数えてください。空白が5つ以上だったら反対方向に数えるようにしてください。224ページ（テスト4）に戻り、該当する項目を読んでください。同じ項目に行きあたる可能性があるかと思います（もっともなぜかあまり頻繁には見られませんが）。

それはいい兆候でも悪い兆候でもありません。単にその傾向が強化されたのです。

★ 感情的バランス——バランスのとれた関係こそが愛を育む！

テスト6
あなたはパートナーのことを誇りに思っていますか？

前のテストではあなたの月とパートナーの太陽を比較し、次に相手の月とあなたの太陽を比較しました。テストの目的は、月の観点から2人の関係を見ることによって、お互いのことをひそかにどう感じているかを検証したということです。

しかし、別の観点から太陽の関係を考察することができます。簡単に言うと、私的な関係が公的なイメージを高めることに貢献しているか、それともかえってイメージの低下になっているかを見ようということです。もっと簡単に言うと、2人が同程度の脚光を浴びているか、それとも片方が栄光を独占し、もう片方は影の存在となっているか否かを見ようというわけです。そのためには太陽の観点から2人の関係を見る必要があります。

正確を期すため、1人1人個別に検討しなければなりません。ひょっとしたら片方に光が全然当たっていないかもしれません。あるいは片方が自分たちの存在を世間に知らしめんがために、パートナーを無理矢理スポットライトに引き込んでいるかもしれません。

ということで、あなたのパートナーが世間の

第5章 完ぺき！相性診断

目にどう映っているか（あるいは世間から隠れているか）見てみることにしましょう。あっと驚く事実が明らかになるかもしれません。あるいはいままで感じていたことを確認するだけの作業に終わるかもしれません。やり方は簡単です。あなたの太陽星座のところに「私の太陽」と書き、相手の月星座の部分に「（相手の名前）、月」と書いてください。次に両方の間の空白を数えてください。空白が5以上あったら反対方向に数えてください。

あなたの太陽と相手の月が同じ星座

あなたはパートナーのことを極めて誇りに思っています。注意していないと、相手の気持ちなどおかまいなしに、まるでトロフィーのように人に見せびらかすところまでいってしまうかもしれません。すばらしい連れ合いがいるのだから、会う人全員に紹介すべきだという考え方です。人があなたの意に反することを言おうものなら、どうなるか分かったものではありません。人があなたのことを話題にするときは、2人1組のコンビとして話してもらいたいと感じています。さらに、このすばらしいパートナーがいなければ、社会に受け入れてもらえないのではないか、とまで感じておられるかもしれません。

あなたの太陽と相手の月が隣同士

この人をどんなに愛していても、どこかへ出かけるたびに「だれそれの奥さん、ご主人、または恋人」として紹介されるのはノー・サンキューです。同じような意味で彼または彼女の名前を書いたシールを車のフロントガラスに貼りつけるというアイデアにも興味がわきません（それが再び大流行することはまずないとは思いますが、たとえそうなったとしても嫌でしょう）。自分の相棒を恥じているわけでも、誇っているわけでもありません。

ただ、赤の他人同士が一緒に暮らしているかといって、公のイメージまで共有する必要はないはず、という考え方です。そういう態度というのは今とてもファッショナブルというか、社会的に正しいやり方と見なされてさえいるようです。でも、あなたの場合、それは単なる偶然の一致にすぎません。しかし、なぜパートナーを紹介してくれないのか人にたずねられたら、適当にいなすより、この理由を引き合いに出せばいいでしょう。

あなたの太陽と相手の月との間に空白が１つ

愛する人といつも二人三脚を組んで、１人でいるのがかえって不自然だと言われるような関係を育てていきたいでしょうか？ こういう質問をする意味は特にないようです。あなたの答えはたぶん「分かりません。連れ合いの意向によります」でしょう。このことに関する限り、あなたは没個性的に素直なようです（もしくは従順という表現もあります。どちらの表現が適当かはあなたの見方次第です）。どちらにせよ、ほとんどの場合、２人の意見というのは議論を待つことなく、ほとんど一致するので、ここでは一応、素直という表現に落ち着かせることにしましょう。あとは、相手がもっと議論好きな相棒を求めないよう祈るだけです！ まあ、かんぐりや、やんわりとした批判は横に置いておきましょう。あなたの恋愛関係というのはたぶんとても健康的なはずです。あなたはパートナーの人格を愛しているのであって、あなたのイメージを高めてくれるからその人を愛しているのではありません。相手があなたより世間の脚光を浴びても、まず気にしません。

あなたの太陽と相手の月との間に空白が２つ

自分のパートナーのことを誇りに思っているのは確かかもしれませんが、一心同体のように見られるのは御免こうむりたいところです。人

第5章 完ぺき！相性診断

から噂されるとき、2人の名前がまるで1つの単語のようにくっついているのも願い下げです。別個の人格として連れ合いを尊重しようとしている、ということでしょうか？　それはちょっと丁寧すぎる言い方かもしれません。もっと適切な表現は、相手を尊重する以外選択肢がない、ということでしょう。というのは、信条、意見、趣味嗜好などに関して、あなたはほとんどあからさまに相手との違いを主張しようとする傾向があるからです。友達はあなたのことを、一人二役を演じていると見なすきらいがあります。2人だけになったときのあなた方の関係というのはすばらしいのかもしれませんが、公の場での2人の評判となると、少しばかりの治療が必要かもしれません。

あなたの太陽と相手の月との間に空白が3つ

ここで大問題となってくるのは、あなたが自分のパートナーのことを誇りに思っているか否かではありません。それに対する答えは、惑うことなく「イエス」です。「誇る」という表現を通り越しているようです。相手がちょっとばかりイケナイ振る舞いをしたとしても、笑って耐えるか、百の言い訳を並べて正当化するか、もしくは他人に罪をなすりつけるかのどれかでしょう。この相手にひどく入れ込んでいるので、最悪の欠点でさえあなたにかかれば天才的な才能に昇華されてしまうのです。

このことはしかし、次の質問を大きくクローズアップするようです。「連れ合いもあなたにすっかり満足しているのでしょうか？」ということです。自分の判断は信頼しないほうがいいでしょう。この相手にあてる限り、あなたは疑うことの利点をすっかり放棄してしまっているようですから。友達もあてにはなりません。あなたがこの人に注ぐ愛情や寛容の精神というのがあまりにも輝いているため、どんな皮肉屋さんでさえ言葉を失ってしまうでしょうから。

パートナーに直接聞くのも手ですが、その人から「月は緑のチーズでできている」と言われたらうなずいてしまうあなたのことですから、この案もおすすめできません。最良の方法はさらにホロスコープを比較検討してみることでしょう。ひたすら安心を求めておられるあなたです。幻滅してしまう可能性があるかもしれません。でも勇気を出してそういうリスクをあえて引き受けたいのでしたら、どうぞ残りの章をお読みください。

あなたの太陽と相手の月との間に空白が4つ

パートナーがだれかもはっきり分からないのに、その人のことを誇りに思うことはできません。同じ意味で相手のことを恥に思うことも不可能です。情報が少なすぎるのです。とにかく2人の関係で驚かされるのはいったい何が互いをつなぎ止めているのか、ということです。表面的なものでないことは確かです。ということ

は、必然的に、ひどく深遠で、個人的で、親密なものだということになります。したがって、2人が恥を知らない露出狂でもない限り、あなた方が公の場でお似合いのカップルであろうが、ぽっちの違いもないということになります。たぶんそれでいいのでしょう。

あなたの太陽と相手の月との間に空白が5つ

あなたのパートナーが公の場であなたを光らせてくれる存在なのか、それともあなたをちょっとバカのように見せてしまう存在なのか、については論議を呼ぶ問題ではあります。あなたは、他人が自分のことをどう思っているのか、ということについては頓着しない性格かもしれません。しかし、この人の行動というのはあなたを少し不安に陥れてしまいます。彼（彼女）を愛していることは確かです。称賛さえしているかもしれません。でも、果たしてこの人があ

第5章　完ぺき！　相性診断

テスト7
お互いを誇りに思っていますか？

2人が世間の目にどのように映っているか、ということについて半分まで検証しました。勇敢にも後の半分もお知りになりたいのでしたら、相手のホロスコープを見てみる必要があります。相手の太陽星座のところに「〈相手の名前〉、太陽」と書き、あなたの月星座のところに「私の月」と書いてください。両者の間の空白の数を数えてください（空白が5つ以上ある場合は反対側に数えること）。230ページに戻り、該当する説明をお読みください。

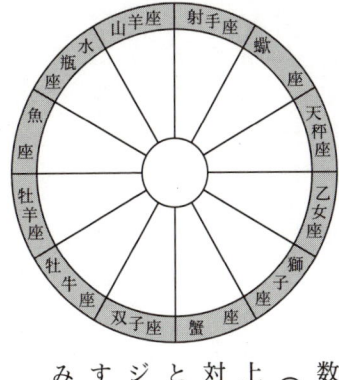

なたのよさを引き出しているのか、そしてあなたがこの人のよさを上手に引き出しているかについては、少々心もとないところがあります。

にもかかわらずあなたはこの関係が赤い糸でつながっている、ということを友達に力説しようとする傾向が見られます。それはなぜなのか、自分に問うてみてください。ひょっとしたら自分の疑惑を晴らすために、人に説得してもらいたいからでしょうか？　あなたのパートナーはきっとすばらしい人なのでしょう。あなたもすばらしい人には違いありません。この関係の基礎となっているものもすばらしいはずです。それに、この診断だけで2人の関係を判断してしまうのは、公平とは言えません。

しかし、次の点だけはおそらく間違いないと思います。お友達やご家族に言わせると、2人はささいなことでお互いよく腹を立てるということです。

テスト8
2人は宇宙のハーモニーを奏でているか?

これまでのテストで2人の相性について実に多くのことを学んでもらえたことと思いますが、今からやるテストはこれまでのテストをすべて合わせた以上の重みがあります。究極の相性診断となれば、月星座の比較をおいてほかにないと言えるでしょう。いったんこの心理的健康チェックを終えたら、後は肉体的なレベルでの相性を見るだけです。しかし共感の伴わない、動物的な引力だけの関係というのは、その場限りの浅薄な出会いに終わってしまいがちです。ということで、大きく深呼吸してください。勇気を出して「私たちは宇宙のハーモニーを奏でているでしょうか?」という質問を空に投げかけてみることにしましょう。

これまで通りのやり方で、あなたと相手の月星座に印をつけた後、両者間の空白の数を数えてください。繰り返しますが、空白が5つ以上あったら反対側に数えることをお忘れなく。

2人の月星座が同じ場合

この人とはいろいろな意味で見事に相性がよい、と言えます。私は「ソウルメイト (赤い糸でつながれた魂の友)」という表現を軽々しく用いませんが、この場合は例外です。たとえほかのテストで相性悪し、と出ても、あなたがお望みだったら容易に互いの違いを克服することができるでしょう。あなたはほぼ間違いなくそれをお望みだと思います。本能的にこの人を好き

第5章 完ぺき！ 相性診断

にならざるを得ません。相手もすべて同様です。両者共この関係がうまくいくよう、心の奥深い部分で真剣かつ誠実に願っているため、表面的な相性の悪さなど気にも留めないのです。

ただ1点、大きな欠点があるとしたら、両者が同化してしまうきらいがあるということです。1人が落ち込んでいると、もう1人も同様に気落ちしています。ほかのカップルのようにお互いを鼓舞し合うということができません。

また、片方が人間関係の緊張をエネルギー源とする場合も問題です。その場合は、たとえ2人が表面的なレベルで異質でも、深い部分では互いに共感し合うことができる、ということを覚えておいてください。ソウルメイトというのは、恋人というより親友のような連帯感を育むものだ、ということもお忘れなきよう。

月星座が隣同士の場合

2人の人生観は劇的に異なります。片方にとって完ぺきなことが、もう片方には大きな心配の種となります。片方が適切な反応をしていると信じ込んでいても、もう片方はあきれかえって物も言えません。

とはいえ、2人の関係を成功させる望みがないわけではありません。とても幸せなカップルにさえなれるかもしれません。でも、それは2人のハートが触れ合えるからではありません。他のレベルで感応し合えるからです。知性を共有し合えるのかもしれません。強力な肉体的引力が存在するのかもしれません。またはその両方かもしれません。ということで、どちらか1人が感情的なレベルでピンとくる人に出会った場合、関係が崩壊してしまう可能性も認められます。これを避けるために、お互い正直を信条とし、頻繁に気持ちを確認し合う必要があるでしょう。両者の強い意志に支えられていたら、この関係を継続させることは可能です。

しかし、愛の炎が燃えつきてしまわないように、常に新鮮な燃料を補給する必要がある、ということを覚えておいてください。

2人の月星座の間に空白が1つ

2人は見事に理解し合えます。1組の本立てのように両者が完ぺきに同じというのからはほど遠いかもしれませんが、ナイフとフォーク、はたまたテーブルと椅子のようにうまくマッチすることは確かです！ 2人が互いの性格を補い合っているのです。どちらかがストレスや緊張下にあるときは相手を元気づけます。2人は共感で結ばれているのみならず、磁石のように互いに惹き合っています。一緒にいるだけで気分がほぐれ、楽になっていくでしょう。というのは、2人が競争関係になく、どちらがボスかを決める必要がないからです。気張ることなく相手に深い感情を打ち明け、サポートし合うことが可能です。2人が信頼という絆で結ばれているため、互いの価値観を尊重し合えるからです。

以上は理想的すぎるでしょうか？ たぶんそうかもしれません。ほかの相性診断はこれほど完ぺきな結果が出ないかもしれません。話題がつきてしまったとき、精神的にしっくりこず、気まずい雰囲気になる、というようなことかもしれません。

または、2人の関係が肉体的というよりプラトニックなものなのかもしれません。答えがどうであれ、つまるところ2人の関係を車にたとえるとしたら、維持費が少なくて、満足度は最高、といったところでしょう。

2人の月星座の間に空白が2つ

2人の関係が天国で結ばれた恋だというのなら、天国はずいぶん競争に満ちたところに違いありません。2人の間には惑うことなく火花が飛び散っていますが、愛の証明に火をともすすだ

第5章 完ぺき！ 相性診断

けでなく、怒りの炎を点火することもしばしばあるようです。共感し合える部分もありますが、いったん意見が衝突すると相手を負かすまで激しく戦います。それに2人とも負けを認めたがりません。でも、関係が決してダレないという利点はあります。あまりにも共通点が多すぎるため、話題がつきてしまうカップルというのからはほど遠い存在です。

でも換言すれば、2人が一緒にいるときは常に短気を起こさないように注意する必要があります。2人が成熟した大人同士だったら、常に相手を出し抜こうとする必要はないはずです。競争心を軽いユーモアにまで昇華させたら、この関係から常に建設的な刺激や興奮を引き出すことが可能でしょう。さもなかったら、共通の目標に向かって力を合わせてください。でも片方または両方が常に心の安らぎやよりどころを求めているようだったら、この関係にそれを望むのはやや心もとないところがあります。

2人の月星座の間に空白が3つ

これまでの相性診断でどんな結果が出たのかは分かりませんが、少なくともこの診断に関する限り、2人は見事に相性がよいと言えます。2人の月星座は深く永続的な共感を育むような組み合わせになっています。このため、表面的にどんなに違っていても、2人は宇宙的につながっているというわけです。肩ひじ張らないツーカーの関係であり、しかも純粋な尊敬の念を本能的に相手に抱いています。この星回りに潜在的な問題点があるとしたら、2人の関係が気楽になりすぎるということです。一緒にいると安心しすぎるというか、自分を証明する必要がないため、お互いが空気のような存在になるということです。また、注意していないと、隔離されたカップルになってしまうかもしれません。2人でいるだけで満足してしまうため、社交活動がおざなりになってしまうのです。

その結果関係が停滞していき、はた目には面白みのないカップルになってしまいます。まあ、ささいな危険ですから、過度に心配する必要は少しもありません。あなたの伴侶の選択に誤りがないか、だめ押し的に確認するために、ほかの相性診断も一応参考にするようにしてください。でも実際、このコーナーを読む前からあなたの人生で特別なことが起こっているという感覚があったのではないでしょうか？ だとしたら、あなたの予感は正しいです。

2人の月星座の間に空白が4つ

感情的なレベルで見る限り、2人はニシンと自転車くらい異質な存在であり、見事なミスマッチと言えます。特によい対処法があるというものでもありません。違いを面白がる以外ありません。全力をつくして相手の精神構造の理解に努めても、完ぺきな理解はままならないでしょう。あなたは永遠にパートナーを煙に巻き、言葉をつまらせ、驚愕させるでしょう。代わりにあなたも相手にあきれ、絶句し、驚かされるという寸法です。おしどり夫婦など望むべくもありません。でも、実のところだれが自分のコピーと住みたがるでしょう？

2人の関係を幸せと充足と成功で彩る可能性は十分にあります。そのためには、この関係の利点をクローズアップし、思いっきり楽しんでください。そうでないものについては哲学的な態度を保つようにしてください。各々がプラトニックな友人を持つようにすればいいでしょう。心の奥底に潜む恐れや感情は友人に打ち明ければいいのです。このように、親身になって相談に乗ってくれる相手を別に見つけることで、あなた方2人は不一致という名の愉快なダンスを共に踊り続けることができるのです。異質な2人が一緒に暮らしていると、とかくトラブルが発生しやすいものですが、これを逆に利点に変えてしまう方法があります。お互いの言動や考

第5章 完ぺき！ 相性診断

2人の月星座の間に空白が5つ

 強力な感情的な絆が2人の間に存在します。離れ難いカップルになる可能性があります。1人が言葉につまったら、もう1人が話を完結させます。互いの心が読めます。まるで2人が半分ずつの存在で、合わさって初めて完全な1つになる、という感じです。でも、犬猫のように対立する可能性も同様にあるのです。
 2人があまりにも似通っているからこそ、時に両者のささいな違いを見つけ、それを拡大したいという欲求が芽生える、ということです。でも、それはある意味で自分のアイデンティティーを保つための手段と言えます。幼いころ、1人が支配え方などを子細に査定し合うということです。お互いを同等な存在として扱ってください。価値観の異なる2人が共に成長していく方法はこれをおいてほかにはありません。

的な人格となり、もう1人が服従的な人格になることがあります。性格を両極化することによリ、似たような人生を歩む危険を避け、極端に異なった体験を志向するということです。
 2人の問題点というのは、どちらが主導し、どちらがそれに従うべきか、はっきりしないということです。あなたの感情構造というのはパートナーとまったく正反対になっています。まるで互いが鏡に映ったような存在のように感じることがあります。相手が元気いっぱいならあなたは落ち込んでいます。あなたが大賛成なら相手は反対します。
 最初に述べたように、2人にはずいぶん共通点があります。これに逆らうのではなく、受け入れるようにしたら、2人はぐっと親密になり、永遠に一緒にいられるでしょう。しかしどちらか1人がそれを拒否しようものなら、もう1人も同じくらい頑固になってしまうでしょう！

様の傾向が見られます。双子にも同

★ 肉体的引力 ── 女性はどんなタイプの男性に惹かれ、男性のどんな魅力が女性を吸引するのか!?

それでは、ロマンスの肉体的な側面を見てみることにしましょう。私がこのテストを最後まで取っておいたのは、肉体的な引力がロマンスにおいて極めて重要な要素となっているからにほかなりません。恋愛に求めるものが男女各々異なるというのは、占星術師でなくても分かり切ったことだとは思いますが、本事実がホロスコープの解釈にあたって大切な要素となることは確かです。そこで、新しい星に登場してもらわなければなりません。戦争の神、そして男性エネルギーの究極の象徴、火星です。

女性の星座盤における火星の役割というのは、男性のそれとずいぶん異なります。第4章で見た通り、金星に二重の意味があるのと同様に、恋愛関係を理解するためには各々のホロスコープを男女別々の観点から見てみる必要があります。これに加えて、そのほかたくさんの要素を勘案しなければならないことから、恋愛占星術の解釈というのは恋愛そのものと同じくらい複雑な作業となります。結局私たちがここで定義しようとしているのは、つかみどころのない男女間の引力なのですから。

テスト9 あなたはどんな恋人を求めているのか?

325ページの「火星の運行表」で、あなたの火星星座を探り出してください。あなたが女性だったら、どんな男性をひそかに求めている

第5章 完ぺき！ 相性診断

のかを火星星座で判断できます。男性の場合は、あなたの性格のどういう側面に女性が惹かれる傾向があるかが分かります。

火星が牡羊座にある場合

女性➡ソフトで繊細な男性は願い下げです。ケンカも辞さないような、タフでたくましい、男の中の男に惹かれます。そうでなかったら、少なくとも相手に有無を言わせないくらい自己主張できる男です。

男性➡あなたの神経の図太さ、したたかさ、そして衝動的なところに女性は惹かれます。

火星が牡牛座にある場合

女性➡落ち着いていて、堅固で、強靱な男性が好きです。もちろん優しさも必要です。芸術や音楽を語れたらなおいいでしょう。でも、自分に確固たる自信を持っていることが、あなたの心を射止める第一条件です。

男性➡精神的な強さを見せたとき女性はグッときます。特にそれがカラ威張りではなく、感受性の豊かさに裏打ちされていたら最高です。

火星が双子座にある場合

女性➡外見より話しっぷりや会話の内容のほうが重要です。彼は機知に富み、面白くて、独創性があり、知識豊富である必要があります。同時に順応性がなくてはなりません。あなたが耐えられないのは、関係が停滞することです。

男性➡好奇心旺盛で、女性を同等に扱おうとするあなたの態度が女性に受けるようです。

火星が蟹座にある場合

女性➡「新世代」の男性がバッチリあなたにアピールします。台所で洗いものをし続ける必要はありませんが、思いやり、優しさや感受性が大切な要素になってきます。筋骨たくましい荒くれ男より、内面的なものを重視します。

男性➡あなたの忠誠心、倫理観、そして誠実さに女性はグッときます。

火星が獅子座にある場合

女性➡上昇志向の男性に惹(ひ)かれます。自分を王様のように見なす男性が好きです。彼があなたを女王のように扱ってくれるから、というのも理由の1つですが、それ以上に自分に絶対の自信を持つ人と一緒にいることで深い充足感を覚えるからです。

男性➡単にリラックスして、ありのままでいるだけで持ち前の魅力を発散できます。そんなときあなたはセクシー極まりないのです。

火星が乙女座にある場合

女性➡しゃべるだけで行動の伴わない男性は最低です。機械を組み立てたり、大地で汗を流すなど、体で自分を表現できる男が好きです。たとえ頭脳労働者でも、手がハートと同じくら

い感受性に富んでいる必要があります。

男性➡思慮深く、忍耐力があり、勤勉で、頼りがいのあるところに女性は惹(ひ)かれます。

火星が天秤座にある場合

女性➡上質の物を見分ける目を持った芸術家タイプが好きです。あなたの理想の男性は、あなたに心を開き、自分の仕事を公開し、業界の秘密を教えてくれます。そしてとどめはあなたに意見を求める、ということです。

男性➡社交の技術というのはいろいろありますが、何よりも分かち合いの精神があなたをセクシーに演出するようです。

火星が蠍座にある場合

女性➡正しいことをしていると信じたら最後、いかなる妨害も跳ねのけて目標の貫徹に猛進する男性を求めています。何かに打ち込んでいる男性を見ると、恋愛にも同じような情熱を傾け

第5章 完ぺき！相性診断

るに違いない、と考えるからです。
男性➡妥協を断固として拒否するからこそ、女性はあなたに妥協したくなるのです！

火星が射手座にある場合
女性➡インディー・ジョーンズのような男性を夢見ています。強靭でスポーツが得意で、チャレンジをものともしません。また旅行好きで、国際情勢に通じています。あなたの夢は彼と一緒に旅行することです。
男性➡当たって砕けろの精神で人生に臨むあなたの意志力に女性は惹(ひ)かれます。

火星が山羊座にある場合
女性➡理性的で権威があり、まぁ、はっきり言ってお金持ちの男性が好きです！これはあなたがお金目当てだからではありません。社会で成功を勝ち得た以上、あなたを勝ち取る素質も十分に備わっている、と推測するからです。

男性➡重い責任を威厳を持って遂行しているあなたの姿に女性は感動します。

火星が水瓶座にある場合
女性➡あなたの夢の恋人は分類できないような人です。個性の強い男性が好みです。ひょっとしたら世間の論議を呼びそうな性格でさえあるかもしれません。彼にはいつも意表をつかされます。大胆な人だけがアクセスできる、恋や人生の喜びを体験させてくれる人に惹かれます。
男性➡群集の中でひときわ際立つあなたを見て、女性はハートを捧げたいと思います。

火星が魚座にある場合
女性➡あなたのハートを射抜くためには詩人の魂が必要です。世間で何を達成したか、というようなことは問題ではありません。生き生きとした想像力の持ち主で、感受性に富み、あなたと夢を語り合えるような人が好きです。

男性 ➡ 子供のように純粋な心で、世界をもっと魔法であふれさせたいと望むあなたを女性は拒むことができません。

テスト10
あなたのパートナーはどんな恋人を求めているか？

さて、パートナーの火星星座を調べて、前述の説明を読んでみてください。あなたの火星星座と一致する場合、もしくは第4章で詳説したあなたの金星星座の説明と一致する場合は、たぶん吉兆だと言えるでしょう。でも結論を出す前にもうちょっと調べてみる必要があります。

あなたの金星および火星の位置とパートナーのそれとを比較し、肉体的な相性を検討する前に決定的な質問をしなければなりません。肉体的な関係を起動するためにどういう火花を散らす必要があるか、ということです。人の相性というものは、必ずしも2人の星の配列が調和しているからよい、というわけではないのです。もしもあなたが人間関係の緊張を心のエネルギーにする類の人だったら、むしろ、星がいがみ合っている人のほうに惹かれるに違いありません！

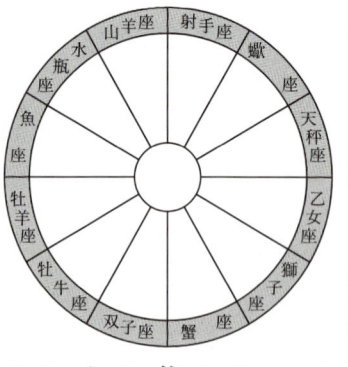

これを知るためには、あなたの火星と金星の位置を関係をつきとめる必要があります。必要な情報はすでにお持ちのはずで

テスト11
ケンカか、甘いささやきか？
（パート1）

第5章 完ぺき！ 相性診断

す。

あなたの火星星座の欄に「火星」と書き込んでください。

次に、金星でも同じことをしてください。2つの星の間の空白の数を数えてください（空白が5つ以上の場合、逆に数えることをお忘れなく！）。

金星と火星が同じ星座

自分の求めるパートナー像についてはとてもウルサイです。特に限定されたタイプのみに惹かれます。浅薄な関係を嫌いますので、相手は奥行きの深い人でなければならないでしょう。安定した性格の持ち主であるあなたは、2人の関係が緊張してもたえることができます。情熱の炎に着火するために怒りは必要ありません。あなたが求めるのは信頼感です。

金星と火星が隣同士

ほとんどどんな関係でも自分を合わせることができます。

理想のパートナー像は、あなたの神経を逆なでする人でもなければ、際限のないサポートを提供してくれる人でもありません。

あなたの気分はそのときのムードや状況に応じて劇的に変わりますので、自分が相手に何を求めているのかが自分でもはっきり分からないのです。

そのことを理解してくれる、感受性と適応力に富んだ人こそがあなたにふさわしいと言えるでしょう。

金星と火星の間に空白が1つ

ケンカより、抱擁を好むのは疑いありません。もしもパートナーの金星と火星があなたのそれと敵対関係にあったら、これが刺激的な恋の妙薬として働くことはないでしょう。むしろ克服すべき欠点ととらえる傾向があります。

金星と火星の間に空白が2つ

緊張を心のエネルギー源とします。パートナーと丁々発止やり合ったり、時には激しく口論しないと、親密な関係にはなれないと考える傾向があります。

とはいえ、あなたが恋愛戦争に一生を捧げるというわけではありません。ただ、恋愛にある程度健康的な戦いや競争がないとダメだということは確かです。

金星と火星の間に空白が3つ

鋭い意見であなたを突っつく人よりも、甘いささやきをしてくれる人を好まれるとは思いますが、どちらのタイプも比較的上手にあしらうことが可能です。あなたは人生を自分1人で上手に管理することができます。パートナーがいないと人生が完結しない、ということはありません。一緒に住むのには気楽でいいですが、そ
れではそもそもなぜ愛情を求めているのか、パートナーが疑問をもつ可能性はあります。

金星と火星の間に空白が4つ

ほとんどの人はパートナーがいないと人生が完結しないと感じるものですが、あなたの場合は楽しく煙に巻いてくれる人を求めているようです。あからさまな対立も、過度に調和の取れた関係も、あなたにはアピールしません。自分の状況がはっきりしないのを好むのです。そこで、パートナーもあなたと同様不確実性や偶発性を好む人を選べばいいでしょう。

金星と火星の間に空白が5つ

感情的にバランスがとれてはいますが、秤（はかり）というより、シーソーのようなところがあります。すべてが静かだと、不安になるのです。星が調和し合っているパートナーでも結構ですが、むしろ恋という名のゲームでチャレンジを好む人

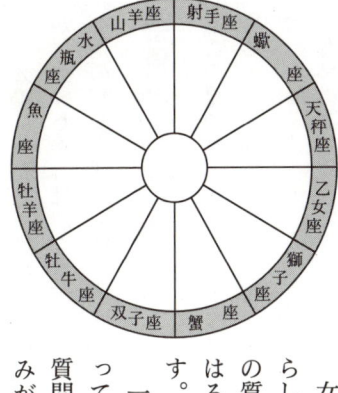

のほうがいいかもしれません。ゴールが変わり続けているような恋を好む、ということです。まあ、それも程度の問題ではあるでしょうが。

テスト12 ケンカか、甘いささやきか？（パート2）

自分のことについてお読みになったところで、今度はパートナーの火星と金星を前記の輪に書き込み、空白の数を数えてください。246ページ（テスト11）に戻り、あなたのパートナーがどんな関係を好むか調べてください！

テスト13 性的相性（パート1）

輪を使って、あなたの恋愛にまつわるたくさんの興味深い質問に答えを求めてきました。ここでいよいよ、とどめの質問をすることにしましょう。あなたの火星がパートナーの金星とどんな配列をしているか、そしてあなたの金星が相手の火星とどんな配列をしているか、ということです。

女性の観点からしたら、最初の質問のほうがはるかに重要です。一方男性にとっては2番目の質問にずっと重みがあります。

でも、恋愛が成立するためには、両方が同じようにうまく機能する必要があるため、両方の質問を検討しなければならない、ということです。

前記の輪にあなたの金星とパートナーの火星を書き込んでください。そして、2つの星の間にある空白の数を数えてください（空白が5つ以上あったら逆に数えることを忘れないでください）。

金星と火星が同じ星座

お互いに強く通じ合っています。相手の求めているものを本能的に察知し、提供し合うことが可能です。両者間の肉体的な引力もパワフルです。一緒にいようが、離れていようが、引力が時の経過に連れて減退していくことはないでしょう。

たとえ2人の間に異質な部分があったとしても、一緒に暮らしていくのは比較的楽なはずです。気難しい人と一緒になるニーズが、どちらかにあった場合は別ですが、さもなければ、あなたの恋愛生活は末長く快適なはずです。

金星と火星が隣同士

この星の配列は、ホットなラブ・ライフを求める人にとって、特に吉兆とは言えないようです。

互いに楽しめない、ということではありませんが、そのほかの宇宙的リンクにつながりを求める必要があるでしょう。

相手の金星があなたの火星とよい関係にあるかどうか検討してみてください。もしこちらも望ましい結果に恵まれなくても、どうぞ絶望しないでください。夜、キャンドルの炎に誘われて燃え上がり、朝、現実という名の日の出が訪れて絶望する「危険な情事」にかかわる危険性がないということを、ホロスコープは教えてくれているのかもしれません。

金星と火星の間に空白が1つ

2人は強い共感によって結ばれています。一緒に仕事をする組み合わせとしては最高です。高い生産性が期待できます。もっと親密なレベルでの関係でも同じことが言えるかどうかについては、テスト2の結果を待たなければなりません。

もしもどちらかが、緊張した恋愛関係を心のエネルギー源とする、と出た場合は、2人のホロスコープにケンカの種が潜んでいることを望むしかありません！

もしこの関係で問題（と呼べるかどうかも分かりませんが）があるとしたら、2人が一緒になるとすべてが甘く、優しくなるということです。

激しい情熱のほとばしりよりも、甘さや優しさのほうがよい、ということでしたら、問題はまったくありません！

金星と火星の間に空白が2つ

2人はお互いを完ぺきに狂わせる能力があります。自分のラブストーリーを熱気ムンムンの物語ではなく、さわやかドラマに仕上げたい場合、ここのキッチンの暑さはあなたの性に合わないかもしれません。

もちろんここで問題になってくるのはキッチンではなく、もっと別の部屋、普通2階にある部屋のほうです。でも、2人を燃え上がらせる力が、別の方面でも体温を上昇させる可能性が高い、ということは覚えておいたほうがいいでしょう。

つまり、2人がケンカしやすい、ということです。

このめくるめく恋愛を楽しむにあたり、支払うべき代償があるとしたら、2人が悪しきエネルギーでつながり、ショートしてしまう可能性がある、ということです。

金星と火星の間に空白が3つ

2人の関係は暖炉のようなものです。丸められた新聞紙の上に、注意深く枯れ木が積み重ねられました。暖炉のそばにはあり余らんばかりの燃料が用意されています。その後、必要なのは着火作業です。2人のホロスコープにたとえわずかでも希望の火が認められれば、もう着火するだけです。

火はたちまち勢いよく燃え上がり、決して消えることはないでしょう。2人は、似合いすぎていきすぎかな、と思うくらいお互いを尊敬し合い、称賛し合っています。

ただ、ここでのポイントは、たとえ2人が静かな恋愛生活を求めている場合でも、恋の化学反応を起こすためには少しばかりの摩擦熱が必要だということです。

それさえ見つければ、あなたは理想の相手を獲得したも同然です。

金星と火星の間に空白が4つ

純粋に肉体的、動物的な観点から見た場合、2人は理想的なカップルとは言えません。

誤解しないでください。見つめ合うだけで火山を噴火させることのできるカップルがいる一方で、あなた方2人の場合は、お互いに相手が何を求めているのかということを努力してつきとめる必要がある、ということにすぎないのですから。

あなたのロマンチックな可能性について、わくわくするとは言い難いお知らせとなってしまいましたが、ガッカリする前に、ワイン、オリーブや、ニンニクのことを考えてみてください。これらの食べ物というのは慣れるまでに時間がかかりますが、一度好きになると病みつきになってしまいます。

2人の関係も同じことです。もちろんそのためにはお互いが相手に慣れるよう努力を重ねる

第5章 完ぺき！ 相性診断

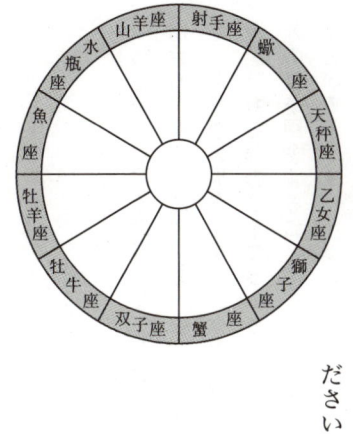

金星と火星の間に空白が5つ

2人の間に流れる電流は高電圧です。接続がきちんと成されていたら、両者の間には大量の電流がいきかい、恐ろしくエキサイティングで充実した恋愛を楽しむことが可能です。パワーは決して失われることなく、2人はいつも輝いているでしょう。しかしながら、接続が悪かったり、配線が間違っていたり、悪天候に左右されやすいような状態だったら、電流が失われてしまう恐れがあります。しかも、2人がギリギリの人生を楽しむ類の人だったら（この関係をうまくやっていくためにはそうせざるを得ないかもしれません）、2人が作りあげた高電磁場に無実の第三者が足を踏み入れて、感電させてしまうような可能性さえあります。以上は注意していないといけません。もっとも2人はいつもお互いを畏怖と魅惑と欲望の念で見つめ合っていますから、心配している暇はほとんどないかもしれません。

テスト14 性的相性（パート2）

この輪では、あなたの火星とパートナーの金星を記入してください。これまで通り空白の数を数え、249ページ（テスト13）の説明に目を通して、その後、次ページの結論をお読みください。

★ 結論

2人の相性についてさまざまな角度から検討を重ねてきました。今のパートナーとの関係がまずまず満足のいく結果でしたら、これ以上お読みになる必要はありません。でもパートナーとの今後について、不安になってしまわれたのでしたら、まだまだ検討すべきことは山ほどある、ということを指摘しておきたいと思います。

まず、本書では星座同士の比較を行ったにすぎない、ということです。プロの占星術師はむしろ両者の角度を基に判断します。2つ目としては、土星、木星、水星が全体像を大きく塗り替える可能性がある、ということです。これらの星の動きについては資料を添付しなかったので、本書でそれを調べることはできません。でも、これまでの情報を基に、さらに詳しく相性を調べることは可能です。

たとえば本書では、あなたの太陽または月と、相手の火星または金星の比較は行いませんでした。あなたの火星と相手の火星、金星とあなたの金星についても同様です。未記入の輪を用意することで、さらにテストをすることができます。

原則として、2つの星が同じ星座にある場合、空白が1つの場合、あるいは空白が3つの場合は希望にあふれたリンクだと言えます。一方空白が2つか5つの場合はチャレンジのあるリンクです（でもある程度のチャレンジは健康的だということをお忘れなく）。そして2つの星座が隣同士の場合、または空白が4つの場合、可もなく不可もなく、といったところです。幸運をお祈りします！

巻末付録 惑星運行表

（1935年〜2014年）

太陽　月　金星　火星

太陽の運行表

例 〔1/21　08:29　水瓶〕は、1月21日午前8時29分に太陽が水瓶座に入宮することを表します。

1943年			1939年			1935年		
1/21	07:20	水瓶	1/21	07:52	水瓶	1/21	08:29	水瓶
2/19	21:41	魚	2/19	22:10	魚	2/19	22:53	魚
3/21	21:03	牡羊	3/21	21:29	牡羊	3/21	22:19	牡羊
4/21	08:33	牡牛	4/21	08:56	牡牛	4/21	09:51	牡牛
5/22	08:04	双子	5/22	08:28	双子	5/22	09:26	双子
6/22	16:13	蟹	6/22	16:41	蟹	6/22	17:39	蟹
7/24	03:06	獅子	7/24	03:38	獅子	7/24	04:34	獅子
8/24	09:56	乙女	8/24	10:32	乙女	8/24	11:25	乙女
9/24	07:13	天秤	9/24	07:51	天秤	9/24	08:39	天秤
10/24	16:09	蠍	10/24	16:47	蠍	10/24	17:30	蠍
11/23	13:22	射手	11/23	13:59	射手	11/23	14:36	射手
12/23	02:30	山羊	12/23	03:07	山羊	12/23	03:38	山羊

1944年			1940年			1936年		
1/21	13:08	水瓶	1/21	13:45	水瓶	1/21	14:13	水瓶
2/20	03:28	魚	2/20	04:05	魚	2/20	04:34	魚
3/21	02:49	牡羊	3/21	03:25	牡羊	3/21	03:59	牡羊
4/20	14:19	牡牛	4/20	14:52	牡牛	4/20	15:32	牡牛
5/21	13:52	双子	5/21	14:24	双子	5/21	15:09	双子
6/21	22:03	蟹	6/21	22:37	蟹	6/21	23:23	蟹
7/23	08:57	獅子	7/23	09:35	獅子	7/23	10:19	獅子
8/23	15:48	乙女	8/23	16:30	乙女	8/23	17:12	乙女
9/23	13:03	天秤	9/23	13:47	天秤	9/23	14:27	天秤
10/23	21:57	蠍	10/23	22:40	蠍	10/23	23:19	蠍
11/22	19:08	射手	11/22	19:50	射手	11/22	20:26	射手
12/22	08:16	山羊	12/22	08:56	山羊	12/22	09:28	山羊

1945年			1941年			1937年		
1/20	18:55	水瓶	1/20	19:35	水瓶	1/20	20:02	水瓶
2/19	09:16	魚	2/19	09:57	魚	2/19	10:22	魚
3/21	08:38	牡羊	3/21	09:21	牡羊	3/21	09:46	牡羊
4/20	20:08	牡牛	4/20	20:51	牡牛	4/20	21:20	牡牛
5/21	19:41	双子	5/21	20:24	双子	5/21	20:58	双子
6/22	03:53	蟹	6/22	04:34	蟹	6/22	05:13	蟹
7/23	14:46	獅子	7/23	15:27	獅子	7/23	16:08	獅子
8/23	21:36	乙女	8/23	22:18	乙女	8/23	22:59	乙女
9/23	18:51	天秤	9/23	19:34	天秤	9/23	20:14	天秤
10/24	03:45	蠍	10/24	04:28	蠍	10/24	05:08	蠍
11/23	00:56	射手	11/23	01:39	射手	11/23	02:17	射手
12/22	14:04	山羊	12/22	14:45	山羊	12/22	15:23	山羊

1946年			1942年			1938年		
1/21	00:46	水瓶	1/21	01:24	水瓶	1/21	02:00	水瓶
2/19	15:09	魚	2/19	15:48	魚	2/19	16:20	魚
3/21	14:34	牡羊	3/21	15:12	牡羊	3/21	15:44	牡羊
4/21	02:03	牡牛	4/21	02:40	牡牛	4/21	03:16	牡牛
5/22	01:35	双子	5/22	02:10	双子	5/22	02:51	双子
6/22	09:45	蟹	6/22	10:17	蟹	6/22	11:05	蟹
7/23	20:38	獅子	7/23	21:08	獅子	7/23	21:58	獅子
8/24	03:27	乙女	8/24	03:59	乙女	8/24	04:47	乙女
9/24	00:42	天秤	9/24	01:18	天秤	9/24	02:01	天秤
10/24	09:36	蠍	10/24	10:16	蠍	10/24	10:55	蠍
11/23	06:47	射手	11/23	07:31	射手	11/23	08:07	射手
12/22	19:54	山羊	12/22	20:40	山羊	12/22	21:14	山羊

太陽の運行表　1935年〜1961年

1957年				1952年				1947年		
1／20	16:39	水瓶		1／21	11:39	水瓶		1／21	06:32	水瓶
2／19	06:59	魚		2／20	01:58	魚		2／19	20:53	魚
3／21	06:17	牡羊		3／21	01:15	牡羊		3／21	20:14	牡羊
4／20	17:42	牡牛		4／20	12:38	牡牛		4／21	07:40	牡牛
5／21	17:11	双子		5／21	12:05	双子		5／22	07:10	双子
6／22	01:22	蟹		6／21	20:14	蟹		6／22	15:20	蟹
7／23	12:16	獅子		7／23	07:09	獅子		7／24	02:15	獅子
8／23	19:09	乙女		8／23	14:04	乙女		8／24	09:10	乙女
9／23	16:27	天秤		9／23	11:25	天秤		9／24	06:30	天秤
10／24	01:25	蠍		10／23	20:23	蠍		10／24	15:27	蠍
11／22	22:40	射手		11／22	17:37	射手		11／23	12:39	射手
12／22	11:50	山羊		12／22	06:44	山羊		12／23	01:44	山羊

1958年				1953年				1948年		
1／20	22:29	水瓶		1／20	17:22	水瓶		1／21	12:19	水瓶
2／19	12:49	魚		2／19	07:42	魚		2／20	02:38	魚
3／21	12:07	牡羊		3／21	07:02	牡羊		3／21	01:58	牡羊
4／20	23:28	牡牛		4／20	18:27	牡牛		4／20	13:26	牡牛
5／21	22:52	双子		5／21	17:54	双子		5／21	12:59	双子
6／22	06:58	蟹		6／22	02:01	蟹		6／21	21:12	蟹
7／23	17:52	獅子		7／23	12:53	獅子		7／23	08:09	獅子
8／24	00:47	乙女		8／23	19:46	乙女		8／23	15:04	乙女
9／23	22:10	天秤		9／23	17:07	天秤		9／23	12:23	天秤
10／24	07:12	蠍		10／24	02:07	蠍		10／23	21:19	蠍
11／23	04:30	射手		11／22	23:23	射手		11／22	18:30	射手
12／22	17:41	山羊		12／22	12:32	山羊		12／22	07:34	山羊

1959年				1954年				1949年		
1／21	04:20	水瓶		1／20	23:12	水瓶		1／20	18:09	水瓶
2／19	18:38	魚		2／19	13:33	魚		2／19	08:28	魚
3／21	17:55	牡羊		3／21	12:54	牡羊		3／21	07:49	牡羊
4／21	05:18	牡牛		4／21	00:21	牡牛		4／20	19:18	牡牛
5／22	04:43	双子		5／21	23:48	双子		5／21	18:52	双子
6／22	12:51	蟹		6／22	07:55	蟹		6／22	03:04	蟹
7／23	23:46	獅子		7／23	18:46	獅子		7／23	13:58	獅子
8／24	06:45	乙女		8／24	01:37	乙女		8／23	20:49	乙女
9／24	04:09	天秤		9／23	22:56	天秤		9／23	18:07	天秤
10／24	13:12	蠍		10／24	07:57	蠍		10／24	03:04	蠍
11／23	10:28	射手		11／23	05:15	射手		11／23	00:17	射手
12／22	23:35	山羊		12／22	18:25	山羊		12／22	13:24	山羊

1960年				1955年				1950年		
1／21	10:11	水瓶		1／21	05:03	水瓶		1／21	00:01	水瓶
2／20	00:27	魚		2／19	19:20	魚		2／19	14:18	魚
3／20	23:43	牡羊		3／21	18:36	牡羊		3／21	13:36	牡羊
4／20	11:07	牡牛		4／21	05:59	牡牛		4／21	01:00	牡牛
5／21	10:35	双子		5／22	05:25	双子		5／22	00:28	双子
6／21	18:43	蟹		6／22	13:32	蟹		6／22	08:37	蟹
7／23	05:39	獅子		7／24	00:26	獅子		7／23	19:31	獅子
8／23	12:35	乙女		8／24	07:20	乙女		8／24	02:24	乙女
9／23	10:00	天秤		9／24	04:42	天秤		9／23	23:45	天秤
10／23	19:03	蠍		10／24	13:44	蠍		10／24	08:46	蠍
11／22	16:19	射手		11／23	11:02	射手		11／23	06:03	射手
12／22	05:27	山羊		12／23	00:12	山羊		12／22	19:14	山羊

1961年				1956年				1951年		
1／20	16:02	水瓶		1／21	10:49	水瓶		1／21	05:53	水瓶
2／19	06:17	魚		2／20	01:06	魚		2／19	20:11	魚
3／21	05:33	牡羊		3／21	00:21	牡羊		3／21	19:27	牡羊
4／20	16:56	牡牛		4／20	11:45	牡牛		4／21	06:49	牡牛
5／21	16:23	双子		5／21	11:14	双子		5／22	06:17	双子
6／22	00:31	蟹		6／21	19:25	蟹		6／22	14:26	蟹
7／23	11:25	獅子		7／23	06:21	獅子		7／24	01:22	獅子
8／23	18:20	乙女		8／23	13:16	乙女		8／24	08:17	乙女
9／23	15:44	天秤		9／23	10:36	天秤		9／24	05:38	天秤
10／24	00:48	蠍		10／23	19:35	蠍		10／24	14:37	蠍
11／22	22:08	射手		11／22	16:51	射手		11／23	11:52	射手
12／22	11:20	山羊		12／22	06:00	山羊		12／23	01:01	山羊

1972年			1967年			1962年		
1/21	08:00	水瓶	1/21	03:08	水瓶	1/20	21:59	水瓶
2/19	22:12	魚	2/19	17:24	魚	2/19	12:15	魚
3/20	21:22	牡羊	3/21	16:38	牡羊	3/21	11:30	牡羊
4/20	08:39	牡牛	4/21	03:56	牡牛	4/20	22:52	牡牛
5/21	08:01	双子	5/22	03:19	双子	5/21	22:17	双子
6/21	16:07	蟹	6/22	11:24	蟹	6/22	06:25	蟹
7/23	03:04	獅子	7/23	22:17	獅子	7/23	17:19	獅子
8/23	10:04	乙女	8/24	05:13	乙女	8/24	00:14	乙女
9/23	07:34	天秤	9/24	02:39	天秤	9/23	21:36	天秤
10/23	16:42	蠍	10/24	11:45	蠍	10/24	06:41	蠍
11/22	14:04	射手	11/23	09:05	射手	11/23	04:03	射手
12/22	03:14	山羊	12/22	22:17	山羊	12/22	17:16	山羊

1973年			1968年			1963年		
1/20	13:49	水瓶	1/21	08:55	水瓶	1/21	03:55	水瓶
2/19	04:02	魚	2/19	23:10	魚	2/19	18:09	魚
3/21	03:13	牡羊	3/20	22:23	牡羊	3/21	17:20	牡羊
4/20	14:31	牡牛	4/20	09:42	牡牛	4/21	04:37	牡牛
5/21	13:55	双子	5/21	09:07	双子	5/22	03:59	双子
6/21	22:02	蟹	6/21	17:14	蟹	6/22	12:05	蟹
7/23	08:57	獅子	7/23	04:09	獅子	7/23	23:00	獅子
8/23	15:55	乙女	8/23	11:04	乙女	8/24	05:59	乙女
9/23	13:22	天秤	9/23	08:27	天秤	9/24	03:24	天秤
10/23	22:31	蠍	10/23	17:31	蠍	10/24	12:30	蠍
11/22	19:55	射手	11/22	14:49	射手	11/23	09:50	射手
12/22	09:09	山羊	12/22	04:01	山羊	12/22	23:03	山羊

1974年			1969年			1964年		
1/20	19:47	水瓶	1/20	14:39	水瓶	1/21	09:42	水瓶
2/19	10:00	魚	2/19	04:55	魚	2/19	23:58	魚
3/21	09:08	牡羊	3/21	04:09	牡羊	3/20	23:11	牡羊
4/20	20:20	牡牛	4/20	15:28	牡牛	4/20	10:28	牡牛
5/21	19:37	双子	5/21	14:51	双子	5/21	09:51	双子
6/22	03:39	蟹	6/21	22:56	蟹	6/21	17:58	蟹
7/23	14:31	獅子	7/23	09:49	獅子	7/23	04:54	獅子
8/23	21:30	乙女	8/23	16:44	乙女	8/23	11:52	乙女
9/23	19:00	天秤	9/23	14:08	天秤	9/23	09:18	天秤
10/24	04:12	蠍	10/23	23:12	蠍	10/23	18:22	蠍
11/23	01:39	射手	11/22	20:32	射手	11/22	15:40	射手
12/22	14:57	山羊	12/22	09:45	山羊	12/22	04:50	山羊

1975年			1970年			1965年		
1/21	01:37	水瓶	1/20	20:25	水瓶	1/20	15:30	水瓶
2/19	15:51	魚	2/19	10:43	魚	2/19	05:49	魚
3/21	14:58	牡羊	3/21	09:57	牡羊	3/21	05:06	牡羊
4/21	02:08	牡牛	4/20	21:16	牡牛	4/20	16:27	牡牛
5/22	01:25	双子	5/21	20:38	双子	5/21	15:51	双子
6/22	09:28	蟹	6/22	04:44	蟹	6/21	23:57	蟹
7/23	20:23	獅子	7/23	15:38	獅子	7/23	10:49	獅子
8/24	03:25	乙女	8/23	22:35	乙女	8/23	17:44	乙女
9/24	00:56	天秤	9/23	20:00	天秤	9/23	15:07	天秤
10/24	10:07	蠍	10/24	05:05	蠍	10/24	00:11	蠍
11/23	07:32	射手	11/23	02:25	射手	11/22	21:30	射手
12/22	20:46	山羊	12/22	15:37	山羊	12/22	10:41	山羊

1976年			1971年			1966年		
1/21	07:26	水瓶	1/21	02:13	水瓶	1/20	21:21	水瓶
2/19	21:41	魚	2/19	16:28	魚	2/19	11:39	魚
3/20	20:51	牡羊	3/21	15:39	牡羊	3/21	10:54	牡羊
4/20	08:04	牡牛	4/21	02:56	牡牛	4/20	22:13	牡牛
5/21	07:22	双子	5/22	02:16	双子	5/21	21:33	双子
6/21	15:25	蟹	6/22	10:21	蟹	6/22	05:35	蟹
7/23	02:20	獅子	7/23	21:16	獅子	7/23	16:24	獅子
8/23	09:19	乙女	8/24	04:16	乙女	8/23	23:19	乙女
9/23	06:49	天秤	9/24	01:46	天秤	9/23	20:44	天秤
10/23	15:59	蠍	10/24	10:54	蠍	10/23	05:52	蠍
11/23	13:22	射手	11/23	08:15	射手	11/23	03:15	射手
12/22	02:36	山羊	12/22	21:25	山羊	12/22	16:29	山羊

太陽の運行表　1962年〜1991年

1987年			**1982年**			**1977年**			
1／20	23:41	水瓶	1／20	18:32	水瓶	1／20	13:15	水瓶	
2／19	13:51	魚	2／19	08:47	魚	2／19	03:31	魚	
3／21	12:53	牡羊	3／21	07:57	牡羊	3／21	02:43	牡羊	
4／20	23:59	牡牛	4／20	19:09	牡牛	4／20	13:58	牡牛	
5／21	23:11	双子	5／21	18:24	双子	5／21	13:16	双子	
6／22	07:12	蟹	6／22	02:24	蟹	6／21	21:15	蟹	
7／23	18:07	獅子	7／23	13:17	獅子	7／23	08:05	獅子	
8／24	01:11	乙女	8／23	20:16	乙女	8／23	15:02	乙女	
9／23	22:46	天秤	9／23	17:47	天秤	9／23	12:30	天秤	
10／24	08:02	蠍	10／24	02:59	蠍	10／23	21:42	蠍	
11／23	05:30	射手	11／23	00:24	射手	11／22	19:08	射手	
12／22	18:47	山羊	12／22	13:39	山羊	12／22	08:24	山羊	
1988年			**1983年**			**1978年**			
1／21	05:25	水瓶	1／21	00:18	水瓶	1／20	19:05	水瓶	
2／19	19:36	魚	2／19	14:32	魚	2／19	09:22	魚	
3／20	18:40	牡羊	3／21	13:40	牡羊	3／21	08:35	牡羊	
4／20	05:46	牡牛	4／21	00:51	牡牛	4／20	19:51	牡牛	
5／21	04:58	双子	5／22	00:08	双子	5／21	19:10	双子	
6／21	12:58	蟹	6／22	08:10	蟹	6／22	03:11	蟹	
7／22	23:52	獅子	7／23	19:05	獅子	7／23	14:01	獅子	
8／23	06:55	乙女	8／24	02:09	乙女	8／23	20:58	乙女	
9／23	04:30	天秤	9／23	23:43	天秤	9／23	18:27	天秤	
10／23	13:45	蠍	10／24	08:55	蠍	10／24	03:38	蠍	
11／22	11:13	射手	11／23	06:19	射手	11／23	01:06	射手	
12／22	00:29	山羊	12／22	19:31	山羊	12／22	14:22	山羊	
1989年			**1984年**			**1979年**			
1／20	11:08	水瓶	1／21	06:06	水瓶	1／21	01:01	水瓶	
2／19	01:22	魚	2／19	20:17	魚	2／19	15:14	魚	
3／21	00:29	牡羊	3／20	19:25	牡羊	3／21	14:23	牡羊	
4／20	11:40	牡牛	4／20	06:39	牡牛	4／21	01:36	牡牛	
5／21	10:55	双子	5／21	05:59	双子	5／22	00:55	双子	
6／21	18:54	蟹	6／21	14:03	蟹	6／22	08:57	蟹	
7／23	05:47	獅子	7／23	00:59	獅子	7／23	19:50	獅子	
8／23	12:47	乙女	8／23	08:01	乙女	8／24	02:48	乙女	
9／23	10:21	天秤	9／23	05:34	天秤	9／24	00:18	天秤	
10／23	19:36	蠍	10／23	14:47	蠍	10／24	09:29	蠍	
11／22	17:05	射手	11／22	12:12	射手	11／23	06:55	射手	
12／22	06:23	山羊	12／22	01:24	山羊	12／22	20:11	山羊	
1990年			**1985年**			**1980年**			
1／20	17:03	水瓶	1／20	11:59	水瓶	1／21	06:50	水瓶	
2／19	07:15	魚	2／19	02:08	魚	2／19	21:03	魚	
3／21	06:20	牡羊	3／21	01:15	牡羊	3／20	20:11	牡羊	
4／20	17:28	牡牛	4／20	12:27	牡牛	4／20	07:24	牡牛	
5／21	16:38	双子	5／21	11:44	双子	5／21	06:43	双子	
6／22	00:34	蟹	6／21	19:45	蟹	6／21	14:48	蟹	
7／23	11:23	獅子	7／23	06:38	獅子	7／23	01:43	獅子	
8／23	18:22	乙女	8／23	13:37	乙女	8／23	08:42	乙女	
9／23	15:57	天秤	9／23	11:09	天秤	9／23	06:10	天秤	
10／24	01:15	蠍	10／23	20:23	蠍	10／23	15:19	蠍	
11／22	22:48	射手	11／22	17:52	射手	11／22	12:42	射手	
12／22	12:08	山羊	12／22	07:09	山羊	12／22	01:57	山羊	
1991年			**1986年**			**1981年**			
1／20	22:48	水瓶	1／20	17:47	水瓶	1／20	12:37	水瓶	
2／19	12:59	魚	2／19	07:59	魚	2／19	02:53	魚	
3／21	12:03	牡羊	3／21	07:04	牡羊	3／21	02:04	牡羊	
4／20	23:10	牡牛	4／20	18:13	牡牛	4／20	13:20	牡牛	
5／21	22:21	双子	5／21	17:29	双子	5／21	12:41	双子	
6／22	06:20	蟹	6／22	01:31	蟹	6／21	20:46	蟹	
7／23	17:12	獅子	7／23	12:26	獅子	7／23	07:41	獅子	
8／24	00:14	乙女	8／23	19:27	乙女	8／23	14:39	乙女	
9／23	21:49	天秤	9／23	17:00	天秤	9／23	12:06	天秤	
10／24	07:06	蠍	10／24	02:15	蠍	10／23	21:14	蠍	
11／23	04:37	射手	11／22	23:45	射手	11／22	18:37	射手	
12／22	17:55	山羊	12／22	13:03	山羊	12／22	07:52	山羊	

2002年			1997年			1992年		
1／20	15:03	水瓶	1／20	09:44	水瓶	1／21	04:33	水瓶
2／19	05:14	魚	2／18	23:53	魚	2／19	18:44	魚
3／21	04:17	牡羊	3／20	22:56	牡羊	3／20	17:49	牡羊
4／20	15:22	牡牛	4／20	10:04	牡牛	4／20	04:58	牡牛
5／21	14:30	双子	5／21	09:19	双子	5／21	04:13	双子
6／21	22:26	蟹	6／21	17:21	蟹	6／21	12:15	蟹
7／23	09:16	獅子	7／23	04:17	獅子	7／22	23:10	獅子
8／23	16:18	乙女	8／23	11:20	乙女	8／23	06:11	乙女
9／23	13:57	天秤	9／23	08:57	天秤	9／23	03:44	天秤
10／23	23:19	蠍	10／23	18:16	蠍	10／23	12:58	蠍
11／22	20:55	射手	11／22	15:49	射手	11／22	10:27	射手
12／22	10:15	山羊	12／22	05:08	山羊	12／21	23:44	山羊
2003年			1998年			1993年		
1／20	20:54	水瓶	1／20	15:47	水瓶	1／20	10:24	水瓶
2／19	11:01	魚	2／19	05:56	魚	2／19	00:36	魚
3／21	10:01	牡羊	3／21	04:56	牡羊	3／20	23:42	牡羊
4／20	21:04	牡牛	4／20	15:58	牡牛	4／20	10:50	牡牛
5／21	20:14	双子	5／21	15:07	双子	5／21	10:03	双子
6／22	04:12	蟹	6／21	23:04	蟹	6／21	18:01	蟹
7／23	15:05	獅子	7／23	09:57	獅子	7／23	04:52	獅子
8／23	22:09	乙女	8／23	17:00	乙女	8／23	11:52	乙女
9／23	19:48	天秤	9／23	14:38	天秤	9／23	09:24	天秤
10／24	05:10	蠍	10／24	00:00	蠍	10／23	18:38	蠍
11／23	02:44	射手	11／22	21:35	射手	11／22	16:08	射手
12／22	16:05	山羊	12／22	10:58	山羊	12／22	05:27	山羊
2004年			1999年			1994年		
1／21	02:43	水瓶	1／20	21:38	水瓶	1／20	16:09	水瓶
2／19	16:51	魚	2／19	11:48	魚	2／19	06:23	魚
3／20	15:50	牡羊	3／21	10:47	牡羊	3／21	05:29	牡羊
4／20	02:51	牡牛	4／20	21:47	牡牛	4／20	16:37	牡牛
5／21	02:00	双子	5／21	20:54	双子	5／21	15:50	双子
6／21	09:58	蟹	6／22	04:50	蟹	6／21	23:49	蟹
7／22	20:51	獅子	7／23	15:45	獅子	7／23	10:42	獅子
8／23	03:54	乙女	8／23	22:52	乙女	8／23	17:45	乙女
9／23	01:31	天秤	9／23	20:33	天秤	9／23	15:20	天秤
10／23	10:50	蠍	10／24	05:53	蠍	10／24	00:37	蠍
11／22	08:23	射手	11／23	03:26	射手	11／22	22:07	射手
12／21	21:43	山羊	12／22	16:45	山羊	12／22	11:24	山羊
2005年			2000年			1995年		
1／20	08:23	水瓶	1／21	03:24	水瓶	1／20	22:01	水瓶
2／18	22:33	魚	2／19	17:34	魚	2／19	12:12	魚
3／20	21:34	牡羊	3／20	16:36	牡羊	3／21	11:15	牡羊
4／20	08:38	牡牛	4／20	03:41	牡牛	4／20	22:23	牡牛
5／21	07:48	双子	5／21	02:51	双子	5／21	21:35	双子
6／21	15:47	蟹	6／21	10:49	蟹	6／22	05:36	蟹
7／23	02:42	獅子	7／22	21:44	獅子	7／23	16:31	獅子
8／23	09:47	乙女	8／23	04:50	乙女	8／23	23:36	乙女
9／23	07:24	天秤	9／23	02:29	天秤	9／23	21:14	天秤
10／23	16:43	蠍	10／23	11:49	蠍	10／24	06:33	蠍
11／22	14:16	射手	11／22	09:20	射手	11／23	04:02	射手
12／22	03:36	山羊	12／21	22:39	山羊	12／22	17:18	山羊
2006年			2001年			1996年		
1／20	14:16	水瓶	1／20	09:17	水瓶	1／21	03:54	水瓶
2／19	04:26	魚	2／18	23:28	魚	2／19	18:02	魚
3／21	03:26	牡羊	3／20	22:32	牡羊	3／20	17:04	牡羊
4／20	14:26	牡牛	4／20	09:37	牡牛	4／20	04:11	牡牛
5／21	13:32	双子	5／21	08:45	双子	5／21	03:24	双子
6／21	21:26	蟹	6／21	16:39	蟹	6／21	11:25	蟹
7／23	08:18	獅子	7／23	03:28	獅子	7／22	22:20	獅子
8／23	15:23	乙女	8／23	10:28	乙女	8／23	05:24	乙女
9／23	13:04	天秤	9／23	08:06	天秤	9／23	03:01	天秤
10／23	22:27	蠍	10／23	17:27	蠍	10／23	12:20	蠍
11／22	20:02	射手	11／22	15:01	射手	11／22	09:51	射手
12／22	09:22	山羊	12／22	04:22	山羊	12／21	23:07	山羊

太陽の運行表　1992年〜2014年

2012年
1／21　01:10　水瓶
2／19　15:18　魚
3／20　14:15　牡羊
4／20　01:12　牡牛
5／21　00:16　双子
6／21　08:09　蟹
7／22　19:01　獅子
8／23　02:07　乙女
9／22　23:49　天秤
10／23　09:14　蠍
11／22　06:50　射手
12／21　20:12　山羊

2013年
1／20　06:52　水瓶
2／18　21:02　魚
3／20　20:02　牡羊
4／20　07:04　牡牛
5／21　06:10　双子
6／21　14:04　蟹
7／23　00:56　獅子
8／23　08:02　乙女
9／23　05:44　天秤
10／23　15:10　蠍
11／22　12:48　射手
12／22　02:11　山羊

2014年
1／20　12:52　水瓶
2／19　03:00　魚
3／21　01:57　牡羊
4／20　12:56　牡牛
5／21　11:59　双子
6／21　19:52　蟹
7／23　06:42　獅子
8／23　13:46　乙女
9／23　11:29　天秤
10／23　20:57　蠍
11／22　18:39　射手
12／22　08:03　山羊

2007年
1／20　20:01　水瓶
2／19　10:09　魚
3／21　09:08　牡羊
4／20　20:07　牡牛
5／21　19:12　双子
6／22　03:07　蟹
7／23　14:00　獅子
8／23　21:08　乙女
9／23　18:51　天秤
10／24　04:16　蠍
11／23　01:50　射手
12／22　15:08　山羊

2008年
1／21　01:44　水瓶
2／19　15:50　魚
3／20　14:49　牡羊
4／20　01:51　牡牛
5／21　01:01　双子
6／21　09:00　蟹
7／22　19:55　獅子
8／23　03:02　乙女
9／23　00:45　天秤
10／23　10:09　蠍
11／22　07:45　射手
12／21　21:04　山羊

2009年
1／20　07:41　水瓶
2／18　21:46　魚
3／20　22:44　牡羊
4／20　07:45　牡牛
5／21　06:51　双子
6／21　14:46　蟹
7／23　01:36　獅子
8／23　08:39　乙女
9／23　06:19　天秤
10／23　15:44　蠍
11／22　13:23　射手
12／22　02:47　山羊

2010年
1／20　13:28　水瓶
2／19　03:36　魚
3／21　02:32　牡羊
4／20　13:30　牡牛
5／21　12:34　双子
6／21　20:29　蟹
7／23　07:21　獅子
8／23　14:27　乙女
9／23　12:09　天秤
10／23　21:35　蠍
11／22　19:15　射手
12／22　08:39　山羊

2011年
1／20　19:19　水瓶
2／19　09:26　魚
3／21　08:21　牡羊
4／20　19:18　牡牛
5／21　18:22　双子
6／22　02:17　蟹
7／23　13:12　獅子
8／23　20:21　乙女
9／23　18:05　天秤
10／24　03:31　蠍
11／23　01:08　射手
12／22　14:30　山羊

月の運行表

1935年 9月		
9/ 3	01:24	蠍
9/ 5	11:49	射手
9/ 7	19:09	山羊
9/ 9	22:45	水瓶
9/11	23:16	魚
9/13	22:21	牡羊
9/15	22:12	牡牛
9/18	00:49	双子
9/20	07:28	蟹
9/22	17:51	獅子
9/25	06:19	乙女
9/27	19:07	天秤
9/30	07:07	蠍

1935年10月		
10/ 2	17:42	射手
10/ 5	02:03	山羊
10/ 7	07:22	水瓶
10/ 9	09:28	魚
10/11	09:21	牡羊
10/13	08:54	牡牛
10/15	10:18	双子
10/17	15:22	蟹
10/20	00:37	獅子
10/22	12:45	乙女
10/25	01:32	天秤
10/27	13:16	蠍
10/29	23:18	射手

1935年11月		
11/ 1	07:32	山羊
11/ 3	13:39	水瓶
11/ 5	17:21	魚
11/ 7	18:55	牡羊
11/ 9	19:46	牡牛
11/11	20:53	双子
11/14	00:57	蟹
11/16	08:52	獅子
11/18	20:12	乙女
11/21	08:53	天秤
11/23	20:37	蠍
11/26	06:09	射手
11/28	13:29	山羊
11/30	19:01	水瓶

1935年12月		
12/ 2	23:04	魚
12/ 5	01:54	牡羊
12/ 7	04:04	牡牛
12/ 9	06:38	双子
12/11	10:55	蟹
12/13	18:08	獅子
12/16	04:34	乙女
12/18	17:07	天秤
12/21	05:04	蠍
12/23	14:46	射手
12/25	21:28	山羊
12/28	01:47	水瓶
12/30	04:43	魚

1935年 5月		
5/ 2	11:11	牡牛
5/ 4	14:28	双子
5/ 6	20:51	蟹
5/ 9	06:56	獅子
5/11	19:27	乙女
5/14	07:49	天秤
5/16	17:56	蠍
5/19	01:14	射手
5/21	06:21	山羊
5/23	10:10	水瓶
5/25	13:14	魚
5/27	16:00	牡羊
5/29	19:00	牡牛
5/31	23:12	双子

1935年 6月		
6/ 3	05:45	蟹
6/ 5	15:20	獅子
6/ 8	03:26	乙女
6/10	16:00	天秤
6/13	02:36	蠍
6/15	09:58	射手
6/17	14:22	山羊
6/19	16:57	水瓶
6/21	18:57	魚
6/23	21:22	牡羊
6/26	00:55	牡牛
6/28	06:08	双子
6/30	13:28	蟹

1935年 7月		
7/ 2	23:14	獅子
7/ 5	11:09	乙女
7/ 7	23:53	天秤
7/10	11:16	蠍
7/12	19:29	射手
7/15	00:04	山羊
7/17	01:54	水瓶
7/19	02:32	魚
7/21	03:34	牡羊
7/23	06:22	牡牛
7/25	11:43	双子
7/27	19:45	蟹
7/30	06:05	獅子

1935年 8月		
8/ 1	18:08	乙女
8/ 4	06:56	天秤
8/ 6	18:58	蠍
8/ 9	04:26	射手
8/11	10:11	山羊
8/13	12:22	水瓶
8/15	12:20	魚
8/17	11:56	牡羊
8/19	13:09	牡牛
8/21	17:27	双子
8/24	01:18	蟹
8/26	12:01	獅子
8/29	00:22	乙女
8/31	13:10	天秤

1935年 1月		
1/ 2	13:27	射手
1/ 4	15:45	山羊
1/ 6	16:05	水瓶
1/ 8	16:19	魚
1/10	18:04	牡羊
1/12	22:26	牡牛
1/15	05:45	双子
1/17	15:39	蟹
1/20	03:28	獅子
1/22	16:21	乙女
1/25	05:01	天秤
1/27	15:47	蠍
1/29	23:12	射手

1935年 2月		
2/ 1	02:48	山羊
2/ 3	03:27	水瓶
2/ 5	02:48	魚
2/ 7	02:50	牡羊
2/ 9	05:24	牡牛
2/11	11:37	双子
2/13	21:25	蟹
2/16	09:36	獅子
2/18	22:34	乙女
2/21	11:04	天秤
2/23	22:05	蠍
2/26	06:41	射手
2/28	12:06	山羊

1935年 3月		
3/ 2	14:18	水瓶
3/ 4	14:15	魚
3/ 6	13:42	牡羊
3/ 8	14:45	牡牛
3/10	19:12	双子
3/13	03:53	蟹
3/15	15:49	獅子
3/18	04:52	乙女
3/20	17:09	天秤
3/23	03:45	蠍
3/25	12:25	射手
3/27	18:50	山羊
3/29	22:43	水瓶

1935年 4月		
4/ 1	00:16	魚
4/ 3	00:33	牡羊
4/ 5	01:20	牡牛
4/ 7	04:36	双子
4/ 9	11:50	蟹
4/11	22:53	獅子
4/14	11:48	乙女
4/17	00:02	天秤
4/19	10:11	蠍
4/21	18:07	射手
4/24	00:15	山羊
4/26	04:45	水瓶
4/28	07:41	魚
4/30	09:28	牡羊

月の運行表　1935年1月〜1937年3月

1936年11月		
11/ 1	03:51	双子
11/ 3	05:02	蟹
11/ 5	09:38	獅子
11/ 7	18:01	乙女
11/10	05:16	天秤
11/12	17:53	蠍
11/15	06:34	射手
11/17	18:21	山羊
11/20	04:12	水瓶
11/22	11:05	魚
11/24	14:38	牡羊
11/26	15:30	牡牛
11/28	15:13	双子
11/30	15:41	蟹

1936年12月		
12/ 2	18:44	獅子
12/ 5	01:32	乙女
12/ 7	11:57	天秤
12/10	00:29	蠍
12/12	13:08	射手
12/15	00:26	山羊
12/17	09:43	水瓶
12/19	16:45	魚
12/21	21:27	牡羊
12/24	00:06	牡牛
12/26	01:25	双子
12/28	02:37	蟹
12/30	05:15	獅子

1937年1月		
1/ 1	10:46	乙女
1/ 3	19:56	天秤
1/ 6	07:59	蠍
1/ 8	20:44	射手
1/11	07:54	山羊
1/13	16:25	水瓶
1/15	22:29	魚
1/18	02:49	牡羊
1/20	06:08	牡牛
1/22	08:54	双子
1/24	11:39	蟹
1/26	15:09	獅子
1/28	20:31	乙女
1/31	04:50	天秤

1937年2月		
2/ 2	16:11	蠍
2/ 5	05:00	射手
2/ 7	16:35	山羊
2/10	01:01	水瓶
2/12	06:11	魚
2/14	09:13	牡羊
2/16	11:36	牡牛
2/18	14:23	双子
2/20	18:05	蟹
2/22	22:52	獅子
2/25	05:06	乙女
2/27	13:27	天秤

1937年3月		
3/ 2	00:24	蠍
3/ 4	13:09	射手
3/ 7	01:24	山羊
3/ 9	10:36	水瓶
3/11	15:51	魚
3/13	18:01	牡羊
3/15	18:55	牡牛
3/17	20:20	双子
3/19	23:26	蟹
3/22	04:37	獅子
3/24	11:45	乙女
3/26	20:48	天秤
3/29	07:52	蠍
3/31	20:33	射手

1936年6月		
6/ 1	23:12	蠍
6/ 4	10:38	射手
6/ 6	20:03	山羊
6/ 9	03:18	水瓶
6/11	08:28	魚
6/13	11:47	牡羊
6/15	13:49	牡牛
6/17	15:31	双子
6/19	18:10	蟹
6/21	23:07	獅子
6/24	07:16	乙女
6/26	18:24	天秤
6/29	06:53	蠍

1936年7月		
7/ 1	18:28	射手
7/ 4	03:35	山羊
7/ 6	09:57	水瓶
7/ 8	14:11	魚
7/10	17:11	牡羊
7/12	19:47	牡牛
7/14	22:40	双子
7/17	02:29	蟹
7/19	07:59	獅子
7/21	15:54	乙女
7/24	02:31	天秤
7/26	14:55	蠍
7/29	02:57	射手
7/31	12:25	山羊

1936年8月		
8/ 2	18:26	水瓶
8/ 4	21:37	魚
8/ 6	23:22	牡羊
8/ 9	01:13	牡牛
8/11	04:13	双子
8/13	08:53	蟹
8/15	15:21	獅子
8/17	23:45	乙女
8/20	10:17	天秤
8/22	22:37	蠍
8/25	11:11	射手
8/27	21:36	山羊
8/30	04:13	水瓶

1936年9月		
9/ 1	07:06	魚
9/ 3	07:44	牡羊
9/ 5	08:05	牡牛
9/ 7	09:56	双子
9/ 9	14:16	蟹
9/11	21:14	獅子
9/14	06:20	乙女
9/16	17:13	天秤
9/19	05:33	蠍
9/21	18:25	射手
9/24	05:54	山羊
9/26	13:54	水瓶
9/28	17:40	魚
9/30	18:11	牡羊

1936年10月		
10/ 2	17:27	牡牛
10/ 4	17:38	双子
10/ 6	20:30	蟹
10/ 9	02:46	獅子
10/11	12:02	乙女
10/13	23:20	天秤
10/16	11:47	蠍
10/19	00:38	射手
10/21	12:38	山羊
10/23	22:01	水瓶
10/26	03:29	魚
10/28	05:11	牡羊
10/30	04:35	牡牛

1936年1月		
1/ 1	07:16	牡羊
1/ 3	10:12	牡牛
1/ 5	14:05	双子
1/ 7	19:30	蟹
1/10	03:03	獅子
1/12	13:06	乙女
1/15	01:12	天秤
1/17	13:40	蠍
1/20	00:12	射手
1/22	07:20	山羊
1/24	11:03	水瓶
1/26	12:36	魚
1/28	13:37	牡羊
1/30	15:39	牡牛

1936年2月		
2/ 1	19:40	双子
2/ 4	01:59	蟹
2/ 6	10:27	獅子
2/ 8	20:49	乙女
2/11	08:47	天秤
2/13	21:26	蠍
2/16	08:57	射手
2/18	17:22	山羊
2/20	21:48	水瓶
2/22	22:57	魚
2/24	22:36	牡羊
2/26	22:52	牡牛
2/29	01:31	双子

1936年3月		
3/ 2	07:26	蟹
3/ 4	16:22	獅子
3/ 7	03:19	乙女
3/ 9	15:27	天秤
3/12	04:05	蠍
3/14	16:07	射手
3/17	01:53	山羊
3/19	07:53	水瓶
3/21	10:00	魚
3/23	09:33	牡羊
3/25	08:39	牡牛
3/27	09:32	双子
3/29	13:53	蟹
3/31	22:05	獅子

1936年4月		
4/ 3	09:09	乙女
4/ 5	21:32	天秤
4/ 8	10:06	蠍
4/10	22:04	射手
4/13	08:24	山羊
4/15	15:50	水瓶
4/17	19:38	魚
4/19	20:22	牡羊
4/21	19:39	牡牛
4/23	19:39	双子
4/25	22:23	蟹
4/28	05:04	獅子
4/30	15:24	乙女

1936年5月		
5/ 3	03:44	天秤
5/ 5	16:18	蠍
5/ 8	03:55	射手
5/10	13:57	山羊
5/12	21:48	水瓶
5/15	02:53	魚
5/17	05:14	牡羊
5/19	05:49	牡牛
5/21	06:14	双子
5/23	08:21	蟹
5/25	13:42	獅子
5/27	22:49	乙女
5/30	10:39	天秤

1938年 2 月

日付	時刻	星座
2/ 2	10:59	魚
2/ 4	18:55	牡羊
2/ 7	01:00	牡牛
2/ 9	05:08	双子
2/11	07:26	蟹
2/13	08:34	獅子
2/15	09:58	乙女
2/17	13:29	天秤
2/19	20:38	蠍
2/22	07:34	射手
2/24	20:29	山羊
2/27	08:37	水瓶

1938年 3 月

日付	時刻	星座
3/ 1	18:14	魚
3/ 4	01:17	牡羊
3/ 6	06:30	牡牛
3/ 8	10:34	双子
3/10	13:47	蟹
3/12	16:24	獅子
3/14	19:07	乙女
3/16	23:10	天秤
3/19	05:54	蠍
3/21	16:02	射手
3/24	04:33	山羊
3/26	16:57	水瓶
3/29	02:53	魚
3/31	09:34	牡羊

1938年 4 月

日付	時刻	星座
4/ 2	13:44	牡牛
4/ 4	16:34	双子
4/ 6	19:08	蟹
4/ 8	22:05	獅子
4/11	01:52	乙女
4/13	07:03	天秤
4/15	14:22	蠍
4/18	00:20	射手
4/20	12:32	山羊
4/23	01:11	水瓶
4/25	11:54	魚
4/27	19:09	牡羊
4/29	23:02	牡牛

1938年 5 月

日付	時刻	星座
5/ 2	00:45	双子
5/ 4	01:51	蟹
5/ 6	03:43	獅子
5/ 8	07:18	乙女
5/10	13:07	天秤
5/12	21:17	蠍
5/15	07:41	射手
5/17	19:52	山羊
5/20	08:39	水瓶
5/22	20:09	魚
5/25	04:36	牡羊
5/27	09:18	牡牛
5/29	10:53	双子
5/31	10:53	蟹

1938年 6 月

日付	時刻	星座
6/ 2	11:10	獅子
6/ 4	13:22	乙女
6/ 6	18:37	天秤
6/ 9	03:02	蠍
6/11	13:58	射手
6/14	02:26	山羊
6/16	15:09	水瓶
6/19	03:04	魚
6/21	12:41	牡羊
6/23	18:51	牡牛
6/25	21:36	双子
6/27	21:28	蟹
6/29	20:47	獅子

1937年 9 月

日付	時刻	星座
9/ 2	06:22	獅子
9/ 4	10:35	乙女
9/ 6	16:48	天秤
9/ 9	02:00	蠍
9/11	14:00	射手
9/14	02:53	山羊
9/16	13:52	水瓶
9/18	21:20	魚
9/21	01:32	牡羊
9/23	03:50	牡牛
9/25	05:47	双子
9/27	08:26	蟹
9/29	12:15	獅子

1937年10月

日付	時刻	星座
10/ 1	17:30	乙女
10/ 4	00:32	天秤
10/ 6	09:55	蠍
10/ 8	21:45	射手
10/11	10:48	山羊
10/13	22:38	水瓶
10/16	07:04	魚
10/18	11:34	牡羊
10/20	13:11	牡牛
10/22	13:42	双子
10/24	14:48	蟹
10/26	17:43	獅子
10/28	23:02	乙女
10/31	06:48	天秤

1937年11月

日付	時刻	星座
11/ 2	16:49	蠍
11/ 5	04:47	射手
11/ 7	17:51	山羊
11/10	06:20	水瓶
11/12	16:08	魚
11/14	22:01	牡羊
11/17	00:13	牡牛
11/19	00:11	双子
11/20	23:49	蟹
11/23	00:56	獅子
11/25	04:57	乙女
11/27	12:23	天秤
11/29	22:47	蠍

1937年12月

日付	時刻	星座
12/ 2	11:06	射手
12/ 5	00:08	山羊
12/ 7	12:42	水瓶
12/ 9	23:23	魚
12/12	06:56	牡羊
12/14	10:51	牡牛
12/16	11:43	双子
12/18	11:04	蟹
12/20	10:50	獅子
12/22	12:58	乙女
12/24	18:37	天秤
12/27	04:46	蠍
12/29	17:12	射手

1938年 1 月

日付	時刻	星座
1/ 1	06:17	山羊
1/ 3	18:32	水瓶
1/ 6	05:08	魚
1/ 8	13:30	牡羊
1/10	19:07	牡牛
1/12	21:50	双子
1/14	22:22	蟹
1/16	22:10	獅子
1/18	23:14	乙女
1/21	03:28	天秤
1/23	11:56	蠍
1/25	23:52	射手
1/28	12:59	山羊
1/31	01:01	水瓶

1937年 4 月

日付	時刻	星座
4/ 3	09:17	山羊
4/ 5	19:39	水瓶
4/ 8	02:00	魚
4/10	04:29	牡羊
4/12	04:40	牡牛
4/14	04:35	双子
4/16	06:03	蟹
4/18	10:12	獅子
4/20	17:18	乙女
4/23	02:52	天秤
4/25	14:21	蠍
4/28	03:06	射手
4/30	15:57	山羊

1937年 5 月

日付	時刻	星座
5/ 3	03:09	水瓶
5/ 5	10:57	魚
5/ 7	14:48	牡羊
5/ 9	15:33	牡牛
5/11	14:57	双子
5/13	15:01	蟹
5/15	17:28	獅子
5/17	23:20	乙女
5/20	08:36	天秤
5/22	20:19	蠍
5/25	09:11	射手
5/27	21:54	山羊
5/30	09:14	水瓶

1937年 6 月

日付	時刻	星座
6/ 1	17:58	魚
6/ 3	23:23	牡羊
6/ 6	01:37	牡牛
6/ 8	01:47	双子
6/10	01:33	蟹
6/12	02:45	獅子
6/14	07:02	乙女
6/16	15:09	天秤
6/19	02:32	蠍
6/21	15:26	射手
6/24	03:59	山羊
6/26	14:55	水瓶
6/28	23:38	魚

1937年 7 月

日付	時刻	星座
7/ 1	05:51	牡羊
7/ 3	09:35	牡牛
7/ 5	11:16	双子
7/ 7	11:55	蟹
7/ 9	13:00	獅子
7/11	16:16	乙女
7/13	23:05	天秤
7/16	09:37	蠍
7/18	22:21	射手
7/21	10:51	山羊
7/23	21:21	水瓶
7/26	05:22	魚
7/28	11:16	牡羊
7/30	15:32	牡牛

1937年 8 月

日付	時刻	星座
8/ 1	18:30	双子
8/ 3	20:35	蟹
8/ 5	22:36	獅子
8/ 8	01:54	乙女
8/10	07:59	天秤
8/12	17:38	蠍
8/15	06:00	射手
8/17	18:38	山羊
8/20	05:06	水瓶
8/22	12:29	魚
8/24	17:24	牡羊
8/26	20:58	牡牛
8/29	00:03	双子
8/31	03:04	蟹

月の運行表　1937年4月～1939年9月

1939年 5 月			1938年12月			1938年 7 月		
5/ 3	02:37	蠍	12/ 2	09:04	牡羊	7/ 1	21:25	乙女
5/ 5	08:12	射手	12/ 4	16:02	牡牛	7/ 4	01:10	天秤
5/ 7	16:34	山羊	12/ 6	19:20	双子	7/ 6	08:50	蠍
5/10	03:42	水瓶	12/ 8	20:09	蟹	7/ 8	19:46	射手
5/12	16:10	魚	12/10	20:19	獅子	7/11	08:23	山羊
5/15	03:42	牡羊	12/12	21:39	乙女	7/13	21:07	水瓶
5/17	12:29	牡牛	12/15	01:28	天秤	7/16	08:57	魚
5/19	18:07	双子	12/17	08:14	蠍	7/18	19:04	牡羊
5/21	21:23	蟹	12/19	17:32	射手	7/21	02:33	牡牛
5/23	23:34	獅子	12/22	04:40	山羊	7/23	06:44	双子
5/26	01:52	乙女	12/24	17:00	水瓶	7/25	07:55	蟹
5/28	05:07	天秤	12/27	05:43	魚	7/27	07:27	獅子
5/30	09:48	蠍	12/29	17:16	牡羊	7/29	07:18	乙女
						7/31	09:36	天秤
1939年 6 月			1939年 1 月			1938年 8 月		
6/ 1	16:16	射手	1/ 1	01:49	牡牛	8/ 2	15:50	蠍
6/ 4	00:51	山羊	1/ 3	06:20	双子	8/ 5	02:02	射手
6/ 6	11:41	水瓶	1/ 5	07:21	蟹	8/ 7	14:34	山羊
6/ 9	00:06	魚	1/ 7	06:34	獅子	8/10	03:17	水瓶
6/11	12:11	牡羊	1/ 9	06:10	乙女	8/12	14:47	魚
6/13	21:44	牡牛	1/11	08:12	天秤	8/15	00:35	牡羊
6/16	03:33	双子	1/13	13:55	蠍	8/17	08:26	牡牛
6/18	06:07	蟹	1/15	23:11	射手	8/19	13:52	双子
6/20	06:59	獅子	1/18	10:45	山羊	8/21	16:41	蟹
6/22	07:57	乙女	1/20	23:16	水瓶	8/23	17:28	獅子
6/24	10:31	天秤	1/23	11:53	魚	8/25	17:44	乙女
6/26	15:26	蠍	1/25	23:43	牡羊	8/27	19:27	天秤
6/28	22:40	射手	1/28	09:30	牡牛	8/30	00:27	蠍
			1/30	15:51	双子			
1939年 7 月			1939年 2 月			1938年 9 月		
7/ 1	07:55	山羊	2/ 1	18:22	蟹	9/ 1	09:29	射手
7/ 3	18:55	水瓶	2/ 3	18:07	獅子	9/ 3	21:31	山羊
7/ 6	07:19	魚	2/ 5	17:04	乙女	9/ 6	10:12	水瓶
7/ 8	19:51	牡羊	2/ 7	17:31	天秤	9/ 8	21:30	魚
7/11	06:28	牡牛	2/ 9	21:23	蠍	9/11	06:41	牡羊
7/13	13:21	双子	2/12	05:25	射手	9/13	13:55	牡牛
7/15	16:16	蟹	2/14	16:43	山羊	9/15	19:24	双子
7/17	16:31	獅子	2/17	05:23	水瓶	9/17	23:10	蟹
7/19	16:09	乙女	2/19	17:53	魚	9/20	01:27	獅子
7/21	17:11	天秤	2/22	05:24	牡羊	9/22	03:02	乙女
7/23	21:04	蠍	2/24	15:20	牡牛	9/24	05:20	天秤
7/26	04:10	射手	2/26	22:48	双子	9/26	09:58	蠍
7/28	13:52	山羊				9/28	18:03	射手
7/31	01:16	水瓶						
1939年 8 月			1939年 3 月			1938年10月		
8/ 2	13:43	魚	3/ 1	03:07	蟹	10/ 1	05:21	山羊
8/ 5	02:24	牡羊	3/ 3	04:31	獅子	10/ 3	17:59	水瓶
8/ 7	13:48	牡牛	3/ 5	04:18	乙女	10/ 6	05:29	魚
8/ 9	22:07	双子	3/ 7	04:27	天秤	10/ 8	14:24	牡羊
8/12	02:22	蟹	3/ 9	07:00	蠍	10/10	20:44	牡牛
8/14	03:10	獅子	3/11	13:24	射手	10/13	01:11	双子
8/16	02:20	乙女	3/13	23:37	山羊	10/15	04:32	蟹
8/18	02:05	天秤	3/16	12:02	水瓶	10/17	07:21	獅子
8/20	04:21	蠍	3/19	00:32	魚	10/19	10:10	乙女
8/22	10:14	射手	3/21	11:42	牡羊	10/21	13:42	天秤
8/24	19:34	山羊	3/23	20:59	牡牛	10/23	19:01	蠍
8/27	07:10	水瓶	3/26	04:16	双子	10/26	02:55	射手
8/29	19:44	魚	3/28	09:20	蟹	10/28	13:40	山羊
			3/30	12:15	獅子	10/31	02:10	水瓶
1939年 9 月			1939年 4 月			1938年11月		
9/ 1	08:16	牡羊	4/ 1	13:40	乙女	11/ 2	14:11	魚
9/ 3	19:48	牡牛	4/ 3	14:50	天秤	11/ 4	23:37	牡羊
9/ 6	05:03	双子	4/ 5	17:22	蠍	11/ 7	05:42	牡牛
9/ 8	10:53	蟹	4/ 7	22:48	射手	11/ 9	09:05	双子
9/10	13:12	獅子	4/10	07:47	山羊	11/11	11:01	蟹
9/12	13:10	乙女	4/12	19:34	水瓶	11/13	12:51	獅子
9/14	12:40	天秤	4/15	08:05	魚	11/15	15:39	乙女
9/16	13:45	蠍	4/17	19:14	牡羊	11/17	20:04	天秤
9/18	18:03	射手	4/20	03:57	牡牛	11/20	02:27	蠍
9/21	02:12	山羊	4/22	10:17	双子	11/22	10:58	射手
9/23	13:25	水瓶	4/24	14:44	蟹	11/24	21:39	山羊
9/26	02:01	魚	4/26	17:55	獅子	11/27	10:00	水瓶
9/28	14:23	牡羊	4/28	20:27	乙女	11/29	22:31	魚
			4/30	23:03	天秤			

1940年 8 月		
8/ 1	06:33	蟹
8/ 3	10:21	獅子
8/ 5	11:51	乙女
8/ 7	12:51	天秤
8/ 9	14:47	蠍
8/11	18:30	射手
8/14	00:16	山羊
8/16	08:09	水瓶
8/18	18:11	魚
8/21	06:15	牡羊
8/23	19:18	牡牛
8/26	07:14	双子
8/28	15:54	蟹
8/30	20:32	獅子

1940年 9 月		
9/ 1	21:57	乙女
9/ 3	21:55	天秤
9/ 5	22:18	蠍
9/ 8	00:37	射手
9/10	05:46	山羊
9/12	13:53	水瓶
9/15	00:27	魚
9/17	12:44	牡羊
9/20	01:46	牡牛
9/22	14:06	双子
9/24	23:59	蟹
9/27	06:10	獅子
9/29	08:43	乙女

1940年10月		
10/ 1	08:48	天秤
10/ 3	08:13	蠍
10/ 5	08:55	射手
10/ 7	12:29	山羊
10/ 9	19:45	水瓶
10/12	06:19	魚
10/14	18:51	牡羊
10/17	07:50	牡牛
10/19	20:00	双子
10/22	06:19	蟹
10/24	13:52	獅子
10/26	18:11	乙女
10/28	19:38	天秤
10/30	19:26	蠍

1940年11月		
11/ 1	19:22	射手
11/ 3	21:23	山羊
11/ 6	03:04	水瓶
11/ 8	12:47	魚
11/11	01:14	牡羊
11/13	14:13	牡牛
11/16	02:01	双子
11/18	11:53	蟹
11/20	19:39	獅子
11/23	01:12	乙女
11/25	04:56	天秤
11/27	05:45	蠍
11/29	06:19	射手

1940年12月		
12/ 1	07:51	山羊
12/ 3	12:13	水瓶
12/ 5	20:36	魚
12/ 8	08:27	牡羊
12/10	21:28	牡牛
12/13	09:08	双子
12/15	18:20	蟹
12/18	01:17	獅子
12/20	06:36	乙女
12/22	10:38	天秤
12/24	13:31	蠍
12/26	15:37	射手
12/28	17:59	山羊
12/30	22:09	水瓶

1940年 3 月		
3/ 3	00:04	山羊
3/ 5	10:09	水瓶
3/ 7	22:08	魚
3/10	11:02	牡羊
3/12	23:45	牡牛
3/15	10:54	双子
3/17	18:58	蟹
3/19	23:54	獅子
3/22	00:21	乙女
3/23	23:48	天秤
3/25	23:34	蠍
3/28	01:31	射手
3/30	07:00	山羊

1940年 4 月		
4/ 1	16:15	水瓶
4/ 4	04:12	魚
4/ 6	17:11	牡羊
4/ 9	05:39	牡牛
4/11	16:33	双子
4/14	01:05	蟹
4/16	06:44	獅子
4/18	09:35	乙女
4/20	10:23	天秤
4/22	10:34	蠍
4/24	11:49	射手
4/26	15:50	山羊
4/28	23:40	水瓶

1940年 5 月		
5/ 1	10:57	魚
5/ 3	23:53	牡羊
5/ 6	12:47	牡牛
5/ 8	22:34	双子
5/11	06:34	蟹
5/13	12:23	獅子
5/15	16:18	乙女
5/17	18:41	天秤
5/19	20:13	蠍
5/21	22:01	射手
5/24	01:35	山羊
5/26	08:20	水瓶
5/28	18:40	魚
5/31	07:19	牡羊

1940年 6 月		
6/ 2	19:45	牡牛
6/ 5	05:50	双子
6/ 7	13:03	蟹
6/ 9	18:01	獅子
6/11	21:42	乙女
6/14	00:44	天秤
6/16	03:32	蠍
6/18	06:35	射手
6/20	10:45	山羊
6/22	17:16	水瓶
6/25	02:56	魚
6/27	15:14	牡羊
6/30	03:53	牡牛

1940年 7 月		
7/ 2	14:16	双子
7/ 4	21:11	蟹
7/ 7	01:13	獅子
7/ 9	03:45	乙女
7/11	06:08	天秤
7/13	09:08	蠍
7/15	13:05	射手
7/17	18:19	山羊
7/20	01:23	水瓶
7/22	10:59	魚
7/24	23:03	牡羊
7/27	11:57	牡牛
7/29	23:05	双子

1939年10月		
10/ 1	01:29	牡牛
10/ 3	10:39	双子
10/ 5	17:18	蟹
10/ 7	21:11	獅子
10/ 9	22:47	乙女
10/11	23:17	天秤
10/14	00:20	蠍
10/16	03:37	射手
10/18	10:23	山羊
10/20	20:41	水瓶
10/23	09:07	魚
10/25	21:30	牡羊
10/28	08:10	牡牛
10/30	16:31	双子

1939年11月		
11/ 1	22:42	蟹
11/ 4	03:02	獅子
11/ 6	05:58	乙女
11/ 8	08:04	天秤
11/10	10:15	蠍
11/12	13:43	射手
11/14	19:43	山羊
11/17	05:01	水瓶
11/19	17:01	魚
11/22	05:37	牡羊
11/24	16:24	牡牛
11/27	00:10	双子
11/29	05:12	蟹

1939年12月		
12/ 1	08:35	獅子
12/ 3	11:24	乙女
12/ 5	14:23	天秤
12/ 7	17:58	蠍
12/ 9	22:34	射手
12/12	04:52	山羊
12/14	13:43	水瓶
12/17	01:15	魚
12/19	14:04	牡羊
12/22	01:33	牡牛
12/24	09:38	双子
12/26	14:04	蟹
12/28	16:07	獅子
12/30	17:30	乙女

1940年 1 月		
1/ 1	19:45	天秤
1/ 3	23:37	蠍
1/ 6	05:14	射手
1/ 8	12:31	山羊
1/10	21:43	水瓶
1/13	09:04	魚
1/15	21:57	牡羊
1/18	10:16	牡牛
1/20	19:33	双子
1/23	00:36	蟹
1/25	02:12	獅子
1/27	02:14	乙女
1/29	02:44	天秤
1/31	05:19	蠍

1940年 2 月		
2/ 2	10:37	射手
2/ 4	18:28	山羊
2/ 7	04:22	水瓶
2/ 9	15:59	魚
2/12	04:51	牡羊
2/14	17:37	牡牛
2/17	04:11	双子
2/19	10:47	蟹
2/21	13:20	獅子
2/23	13:13	乙女
2/25	12:30	天秤
2/27	13:14	蠍
2/29	16:55	射手

月の運行表　1939年10月〜1942年3月

1941年11月		
11/ 1	00:39	牡羊
11/ 3	12:20	牡牛
11/ 6	00:53	双子
11/ 8	13:26	蟹
11/11	00:50	獅子
11/13	09:31	乙女
11/15	14:23	天秤
11/17	15:41	蠍
11/19	14:54	射手
11/21	14:13	山羊
11/23	15:47	水瓶
11/25	21:09	魚
11/28	06:27	牡羊
11/30	18:19	牡牛

1941年12月		
12/ 3	07:00	双子
12/ 5	19:22	蟹
12/ 8	06:43	獅子
12/10	16:13	乙女
12/12	22:47	天秤
12/15	01:52	蠍
12/17	02:10	射手
12/19	01:27	山羊
12/21	01:55	水瓶
12/23	05:34	魚
12/25	13:25	牡羊
12/28	00:43	牡牛
12/30	13:28	双子

1942年1月		
1/ 2	01:42	蟹
1/ 4	12:33	獅子
1/ 6	21:43	乙女
1/ 9	04:50	天秤
1/11	09:25	蠍
1/13	11:32	射手
1/15	12:08	山羊
1/17	12:53	水瓶
1/19	15:44	魚
1/21	22:08	牡羊
1/24	08:19	牡牛
1/26	20:44	双子
1/29	09:04	蟹
1/31	19:38	獅子

1942年2月		
2/ 3	03:58	乙女
2/ 5	10:19	天秤
2/ 7	14:57	蠍
2/ 9	18:08	射手
2/11	20:19	山羊
2/13	22:28	水瓶
2/16	01:52	魚
2/18	07:47	牡羊
2/20	16:58	牡牛
2/23	04:48	双子
2/25	17:16	蟹
2/28	04:07	獅子

1942年3月		
3/ 2	12:06	乙女
3/ 4	17:24	天秤
3/ 6	20:51	蠍
3/ 8	23:29	射手
3/11	02:09	山羊
3/13	05:31	水瓶
3/15	10:10	魚
3/17	16:42	牡羊
3/20	01:39	牡牛
3/22	13:01	双子
3/25	01:33	蟹
3/27	13:05	獅子
3/29	21:37	乙女

1941年6月		
6/ 2	09:40	乙女
6/ 4	14:18	天秤
6/ 6	16:14	蠍
6/ 8	16:24	射手
6/10	16:33	山羊
6/12	18:43	水瓶
6/15	00:34	魚
6/17	10:31	牡羊
6/19	23:03	牡牛
6/22	11:45	双子
6/24	22:52	蟹
6/27	07:56	獅子
6/29	15:04	乙女

1941年7月		
7/ 1	20:18	天秤
7/ 3	23:34	蠍
7/ 6	01:14	射手
7/ 8	02:22	山羊
7/10	04:37	水瓶
7/12	09:43	魚
7/14	18:36	牡羊
7/17	06:30	牡牛
7/19	19:10	双子
7/22	06:16	蟹
7/24	14:49	獅子
7/26	21:04	乙女
7/29	01:42	天秤
7/31	05:10	蠍

1941年8月		
8/ 2	07:50	射手
8/ 4	10:18	山羊
8/ 6	13:33	水瓶
8/ 8	18:52	魚
8/11	03:14	牡羊
8/13	14:33	牡牛
8/16	03:12	双子
8/18	14:39	蟹
8/20	23:16	獅子
8/23	04:53	乙女
8/25	08:22	天秤
8/27	10:50	蠍
8/29	13:14	射手
8/31	16:19	山羊

1941年9月		
9/ 2	20:40	水瓶
9/ 5	02:53	魚
9/ 7	11:29	牡羊
9/ 9	22:33	牡牛
9/12	11:07	双子
9/14	23:10	蟹
9/17	08:37	獅子
9/19	14:30	乙女
9/21	17:18	天秤
9/23	18:25	蠍
9/25	19:26	射手
9/27	21:45	山羊
9/30	02:18	水瓶

1941年10月		
10/ 2	09:19	魚
10/ 4	18:39	牡羊
10/ 7	05:53	牡牛
10/ 9	18:23	双子
10/12	06:54	蟹
10/14	17:31	獅子
10/17	00:38	乙女
10/19	03:55	天秤
10/21	04:26	蠍
10/23	04:02	射手
10/25	04:41	山羊
10/27	08:03	水瓶
10/29	14:52	魚

1941年1月		
1/ 2	05:35	魚
1/ 4	16:35	牡羊
1/ 7	05:29	牡牛
1/ 9	17:28	双子
1/12	02:34	蟹
1/14	08:40	獅子
1/16	12:46	乙女
1/18	16:01	天秤
1/20	19:05	蠍
1/22	22:18	射手
1/25	02:02	山羊
1/27	07:07	水瓶
1/29	14:35	魚

1941年2月		
2/ 1	01:03	牡羊
2/ 3	13:42	牡牛
2/ 6	02:10	双子
2/ 8	11:59	蟹
2/10	18:08	獅子
2/12	21:22	乙女
2/14	23:08	天秤
2/17	00:54	蠍
2/19	03:38	射手
2/21	07:55	山羊
2/23	14:03	水瓶
2/25	22:19	魚
2/28	08:55	牡羊

1941年3月		
3/ 2	21:24	牡牛
3/ 5	10:13	双子
3/ 7	21:04	蟹
3/10	04:20	獅子
3/12	07:52	乙女
3/14	08:52	天秤
3/16	09:04	蠍
3/18	10:09	射手
3/20	13:26	山羊
3/22	19:35	水瓶
3/25	04:31	魚
3/27	15:40	牡羊
3/30	04:14	牡牛

1941年4月		
4/ 1	17:07	双子
4/ 4	04:44	蟹
4/ 6	13:26	獅子
4/ 8	18:22	乙女
4/10	19:55	天秤
4/12	19:32	蠍
4/14	19:08	射手
4/16	20:40	山羊
4/19	01:32	水瓶
4/21	10:08	魚
4/23	21:35	牡羊
4/26	10:23	牡牛
4/28	23:12	双子

1941年5月		
5/ 1	10:57	蟹
5/ 3	20:35	獅子
5/ 6	03:06	乙女
5/ 8	06:12	天秤
5/10	06:34	蠍
5/12	05:50	射手
5/14	06:05	山羊
5/16	09:16	水瓶
5/18	16:34	魚
5/21	03:35	牡羊
5/23	16:35	牡牛
5/26	05:11	双子
5/28	16:38	蟹
5/31	02:17	獅子

1943年 2 月			1942年 9 月			1942年 4 月		
2/ 2	08:16	山羊	9/ 2	05:41	双子	4/ 1	02:37	天秤
2/ 4	08:11	水瓶	9/ 4	18:01	蟹	4/ 3	04:55	蠍
2/ 6	08:08	魚	9/ 7	06:16	獅子	4/ 5	06:05	射手
2/ 8	10:01	牡羊	9/ 9	16:32	乙女	4/ 7	07:43	山羊
2/10	15:17	牡牛	9/12	00:06	天秤	4/ 9	10:57	水瓶
2/13	00:26	双子	9/14	05:57	蠍	4/11	16:20	魚
2/15	12:25	蟹	9/16	08:59	射手	4/13	23:50	牡羊
2/18	01:19	獅子	9/18	11:49	山羊	4/16	09:18	牡牛
2/20	13:21	乙女	9/20	14:28	水瓶	4/18	20:37	双子
2/22	23:30	天秤	9/22	17:35	魚	4/21	09:10	蟹
2/25	07:26	蠍	9/24	21:58	牡羊	4/23	21:22	獅子
2/27	13:00	射手	9/27	04:35	牡牛	4/26	07:03	乙女
			9/29	14:06	双子	4/28	12:51	天秤
						4/30	15:00	蠍

1943年 3 月			1942年10月			1942年 5 月		
3/ 1	16:20	山羊	10/ 2	02:04	蟹	5/ 2	15:04	射手
3/ 3	17:57	水瓶	10/ 4	14:37	獅子	5/ 4	15:06	山羊
3/ 5	18:55	魚	10/ 7	01:15	乙女	5/ 6	16:57	水瓶
3/ 7	20:42	牡羊	10/ 9	08:34	天秤	5/ 8	21:45	魚
3/10	00:54	牡牛	10/11	12:47	蠍	5/11	05:32	牡羊
3/12	08:40	双子	10/13	15:12	射手	5/13	15:37	牡牛
3/14	19:51	蟹	10/15	17:15	山羊	5/16	03:15	双子
3/17	08:42	獅子	10/17	20:02	水瓶	5/18	15:50	蟹
3/19	20:44	乙女	10/20	00:06	魚	5/21	04:23	獅子
3/22	06:22	天秤	10/22	05:38	牡羊	5/23	15:08	乙女
3/24	13:23	蠍	10/24	12:53	牡牛	5/25	22:23	天秤
3/26	18:24	射手	10/26	22:19	双子	5/28	01:32	蠍
3/28	22:06	山羊	10/29	10:00	蟹	5/30	01:40	射手
3/31	00:58	水瓶	10/31	22:49	獅子			

1943年 4 月			1942年11月			1942年 6 月		
4/ 2	03:28	魚	11/ 3	10:20	乙女	6/ 1	00:45	山羊
4/ 4	06:19	牡羊	11/ 5	18:23	天秤	6/ 3	01:01	水瓶
4/ 6	10:39	牡牛	11/ 7	22:28	蠍	6/ 5	04:15	魚
4/ 8	17:42	双子	11/ 9	23:48	射手	6/ 7	11:11	牡羊
4/11	04:04	蟹	11/12	00:19	山羊	6/ 9	21:16	牡牛
4/13	16:40	獅子	11/14	01:50	水瓶	6/12	09:12	双子
4/16	05:00	乙女	11/16	05:28	魚	6/14	21:51	蟹
4/18	14:42	天秤	11/18	11:31	牡羊	6/17	10:21	獅子
4/20	21:05	蠍	11/20	19:39	牡牛	6/19	21:35	乙女
4/23	00:57	射手	11/23	05:35	双子	6/22	06:05	天秤
4/25	03:41	山羊	11/25	17:17	蟹	6/24	10:51	蠍
4/27	06:22	水瓶	11/28	06:10	獅子	6/26	12:09	射手
4/29	09:37	魚	11/30	18:30	乙女	6/28	11:31	山羊
						6/30	11:02	水瓶

1943年 5 月			1942年12月			1942年 7 月		
5/ 1	13:40	牡羊	12/ 3	03:56	天秤	7/ 2	12:47	魚
5/ 3	18:58	牡牛	12/ 5	09:07	蠍	7/ 5	18:11	牡羊
5/ 6	02:17	双子	12/ 7	10:35	射手	7/ 7	03:23	牡牛
5/ 8	12:18	蟹	12/ 9	10:08	山羊	7/ 9	15:10	双子
5/11	00:40	獅子	12/11	09:58	水瓶	7/12	03:52	蟹
5/13	13:22	乙女	12/13	11:57	魚	7/14	16:09	獅子
5/15	23:45	天秤	12/15	17:05	牡羊	7/17	03:10	乙女
5/18	06:21	蠍	12/18	01:17	牡牛	7/19	12:03	天秤
5/20	09:34	射手	12/20	11:47	双子	7/21	18:03	蠍
5/22	11:01	山羊	12/22	23:47	蟹	7/23	20:59	射手
5/24	12:24	水瓶	12/25	12:36	獅子	7/25	21:39	山羊
5/26	14:59	魚	12/28	01:11	乙女	7/27	21:38	水瓶
5/28	19:17	牡羊	12/30	11:45	天秤	7/29	22:50	魚
5/31	01:25	牡牛						

1943年 6 月			1943年 1 月			1942年 8 月		
6/ 2	09:30	双子	1/ 1	18:41	蠍	8/ 1	02:56	牡羊
6/ 4	19:46	蟹	1/ 3	21:35	射手	8/ 3	10:49	牡牛
6/ 7	08:04	獅子	1/ 5	21:36	山羊	8/ 5	21:55	双子
6/ 9	21:04	乙女	1/ 7	20:43	水瓶	8/ 8	10:31	蟹
6/12	08:23	天秤	1/ 9	21:04	魚	8/10	22:40	獅子
6/14	16:00	蠍	1/12	00:21	牡羊	8/13	09:10	乙女
6/16	19:37	射手	1/14	07:22	牡牛	8/15	17:32	天秤
6/18	20:31	山羊	1/16	17:39	双子	8/17	23:39	蠍
6/20	20:35	水瓶	1/19	05:54	蟹	8/20	03:36	射手
6/22	21:37	魚	1/21	18:44	獅子	8/22	05:47	山羊
6/25	00:53	牡羊	1/24	07:03	乙女	8/24	07:08	水瓶
6/27	06:53	牡牛	1/26	17:28	天秤	8/26	08:56	魚
6/29	15:27	双子	1/29	01:52	蠍	8/28	12:40	牡羊
			1/31	06:35	射手	8/30	19:30	牡牛

268

月の運行表 1942年4月～1944年9月

1944年5月		
5/ 2	08:05	乙女
5/ 4	20:41	天秤
5/ 7	07:20	蠍
5/ 9	15:28	射手
5/11	21:34	山羊
5/14	02:11	水瓶
5/16	05:37	魚
5/18	08:05	牡羊
5/20	10:17	牡牛
5/22	13:28	双子
5/24	19:05	蟹
5/27	04:05	獅子
5/29	15:59	乙女

1944年6月		
6/ 1	04:38	天秤
6/ 3	15:33	蠍
6/ 5	23:29	射手
6/ 8	04:42	山羊
6/10	08:13	水瓶
6/12	11:00	魚
6/14	13:42	牡羊
6/16	16:53	牡牛
6/18	21:12	双子
6/21	03:29	蟹
6/23	12:27	獅子
6/25	23:59	乙女
6/28	12:41	天秤

1944年7月		
7/ 1	00:11	蠍
7/ 3	08:40	射手
7/ 5	13:43	山羊
7/ 7	16:15	水瓶
7/ 9	17:40	魚
7/11	19:20	牡羊
7/13	22:18	牡牛
7/16	03:12	双子
7/18	10:23	蟹
7/20	19:52	獅子
7/23	07:25	乙女
7/25	20:09	天秤
7/28	08:17	蠍
7/30	17:51	射手

1944年8月		
8/ 1	23:43	山羊
8/ 4	02:11	水瓶
8/ 6	02:36	魚
8/ 8	02:45	牡羊
8/10	04:21	牡牛
8/12	08:40	双子
8/14	16:04	蟹
8/17	02:09	獅子
8/19	14:02	乙女
8/22	02:46	天秤
8/24	15:14	蠍
8/27	01:53	射手
8/29	09:14	山羊
8/31	12:45	水瓶

1944年9月		
9/ 2	13:15	魚
9/ 4	12:28	牡羊
9/ 6	12:30	牡牛
9/ 8	15:15	双子
9/10	21:48	蟹
9/13	07:51	獅子
9/15	20:01	乙女
9/18	08:49	天秤
9/20	21:12	蠍
9/23	08:17	射手
9/25	16:57	山羊
9/27	22:11	水瓶
9/29	23:58	魚

1943年12月		
12/ 1	22:02	水瓶
12/ 4	00:37	魚
12/ 6	04:01	牡羊
12/ 8	08:31	牡牛
12/10	14:34	双子
12/12	22:48	蟹
12/15	09:38	獅子
12/17	22:23	乙女
12/20	10:56	天秤
12/22	20:47	蠍
12/25	02:45	射手
12/27	05:25	山羊
12/29	06:22	水瓶
12/31	07:18	魚

1944年1月		
1/ 2	09:35	牡羊
1/ 4	13:59	牡牛
1/ 6	20:45	双子
1/ 9	05:50	蟹
1/11	16:59	獅子
1/14	05:39	乙女
1/16	18:30	天秤
1/19	05:28	蠍
1/21	12:55	射手
1/23	16:28	山羊
1/25	17:11	水瓶
1/27	16:49	魚
1/29	17:16	牡羊
1/31	20:08	牡牛

1944年2月		
2/ 3	02:18	双子
2/ 5	11:41	蟹
2/ 7	23:21	獅子
2/10	12:09	乙女
2/13	00:55	天秤
2/15	12:25	蠍
2/17	21:16	射手
2/20	02:34	山羊
2/22	04:28	水瓶
2/24	04:10	魚
2/26	03:32	牡羊
2/28	04:37	牡牛

1944年3月		
3/ 1	09:07	双子
3/ 3	17:39	蟹
3/ 6	05:21	獅子
3/ 8	18:20	乙女
3/11	06:56	天秤
3/13	18:13	蠍
3/16	03:32	射手
3/18	10:15	山羊
3/20	13:56	水瓶
3/22	15:00	魚
3/24	14:43	牡羊
3/26	15:02	牡牛
3/28	17:59	双子
3/31	01:00	蟹

1944年4月		
4/ 2	11:55	獅子
4/ 5	00:50	乙女
4/ 7	13:23	天秤
4/10	00:13	蠍
4/12	09:03	射手
4/14	15:57	山羊
4/16	20:47	水瓶
4/18	23:29	魚
4/21	00:37	牡羊
4/23	01:30	牡牛
4/25	04:00	双子
4/27	09:50	蟹
4/29	19:37	獅子

1943年7月		
7/ 2	02:14	蟹
7/ 4	14:40	獅子
7/ 7	03:46	乙女
7/ 9	15:45	天秤
7/12	00:41	蠍
7/14	05:38	射手
7/16	07:08	山羊
7/18	06:47	水瓶
7/20	06:32	魚
7/22	08:09	牡羊
7/24	12:54	牡牛
7/26	21:04	双子
7/29	08:04	蟹
7/31	20:44	獅子

1943年8月		
8/ 3	09:46	乙女
8/ 5	21:53	天秤
8/ 8	07:41	蠍
8/10	14:09	射手
8/12	17:10	山羊
8/14	17:38	水瓶
8/16	17:08	魚
8/18	17:34	牡羊
8/20	20:41	牡牛
8/23	03:36	双子
8/25	14:08	蟹
8/28	02:50	獅子
8/30	15:48	乙女

1943年9月		
9/ 2	03:35	天秤
9/ 4	13:21	蠍
9/ 6	20:40	射手
9/ 9	01:15	山羊
9/11	03:19	水瓶
9/13	03:47	魚
9/15	04:10	牡羊
9/17	06:15	牡牛
9/19	11:44	双子
9/21	21:11	蟹
9/24	09:35	獅子
9/26	22:31	乙女
9/29	09:58	天秤

1943年10月		
10/ 1	19:05	蠍
10/ 4	02:04	射手
10/ 6	07:12	山羊
10/ 8	10:40	水瓶
10/10	12:45	魚
10/12	14:13	牡羊
10/14	16:27	牡牛
10/16	21:07	双子
10/19	05:29	蟹
10/21	17:13	獅子
10/24	06:11	乙女
10/26	17:39	天秤
10/29	02:15	蠍
10/31	08:15	射手

1943年11月		
11/ 2	12:38	山羊
11/ 4	16:11	水瓶
11/ 6	19:17	魚
11/ 8	22:11	牡羊
11/11	01:33	牡牛
11/13	06:32	双子
11/15	14:23	蟹
11/18	01:28	獅子
11/20	14:23	乙女
11/23	02:20	天秤
11/25	11:10	蠍
11/27	16:36	射手
11/29	19:44	山羊

1945年 8 月

8/ 2	20:24	双子
8/ 5	00:24	蟹
8/ 7	05:54	獅子
8/ 9	13:25	乙女
8/11	23:22	天秤
8/14	11:26	蠍
8/16	23:57	射手
8/19	10:32	山羊
8/21	17:33	水瓶
8/23	21:05	魚
8/25	22:31	牡羊
8/27	23:35	牡牛
8/30	01:48	双子

1945年 9 月

9/ 1	06:01	蟹
9/ 3	12:21	獅子
9/ 5	20:37	乙女
9/ 8	06:49	天秤
9/10	18:49	蠍
9/13	07:38	射手
9/15	19:12	山羊
9/18	03:20	水瓶
9/20	07:19	魚
9/22	08:11	牡羊
9/24	07:54	牡牛
9/26	08:33	双子
9/28	11:39	蟹
9/30	17:48	獅子

1945年10月

10/ 3	02:34	乙女
10/ 5	13:17	天秤
10/ 8	01:25	蠍
10/10	14:18	射手
10/13	02:33	山羊
10/15	12:07	水瓶
10/17	17:34	魚
10/19	18:30	牡羊
10/21	18:30	牡牛
10/23	17:50	双子
10/25	19:12	蟹
10/27	23:56	獅子
10/30	08:13	乙女

1945年11月

11/ 1	19:08	天秤
11/ 4	07:30	蠍
11/ 6	20:19	射手
11/ 9	08:36	山羊
11/11	19:05	水瓶
11/14	02:05	魚
11/16	05:25	牡羊
11/18	05:48	牡牛
11/20	05:03	双子
11/22	05:15	蟹
11/24	08:13	獅子
11/26	15:00	乙女
11/29	01:19	天秤

1945年12月

12/ 1	13:43	蠍
12/ 4	02:30	射手
12/ 6	14:21	山羊
12/ 9	00:35	水瓶
12/11	08:03	魚
12/13	13:16	牡羊
12/15	15:55	牡牛
12/17	16:03	双子
12/19	16:28	蟹
12/21	18:31	獅子
12/23	23:44	乙女
12/26	08:43	天秤
12/28	20:43	蠍
12/31	09:33	射手

1945年 3 月

3/ 1	04:58	天秤
3/ 3	17:33	蠍
3/ 6	05:05	射手
3/ 8	15:39	山羊
3/10	21:41	水瓶
3/12	23:51	魚
3/14	23:33	牡羊
3/16	22:56	牡牛
3/19	00:05	双子
3/21	04:32	蟹
3/23	12:33	獅子
3/25	23:12	乙女
3/28	11:16	天秤
3/30	23:51	蠍

1945年 4 月

4/ 2	12:09	射手
4/ 4	22:53	山羊
4/ 7	06:30	水瓶
4/ 9	10:11	魚
4/11	10:39	牡羊
4/13	09:41	牡牛
4/15	09:32	双子
4/17	12:07	蟹
4/19	18:53	獅子
4/22	05:05	乙女
4/24	17:15	天秤
4/27	05:53	蠍
4/29	17:57	射手

1945年 5 月

5/ 2	04:41	山羊
5/ 4	13:07	水瓶
5/ 6	18:22	魚
5/ 8	20:26	牡羊
5/10	20:26	牡牛
5/12	20:14	双子
5/14	21:52	蟹
5/17	02:58	獅子
5/19	11:56	乙女
5/21	23:43	天秤
5/24	12:22	蠍
5/27	00:12	射手
5/29	10:25	山羊
5/31	18:36	水瓶

1945年 6 月

6/ 3	00:26	魚
6/ 5	03:52	牡羊
6/ 7	05:24	牡牛
6/ 9	06:16	双子
6/11	08:03	蟹
6/13	12:21	獅子
6/15	20:08	乙女
6/18	07:07	天秤
6/20	19:37	蠍
6/23	07:29	射手
6/25	17:15	山羊
6/28	00:37	水瓶
6/30	05:52	魚

1945年 7 月

7/ 2	09:30	牡羊
7/ 4	12:06	牡牛
7/ 6	14:21	双子
7/ 8	17:12	蟹
7/10	21:45	獅子
7/13	04:59	乙女
7/15	15:14	天秤
7/18	03:30	蠍
7/20	15:37	射手
7/23	01:29	山羊
7/25	08:17	水瓶
7/27	12:27	魚
7/29	15:08	牡羊
7/31	17:30	牡牛

1944年10月

10/ 1	23:30	牡羊
10/ 3	22:46	牡牛
10/ 6	00:00	双子
10/ 8	04:57	蟹
10/10	14:04	獅子
10/13	02:05	乙女
10/15	14:56	天秤
10/18	03:05	蠍
10/20	13:51	射手
10/22	22:49	山羊
10/25	05:20	水瓶
10/27	08:54	魚
10/29	09:54	牡羊
10/31	09:45	牡牛

1944年11月

11/ 2	10:29	双子
11/ 4	14:05	蟹
11/ 6	21:45	獅子
11/ 9	09:00	乙女
11/11	21:45	天秤
11/14	09:49	蠍
11/16	20:03	射手
11/19	04:21	山羊
11/21	10:48	水瓶
11/23	15:19	魚
11/25	17:58	牡羊
11/27	19:23	牡牛
11/29	20:56	双子

1944年12月

12/ 2	00:18	蟹
12/ 4	06:54	獅子
12/ 6	17:05	乙女
12/ 9	05:29	天秤
12/11	17:43	蠍
12/14	03:51	射手
12/16	11:22	山羊
12/18	16:45	水瓶
12/20	20:40	魚
12/22	23:43	牡羊
12/25	02:25	牡牛
12/27	05:27	双子
12/29	09:45	蟹
12/31	16:20	獅子

1945年 1 月

1/ 3	01:50	乙女
1/ 5	13:45	天秤
1/ 8	02:14	蠍
1/10	12:56	射手
1/12	20:29	山羊
1/15	00:58	水瓶
1/17	03:28	魚
1/19	05:22	牡羊
1/21	07:49	牡牛
1/23	11:36	双子
1/25	17:06	蟹
1/28	00:34	獅子
1/30	10:10	乙女

1945年 2 月

2/ 1	21:46	天秤
2/ 4	10:23	蠍
2/ 6	21:58	射手
2/ 9	06:30	山羊
2/11	11:13	水瓶
2/13	12:54	魚
2/15	13:14	牡羊
2/17	14:06	牡牛
2/19	17:02	双子
2/21	22:44	蟹
2/24	07:00	獅子
2/26	17:15	乙女

月の運行表　1944年10月〜1947年3月

1946年11月
日付	時刻	星座
11/ 1	19:37	水瓶
11/ 4	05:33	魚
11/ 6	11:29	牡羊
11/ 8	13:50	牡牛
11/10	14:08	双子
11/12	14:17	蟹
11/14	15:54	獅子
11/16	20:06	乙女
11/19	03:13	天秤
11/21	12:58	蠍
11/24	00:45	射手
11/26	13:41	山羊
11/29	02:30	水瓶

1946年12月
日付	時刻	星座
12/ 1	13:30	魚
12/ 3	21:06	牡羊
12/ 6	00:49	牡牛
12/ 8	01:31	双子
12/10	00:51	蟹
12/12	00:48	獅子
12/14	03:10	乙女
12/16	09:08	天秤
12/18	18:43	蠍
12/21	06:49	射手
12/23	19:51	山羊
12/26	08:30	水瓶
12/28	19:44	魚
12/31	04:32	牡羊

1947年1月
日付	時刻	星座
1/ 2	10:07	牡牛
1/ 4	12:27	双子
1/ 6	12:28	蟹
1/ 8	11:54	獅子
1/10	12:46	乙女
1/12	16:55	天秤
1/15	01:16	蠍
1/17	13:03	射手
1/20	02:11	山羊
1/22	14:38	水瓶
1/25	01:24	魚
1/27	10:11	牡羊
1/29	16:47	牡牛
1/31	20:53	双子

1947年2月
日付	時刻	星座
2/ 2	22:39	蟹
2/ 4	23:02	獅子
2/ 6	23:43	乙女
2/ 9	02:40	天秤
2/11	09:29	蠍
2/13	20:16	射手
2/16	09:13	山羊
2/18	21:40	水瓶
2/21	07:59	魚
2/23	15:59	牡羊
2/25	22:09	牡牛
2/28	02:48	双子

1947年3月
日付	時刻	星座
3/ 2	05:59	蟹
3/ 4	08:01	獅子
3/ 6	09:48	乙女
3/ 8	12:52	天秤
3/10	18:52	蠍
3/13	04:35	射手
3/15	17:01	山羊
3/18	05:37	水瓶
3/20	15:59	魚
3/22	23:24	牡羊
3/25	04:30	牡牛
3/27	08:17	双子
3/29	11:27	蟹
3/31	14:23	獅子

1946年6月
日付	時刻	星座
6/ 1	15:30	蟹
6/ 3	16:40	獅子
6/ 5	20:57	乙女
6/ 8	04:58	天秤
6/10	16:05	蠍
6/13	04:51	射手
6/15	17:40	山羊
6/18	05:17	水瓶
6/20	14:44	魚
6/22	21:20	牡羊
6/25	00:57	牡牛
6/27	02:09	双子
6/29	02:12	蟹

1946年7月
日付	時刻	星座
7/ 1	02:49	獅子
7/ 3	05:46	乙女
7/ 5	12:22	天秤
7/ 7	22:43	蠍
7/10	11:21	射手
7/13	00:06	山羊
7/15	11:18	水瓶
7/17	20:16	魚
7/20	03:00	牡羊
7/22	07:36	牡牛
7/24	10:20	双子
7/26	11:45	蟹
7/28	12:58	獅子
7/30	15:34	乙女

1946年8月
日付	時刻	星座
8/ 1	21:06	天秤
8/ 4	06:24	蠍
8/ 6	18:37	射手
8/ 9	07:24	山羊
8/11	18:25	水瓶
8/14	02:42	魚
8/16	08:38	牡羊
8/18	13:00	牡牛
8/20	16:23	双子
8/22	19:07	蟹
8/24	21:39	獅子
8/27	00:55	乙女
8/29	06:16	天秤
8/31	14:51	蠍

1946年9月
日付	時刻	星座
9/ 3	02:32	射手
9/ 5	15:25	山羊
9/ 8	02:42	水瓶
9/10	10:47	魚
9/12	15:49	牡羊
9/14	19:04	牡牛
9/16	21:47	双子
9/19	00:43	蟹
9/21	04:14	獅子
9/23	08:39	乙女
9/25	14:41	天秤
9/27	23:13	蠍
9/30	10:33	射手

1946年10月
日付	時刻	星座
10/ 2	23:30	山羊
10/ 5	11:28	水瓶
10/ 7	20:10	魚
10/10	01:05	牡羊
10/12	03:21	牡牛
10/14	04:38	双子
10/16	06:24	蟹
10/18	09:36	獅子
10/20	14:36	乙女
10/22	21:34	天秤
10/25	06:41	蠍
10/27	18:04	射手
10/30	07:00	山羊

1946年1月
日付	時刻	星座
1/ 2	21:11	山羊
1/ 5	06:38	水瓶
1/ 7	13:47	魚
1/ 9	18:57	牡羊
1/11	22:26	牡牛
1/14	00:43	双子
1/16	02:33	蟹
1/18	05:04	獅子
1/20	09:41	乙女
1/22	17:32	天秤
1/25	04:41	蠍
1/27	17:28	射手
1/30	05:19	山羊

1946年2月
日付	時刻	星座
2/ 1	14:24	水瓶
2/ 3	20:33	魚
2/ 6	00:39	牡羊
2/ 8	03:48	牡牛
2/10	06:46	双子
2/12	09:59	蟹
2/14	13:51	獅子
2/16	19:04	乙女
2/19	02:37	天秤
2/21	13:06	蠍
2/24	01:42	射手
2/26	14:02	山羊
2/28	23:36	水瓶

1946年3月
日付	時刻	星座
3/ 3	05:26	魚
3/ 5	08:25	牡羊
3/ 7	10:09	牡牛
3/ 9	12:13	双子
3/11	15:29	蟹
3/13	20:16	獅子
3/16	02:34	乙女
3/18	10:41	天秤
3/20	21:05	蠍
3/23	09:31	射手
3/25	22:19	山羊
3/28	08:52	水瓶
3/30	15:28	魚

1946年4月
日付	時刻	星座
4/ 1	18:18	牡羊
4/ 3	18:57	牡牛
4/ 5	19:26	双子
4/ 7	21:22	蟹
4/10	01:38	獅子
4/12	08:21	乙女
4/14	17:14	天秤
4/17	04:04	蠍
4/19	16:31	射手
4/22	05:29	山羊
4/24	16:57	水瓶
4/27	00:55	魚
4/29	04:47	牡羊

1946年5月
日付	時刻	星座
5/ 1	05:32	牡牛
5/ 3	05:05	双子
5/ 5	05:24	蟹
5/ 7	08:05	獅子
5/ 9	13:58	乙女
5/11	22:54	天秤
5/14	10:09	蠍
5/16	22:47	射手
5/19	11:43	山羊
5/21	23:32	水瓶
5/24	08:40	魚
5/26	14:06	牡羊
5/28	16:05	牡牛
5/30	15:56	双子

1948年2月			1947年9月			1947年4月		
2/ 1	11:28	蠍	9/ 2	21:03	牡羊	4/ 2	17:31	乙女
2/ 3	19:27	射手	9/ 5	05:11	牡牛	4/ 4	21:41	天秤
2/ 6	06:31	山羊	9/ 7	11:19	双子	4/ 7	03:58	蠍
2/ 8	19:00	水瓶	9/ 9	15:13	蟹	4/ 9	13:13	射手
2/11	07:38	魚	9/11	17:04	獅子	4/12	01:09	山羊
2/13	19:39	牡羊	9/13	17:51	乙女	4/14	13:52	水瓶
2/16	06:09	牡牛	9/15	19:17	天秤	4/17	00:48	魚
2/18	13:57	双子	9/17	23:11	蠍	4/19	08:27	牡羊
2/20	18:09	蟹	9/20	06:51	射手	4/21	12:57	牡牛
2/22	19:47	獅子	9/22	17:59	山羊	4/23	15:28	双子
2/24	18:23	乙女	9/25	06:39	水瓶	4/25	17:23	蟹
2/26	18:06	天秤	9/27	18:26	魚	4/27	19:45	獅子
2/28	20:25	蠍	9/30	03:59	牡羊	4/29	23:16	乙女
1948年3月			1947年10月			1947年5月		
3/ 2	02:42	射手	10/ 2	11:16	牡牛	5/ 2	04:25	天秤
3/ 4	12:52	山羊	10/ 4	16:45	双子	5/ 4	11:36	蠍
3/ 7	01:15	水瓶	10/ 6	20:48	蟹	5/ 6	21:10	射手
3/ 9	13:54	魚	10/ 8	23:43	獅子	5/ 9	08:56	山羊
3/12	01:15	牡羊	10/11	01:58	乙女	5/11	21:42	水瓶
3/14	11:42	牡牛	10/13	04:32	天秤	5/14	09:21	魚
3/16	19:47	双子	10/15	08:46	蠍	5/16	17:58	牡羊
3/19	01:15	蟹	10/17	15:54	射手	5/18	22:53	牡牛
3/21	03:58	獅子	10/20	02:15	山羊	5/21	00:52	双子
3/23	04:43	乙女	10/22	14:40	水瓶	5/23	01:28	蟹
3/25	05:03	天秤	10/25	02:47	魚	5/25	02:19	獅子
3/27	06:51	蠍	10/27	12:32	牡羊	5/27	04:51	乙女
3/29	11:47	射手	10/29	19:17	牡牛	5/29	09:55	天秤
3/31	20:35	山羊	10/31	23:37	双子	5/31	17:43	蠍
1948年4月			1947年11月			1947年6月		
4/ 3	08:19	水瓶	11/ 3	02:33	蟹	6/ 3	03:55	射手
4/ 5	20:57	魚	11/ 5	05:05	獅子	6/ 5	15:52	山羊
4/ 8	08:30	牡羊	11/ 7	07:56	乙女	6/ 8	04:39	水瓶
4/10	18:00	牡牛	11/ 9	11:43	天秤	6/10	16:48	魚
4/13	01:21	双子	11/11	17:04	蠍	6/13	02:35	牡羊
4/15	06:42	蟹	11/14	00:35	射手	6/15	08:47	牡牛
4/17	10:17	獅子	11/16	10:38	山羊	6/17	11:23	双子
4/19	12:43	乙女	11/18	22:46	水瓶	6/19	11:33	蟹
4/21	14:18	天秤	11/21	11:17	魚	6/21	11:08	獅子
4/23	16:40	蠍	11/23	21:54	牡羊	6/23	12:02	乙女
4/25	21:32	射手	11/26	05:07	牡牛	6/25	15:53	天秤
4/28	05:22	山羊	11/28	08:56	双子	6/27	23:18	蠍
4/30	16:17	水瓶	11/30	10:32	蟹	6/30	09:47	射手
1948年5月			1947年12月			1947年7月		
5/ 3	04:45	魚	12/ 2	11:32	獅子	7/ 2	22:04	山羊
5/ 5	16:30	牡羊	12/ 4	13:25	乙女	7/ 5	10:51	水瓶
5/ 8	01:50	牡牛	12/ 6	17:05	天秤	7/ 7	23:04	魚
5/10	08:21	双子	12/ 8	23:25	蠍	7/10	09:35	牡羊
5/12	12:39	蟹	12/11	07:51	射手	7/12	17:13	牡牛
5/14	15:40	獅子	12/13	18:15	山羊	7/14	21:48	双子
5/16	18:15	乙女	12/16	06:17	水瓶	7/16	22:15	蟹
5/18	21:08	天秤	12/18	19:00	魚	7/18	21:35	獅子
5/21	00:57	蠍	12/21	06:38	牡羊	7/20	21:20	乙女
5/23	06:23	射手	12/23	15:12	牡牛	7/22	23:35	天秤
5/25	14:09	山羊	12/25	19:48	双子	7/25	05:43	蠍
5/28	00:31	水瓶	12/27	21:04	蟹	7/27	15:41	射手
5/30	12:47	魚	12/29	20:43	獅子	7/30	04:02	山羊
			12/31	20:49	乙女			
1948年6月			1948年1月			1947年8月		
6/ 2	00:56	牡羊	1/ 2	23:11	天秤	8/ 1	16:51	水瓶
6/ 4	10:45	牡牛	1/ 5	04:52	蠍	8/ 4	04:50	魚
6/ 6	17:07	双子	1/ 7	13:41	射手	8/ 6	15:20	牡羊
6/ 8	20:29	蟹	1/10	00:42	山羊	8/ 8	23:44	牡牛
6/10	22:12	獅子	1/12	12:55	水瓶	8/11	05:19	双子
6/12	23:42	乙女	1/15	01:37	魚	8/13	07:51	蟹
6/15	02:34	天秤	1/17	13:45	牡羊	8/15	08:07	獅子
6/17	07:05	蠍	1/19	23:44	牡牛	8/17	07:49	乙女
6/19	13:30	射手	1/22	06:02	双子	8/19	09:05	天秤
6/21	21:52	山羊	1/24	08:24	蟹	8/21	13:46	蠍
6/24	08:33	水瓶	1/26	08:01	獅子	8/23	22:36	射手
6/26	20:24	魚	1/28	06:57	乙女	8/26	10:32	山羊
6/29	08:56	牡羊	1/30	07:30	天秤	8/28	23:19	水瓶
						8/31	11:05	魚

月の運行表　1947年4月〜1949年9月

1949年 5月			1948年12月			1948年 7月		
5/ 2	21:44	蟹	12/ 2	18:17	山羊	7/ 1	19:41	牡牛
5/ 5	04:12	獅子	12/ 5	02:33	水瓶	7/ 4	02:49	双子
5/ 7	08:13	乙女	12/ 7	13:47	魚	7/ 6	06:07	蟹
5/ 9	10:08	天秤	12/10	02:31	牡羊	7/ 8	06:54	獅子
5/11	10:55	蠍	12/12	14:09	牡牛	7/10	07:05	乙女
5/13	11:59	射手	12/14	22:45	双子	7/12	08:32	天秤
5/15	14:58	山羊	12/17	04:02	蟹	7/14	12:29	蠍
5/17	21:20	水瓶	12/19	07:04	獅子	7/16	19:12	射手
5/20	07:27	魚	12/21	09:20	乙女	7/19	04:15	山羊
5/22	20:02	牡羊	12/23	12:00	天秤	7/21	15:03	水瓶
5/25	08:43	牡牛	12/25	15:40	蠍	7/24	03:14	魚
5/27	19:28	双子	12/27	20:30	射手	7/26	15:58	牡羊
5/30	03:39	蟹	12/30	02:48	山羊	7/29	03:35	牡牛
						7/31	12:02	双子

1949年 6月			1949年 1月			1948年 8月		
6/ 1	09:37	獅子	1/ 1	11:09	水瓶	8/ 2	16:21	蟹
6/ 3	13:55	乙女	1/ 3	22:00	魚	8/ 4	17:14	獅子
6/ 5	16:59	天秤	1/ 6	10:42	牡羊	8/ 6	16:33	乙女
6/ 7	19:15	蠍	1/ 8	23:03	牡牛	8/ 8	16:30	天秤
6/ 9	21:25	射手	1/11	08:31	双子	8/10	18:57	蠍
6/12	00:41	山羊	1/13	13:58	蟹	8/13	00:50	射手
6/14	06:27	水瓶	1/15	16:09	獅子	8/15	09:53	山羊
6/16	15:40	魚	1/17	16:53	乙女	8/17	21:04	水瓶
6/19	03:46	牡羊	1/19	18:04	天秤	8/20	09:24	魚
6/21	16:31	牡牛	1/21	21:00	蠍	8/22	22:06	牡羊
6/24	03:21	双子	1/24	02:10	射手	8/25	10:04	牡牛
6/26	11:02	蟹	1/26	09:23	山羊	8/27	19:41	双子
6/28	16:01	獅子	1/28	18:28	水瓶	8/30	01:35	蟹
6/30	19:28	乙女	1/31	05:28	魚			

1949年 7月			1949年 2月			1948年 9月		
7/ 2	22:23	天秤	2/ 2	18:06	牡羊	9/ 1	03:41	獅子
7/ 5	01:23	蠍	2/ 5	06:58	牡牛	9/ 3	03:20	乙女
7/ 7	04:46	射手	2/ 7	17:41	双子	9/ 5	02:36	天秤
7/ 9	09:04	山羊	2/10	00:23	蟹	9/ 7	03:34	蠍
7/11	15:10	水瓶	2/12	03:02	獅子	9/ 9	07:53	射手
7/14	00:02	魚	2/14	03:07	乙女	9/11	15:58	山羊
7/16	11:44	牡羊	2/16	02:45	天秤	9/14	02:59	水瓶
7/19	00:36	牡牛	2/18	03:54	蠍	9/16	15:28	魚
7/21	11:58	双子	2/20	07:50	射手	9/19	04:03	牡羊
7/23	19:53	蟹	2/22	14:51	山羊	9/21	15:46	牡牛
7/26	00:19	獅子	2/25	00:27	水瓶	9/24	01:41	双子
7/28	02:36	乙女	2/27	11:55	魚	9/26	08:47	蟹
7/30	04:20	天秤				9/28	12:36	獅子
						9/30	13:41	乙女

1949年 8月			1949年 3月			1948年10月		
8/ 1	06:45	蠍	3/ 2	00:37	牡羊	10/ 2	13:30	天秤
8/ 3	10:26	射手	3/ 4	13:34	牡牛	10/ 4	13:59	蠍
8/ 5	15:37	山羊	3/ 7	01:06	双子	10/ 6	16:56	射手
8/ 7	22:35	水瓶	3/ 9	09:22	蟹	10/ 8	23:32	山羊
8/10	07:46	魚	3/11	13:34	獅子	10/11	09:43	水瓶
8/12	19:20	牡羊	3/13	14:25	乙女	10/13	22:04	魚
8/15	08:19	牡牛	3/15	13:41	天秤	10/16	10:37	牡羊
8/17	20:24	双子	3/17	13:26	蠍	10/18	21:55	牡牛
8/20	05:16	蟹	3/19	15:31	射手	10/21	07:15	双子
8/22	10:08	獅子	3/21	21:05	山羊	10/23	14:22	蟹
8/24	11:55	乙女	3/24	06:11	水瓶	10/25	19:11	獅子
8/26	12:24	天秤	3/26	17:50	魚	10/27	21:54	乙女
8/28	13:20	蠍	3/29	06:42	牡羊	10/29	23:17	天秤
8/30	16:01	射手	3/31	19:30	牡牛			

1949年 9月			1949年 4月			1948年11月		
9/ 1	21:06	山羊	4/ 3	07:04	双子	11/ 1	00:32	蠍
9/ 4	04:38	水瓶	4/ 5	16:11	蟹	11/ 3	03:11	射手
9/ 6	14:27	魚	4/ 7	22:00	獅子	11/ 5	08:40	山羊
9/ 9	02:14	牡羊	4/10	00:33	乙女	11/ 7	17:42	水瓶
9/11	15:13	牡牛	4/12	00:49	天秤	11/10	05:35	魚
9/14	03:48	双子	4/14	00:29	蠍	11/12	18:13	牡羊
9/16	13:53	蟹	4/16	01:24	射手	11/15	05:25	牡牛
9/18	20:05	獅子	4/18	05:17	山羊	11/17	14:02	双子
9/20	22:34	乙女	4/20	13:00	水瓶	11/19	20:12	蟹
9/22	22:41	天秤	4/23	00:08	魚	11/22	00:33	獅子
9/24	22:21	蠍	4/25	13:01	牡羊	11/24	03:49	乙女
9/26	23:22	射手	4/28	01:42	牡牛	11/26	06:34	天秤
9/29	03:08	山羊	4/30	12:49	双子	11/28	09:20	蠍
						11/30	12:53	射手

1950年 8 月			1950年 3 月			1949年10月		
8/ 2	16:03	牡羊	3/ 1	17:32	獅子	10/ 1	10:14	水瓶
8/ 5	03:07	牡牛	3/ 3	21:26	乙女	10/ 3	20:21	魚
8/ 7	15:45	双子	3/ 5	23:01	天秤	10/ 6	08:28	牡羊
8/10	03:28	蟹	3/ 7	23:56	蠍	10/ 8	21:28	牡牛
8/12	12:37	獅子	3/10	01:38	射手	10/11	10:03	双子
8/14	19:04	乙女	3/12	05:08	山羊	10/13	20:52	蟹
8/16	23:31	天秤	3/14	10:53	水瓶	10/16	04:36	獅子
8/19	02:50	蠍	3/16	19:00	魚	10/18	08:43	乙女
8/21	05:37	射手	3/19	05:21	牡羊	10/20	09:49	天秤
8/23	08:24	山羊	3/21	17:33	牡牛	10/22	09:19	蠍
8/25	11:54	水瓶	3/24	06:29	双子	10/24	09:08	射手
8/27	17:02	魚	3/26	18:17	蟹	10/26	11:11	山羊
8/30	00:45	牡羊	3/29	03:05	獅子	10/28	16:51	水瓶
			3/31	08:03	乙女	10/31	02:22	魚

1950年 9 月			1950年 4 月			1949年11月		
9/ 1	11:19	牡牛	4/ 2	09:42	天秤	11/ 2	14:35	牡羊
9/ 3	23:46	双子	4/ 4	09:37	蠍	11/ 5	03:37	牡牛
9/ 6	11:55	蟹	4/ 6	09:38	射手	11/ 7	15:56	双子
9/ 8	21:35	獅子	4/ 8	11:30	山羊	11/10	02:35	蟹
9/11	03:55	乙女	4/10	16:25	水瓶	11/12	11:01	獅子
9/13	07:28	天秤	4/13	00:38	魚	11/14	16:43	乙女
9/15	09:27	蠍	4/15	11:31	牡羊	11/16	19:37	天秤
9/17	11:13	射手	4/18	00:00	牡牛	11/18	20:19	蠍
9/19	13:50	山羊	4/20	12:55	双子	11/20	20:16	射手
9/21	18:01	水瓶	4/23	01:03	蟹	11/22	21:20	山羊
9/24	00:00	魚	4/25	10:58	獅子	11/25	01:25	水瓶
9/26	08:32	牡羊	4/27	17:31	乙女	11/27	09:36	魚
9/28	19:09	牡牛	4/29	20:27	天秤	11/29	21:19	牡羊

1950年10月			1950年 5 月			1949年12月		
10/ 1	07:27	双子	5/ 1	20:39	蠍	12/ 2	10:22	牡牛
10/ 3	20:00	蟹	5/ 3	19:52	射手	12/ 4	22:29	双子
10/ 6	06:41	獅子	5/ 5	20:09	山羊	12/ 7	08:32	蟹
10/ 8	13:54	乙女	5/ 7	23:23	水瓶	12/ 9	16:28	獅子
10/10	17:29	天秤	5/10	06:35	魚	12/11	22:32	乙女
10/12	18:31	蠍	5/12	17:18	牡羊	12/14	02:46	天秤
10/14	18:45	射手	5/15	05:59	牡牛	12/16	05:14	蠍
10/16	19:56	山羊	5/17	18:53	双子	12/18	06:33	射手
10/18	23:28	水瓶	5/20	06:52	蟹	12/20	08:01	山羊
10/21	05:54	魚	5/22	17:07	獅子	12/22	11:25	水瓶
10/23	15:00	牡羊	5/25	00:52	乙女	12/24	18:21	魚
10/26	02:03	牡牛	5/27	05:28	天秤	12/27	05:06	牡羊
10/28	14:23	双子	5/29	07:02	蠍	12/29	17:58	牡牛
10/31	03:04	蟹	5/31	06:45	射手			

1950年11月			1950年 6 月			1950年 1 月		
11/ 2	14:39	獅子	6/ 2	06:28	山羊	1/ 1	06:13	双子
11/ 4	23:22	乙女	6/ 4	08:19	水瓶	1/ 3	15:57	蟹
11/ 7	04:11	天秤	6/ 6	13:58	魚	1/ 5	22:58	獅子
11/ 9	05:29	蠍	6/ 8	23:45	牡羊	1/ 8	04:06	乙女
11/11	04:52	射手	6/11	12:13	牡牛	1/10	08:09	天秤
11/13	04:27	山羊	6/14	01:06	双子	1/12	11:29	蠍
11/15	06:16	水瓶	6/16	12:46	蟹	1/14	14:17	射手
11/17	11:39	魚	6/18	22:38	獅子	1/16	17:07	山羊
11/19	20:40	牡羊	6/21	06:32	乙女	1/18	21:08	水瓶
11/22	08:08	牡牛	6/23	12:10	天秤	1/21	03:43	魚
11/24	20:39	双子	6/25	15:20	蠍	1/23	13:39	牡羊
11/27	09:14	蟹	6/27	16:27	射手	1/26	02:09	牡牛
11/29	21:03	獅子	6/29	16:49	山羊	1/28	14:44	双子
						1/31	00:51	蟹

1950年12月			1950年 7 月			1950年 2 月		
12/ 2	06:54	乙女	7/ 1	18:20	水瓶	2/ 2	07:35	獅子
12/ 4	13:30	天秤	7/ 3	22:52	魚	2/ 4	11:37	乙女
12/ 6	16:20	蠍	7/ 6	07:26	牡羊	2/ 6	14:20	天秤
12/ 8	16:18	射手	7/ 8	19:14	牡牛	2/ 8	16:51	蠍
12/10	15:17	山羊	7/11	08:03	双子	2/10	19:52	射手
12/12	15:36	水瓶	7/13	19:35	蟹	2/12	23:46	山羊
12/14	19:12	魚	7/16	04:53	獅子	2/15	04:59	水瓶
12/17	02:59	牡羊	7/18	12:06	乙女	2/17	12:12	魚
12/19	14:10	牡牛	7/20	17:35	天秤	2/19	22:02	牡羊
12/22	02:50	双子	7/22	21:28	蠍	2/22	10:13	牡牛
12/24	15:18	蟹	7/24	23:56	射手	2/24	23:04	双子
12/27	02:36	獅子	7/27	01:40	山羊	2/27	10:04	蟹
12/29	12:42	乙女	7/29	03:56	水瓶			
12/31	20:21	天秤	7/31	08:19	魚			

月の運行表　1949年10月〜1952年3月

1951年11月		
11/ 1	14:21	射手
11/ 3	15:41	山羊
11/ 5	17:44	水瓶
11/ 7	21:24	魚
11/10	02:54	牡羊
11/12	10:08	牡牛
11/14	19:16	双子
11/17	06:28	蟹
11/19	19:13	獅子
11/22	07:36	乙女
11/24	17:09	天秤
11/26	22:33	蠍
11/29	00:21	射手

1951年12月		
12/ 1	00:24	山羊
12/ 3	00:46	水瓶
12/ 5	03:09	魚
12/ 7	08:19	牡羊
12/ 9	16:06	牡牛
12/12	01:55	双子
12/14	13:23	蟹
12/17	02:06	獅子
12/19	14:53	乙女
12/22	01:41	天秤
12/24	08:39	蠍
12/26	11:28	射手
12/28	11:25	山羊
12/30	10:37	水瓶

1952年1月		
1/ 1	11:11	魚
1/ 3	14:42	牡羊
1/ 5	21:45	牡牛
1/ 8	07:44	双子
1/10	19:35	蟹
1/13	08:20	獅子
1/15	21:02	乙女
1/18	08:20	天秤
1/20	16:45	蠍
1/22	21:23	射手
1/24	22:40	山羊
1/26	22:08	水瓶
1/28	21:47	魚
1/30	23:33	牡羊

1952年2月		
2/ 2	04:52	牡牛
2/ 4	13:56	双子
2/ 7	01:45	蟹
2/ 9	14:37	獅子
2/12	03:03	乙女
2/14	14:01	天秤
2/16	22:46	蠍
2/19	04:43	射手
2/21	07:50	山羊
2/23	08:50	水瓶
2/25	09:03	魚
2/27	10:13	牡羊
2/29	14:03	牡牛

1952年3月		
3/ 2	21:37	双子
3/ 5	08:41	蟹
3/ 7	21:31	獅子
3/10	09:52	乙女
3/12	20:17	天秤
3/15	04:21	蠍
3/17	10:16	射手
3/19	14:20	山羊
3/21	16:56	水瓶
3/23	18:41	魚
3/25	20:36	牡羊
3/28	00:07	牡牛
3/30	06:37	双子

1951年6月		
6/ 1	11:34	牡牛
6/ 3	23:03	双子
6/ 6	11:32	蟹
6/ 9	00:13	獅子
6/11	11:47	乙女
6/13	20:31	天秤
6/16	01:18	蠍
6/18	02:27	射手
6/20	01:39	山羊
6/22	01:05	水瓶
6/24	02:50	魚
6/26	08:14	牡羊
6/28	17:18	牡牛

1951年7月		
7/ 1	04:52	双子
7/ 3	17:28	蟹
7/ 6	06:02	獅子
7/ 8	17:37	乙女
7/11	03:05	天秤
7/13	09:19	蠍
7/15	12:04	射手
7/17	12:15	山羊
7/19	11:42	水瓶
7/21	12:29	魚
7/23	16:22	牡羊
7/26	00:08	牡牛
7/28	11:08	双子
7/30	23:43	蟹

1951年8月		
8/ 2	12:09	獅子
8/ 4	23:20	乙女
8/ 7	08:36	天秤
8/ 9	15:25	蠍
8/11	19:32	射手
8/13	21:19	山羊
8/15	21:54	水瓶
8/17	22:53	魚
8/20	01:59	牡羊
8/22	08:27	牡牛
8/24	18:29	双子
8/27	06:45	蟹
8/29	19:11	獅子

1951年9月		
9/ 1	06:01	乙女
9/ 3	14:33	天秤
9/ 5	20:50	蠍
9/ 8	01:12	射手
9/10	04:07	山羊
9/12	06:12	水瓶
9/14	08:22	魚
9/16	11:48	牡羊
9/18	17:41	牡牛
9/21	02:47	双子
9/23	14:35	蟹
9/26	03:09	獅子
9/28	14:06	乙女
9/30	22:09	天秤

1951年10月		
10/ 3	03:24	蠍
10/ 5	06:49	射手
10/ 7	09:31	山羊
10/ 9	12:20	水瓶
10/11	15:48	魚
10/13	20:21	牡羊
10/16	02:37	牡牛
10/18	11:22	双子
10/20	22:43	蟹
10/23	11:26	獅子
10/25	23:02	乙女
10/28	07:26	天秤
10/30	12:10	蠍

1951年1月		
1/ 3	00:59	蠍
1/ 5	02:39	射手
1/ 7	02:33	山羊
1/ 9	02:37	水瓶
1/11	04:57	魚
1/13	11:06	牡羊
1/15	21:12	牡牛
1/18	09:37	双子
1/20	22:07	蟹
1/23	09:13	獅子
1/25	18:27	乙女
1/28	01:47	天秤
1/30	07:05	蠍

1951年2月		
2/ 1	10:17	射手
2/ 3	11:53	山羊
2/ 5	13:05	水瓶
2/ 7	15:30	魚
2/ 9	20:44	牡牛
2/12	05:34	牡牛
2/14	17:19	双子
2/17	05:52	蟹
2/19	17:02	獅子
2/22	01:44	乙女
2/24	08:02	天秤
2/26	12:32	蠍
2/28	15:50	射手

1951年3月		
3/ 2	18:30	山羊
3/ 4	21:12	水瓶
3/ 7	00:47	魚
3/ 9	06:17	牡羊
3/11	14:34	牡牛
3/14	01:37	双子
3/16	14:07	蟹
3/19	01:45	獅子
3/21	10:40	乙女
3/23	16:22	天秤
3/25	19:37	蠍
3/27	21:42	射手
3/29	23:52	山羊

1951年4月		
4/ 1	03:03	水瓶
4/ 3	07:45	牡羊
4/ 5	14:17	牡牛
4/ 7	22:53	牡牛
4/10	09:41	双子
4/12	22:05	蟹
4/15	10:18	獅子
4/17	20:08	乙女
4/20	02:15	天秤
4/22	04:56	蠍
4/24	05:41	射手
4/26	06:21	山羊
4/28	08:33	水瓶
4/30	13:14	魚

1951年5月		
5/ 2	20:27	牡羊
5/ 5	05:47	牡牛
5/ 7	16:51	双子
5/10	05:14	蟹
5/12	17:50	獅子
5/15	04:44	乙女
5/17	12:06	天秤
5/19	15:25	蠍
5/21	15:45	射手
5/23	15:09	山羊
5/25	15:43	水瓶
5/27	19:06	魚
5/30	01:54	牡羊

1953年 2 月			1952年 9 月			1952年 4 月		
2/ 1	01:37	乙女	9/ 1	18:04	水瓶	4/ 1	16:39	蟹
2/ 3	14:33	天秤	9/ 3	18:01	魚	4/ 4	05:10	獅子
2/ 6	02:22	蠍	9/ 5	17:58	牡羊	4/ 6	17:41	乙女
2/ 8	11:21	射手	9/ 7	19:48	牡牛	4/ 9	03:57	天秤
2/10	16:33	山羊	9/10	01:07	双子	4/11	11:14	蠍
2/12	18:18	水瓶	9/12	10:25	蟹	4/13	16:09	射手
2/14	18:00	魚	9/14	22:39	獅子	4/15	19:43	山羊
2/16	17:32	牡羊	9/17	11:43	乙女	4/17	22:44	水瓶
2/18	18:52	牡牛	9/19	23:43	天秤	4/20	01:42	魚
2/20	23:28	双子	9/22	09:44	蠍	4/22	04:58	牡羊
2/23	07:49	蟹	9/24	17:34	射手	4/24	09:16	牡牛
2/25	19:06	獅子	9/26	23:07	山羊	4/26	15:41	双子
2/28	07:52	乙女	9/29	02:25	水瓶	4/29	01:06	蟹

1953年 3 月			1952年10月			1952年 5 月		
3/ 2	20:42	天秤	10/ 1	03:54	魚	5/ 1	13:13	獅子
3/ 5	08:32	蠍	10/ 3	04:35	牡羊	5/ 4	01:58	乙女
3/ 7	18:21	射手	10/ 5	06:06	牡牛	5/ 6	12:40	天秤
3/10	01:11	山羊	10/ 7	10:15	双子	5/ 8	19:50	蠍
3/12	04:53	水瓶	10/ 9	18:17	蟹	5/10	23:52	射手
3/14	05:19	魚	10/12	05:51	獅子	5/13	02:10	山羊
3/16	04:41	牡羊	10/14	18:51	乙女	5/15	04:15	水瓶
3/18	04:46	牡牛	10/17	06:45	天秤	5/17	07:07	魚
3/20	07:36	双子	10/19	16:11	蠍	5/19	11:08	牡羊
3/22	14:30	蟹	10/21	23:13	射手	5/21	16:30	牡牛
3/25	01:15	獅子	10/24	04:30	山羊	5/23	23:38	双子
3/27	14:05	乙女	10/26	08:29	水瓶	5/26	09:07	蟹
3/30	02:53	天秤	10/28	11:24	魚	5/28	21:00	獅子
			10/30	13:36	牡羊	5/31	09:58	乙女

1953年 4 月			1952年11月			1952年 6 月		
4/ 1	14:20	蠍	11/ 1	15:59	牡牛	6/ 2	21:26	天秤
4/ 3	23:59	射手	11/ 3	20:02	双子	6/ 5	05:20	蠍
4/ 6	07:30	山羊	11/ 6	03:13	蟹	6/ 7	09:22	射手
4/ 8	12:29	水瓶	11/ 8	13:57	獅子	6/ 9	10:47	山羊
4/10	14:51	魚	11/11	02:48	乙女	6/11	11:28	水瓶
4/12	15:21	牡羊	11/13	14:58	天秤	6/13	13:02	魚
4/14	15:33	牡牛	11/16	00:19	蠍	6/15	16:30	牡羊
4/16	17:28	双子	11/18	06:34	射手	6/17	22:12	牡牛
4/18	22:54	蟹	11/20	10:41	山羊	6/20	06:04	双子
4/21	08:28	獅子	11/22	13:53	水瓶	6/22	16:05	蟹
4/23	20:54	乙女	11/24	16:56	魚	6/25	04:03	獅子
4/26	09:42	天秤	11/26	20:10	牡羊	6/27	17:07	乙女
4/28	20:53	蠍	11/28	23:56	牡牛	6/30	05:19	天秤

1953年 5 月			1952年12月			1952年 7 月		
5/ 1	05:53	射手	12/ 1	04:54	双子	7/ 2	14:26	蠍
5/ 3	12:56	山羊	12/ 3	12:10	蟹	7/ 4	19:28	射手
5/ 5	18:14	水瓶	12/ 5	22:24	獅子	7/ 6	21:03	山羊
5/ 7	21:48	魚	12/ 8	10:59	乙女	7/ 8	20:55	水瓶
5/ 9	23:50	牡羊	12/10	23:36	天秤	7/10	21:00	魚
5/12	01:14	牡牛	12/13	09:40	蠍	7/12	22:57	牡羊
5/14	03:28	双子	12/15	16:01	射手	7/15	03:46	牡牛
5/16	08:17	蟹	12/17	19:18	山羊	7/17	11:39	双子
5/18	16:48	獅子	12/19	21:03	水瓶	7/19	22:06	蟹
5/21	04:32	乙女	12/21	22:47	魚	7/22	10:21	獅子
5/23	17:17	天秤	12/24	01:31	牡羊	7/24	23:26	乙女
5/26	04:34	蠍	12/26	05:47	牡牛	7/27	11:55	天秤
5/28	13:09	射手	12/28	11:50	双子	7/29	22:05	蠍
5/30	19:17	山羊	12/30	19:55	蟹			

1953年 6 月			1953年 1 月			1952年 8 月		
6/ 1	23:46	水瓶	1/ 2	06:19	獅子	8/ 1	04:38	射手
6/ 4	03:13	魚	1/ 4	18:43	乙女	8/ 3	07:28	山羊
6/ 6	06:02	牡羊	1/ 7	07:38	天秤	8/ 5	07:42	水瓶
6/ 8	08:42	牡牛	1/ 9	18:45	蠍	8/ 7	07:05	魚
6/10	12:04	双子	1/12	02:15	射手	8/ 9	07:34	牡羊
6/12	17:19	蟹	1/14	05:56	山羊	8/11	10:47	牡牛
6/15	01:28	獅子	1/16	06:59	水瓶	8/13	17:38	双子
6/17	12:37	乙女	1/18	07:08	魚	8/16	03:53	蟹
6/20	01:17	天秤	1/20	08:09	牡羊	8/18	16:20	獅子
6/22	12:58	蠍	1/22	11:22	牡牛	8/21	05:24	乙女
6/24	21:49	射手	1/24	17:23	双子	8/23	17:44	天秤
6/27	03:29	山羊	1/27	02:08	蟹	8/26	04:12	蠍
6/29	06:52	水瓶	1/29	13:07	獅子	8/28	11:54	射手
						8/30	16:25	山羊

月の運行表 1952年4月～1954年9月

1954年5月
日付	時刻	星座
5/ 2	10:44	牡牛
5/ 4	10:08	双子
5/ 6	11:31	蟹
5/ 8	16:30	獅子
5/11	01:24	乙女
5/13	13:05	天秤
5/16	01:43	蠍
5/18	13:54	射手
5/21	00:50	山羊
5/23	09:49	水瓶
5/25	16:09	魚
5/27	19:32	牡羊
5/29	20:34	牡牛
5/31	20:42	双子

1954年6月
日付	時刻	星座
6/ 2	21:47	蟹
6/ 5	01:35	獅子
6/ 7	09:07	乙女
6/ 9	20:00	天秤
6/12	08:31	蠍
6/14	20:38	射手
6/17	07:06	山羊
6/19	15:27	水瓶
6/21	21:38	魚
6/24	01:44	牡羊
6/26	04:10	牡牛
6/28	05:43	双子
6/30	07:37	蟹

1954年7月
日付	時刻	星座
7/ 2	11:17	獅子
7/ 4	17:56	乙女
7/ 7	03:54	天秤
7/ 9	16:05	蠍
7/12	04:20	射手
7/14	14:41	山羊
7/16	22:20	水瓶
7/19	03:34	魚
7/21	07:08	牡羊
7/23	09:53	牡牛
7/25	12:31	双子
7/27	15:43	蟹
7/29	20:12	獅子

1954年8月
日付	時刻	星座
8/ 1	02:50	乙女
8/ 3	12:14	天秤
8/ 6	00:04	蠍
8/ 8	12:33	射手
8/10	23:21	山羊
8/13	06:55	水瓶
8/15	11:18	魚
8/17	13:39	牡羊
8/19	15:27	牡牛
8/21	17:57	双子
8/23	21:51	蟹
8/26	03:23	獅子
8/28	10:44	乙女
8/30	20:12	天秤

1954年9月
日付	時刻	星座
9/ 2	07:49	蠍
9/ 4	20:33	射手
9/ 7	08:11	山羊
9/ 9	16:32	水瓶
9/11	20:55	魚
9/13	22:23	牡羊
9/15	22:45	牡牛
9/17	23:56	双子
9/20	03:14	蟹
9/22	09:05	獅子
9/24	17:11	乙女
9/27	03:11	天秤
9/29	14:52	蠍

1953年12月
日付	時刻	星座
12/ 3	06:31	蠍
12/ 5	17:09	射手
12/ 8	01:33	山羊
12/10	08:00	水瓶
12/12	12:47	魚
12/14	16:07	牡羊
12/16	18:23	牡牛
12/18	20:28	双子
12/20	23:41	蟹
12/23	05:24	獅子
12/25	14:25	乙女
12/28	02:12	天秤
12/30	14:44	蠍

1954年1月
日付	時刻	星座
1/ 2	01:40	射手
1/ 4	09:46	山羊
1/ 6	15:10	水瓶
1/ 8	18:44	魚
1/10	21:28	牡羊
1/13	00:11	牡牛
1/15	03:30	双子
1/17	08:02	蟹
1/19	14:26	獅子
1/21	23:15	乙女
1/24	10:31	天秤
1/26	23:04	蠍
1/29	10:43	射手
1/31	19:28	山羊

1954年2月
日付	時刻	星座
2/ 3	00:39	水瓶
2/ 5	03:04	魚
2/ 7	04:16	牡羊
2/ 9	05:48	牡牛
2/11	08:55	双子
2/13	14:11	蟹
2/15	21:37	獅子
2/18	07:01	乙女
2/20	18:15	天秤
2/23	06:45	蠍
2/25	19:01	射手
2/28	04:59	山羊

1954年3月
日付	時刻	星座
3/ 2	11:08	水瓶
3/ 4	13:34	魚
3/ 6	13:42	牡羊
3/ 8	13:34	牡牛
3/10	15:07	双子
3/12	19:38	蟹
3/15	03:18	獅子
3/17	13:22	乙女
3/20	00:58	天秤
3/22	13:27	蠍
3/25	01:57	射手
3/27	12:56	山羊
3/29	20:38	水瓶

1954年4月
日付	時刻	星座
4/ 1	00:18	魚
4/ 3	00:42	牡羊
4/ 4	23:44	牡牛
4/ 6	23:41	双子
4/ 9	02:29	蟹
4/11	09:07	獅子
4/13	19:04	乙女
4/16	06:59	天秤
4/18	19:33	蠍
4/21	07:56	射手
4/23	19:12	山羊
4/26	04:03	水瓶
4/28	09:22	魚
4/30	11:10	牡羊

1953年7月
日付	時刻	星座
7/ 1	09:09	魚
7/ 3	11:25	牡羊
7/ 5	14:24	牡牛
7/ 7	18:44	双子
7/10	00:56	蟹
7/12	09:29	獅子
7/14	20:29	乙女
7/17	09:05	天秤
7/19	21:18	蠍
7/22	07:00	射手
7/24	13:07	山羊
7/26	16:03	水瓶
7/28	17:08	魚
7/30	17:57	牡羊

1953年8月
日付	時刻	星座
8/ 1	19:58	牡牛
8/ 4	00:11	双子
8/ 6	07:01	蟹
8/ 8	16:17	獅子
8/11	03:34	乙女
8/13	16:09	天秤
8/16	04:45	蠍
8/18	15:31	射手
8/20	22:54	山羊
8/23	02:29	水瓶
8/25	03:12	魚
8/27	02:47	牡羊
8/29	03:11	牡牛
8/31	06:08	双子

1953年9月
日付	時刻	星座
9/ 2	12:31	蟹
9/ 4	22:06	獅子
9/ 7	09:48	乙女
9/ 9	22:28	天秤
9/12	11:07	蠍
9/14	22:33	射手
9/17	07:22	山羊
9/19	12:31	水瓶
9/21	14:07	魚
9/23	13:31	牡羊
9/25	12:46	牡牛
9/27	14:02	双子
9/29	18:57	蟹

1953年10月
日付	時刻	星座
10/ 2	03:54	獅子
10/ 4	15:41	乙女
10/ 7	04:29	天秤
10/ 9	16:57	蠍
10/12	04:20	射手
10/14	13:52	山羊
10/16	20:35	水瓶
10/18	23:56	魚
10/21	00:28	牡羊
10/22	23:47	牡牛
10/25	00:05	双子
10/27	03:25	蟹
10/29	10:56	獅子
10/31	22:05	乙女

1953年11月
日付	時刻	星座
11/ 3	10:51	天秤
11/ 5	23:13	蠍
11/ 8	10:07	射手
11/10	19:19	山羊
11/13	02:32	水瓶
11/15	07:18	魚
11/17	09:36	牡羊
11/19	10:16	牡牛
11/21	10:55	双子
11/23	13:32	蟹
11/25	19:42	獅子
11/28	05:42	乙女
11/30	18:07	天秤

1955年8月

8/ 3	07:53	水瓶
8/ 5	17:05	魚
8/ 8	00:01	牡羊
8/10	05:04	牡牛
8/12	08:35	双子
8/14	10:52	蟹
8/16	12:35	獅子
8/18	14:58	乙女
8/20	19:34	天秤
8/23	03:38	蠍
8/25	15:04	射手
8/28	03:57	山羊
8/30	15:36	水瓶

1955年9月

9/ 2	00:24	魚
9/ 4	06:25	牡羊
9/ 6	10:37	牡牛
9/ 8	13:59	双子
9/10	17:02	蟹
9/12	20:03	獅子
9/14	23:34	乙女
9/17	04:35	天秤
9/19	12:19	蠍
9/21	23:12	射手
9/24	12:02	山羊
9/27	00:08	水瓶
9/29	09:13	魚

1955年10月

10/ 1	14:47	牡羊
10/ 3	17:33	牡牛
10/ 5	20:01	双子
10/ 7	22:24	蟹
10/10	01:42	獅子
10/12	06:12	乙女
10/14	12:14	天秤
10/16	20:24	蠍
10/19	07:08	射手
10/21	19:52	山羊
10/24	08:34	水瓶
10/26	18:38	魚
10/29	00:47	牡羊
10/31	03:31	牡牛

1955年11月

11/ 2	04:24	双子
11/ 4	05:13	蟹
11/ 6	07:21	獅子
11/ 8	11:37	乙女
11/10	18:16	天秤
11/13	03:13	蠍
11/15	14:18	射手
11/18	03:00	山羊
11/20	16:00	水瓶
11/23	03:12	魚
11/25	10:49	牡羊
11/27	14:28	牡牛
11/29	15:12	双子

1955年12月

12/ 1	14:48	蟹
12/ 3	15:09	獅子
12/ 5	17:51	乙女
12/ 7	23:49	天秤
12/10	09:01	蠍
12/12	20:35	射手
12/15	09:24	山羊
12/17	22:21	水瓶
12/20	10:03	魚
12/22	19:07	牡羊
12/25	00:34	牡牛
12/27	02:34	双子
12/29	02:18	蟹
12/31	01:37	獅子

1955年3月

3/ 1	04:25	双子
3/ 3	07:40	蟹
3/ 5	11:50	獅子
3/ 7	17:10	乙女
3/10	00:21	天秤
3/12	10:05	蠍
3/14	22:14	射手
3/17	11:02	山羊
3/19	21:47	水瓶
3/22	04:46	魚
3/24	08:10	牡羊
3/26	09:32	牡牛
3/28	10:43	双子
3/30	13:06	蟹

1955年4月

4/ 1	17:22	獅子
4/ 3	23:33	乙女
4/ 6	07:35	天秤
4/ 8	17:39	蠍
4/11	05:42	射手
4/13	18:41	山羊
4/16	06:20	水瓶
4/18	14:29	魚
4/20	18:30	牡羊
4/22	19:30	牡牛
4/24	19:25	双子
4/26	20:10	蟹
4/28	23:09	獅子

1955年5月

5/ 1	04:59	乙女
5/ 3	13:27	天秤
5/ 6	00:05	蠍
5/ 8	12:19	射手
5/11	01:20	山羊
5/13	13:30	水瓶
5/15	22:53	魚
5/18	04:21	牡羊
5/20	06:13	牡牛
5/22	05:57	双子
5/24	05:34	蟹
5/26	06:53	獅子
5/28	11:17	乙女
5/30	19:09	天秤

1955年6月

6/ 2	05:55	蠍
6/ 4	18:24	射手
6/ 7	07:21	山羊
6/ 9	19:31	水瓶
6/12	05:33	魚
6/14	12:24	牡羊
6/16	15:51	牡牛
6/18	16:38	双子
6/20	16:16	蟹
6/22	16:37	獅子
6/24	19:27	乙女
6/27	01:57	天秤
6/29	12:05	蠍

1955年7月

7/ 2	00:35	射手
7/ 4	13:30	山羊
7/ 7	01:19	水瓶
7/ 9	11:10	魚
7/11	18:34	牡羊
7/13	23:21	牡牛
7/16	01:44	双子
7/18	02:31	蟹
7/20	03:04	獅子
7/22	05:07	乙女
7/24	10:17	天秤
7/26	19:20	蠍
7/29	07:24	射手
7/31	20:19	山羊

1954年10月

10/ 2	03:42	射手
10/ 4	16:05	山羊
10/ 7	01:46	水瓶
10/ 9	07:18	魚
10/11	08:59	牡羊
10/13	08:33	牡牛
10/15	08:11	双子
10/17	09:51	蟹
10/19	14:42	獅子
10/21	22:45	乙女
10/24	09:12	天秤
10/26	21:11	蠍
10/29	09:59	射手
10/31	22:37	山羊

1954年11月

11/ 3	09:23	水瓶
11/ 5	16:35	魚
11/ 7	19:43	牡羊
11/ 9	19:50	牡牛
11/11	18:52	双子
11/13	19:01	蟹
11/15	22:04	獅子
11/18	04:53	乙女
11/20	15:03	天秤
11/23	03:13	蠍
11/25	16:02	射手
11/28	04:25	山羊
11/30	15:20	水瓶

1954年12月

12/ 2	23:39	魚
12/ 5	04:36	牡羊
12/ 7	06:23	牡牛
12/ 9	06:17	双子
12/11	06:07	蟹
12/13	07:49	獅子
12/15	12:55	乙女
12/17	21:52	天秤
12/20	09:44	蠍
12/22	22:35	射手
12/25	10:41	山羊
12/27	21:01	水瓶
12/30	05:10	魚

1955年1月

1/ 1	10:57	牡羊
1/ 3	14:25	牡牛
1/ 5	16:05	双子
1/ 7	17:01	蟹
1/ 9	18:42	獅子
1/11	22:44	乙女
1/14	06:16	天秤
1/16	17:16	蠍
1/19	06:02	射手
1/21	18:10	山羊
1/24	03:59	水瓶
1/26	11:12	魚
1/28	16:21	牡羊
1/30	20:07	牡牛

1955年2月

2/ 1	23:03	双子
2/ 4	01:37	蟹
2/ 6	04:29	獅子
2/ 8	08:44	乙女
2/10	15:34	天秤
2/13	01:39	蠍
2/15	14:08	射手
2/18	02:35	山羊
2/20	12:34	水瓶
2/22	19:10	魚
2/24	23:07	牡羊
2/27	01:48	牡牛

月の運行表　1954年10月〜1957年3月

1956年11月			1956年6月			1956年1月		
11/ 2	07:26	蠍	6/ 1	06:10	魚	1/ 2	02:32	乙女
11/ 4	13:58	射手	6/ 3	16:05	牡羊	1/ 4	06:45	天秤
11/ 6	23:25	山羊	6/ 5	22:23	牡牛	1/ 6	15:01	蠍
11/ 9	11:21	水瓶	6/ 8	01:10	双子	1/ 9	02:34	射手
11/11	23:52	魚	6/10	01:43	蟹	1/11	15:34	山羊
11/14	10:38	牡羊	6/12	01:46	獅子	1/14	04:20	水瓶
11/16	18:14	牡牛	6/14	03:05	乙女	1/16	15:49	魚
11/18	22:46	双子	6/16	07:00	天秤	1/19	01:18	牡羊
11/21	01:19	蟹	6/18	14:04	蠍	1/21	08:12	牡牛
11/23	03:11	獅子	6/20	23:56	射手	1/23	12:06	双子
11/25	05:33	乙女	6/23	11:44	山羊	1/25	13:20	蟹
11/27	09:12	天秤	6/26	00:27	水瓶	1/27	13:08	獅子
11/29	14:36	蠍	6/28	12:56	魚	1/29	13:19	乙女
			6/30	23:44	牡羊	1/31	15:57	天秤

1956年12月			1956年7月			1956年2月		
12/ 1	22:00	射手	7/ 3	07:27	牡牛	2/ 2	22:34	蠍
12/ 4	07:37	山羊	7/ 5	11:27	双子	2/ 5	09:14	射手
12/ 6	19:17	水瓶	7/ 7	12:21	蟹	2/ 7	22:09	山羊
12/ 9	07:58	魚	7/ 9	11:43	獅子	2/10	10:53	水瓶
12/11	19:38	牡羊	7/11	11:36	乙女	2/12	21:53	魚
12/14	04:17	牡牛	7/13	13:55	天秤	2/15	06:49	牡羊
12/16	09:07	双子	7/15	19:57	蠍	2/17	13:50	牡牛
12/18	10:53	蟹	7/18	05:38	射手	2/19	18:52	双子
12/20	11:13	獅子	7/20	17:42	山羊	2/21	21:50	蟹
12/22	11:57	乙女	7/23	06:30	水瓶	2/23	23:11	獅子
12/24	14:40	天秤	7/25	18:52	魚	2/26	00:06	乙女
12/26	20:10	蠍	7/28	05:55	牡羊	2/28	02:22	天秤
12/29	04:21	射手	7/30	14:42	牡牛			
12/31	14:38	山羊						

1957年1月			1956年8月			1956年3月		
1/ 3	02:26	水瓶	8/ 1	20:17	双子	3/ 1	07:46	蠍
1/ 5	15:06	魚	8/ 3	22:33	蟹	3/ 3	17:10	射手
1/ 8	03:24	牡羊	8/ 5	22:28	獅子	3/ 6	05:33	山羊
1/10	13:28	牡牛	8/ 7	21:51	乙女	3/ 8	18:20	水瓶
1/12	19:45	双子	8/ 9	22:52	天秤	3/11	05:12	魚
1/14	22:06	蟹	8/12	03:21	蠍	3/13	13:27	牡羊
1/16	21:52	獅子	8/14	12:00	射手	3/15	19:33	牡牛
1/18	21:05	乙女	8/16	23:48	山羊	3/18	00:13	双子
1/20	21:57	天秤	8/19	12:39	水瓶	3/20	03:48	蟹
1/23	02:04	蠍	8/22	00:49	魚	3/22	06:32	獅子
1/25	09:53	射手	8/24	11:31	牡羊	3/24	08:54	乙女
1/27	20:33	山羊	8/26	20:24	牡牛	3/26	12:01	天秤
1/30	08:43	水瓶	8/29	03:01	双子	3/28	17:20	蠍
			8/31	06:52	蟹	3/31	01:56	射手

1957年2月			1956年9月			1956年4月		
2/ 1	21:22	魚	9/ 2	08:15	獅子	4/ 2	13:38	山羊
2/ 4	09:43	牡羊	9/ 4	08:21	乙女	4/ 5	02:25	水瓶
2/ 6	20:38	牡牛	9/ 6	09:05	天秤	4/ 7	13:38	魚
2/ 9	04:35	双子	9/ 8	12:28	蠍	4/ 9	21:47	牡羊
2/11	08:39	蟹	9/10	19:47	射手	4/12	03:04	牡牛
2/13	09:20	獅子	9/13	06:47	山羊	4/14	06:31	双子
2/15	08:19	乙女	9/15	19:29	水瓶	4/16	09:16	蟹
2/17	07:51	天秤	9/18	07:35	魚	4/18	12:01	獅子
2/19	10:07	蠍	9/20	17:49	牡羊	4/20	15:18	乙女
2/21	16:24	射手	9/23	02:02	牡牛	4/22	19:38	天秤
2/24	02:28	山羊	9/25	08:26	双子	4/25	01:46	蠍
2/26	14:44	水瓶	9/27	13:01	蟹	4/27	10:26	射手
			9/29	15:50	獅子	4/29	21:45	山羊

1957年3月			1956年10月			1956年5月		
3/ 1	03:26	魚	10/ 1	17:25	乙女	5/ 2	10:28	水瓶
3/ 3	15:32	牡羊	10/ 3	19:02	天秤	5/ 4	22:16	魚
3/ 6	02:22	牡牛	10/ 5	22:00	蠍	5/ 7	07:06	牡羊
3/ 8	11:05	双子	10/ 8	04:47	射手	5/ 9	12:25	牡牛
3/10	16:46	蟹	10/10	14:49	山羊	5/11	15:01	双子
3/12	19:12	獅子	10/13	03:11	水瓶	5/13	16:22	蟹
3/14	19:21	乙女	10/15	15:26	魚	5/15	17:53	獅子
3/16	19:00	天秤	10/18	01:37	牡羊	5/17	20:41	乙女
3/18	20:16	蠍	10/20	09:08	牡牛	5/20	01:27	天秤
3/21	00:54	射手	10/22	14:29	双子	5/22	08:28	蠍
3/23	09:35	山羊	10/24	18:25	蟹	5/24	17:47	射手
3/25	21:18	水瓶	10/26	21:28	獅子	5/27	05:12	山羊
3/28	10:01	魚	10/29	00:10	乙女	5/29	17:53	水瓶
3/30	21:56	牡羊	10/31	03:11	天秤			

1958年 2 月

日付	時刻	星座
2/ 1	13:42	蟹
2/ 3	16:39	獅子
2/ 5	17:12	乙女
2/ 7	17:25	天秤
2/ 9	19:04	蠍
2/11	23:12	射手
2/14	05:56	山羊
2/16	14:52	水瓶
2/19	01:40	魚
2/21	14:03	牡羊
2/24	03:06	牡牛
2/26	14:53	双子
2/28	23:18	蟹

1958年 3 月

日付	時刻	星座
3/ 3	03:28	獅子
3/ 5	04:16	乙女
3/ 7	03:36	天秤
3/ 9	03:35	蠍
3/11	05:57	射手
3/13	11:37	山羊
3/15	20:29	水瓶
3/18	07:42	魚
3/20	20:18	牡羊
3/23	09:17	牡牛
3/25	21:21	双子
3/28	06:54	蟹
3/30	12:46	獅子

1958年 4 月

日付	時刻	星座
4/ 1	15:01	乙女
4/ 3	14:55	天秤
4/ 5	14:17	蠍
4/ 7	15:07	射手
4/ 9	19:01	山羊
4/12	02:42	水瓶
4/14	13:39	魚
4/17	02:23	牡羊
4/19	15:17	牡牛
4/22	03:04	双子
4/24	12:47	蟹
4/26	19:44	獅子
4/28	23:41	乙女

1958年 5 月

日付	時刻	星座
5/ 1	01:07	天秤
5/ 3	01:15	蠍
5/ 5	01:24	射手
5/ 7	04:21	山羊
5/ 9	10:30	水瓶
5/11	20:28	魚
5/14	08:58	牡羊
5/16	21:51	牡牛
5/19	09:14	双子
5/21	18:24	蟹
5/24	01:16	獅子
5/26	06:01	乙女
5/28	08:56	天秤
5/30	10:34	蠍

1958年 6 月

日付	時刻	星座
6/ 1	11:55	射手
6/ 3	14:24	山羊
6/ 5	19:34	水瓶
6/ 8	04:24	魚
6/10	16:21	牡羊
6/13	05:13	牡牛
6/15	16:32	双子
6/18	01:04	蟹
6/20	07:05	獅子
6/22	11:23	乙女
6/24	14:43	天秤
6/26	17:31	蠍
6/28	20:13	射手
6/30	23:33	山羊

1957年 9 月

日付	時刻	星座
9/ 3	06:06	山羊
9/ 5	16:51	水瓶
9/ 8	05:05	魚
9/10	17:46	牡羊
9/13	05:58	牡牛
9/15	16:27	双子
9/17	23:51	蟹
9/20	03:32	獅子
9/22	04:12	乙女
9/24	03:34	天秤
9/26	03:41	蠍
9/28	06:28	射手
9/30	13:00	山羊

1957年10月

日付	時刻	星座
10/ 2	23:05	水瓶
10/ 5	11:19	魚
10/ 7	23:58	牡羊
10/10	11:48	牡牛
10/12	22:01	双子
10/15	05:55	蟹
10/17	11:00	獅子
10/19	13:25	乙女
10/21	14:04	天秤
10/23	14:32	蠍
10/25	16:34	射手
10/27	21:42	山羊
10/30	06:33	水瓶

1957年11月

日付	時刻	星座
11/ 1	18:20	魚
11/ 4	07:01	牡羊
11/ 6	18:39	牡牛
11/ 9	04:09	双子
11/11	11:24	蟹
11/13	16:37	獅子
11/15	20:08	乙女
11/17	22:26	天秤
11/20	00:19	蠍
11/22	02:53	射手
11/24	07:30	山羊
11/26	15:16	水瓶
11/29	02:17	魚

1957年12月

日付	時刻	星座
12/ 1	14:58	牡羊
12/ 4	02:49	牡牛
12/ 6	12:01	双子
12/ 8	18:17	蟹
12/10	22:24	獅子
12/13	01:29	乙女
12/15	04:24	天秤
12/17	07:37	蠍
12/19	11:32	射手
12/21	16:48	山羊
12/24	00:19	水瓶
12/26	10:42	魚
12/28	23:14	牡羊
12/31	11:38	牡牛

1958年 1 月

日付	時刻	星座
1/ 2	21:22	双子
1/ 5	03:23	蟹
1/ 7	06:23	獅子
1/ 9	08:00	乙女
1/11	09:55	天秤
1/13	13:03	蠍
1/15	17:51	射手
1/18	00:19	山羊
1/20	08:23	水瓶
1/22	18:42	魚
1/25	07:04	牡羊
1/27	19:57	牡牛
1/30	06:48	双子

1957年 4 月

日付	時刻	星座
4/ 2	08:12	牡牛
4/ 4	16:31	双子
4/ 6	22:38	蟹
4/ 9	02:25	獅子
4/11	04:14	乙女
4/13	05:09	天秤
4/15	06:46	蠍
4/17	10:44	射手
4/19	18:09	山羊
4/22	04:54	水瓶
4/24	17:24	魚
4/27	05:23	牡羊
4/29	15:19	牡牛

1957年 5 月

日付	時刻	星座
5/ 1	22:47	双子
5/ 4	04:09	蟹
5/ 6	07:54	獅子
5/ 8	10:37	乙女
5/10	12:58	天秤
5/12	15:49	蠍
5/14	20:15	射手
5/17	03:14	山羊
5/19	13:13	水瓶
5/22	01:21	魚
5/24	13:34	牡羊
5/26	23:44	牡牛
5/29	06:48	双子
5/31	11:06	蟹

1957年 6 月

日付	時刻	星座
6/ 2	13:46	獅子
6/ 4	16:00	乙女
6/ 6	18:46	天秤
6/ 8	22:42	蠍
6/11	04:11	射手
6/13	11:37	山羊
6/15	21:24	水瓶
6/18	09:16	魚
6/20	21:47	牡羊
6/23	08:39	牡牛
6/25	16:08	双子
6/27	20:01	蟹
6/29	21:32	獅子

1957年 7 月

日付	時刻	星座
7/ 1	22:25	乙女
7/ 4	00:17	天秤
7/ 6	04:11	蠍
7/ 8	10:21	射手
7/10	18:36	山羊
7/13	04:44	水瓶
7/15	16:33	魚
7/18	05:16	牡羊
7/20	16:59	牡牛
7/23	01:35	双子
7/25	06:06	蟹
7/27	07:17	獅子
7/29	07:00	乙女
7/31	07:21	天秤

1957年 8 月

日付	時刻	星座
8/ 2	10:01	蠍
8/ 4	15:48	射手
8/ 7	00:24	山羊
8/ 9	11:03	水瓶
8/11	23:03	魚
8/14	11:47	牡羊
8/17	00:02	牡牛
8/19	09:52	双子
8/21	15:49	蟹
8/23	17:52	獅子
8/25	17:27	乙女
8/27	16:43	天秤
8/29	17:46	蠍
8/31	22:08	射手

月の運行表 1957年4月～1959年9月

1959年 5 月			1958年12月			1958年 7 月		
5/ 1	21:00	魚	12/ 1	07:41	獅子	7/ 3	04:45	水瓶
5/ 4	07:20	牡羊	12/ 3	14:19	乙女	7/ 5	12:58	魚
5/ 6	19:39	牡牛	12/ 5	18:32	天秤	7/ 8	00:19	牡羊
5/ 9	08:35	双子	12/ 7	20:29	蠍	7/10	13:10	牡牛
5/11	20:58	蟹	12/ 9	21:02	射手	7/13	00:47	双子
5/14	07:42	獅子	12/11	21:47	山羊	7/15	09:16	蟹
5/16	15:39	乙女	12/14	00:38	水瓶	7/17	14:32	獅子
5/18	20:07	天秤	12/16	07:13	魚	7/19	17:43	乙女
5/20	21:25	蠍	12/18	17:46	牡羊	7/21	20:12	天秤
5/22	20:52	射手	12/21	06:38	牡牛	7/23	22:58	蠍
5/24	20:25	山羊	12/23	19:09	双子	7/26	02:26	射手
5/26	22:11	水瓶	12/26	05:33	蟹	7/28	06:54	山羊
5/29	03:43	魚	12/28	13:34	獅子	7/30	12:53	水瓶
5/31	13:19	牡羊	12/30	19:41	乙女			

1959年 6 月			1959年 1 月			1958年 8 月		
6/ 3	01:37	牡牛	1/ 2	00:22	天秤	8/ 1	21:12	魚
6/ 5	14:36	双子	1/ 4	03:43	蠍	8/ 4	08:15	牡羊
6/ 8	02:45	蟹	1/ 6	05:56	射手	8/ 6	21:05	牡牛
6/10	13:20	獅子	1/ 8	07:51	山羊	8/ 9	09:17	双子
6/12	21:52	乙女	1/10	10:52	水瓶	8/11	18:26	蟹
6/15	03:43	天秤	1/12	16:40	魚	8/13	23:44	獅子
6/17	06:39	蠍	1/15	02:10	牡羊	8/16	02:07	乙女
6/19	07:15	射手	1/17	14:33	牡牛	8/18	03:18	天秤
6/21	07:02	山羊	1/20	03:16	双子	8/20	04:50	蠍
6/23	08:02	水瓶	1/22	13:48	蟹	8/22	07:49	射手
6/25	12:10	魚	1/24	21:14	獅子	8/24	12:39	山羊
6/27	20:28	牡羊	1/27	02:14	乙女	8/26	19:29	水瓶
6/30	08:11	牡牛	1/29	05:55	天秤	8/29	04:26	魚
			1/31	09:07	蠍	8/31	15:36	牡羊

1959年 7 月			1959年 2 月			1958年 9 月		
7/ 2	21:06	双子	2/ 2	12:12	射手	9/ 3	04:25	牡牛
7/ 5	09:04	蟹	2/ 4	15:30	山羊	9/ 5	17:08	双子
7/ 7	17:09	獅子	2/ 6	19:41	水瓶	9/ 8	03:23	蟹
7/10	03:17	乙女	2/ 9	01:51	魚	9/10	09:42	獅子
7/12	09:28	天秤	2/11	10:55	牡羊	9/12	12:20	乙女
7/14	13:34	蠍	2/13	22:48	牡牛	9/14	12:45	天秤
7/16	15:42	射手	2/16	11:40	双子	9/16	12:51	蠍
7/18	16:43	山羊	2/18	22:52	蟹	9/18	14:17	射手
7/20	18:06	水瓶	2/21	06:39	獅子	9/20	18:14	山羊
7/22	21:42	魚	2/23	11:07	乙女	9/23	01:04	水瓶
7/25	04:54	牡羊	2/25	13:30	天秤	9/25	10:35	魚
7/27	15:44	牡牛	2/27	15:16	蠍	9/27	22:09	牡羊
7/30	04:24	双子				9/30	10:59	牡牛

1959年 8 月			1959年 3 月			1958年10月		
8/ 1	16:25	蟹	3/ 1	17:34	射手	10/ 2	23:51	双子
8/ 4	02:10	獅子	3/ 3	21:07	山羊	10/ 5	11:01	蟹
8/ 6	09:30	乙女	3/ 6	02:17	水瓶	10/ 7	18:52	獅子
8/ 8	14:57	天秤	3/ 8	09:26	魚	10/ 9	22:51	乙女
8/10	19:01	蠍	3/10	18:54	牡羊	10/11	23:45	天秤
8/12	21:59	射手	3/13	06:37	牡牛	10/13	23:13	蠍
8/15	00:20	山羊	3/15	19:31	双子	10/15	23:10	射手
8/17	02:55	水瓶	3/18	07:28	蟹	10/18	01:24	山羊
8/19	07:00	魚	3/20	16:23	獅子	10/20	07:05	水瓶
8/21	13:52	牡羊	3/22	21:29	乙女	10/22	16:21	魚
8/23	23:59	牡牛	3/24	23:28	天秤	10/25	04:12	牡羊
8/26	12:20	双子	3/26	23:54	蠍	10/27	17:08	牡牛
8/29	00:35	蟹	3/29	00:32	射手	10/30	05:50	双子
8/31	10:34	獅子	3/31	02:50	山羊			

1959年 9 月			1959年 4 月			1958年11月		
9/ 2	17:31	乙女	4/ 2	07:43	水瓶	11/ 1	17:09	蟹
9/ 4	21:57	天秤	4/ 4	15:24	魚	11/ 4	02:04	獅子
9/ 7	00:54	蠍	4/ 7	01:33	牡羊	11/ 6	07:47	乙女
9/ 9	03:22	射手	4/ 9	13:32	牡牛	11/ 8	10:18	天秤
9/11	06:06	山羊	4/12	02:26	双子	11/10	10:31	蠍
9/13	09:44	水瓶	4/14	14:49	蟹	11/12	10:04	射手
9/15	14:56	魚	4/17	00:55	獅子	11/14	10:55	山羊
9/17	22:17	牡羊	4/19	07:28	乙女	11/16	14:54	水瓶
9/20	08:13	牡牛	4/21	10:20	天秤	11/18	22:57	魚
9/22	20:17	双子	4/23	10:34	蠍	11/21	10:29	牡羊
9/25	08:50	蟹	4/25	10:00	射手	11/23	23:31	牡牛
9/27	19:38	獅子	4/27	10:34	山羊	11/26	12:01	双子
9/30	03:05	乙女	4/29	13:57	水瓶	11/28	22:51	蟹

1960年 8 月		
8/ 2	11:05	射手
8/ 4	12:26	山羊
8/ 6	12:22	水瓶
8/ 8	12:43	魚
8/10	15:23	牡羊
8/12	21:37	牡牛
8/15	07:15	双子
8/17	19:44	蟹
8/20	08:19	獅子
8/22	19:43	乙女
8/25	05:10	天秤
8/27	12:25	蠍
8/29	17:20	射手
8/31	20:10	山羊

1960年 9 月		
9/ 2	21:36	水瓶
9/ 4	22:52	魚
9/ 7	01:27	牡羊
9/ 9	06:46	牡牛
9/11	15:32	双子
9/14	03:12	蟹
9/16	15:48	獅子
9/19	03:08	乙女
9/21	11:59	天秤
9/23	18:19	蠍
9/25	22:43	射手
9/28	01:55	山羊
9/30	04:33	水瓶

1960年10月		
10/ 2	07:15	魚
10/ 4	10:48	牡羊
10/ 6	16:10	牡牛
10/ 9	00:17	双子
10/11	11:29	蟹
10/13	23:56	獅子
10/16	11:42	乙女
10/18	20:34	天秤
10/21	02:07	蠍
10/23	05:17	射手
10/25	07:30	山羊
10/27	09:58	水瓶
10/29	13:27	魚
10/31	18:13	牡羊

1960年11月		
11/ 3	00:29	牡牛
11/ 5	08:45	双子
11/ 7	19:26	蟹
11/10	08:00	獅子
11/12	14:18	乙女
11/15	06:09	天秤
11/17	11:54	蠍
11/19	14:18	射手
11/21	15:04	山羊
11/23	16:06	水瓶
11/25	18:50	魚
11/27	23:52	牡羊
11/30	07:01	牡牛

1960年12月		
12/ 2	16:02	双子
12/ 5	02:53	蟹
12/ 7	15:22	獅子
12/10	04:14	乙女
12/12	15:11	天秤
12/14	22:14	蠍
12/17	01:08	射手
12/19	01:18	山羊
12/21	00:51	水瓶
12/23	01:19	魚
12/25	05:35	牡羊
12/27	12:31	牡牛
12/29	22:02	双子

1960年 3 月		
3/ 2	03:19	牡牛
3/ 4	14:08	双子
3/ 7	02:37	蟹
3/ 9	14:26	獅子
3/11	23:48	乙女
3/14	06:20	天秤
3/16	10:38	蠍
3/18	13:39	射手
3/20	16:15	山羊
3/22	19:11	水瓶
3/24	23:03	魚
3/27	04:31	牡羊
3/29	12:14	牡牛
3/31	22:32	双子

1960年 4 月		
4/ 3	10:46	蟹
4/ 5	23:01	獅子
4/ 8	09:03	乙女
4/10	15:36	天秤
4/12	19:02	蠍
4/14	20:38	射手
4/16	22:02	山羊
4/19	00:33	水瓶
4/21	04:57	魚
4/23	11:24	牡羊
4/25	19:51	牡牛
4/28	06:17	双子
4/30	18:23	蟹

1960年 5 月		
5/ 3	06:59	獅子
5/ 5	18:00	乙女
5/ 8	01:31	天秤
5/10	05:07	蠍
5/12	05:56	射手
5/14	05:52	山羊
5/16	06:52	水瓶
5/18	10:24	魚
5/20	16:56	牡羊
5/23	02:00	牡牛
5/25	12:55	双子
5/28	01:07	蟹
5/30	13:52	獅子

1960年 6 月		
6/ 2	01:39	乙女
6/ 4	10:32	天秤
6/ 6	15:21	蠍
6/ 8	16:32	射手
6/10	15:49	山羊
6/12	15:25	水瓶
6/14	17:19	魚
6/16	22:43	牡羊
6/19	07:33	牡牛
6/21	18:46	双子
6/24	07:10	蟹
6/26	19:53	獅子
6/29	07:54	乙女

1960年 7 月		
7/ 1	17:47	天秤
7/ 4	00:09	蠍
7/ 6	02:43	射手
7/ 8	02:35	山羊
7/10	01:45	水瓶
7/12	02:20	魚
7/14	06:08	牡羊
7/16	13:49	牡牛
7/19	00:41	双子
7/21	13:10	蟹
7/24	01:47	獅子
7/26	13:33	乙女
7/28	23:34	天秤
7/31	06:56	蠍

1959年10月		
10/ 2	07:09	天秤
10/ 4	08:55	蠍
10/ 6	09:56	射手
10/ 8	11:40	山羊
10/10	15:13	水瓶
10/12	21:07	魚
10/15	05:21	牡羊
10/17	15:41	牡牛
10/20	03:40	双子
10/22	16:23	蟹
10/25	04:05	獅子
10/27	12:50	乙女
10/29	17:43	天秤
10/31	19:15	蠍

1959年11月		
11/ 2	19:03	射手
11/ 4	19:06	山羊
11/ 6	21:15	水瓶
11/ 9	02:36	魚
11/11	11:11	牡羊
11/13	22:05	牡牛
11/16	10:17	双子
11/18	22:57	蟹
11/21	11:05	獅子
11/23	21:09	乙女
11/26	03:43	天秤
11/28	06:22	蠍
11/30	06:12	射手

1959年12月		
12/ 2	05:12	山羊
12/ 4	05:36	水瓶
12/ 6	09:17	魚
12/ 8	17:00	牡羊
12/11	03:56	牡牛
12/13	16:25	双子
12/16	05:01	蟹
12/18	16:58	獅子
12/21	03:30	乙女
12/23	11:30	天秤
12/25	16:01	蠍
12/27	17:16	射手
12/29	16:39	山羊
12/31	16:16	水瓶

1960年 1 月		
1/ 2	18:20	魚
1/ 5	00:22	牡羊
1/ 7	10:23	牡牛
1/ 9	22:46	双子
1/12	11:24	蟹
1/14	23:00	獅子
1/17	09:04	乙女
1/19	17:15	天秤
1/21	23:00	蠍
1/24	02:03	射手
1/26	03:00	山羊
1/28	03:20	水瓶
1/30	04:57	魚

1960年 2 月		
2/ 1	09:39	牡羊
2/ 3	18:16	牡牛
2/ 6	05:59	双子
2/ 8	18:38	蟹
2/11	06:09	獅子
2/13	15:35	乙女
2/15	22:56	天秤
2/18	04:25	蠍
2/20	08:13	射手
2/22	10:40	山羊
2/24	12:33	水瓶
2/26	15:05	魚
2/28	19:38	牡羊

月の運行表　1959年10月〜1962年3月

1961年11月
11/ 2	15:19	乙女
11/ 5	03:43	天秤
11/ 7	13:41	蠍
11/ 9	20:52	射手
11/12	02:00	山羊
11/14	06:00	水瓶
11/16	09:19	魚
11/18	12:11	牡羊
11/20	15:04	牡牛
11/22	19:00	双子
11/25	01:21	蟹
11/27	11:02	獅子
11/29	23:26	乙女

1961年12月
12/ 2	12:09	天秤
12/ 4	22:31	蠍
12/ 7	05:26	射手
12/ 9	09:32	山羊
12/11	12:13	水瓶
12/13	14:43	魚
12/15	17:45	牡羊
12/17	21:40	牡牛
12/20	02:49	双子
12/22	09:51	蟹
12/24	19:27	獅子
12/27	07:30	乙女
12/29	20:27	天秤

1962年 1月
1/ 1	07:43	蠍
1/ 3	15:25	射手
1/ 5	19:25	山羊
1/ 7	21:01	水瓶
1/ 9	21:55	魚
1/11	23:35	牡羊
1/14	03:03	牡牛
1/16	08:43	双子
1/18	16:41	蟹
1/21	02:51	獅子
1/23	14:55	乙女
1/26	03:53	天秤
1/28	15:55	蠍
1/31	01:01	射手

1962年 2月
2/ 2	06:11	山羊
2/ 4	07:58	水瓶
2/ 6	07:54	魚
2/ 8	07:51	牡羊
2/10	09:36	牡牛
2/12	14:19	双子
2/14	22:21	蟹
2/17	09:05	獅子
2/19	21:28	乙女
2/22	10:22	天秤
2/24	22:37	蠍
2/27	08:47	射手

1962年 3月
3/ 1	15:39	山羊
3/ 3	18:53	水瓶
3/ 5	19:17	魚
3/ 7	18:33	牡羊
3/ 9	18:41	牡牛
3/11	21:36	双子
3/14	04:27	蟹
3/16	14:57	獅子
3/19	03:34	乙女
3/21	16:29	天秤
3/24	04:29	蠍
3/26	14:49	射手
3/28	22:47	山羊
3/31	03:44	水瓶

1961年 6月
6/ 1	01:21	山羊
6/ 3	02:46	水瓶
6/ 5	04:52	魚
6/ 7	08:24	牡羊
6/ 9	13:38	牡牛
6/11	20:41	双子
6/14	05:50	蟹
6/16	17:17	獅子
6/19	06:13	乙女
6/21	18:33	天秤
6/24	03:52	蠍
6/26	09:07	射手
6/28	11:01	山羊
6/30	11:19	水瓶

1961年 7月
7/ 2	11:54	魚
7/ 4	14:13	牡羊
7/ 6	19:02	牡牛
7/ 9	02:28	双子
7/11	12:14	蟹
7/13	23:57	獅子
7/16	12:56	乙女
7/19	01:40	天秤
7/21	12:05	蠍
7/23	18:43	射手
7/25	21:29	山羊
7/27	21:42	水瓶
7/29	21:14	魚
7/31	21:57	牡羊

1961年 8月
8/ 3	01:20	牡牛
8/ 5	08:05	双子
8/ 7	17:57	蟹
8/10	06:00	獅子
8/12	19:01	乙女
8/15	07:45	天秤
8/17	18:45	蠍
8/20	02:45	射手
8/22	07:08	山羊
8/24	08:27	水瓶
8/26	08:04	魚
8/28	07:50	牡羊
8/30	09:38	牡牛

1961年 9月
9/ 1	14:54	双子
9/ 4	00:01	蟹
9/ 6	12:02	獅子
9/ 9	01:06	乙女
9/11	13:35	天秤
9/14	00:24	蠍
9/16	08:55	射手
9/18	14:43	山羊
9/20	17:44	水瓶
9/22	18:37	魚
9/24	18:41	牡羊
9/26	19:43	牡牛
9/28	23:33	双子

1961年10月
10/ 1	07:20	蟹
10/ 3	18:44	獅子
10/ 6	07:46	乙女
10/ 8	20:05	天秤
10/11	06:20	蠍
10/13	14:22	射手
10/15	20:25	山羊
10/18	00:38	水瓶
10/20	03:11	魚
10/22	04:37	牡羊
10/24	06:08	牡牛
10/26	09:25	双子
10/28	16:03	蟹
10/31	02:31	獅子

1961年 1月
1/ 1	09:23	蟹
1/ 3	21:55	獅子
1/ 6	10:49	乙女
1/ 8	22:32	天秤
1/11	07:10	蠍
1/13	11:41	射手
1/15	12:42	山羊
1/17	11:57	水瓶
1/19	11:33	魚
1/21	13:27	牡羊
1/23	18:52	牡牛
1/26	03:51	双子
1/28	15:23	蟹
1/31	04:06	獅子

1961年 2月
2/ 2	16:49	乙女
2/ 5	04:28	天秤
2/ 7	13:52	蠍
2/ 9	20:02	射手
2/11	22:51	山羊
2/13	23:15	水瓶
2/15	22:54	魚
2/17	23:41	牡羊
2/20	03:21	牡牛
2/22	10:52	双子
2/24	21:50	蟹
2/27	10:36	獅子

1961年 3月
3/ 1	23:13	乙女
3/ 4	10:21	天秤
3/ 6	19:24	蠍
3/ 9	02:05	射手
3/11	06:20	山羊
3/13	08:30	水瓶
3/15	09:27	魚
3/17	10:33	牡羊
3/19	13:26	牡牛
3/21	19:33	双子
3/24	05:23	蟹
3/26	17:49	獅子
3/29	06:31	乙女
3/31	17:22	天秤

1961年 4月
4/ 3	01:37	蠍
4/ 5	07:35	射手
4/ 7	11:53	山羊
4/ 9	15:04	水瓶
4/11	17:32	魚
4/13	19:57	牡羊
4/15	23:18	牡牛
4/18	04:56	双子
4/20	13:50	蟹
4/23	01:43	獅子
4/25	14:32	乙女
4/28	01:36	天秤
4/30	09:28	蠍

1961年 5月
5/ 2	14:26	射手
5/ 4	17:41	山羊
5/ 6	20:25	水瓶
5/ 8	23:24	魚
5/11	02:57	牡羊
5/13	07:26	牡牛
5/15	13:35	双子
5/17	22:17	蟹
5/20	09:46	獅子
5/22	22:39	乙女
5/25	10:19	天秤
5/27	18:36	蠍
5/29	23:12	射手

1963年 2 月
2/ 3	01:04	双子
2/ 5	05:41	蟹
2/ 7	12:07	獅子
2/ 9	20:37	乙女
2/12	07:19	天秤
2/14	19:39	蠍
2/17	07:58	射手
2/19	18:01	山羊
2/22	00:24	水瓶
2/24	03:18	魚
2/26	04:06	牡羊
2/28	04:40	牡牛

1963年 3 月
3/ 2	06:40	双子
3/ 4	11:09	蟹
3/ 6	18:16	獅子
3/ 9	03:35	乙女
3/11	14:36	天秤
3/14	02:52	蠍
3/16	15:27	射手
3/19	02:35	山羊
3/21	10:22	水瓶
3/23	14:05	魚
3/25	14:39	牡羊
3/27	13:58	牡牛
3/29	14:14	双子
3/31	17:14	蟹

1963年 4 月
4/ 2	23:47	獅子
4/ 5	09:22	乙女
4/ 7	20:50	天秤
4/10	09:14	蠍
4/12	21:49	射手
4/15	09:28	山羊
4/17	18:35	水瓶
4/19	23:54	魚
4/22	01:31	牡羊
4/24	00:52	牡牛
4/26	00:08	双子
4/28	01:28	蟹
4/30	06:26	獅子

1963年 5 月
5/ 2	15:14	乙女
5/ 5	02:43	天秤
5/ 7	15:16	蠍
5/10	03:43	射手
5/12	15:14	山羊
5/15	00:53	水瓶
5/17	07:33	魚
5/19	10:49	牡羊
5/21	11:22	牡牛
5/23	10:55	双子
5/25	11:30	蟹
5/27	14:59	獅子
5/29	22:22	乙女

1963年 6 月
6/ 1	09:09	天秤
6/ 3	21:39	蠍
6/ 6	10:02	射手
6/ 8	21:07	山羊
6/11	06:23	水瓶
6/13	13:23	魚
6/15	17:48	牡羊
6/17	19:56	牡牛
6/19	20:45	双子
6/21	21:48	蟹
6/24	00:45	獅子
6/26	06:57	乙女
6/28	16:41	天秤

1962年 9 月
9/ 1	12:02	天秤
9/ 4	00:47	蠍
9/ 6	12:27	射手
9/ 8	21:21	山羊
9/11	02:27	水瓶
9/13	04:03	魚
9/15	03:33	牡羊
9/17	03:02	牡牛
9/19	04:30	双子
9/21	09:27	蟹
9/23	18:07	獅子
9/26	05:31	乙女
9/28	18:09	天秤

1962年10月
10/ 1	06:50	蠍
10/ 3	18:40	射手
10/ 6	04:36	山羊
10/ 8	11:23	水瓶
10/10	14:30	魚
10/12	14:41	牡羊
10/14	13:44	牡牛
10/16	13:51	双子
10/18	17:06	蟹
10/21	00:31	獅子
10/23	11:32	乙女
10/26	00:14	天秤
10/28	12:50	蠍
10/31	00:20	射手

1962年11月
11/ 2	10:18	山羊
11/ 4	18:03	水瓶
11/ 6	22:53	魚
11/ 9	00:46	牡羊
11/11	00:45	牡牛
11/13	00:44	双子
11/15	02:50	蟹
11/17	08:41	獅子
11/19	18:34	乙女
11/22	06:58	天秤
11/24	19:34	蠍
11/27	06:44	射手
11/29	16:01	山羊

1962年12月
12/ 1	23:26	水瓶
12/ 4	04:54	魚
12/ 6	08:18	牡羊
12/ 8	10:00	牡牛
12/10	11:04	双子
12/12	13:22	蟹
12/14	18:21	獅子
12/17	03:00	乙女
12/19	14:42	天秤
12/22	03:18	蠍
12/24	14:34	射手
12/26	23:19	山羊
12/29	05:43	水瓶
12/31	10:21	魚

1963年 1 月
1/ 2	13:49	牡羊
1/ 4	16:35	牡牛
1/ 6	19:15	双子
1/ 8	22:43	蟹
1/11	04:02	獅子
1/13	12:08	乙女
1/15	23:05	天秤
1/18	11:36	蠍
1/20	23:21	射手
1/23	08:18	山羊
1/25	14:14	水瓶
1/27	17:36	魚
1/29	19:45	牡羊
1/31	21:56	牡牛

1962年 4 月
4/ 2	05:43	魚
4/ 4	05:42	牡羊
4/ 6	05:26	牡牛
4/ 8	07:01	双子
4/10	12:13	蟹
4/12	21:37	獅子
4/15	09:58	乙女
4/17	22:55	天秤
4/20	10:38	蠍
4/22	20:28	射手
4/25	04:21	山羊
4/27	10:10	水瓶
4/29	13:41	魚

1962年 5 月
5/ 1	15:13	牡羊
5/ 3	15:50	牡牛
5/ 5	17:18	双子
5/ 7	21:29	蟹
5/10	05:36	獅子
5/12	17:12	乙女
5/15	06:03	天秤
5/17	17:45	蠍
5/20	03:04	射手
5/22	10:09	山羊
5/24	15:32	水瓶
5/26	19:31	魚
5/28	22:16	牡羊
5/31	00:18	牡牛

1962年 6 月
6/ 2	02:42	双子
6/ 4	06:58	蟹
6/ 6	14:24	獅子
6/ 9	01:13	乙女
6/11	13:51	天秤
6/14	01:46	蠍
6/16	11:05	射手
6/18	17:31	山羊
6/20	21:50	水瓶
6/23	01:00	魚
6/25	03:44	牡羊
6/27	06:35	牡牛
6/29	10:11	双子

1962年 7 月
7/ 1	15:20	蟹
7/ 3	22:57	獅子
7/ 6	09:23	乙女
7/ 8	21:49	天秤
7/11	10:06	蠍
7/13	20:02	射手
7/16	02:33	山羊
7/18	06:08	水瓶
7/20	08:01	魚
7/22	09:35	牡羊
7/24	11:58	牡牛
7/26	15:58	双子
7/28	22:02	蟹
7/31	06:22	獅子

1962年 8 月
8/ 2	16:58	乙女
8/ 5	05:19	天秤
8/ 7	17:57	蠍
8/10	04:49	射手
8/12	12:19	山羊
8/14	16:08	水瓶
8/16	17:18	魚
8/18	17:27	牡羊
8/20	18:22	牡牛
8/22	21:29	双子
8/25	03:35	蟹
8/27	12:31	獅子
8/29	23:37	乙女

月の運行表　1962年4月～1964年9月

1964年 5月		
5/ 1	14:44	山羊
5/ 4	03:07	水瓶
5/ 6	12:44	魚
5/ 8	18:17	牡羊
5/10	20:10	牡牛
5/12	20:03	双子
5/14	19:55	蟹
5/16	21:32	獅子
5/19	02:03	乙女
5/21	09:42	天秤
5/23	19:58	蠍
5/26	08:03	射手
5/28	21:01	山羊
5/31	09:33	水瓶

1964年 6月		
6/ 2	20:02	魚
6/ 5	03:04	牡羊
6/ 7	06:21	牡牛
6/ 9	06:51	双子
6/11	06:18	蟹
6/13	06:36	獅子
6/15	09:28	乙女
6/17	15:55	天秤
6/20	01:50	蠍
6/22	14:04	射手
6/25	03:03	山羊
6/27	15:22	水瓶
6/30	01:57	魚

1964年 7月		
7/ 2	09:53	牡羊
7/ 4	14:44	牡牛
7/ 6	16:44	双子
7/ 8	16:58	蟹
7/10	17:02	獅子
7/12	18:45	乙女
7/14	23:43	天秤
7/17	08:34	蠍
7/19	20:29	射手
7/22	09:28	山羊
7/24	21:31	水瓶
7/27	07:36	魚
7/29	15:26	牡羊
7/31	21:01	牡牛

1964年 8月		
8/ 3	00:29	双子
8/ 5	02:14	蟹
8/ 7	03:12	獅子
8/ 9	04:51	乙女
8/11	08:53	天秤
8/13	16:33	蠍
8/16	03:45	射手
8/18	16:39	山羊
8/21	04:40	水瓶
8/23	14:14	魚
8/25	21:16	牡羊
8/28	02:24	牡牛
8/30	06:17	双子

1964年 9月		
9/ 1	09:14	蟹
9/ 3	11:38	獅子
9/ 5	14:13	乙女
9/ 7	18:20	天秤
9/10	01:21	蠍
9/12	11:48	射手
9/15	00:31	山羊
9/17	12:48	水瓶
9/19	22:23	魚
9/22	04:44	牡羊
9/24	08:47	牡牛
9/26	11:47	双子
9/28	14:41	蟹
9/30	17:54	獅子

1963年12月		
12/ 2	19:46	蟹
12/ 4	21:21	獅子
12/ 7	02:27	乙女
12/ 9	11:22	天秤
12/11	23:04	蠍
12/14	11:54	射手
12/17	00:22	山羊
12/19	11:29	水瓶
12/21	20:29	魚
12/24	02:42	牡羊
12/26	05:58	牡牛
12/28	06:59	双子
12/30	07:08	蟹

1964年 1月		
1/ 1	08:10	獅子
1/ 3	11:49	乙女
1/ 5	19:11	天秤
1/ 8	06:04	蠍
1/10	18:49	射手
1/13	07:14	山羊
1/15	17:48	水瓶
1/18	02:05	魚
1/20	08:11	牡羊
1/22	12:24	牡牛
1/24	15:05	双子
1/26	16:52	蟹
1/28	18:46	獅子
1/30	22:10	乙女

1964年 2月		
2/ 2	04:26	天秤
2/ 4	14:13	蠍
2/ 7	02:36	射手
2/ 9	15:11	山羊
2/12	01:40	水瓶
2/14	09:10	魚
2/16	14:11	牡羊
2/18	17:46	牡牛
2/20	20:49	双子
2/22	23:50	蟹
2/25	03:12	獅子
2/27	07:31	乙女
2/29	13:47	天秤

1964年 3月		
3/ 2	22:55	蠍
3/ 5	10:47	射手
3/ 7	23:36	山羊
3/10	10:37	水瓶
3/12	18:06	魚
3/14	22:17	牡羊
3/17	00:31	牡牛
3/19	02:27	双子
3/21	05:12	蟹
3/23	09:16	獅子
3/25	14:43	乙女
3/27	21:49	天秤
3/30	07:04	蠍

1964年 4月		
4/ 1	18:41	射手
4/ 4	07:37	山羊
4/ 6	19:25	水瓶
4/ 9	03:48	魚
4/11	08:10	牡羊
4/13	09:38	牡牛
4/15	10:07	双子
4/17	11:24	蟹
4/19	14:41	獅子
4/21	20:19	乙女
4/24	04:09	天秤
4/26	14:01	蠍
4/29	01:46	射手

1963年 7月		
7/ 1	04:48	蠍
7/ 3	17:12	射手
7/ 6	04:04	山羊
7/ 8	12:36	水瓶
7/10	18:54	魚
7/12	23:17	牡羊
7/15	02:16	牡牛
7/17	04:28	双子
7/19	06:46	蟹
7/21	10:16	獅子
7/23	16:07	乙女
7/26	01:03	天秤
7/28	12:40	蠍
7/31	01:09	射手

1963年 8月		
8/ 2	12:13	山羊
8/ 4	20:26	水瓶
8/ 7	01:46	魚
8/ 9	05:08	牡羊
8/11	07:39	牡牛
8/13	10:17	双子
8/15	13:41	蟹
8/17	18:18	獅子
8/20	00:41	乙女
8/22	09:26	天秤
8/24	20:40	蠍
8/27	09:16	射手
8/29	20:58	山羊

1963年 9月		
9/ 1	05:38	水瓶
9/ 3	10:38	魚
9/ 5	12:53	牡羊
9/ 7	14:03	牡牛
9/ 9	15:47	双子
9/11	19:09	蟹
9/14	00:31	獅子
9/16	07:48	乙女
9/18	17:00	天秤
9/21	04:11	蠍
9/23	16:50	射手
9/26	05:16	山羊
9/28	15:04	水瓶
9/30	20:47	魚

1963年10月		
10/ 2	22:48	牡羊
10/ 4	22:50	牡牛
10/ 6	22:59	双子
10/ 9	01:02	蟹
10/11	05:55	獅子
10/13	13:35	乙女
10/15	23:25	天秤
10/18	10:53	蠍
10/20	23:33	射手
10/23	12:21	山羊
10/25	23:21	水瓶
10/28	06:37	魚
10/30	09:40	牡羊

1963年11月		
11/ 1	09:43	牡牛
11/ 3	08:49	双子
11/ 5	09:10	蟹
11/ 7	12:25	獅子
11/ 9	19:15	乙女
11/12	05:08	天秤
11/14	16:57	蠍
11/17	05:41	射手
11/19	18:23	山羊
11/22	05:52	水瓶
11/24	14:33	魚
11/26	19:25	牡羊
11/28	20:49	牡牛
11/30	20:15	双子

1965年 8 月			1965年 3 月			1964年10月		
8/ 1	12:56	天秤	3/ 2	18:40	魚	10/ 2	21:43	乙女
8/ 3	17:22	蠍	3/ 5	03:46	牡羊	10/ 5	02:45	天秤
8/ 6	01:50	射手	3/ 7	10:51	牡牛	10/ 7	09:57	蠍
8/ 8	13:23	山羊	3/ 9	16:15	双子	10/ 9	20:03	射手
8/11	02:10	水瓶	3/11	20:04	蟹	10/12	08:33	山羊
8/13	14:39	魚	3/13	22:24	獅子	10/14	21:16	水瓶
8/16	01:57	牡羊	3/15	23:57	乙女	10/17	07:34	魚
8/18	11:28	牡牛	3/18	02:05	天秤	10/19	17:25	牡羊
8/20	18:22	双子	3/20	06:33	蠍	10/21	17:25	牡牛
8/22	22:05	蟹	3/22	14:38	射手	10/23	19:04	双子
8/24	23:02	獅子	3/25	02:08	山羊	10/25	20:39	蟹
8/26	22:37	乙女	3/27	15:00	水瓶	10/27	23:15	獅子
8/28	22:53	天秤	3/30	02:34	魚	10/30	03:26	乙女
8/31	01:55	蠍						

1965年 9 月			1965年 4 月			1964年11月		
9/ 2	09:01	射手	4/ 1	11:21	牡羊	11/ 1	09:25	天秤
9/ 4	19:52	山羊	4/ 3	17:30	牡牛	11/ 3	17:26	蠍
9/ 7	08:34	水瓶	4/ 5	21:56	双子	11/ 6	03:44	射手
9/ 9	20:58	魚	4/ 8	01:25	蟹	11/ 8	16:07	山羊
9/12	07:51	牡羊	4/10	04:25	獅子	11/11	05:09	水瓶
9/14	16:56	牡牛	4/12	07:16	乙女	11/13	15:43	魚
9/17	00:07	双子	4/14	10:40	天秤	11/16	00:11	牡羊
9/19	05:02	蟹	4/16	15:43	蠍	11/18	03:50	牡牛
9/21	07:36	獅子	4/18	23:32	射手	11/20	05:00	双子
9/23	08:31	乙女	4/21	10:25	山羊	11/22	05:56	蟹
9/25	09:16	天秤	4/23	23:05	水瓶	11/24	06:01	獅子
9/27	11:47	蠍	4/26	11:03	魚	11/26	09:04	乙女
9/29	17:43	射手	4/28	20:14	牡羊	11/28	14:55	天秤
						11/30	23:31	蠍

1965年10月			1965年 5 月			1964年12月		
10/ 2	03:30	山羊	5/ 1	02:05	牡牛	12/ 3	10:25	射手
10/ 4	15:49	水瓶	5/ 3	05:28	双子	12/ 5	22:54	山羊
10/ 7	04:15	魚	5/ 5	07:40	蟹	12/ 8	11:58	水瓶
10/ 9	14:55	牡羊	5/ 7	09:51	獅子	12/11	00:00	魚
10/11	23:17	牡牛	5/ 9	12:48	乙女	12/13	09:13	牡羊
10/14	05:41	双子	5/11	17:05	天秤	12/15	14:34	牡牛
10/16	10:28	蟹	5/13	23:10	蠍	12/17	16:22	双子
10/18	13:52	獅子	5/16	07:32	射手	12/19	16:04	蟹
10/20	16:14	乙女	5/18	18:21	山羊	12/21	15:32	獅子
10/22	18:22	天秤	5/21	06:51	水瓶	12/23	16:43	乙女
10/24	21:32	蠍	5/23	19:15	魚	12/25	21:05	天秤
10/27	03:10	射手	5/26	05:20	牡羊	12/28	05:12	蠍
10/29	12:06	山羊	5/28	11:50	牡牛	12/30	16:21	射手
10/31	23:50	水瓶	5/30	15:00	双子			

1965年11月			1965年 6 月			1965年 1 月		
11/ 3	12:24	魚	6/ 1	16:06	蟹	1/ 2	05:07	山羊
11/ 5	23:23	牡羊	6/ 3	16:48	獅子	1/ 4	18:05	水瓶
11/ 8	07:30	牡牛	6/ 5	18:34	乙女	1/ 7	06:07	魚
11/10	12:55	双子	6/ 7	22:31	天秤	1/ 9	16:09	牡羊
11/12	16:31	蟹	6/10	05:05	蠍	1/11	23:12	牡牛
11/14	19:15	獅子	6/12	14:11	射手	1/14	02:49	双子
11/16	21:56	乙女	6/15	01:21	山羊	1/16	03:36	蟹
11/19	01:11	天秤	6/17	13:52	水瓶	1/18	02:58	獅子
11/21	05:38	蠍	6/20	02:30	魚	1/20	02:56	乙女
11/23	11:58	射手	6/22	13:30	牡羊	1/22	05:29	天秤
11/25	20:47	山羊	6/24	21:17	牡牛	1/24	12:02	蠍
11/28	08:04	水瓶	6/27	01:19	双子	1/26	22:33	射手
11/30	20:41	魚	6/29	02:21	蟹	1/29	11:22	山羊

1965年12月			1965年 7 月			1965年 2 月		
12/ 3	08:23	牡羊	7/ 1	02:00	獅子	2/ 1	00:18	水瓶
12/ 5	17:12	牡牛	7/ 3	02:13	乙女	2/ 3	11:57	魚
12/ 7	22:29	双子	7/ 5	04:44	天秤	2/ 5	21:41	牡羊
12/10	00:58	蟹	7/ 7	10:39	蠍	2/ 8	05:25	牡牛
12/12	02:10	獅子	7/ 9	19:54	射手	2/10	10:37	双子
12/14	03:37	乙女	7/12	07:30	山羊	2/12	13:14	蟹
12/16	06:35	天秤	7/14	20:09	水瓶	2/14	13:55	獅子
12/18	11:41	蠍	7/17	08:46	魚	2/16	14:06	乙女
12/20	19:02	射手	7/19	20:13	牡羊	2/18	15:46	天秤
12/23	04:28	山羊	7/22	05:51	牡牛	2/20	20:46	蠍
12/25	15:55	水瓶	7/24	10:49	双子	2/23	05:58	射手
12/28	04:18	魚	7/26	12:38	蟹	2/25	18:18	山羊
12/30	16:40	牡羊	7/28	12:38	獅子	2/28	07:16	水瓶
			7/30	11:56	乙女			

286

月の運行表　1964年10月〜1967年3月

1966年11月			1966年6月			1966年1月		
11/ 3	02:43	蟹	6/ 2	18:40	射手	1/ 2	02:47	牡牛
11/ 5	08:37	獅子	6/ 5	01:11	山羊	1/ 4	09:07	双子
11/ 7	12:10	乙女	6/ 7	10:21	水瓶	1/ 6	11:42	蟹
11/ 9	13:55	天秤	6/ 9	21:58	魚	1/ 8	11:51	獅子
11/11	14:54	蠍	6/12	10:27	牡羊	1/10	11:36	乙女
11/13	16:37	射手	6/14	21:31	牡牛	1/12	12:54	天秤
11/15	20:37	山羊	6/17	05:27	双子	1/14	17:09	蠍
11/18	04:04	水瓶	6/19	10:05	蟹	1/17	00:40	射手
11/20	14:54	魚	6/21	12:30	獅子	1/19	10:46	山羊
11/23	03:32	牡羊	6/23	14:09	乙女	1/21	22:27	水瓶
11/25	15:37	牡牛	6/25	16:24	天秤	1/24	11:00	魚
11/28	01:31	双子	6/27	20:05	蠍	1/26	23:34	牡羊
11/30	08:50	蟹	6/30	01:32	射手	1/29	10:44	牡牛
						1/31	18:44	双子

1966年12月			1966年7月			1966年2月		
12/ 2	14:02	獅子	7/ 2	08:53	山羊	2/ 2	22:42	蟹
12/ 4	17:49	乙女	7/ 4	18:15	水瓶	2/ 4	23:15	獅子
12/ 6	20:44	天秤	7/ 7	05:40	魚	2/ 6	22:13	乙女
12/ 8	23:19	蠍	7/ 9	18:16	牡羊	2/ 8	21:51	天秤
12/11	02:14	射手	7/12	06:04	牡牛	2/11	00:16	蠍
12/13	06:31	山羊	7/14	14:52	双子	2/13	06:34	射手
12/15	13:20	水瓶	7/16	19:45	蟹	2/15	16:27	山羊
12/17	23:18	魚	7/18	21:28	獅子	2/18	04:27	水瓶
12/20	11:40	牡羊	7/20	21:48	乙女	2/20	17:06	魚
12/23	00:08	牡牛	7/22	22:39	天秤	2/23	05:32	牡羊
12/25	10:14	双子	7/25	01:33	蠍	2/25	16:54	牡牛
12/27	16:59	蟹	7/27	07:06	射手	2/28	02:04	双子
12/29	20:58	獅子	7/29	15:06	山羊			
12/31	23:34	乙女						

1967年1月			1966年8月			1966年3月		
1/ 3	02:05	天秤	8/ 1	01:03	水瓶	3/ 2	07:49	蟹
1/ 5	05:17	蠍	8/ 3	12:36	魚	3/ 4	09:57	獅子
1/ 7	09:29	射手	8/ 6	01:15	牡羊	3/ 6	09:38	乙女
1/ 9	14:55	山羊	8/ 8	13:38	牡牛	3/ 8	08:50	天秤
1/11	22:07	水瓶	8/10	23:39	双子	3/10	09:48	蠍
1/14	07:46	魚	8/13	05:42	蟹	3/12	14:19	射手
1/16	19:49	牡羊	8/15	07:50	獅子	3/14	22:57	山羊
1/19	08:40	牡牛	8/17	07:35	乙女	3/17	10:36	水瓶
1/21	19:39	双子	8/19	07:06	天秤	3/19	23:20	魚
1/24	02:52	蟹	8/21	08:25	蠍	3/22	11:35	牡羊
1/26	06:22	獅子	8/23	12:52	射手	3/24	22:33	牡牛
1/28	07:37	乙女	8/25	20:38	山羊	3/27	07:43	双子
1/30	08:34	天秤	8/28	06:57	水瓶	3/29	14:24	蟹
			8/30	18:49	魚	3/31	18:13	獅子

1967年2月			1966年9月			1966年4月		
2/ 1	10:45	蠍	9/ 2	07:28	牡羊	4/ 2	19:32	乙女
2/ 3	14:57	射手	9/ 4	20:00	牡牛	4/ 4	19:41	天秤
2/ 5	21:11	山羊	9/ 7	06:53	双子	4/ 6	20:31	蠍
2/ 8	05:18	水瓶	9/ 9	14:27	蟹	4/ 8	23:55	射手
2/10	15:20	魚	9/11	18:01	獅子	4/11	07:03	山羊
2/13	03:19	牡羊	9/13	18:25	乙女	4/13	17:43	水瓶
2/15	16:20	牡牛	9/15	17:33	天秤	4/16	06:14	魚
2/18	04:16	双子	9/17	17:34	蠍	4/18	18:29	牡羊
2/20	12:49	蟹	9/19	20:22	射手	4/21	05:02	牡牛
2/22	17:06	獅子	9/22	02:53	山羊	4/23	13:28	双子
2/24	18:05	乙女	9/24	12:49	水瓶	4/25	19:49	蟹
2/26	17:45	天秤	9/27	00:49	魚	4/28	00:10	獅子
2/28	18:10	蠍	9/29	13:31	牡羊	4/30	02:51	乙女

1967年3月			1966年10月			1966年5月		
3/ 3	20:54	射手	10/ 2	01:48	牡牛	5/ 2	04:32	天秤
3/ 5	02:36	山羊	10/ 4	12:44	双子	5/ 4	06:25	蠍
3/ 7	11:05	水瓶	10/ 6	21:13	蟹	5/ 6	09:54	射手
3/ 9	21:42	魚	10/ 9	02:26	獅子	5/ 8	16:13	山羊
3/12	09:54	牡羊	10/11	04:27	乙女	5/11	01:52	水瓶
3/14	22:55	牡牛	10/13	04:30	天秤	5/13	13:55	魚
3/17	11:20	双子	10/15	04:21	蠍	5/16	02:16	牡羊
3/19	21:11	蟹	10/17	06:00	射手	5/18	12:51	牡牛
3/22	03:05	獅子	10/19	10:56	山羊	5/20	20:41	双子
3/24	05:10	乙女	10/21	19:42	水瓶	5/23	02:01	蟹
3/26	04:51	天秤	10/24	07:21	魚	5/25	05:38	獅子
3/28	04:12	蠍	10/26	20:04	牡羊	5/27	08:23	乙女
3/30	05:09	射手	10/29	08:06	牡牛	5/29	11:01	天秤
			10/31	18:28	双子	5/31	14:12	蠍

1968年 2月			1967年 9月			1967年 4月		
2/ 2	23:41	牡羊	9/ 1	23:08	獅子	4/ 1	09:12	山羊
2/ 5	11:16	牡牛	9/ 4	02:07	乙女	4/ 3	16:50	水瓶
2/ 8	00:10	双子	9/ 6	03:03	天秤	4/ 6	03:29	魚
2/10	11:36	蟹	9/ 8	03:44	蠍	4/ 8	15:57	牡羊
2/12	19:51	獅子	9/10	05:40	射手	4/11	04:57	牡牛
2/15	01:03	乙女	9/12	09:43	山羊	4/13	17:16	双子
2/17	04:22	天秤	9/14	16:09	水瓶	4/16	03:38	蟹
2/19	07:01	蠍	9/17	00:54	魚	4/18	10:55	獅子
2/21	09:49	射手	9/19	11:47	牡羊	4/20	14:44	乙女
2/23	13:13	山羊	9/22	00:21	牡牛	4/22	15:43	天秤
2/25	17:38	水瓶	9/24	13:22	双子	4/24	15:21	蠍
2/27	23:43	魚	9/27	00:46	蟹	4/26	15:28	射手
			9/29	08:42	獅子	4/28	17:55	山羊
						4/30	23:58	水瓶

1968年 3月			1967年10月			1967年 5月		
3/ 1	08:16	牡羊	10/ 1	12:39	乙女	5/ 3	09:47	魚
3/ 3	19:29	牡牛	10/ 3	13:34	天秤	5/ 5	22:10	牡羊
3/ 6	08:18	双子	10/ 5	13:14	蠍	5/ 8	11:10	牡牛
3/ 8	20:22	蟹	10/ 7	13:33	射手	5/10	23:09	双子
3/11	05:28	獅子	10/ 9	16:05	山羊	5/13	09:11	蟹
3/13	10:53	乙女	10/11	21:46	水瓶	5/15	16:50	獅子
3/15	13:24	天秤	10/14	06:39	魚	5/17	21:53	乙女
3/17	14:34	蠍	10/16	17:58	牡羊	5/20	00:32	天秤
3/19	15:55	射手	10/19	06:42	牡牛	5/22	01:31	蠍
3/21	18:36	山羊	10/21	19:39	双子	5/24	02:07	射手
3/23	23:17	水瓶	10/24	07:28	蟹	5/26	03:59	山羊
3/26	06:16	魚	10/26	16:41	獅子	5/28	08:45	水瓶
3/28	15:32	牡羊	10/28	22:20	乙女	5/30	17:19	魚
3/31	02:56	牡牛	10/31	00:32	天秤			

1968年 4月			1967年11月			1967年 6月		
4/ 2	15:41	双子	11/ 2	00:27	蠍	6/ 2	05:07	牡羊
4/ 5	04:13	蟹	11/ 3	23:52	射手	6/ 4	18:05	牡牛
4/ 7	14:29	獅子	11/ 6	00:45	山羊	6/ 7	05:53	双子
4/ 9	21:05	乙女	11/ 8	04:46	水瓶	6/ 9	15:18	蟹
4/12	00:03	天秤	11/10	12:43	魚	6/11	22:20	獅子
4/14	00:33	蠍	11/12	23:59	牡羊	6/14	03:25	乙女
4/16	00:24	射手	11/15	12:53	牡牛	6/16	07:00	天秤
4/18	01:24	山羊	11/18	01:40	双子	6/18	09:27	蠍
4/20	04:58	水瓶	11/20	13:13	蟹	6/20	11:21	射手
4/22	11:46	魚	11/22	22:47	獅子	6/22	13:48	山羊
4/24	21:32	牡羊	11/25	05:46	乙女	6/24	18:12	水瓶
4/27	09:22	牡牛	11/27	09:49	天秤	6/27	01:50	魚
4/29	22:12	双子	11/29	11:14	蠍	6/29	12:54	牡羊

1968年 5月			1967年12月			1967年 7月		
5/ 2	10:51	蟹	12/ 1	11:11	射手	7/ 2	01:43	牡牛
5/ 4	21:54	獅子	12/ 3	11:25	山羊	7/ 4	13:40	双子
5/ 7	05:07	乙女	12/ 5	13:58	水瓶	7/ 6	22:48	蟹
5/ 9	10:23	天秤	12/ 7	20:20	魚	7/ 9	04:59	獅子
5/11	11:32	蠍	12/10	06:44	牡羊	7/11	09:08	乙女
5/13	10:55	射手	12/12	19:32	牡牛	7/13	12:21	天秤
5/15	10:32	山羊	12/15	08:18	双子	7/15	15:18	蠍
5/17	12:23	水瓶	12/17	19:23	蟹	7/17	18:23	射手
5/19	17:54	魚	12/20	04:21	獅子	7/19	22:00	山羊
5/22	03:15	牡羊	12/22	11:21	乙女	7/22	03:00	水瓶
5/24	15:16	牡牛	12/24	16:28	天秤	7/24	10:28	魚
5/27	04:13	双子	12/26	19:37	蠍	7/26	21:01	牡羊
5/29	16:44	蟹	12/28	21:10	射手	7/29	09:41	牡牛
			12/30	22:12	山羊	7/31	22:01	双子

1968年 6月			1968年 1月			1967年 8月		
6/ 1	03:54	獅子	1/ 2	00:25	水瓶	8/ 3	07:32	蟹
6/ 3	12:53	乙女	1/ 4	05:37	魚	8/ 5	13:26	獅子
6/ 5	18:51	天秤	1/ 6	14:47	牡羊	8/ 7	16:36	乙女
6/ 7	21:32	蠍	1/ 9	03:03	牡牛	8/ 9	18:35	天秤
6/ 9	21:43	射手	1/11	15:55	双子	8/11	20:45	蠍
6/11	21:07	山羊	1/14	02:55	蟹	8/13	23:53	射手
6/13	21:48	水瓶	1/16	11:10	獅子	8/16	04:19	山羊
6/16	01:43	魚	1/18	17:11	乙女	8/18	10:18	水瓶
6/18	09:51	牡羊	1/20	21:48	天秤	8/20	18:18	魚
6/20	21:26	牡牛	1/23	01:29	蠍	8/23	04:48	牡羊
6/23	10:23	双子	1/25	04:24	射手	8/25	17:22	牡牛
6/25	22:44	蟹	1/27	06:58	山羊	8/28	06:09	双子
6/28	09:32	獅子	1/29	10:07	水瓶	8/30	16:35	蟹
6/30	18:27	乙女	1/31	15:17	魚			

288

月の運行表　1967年4月〜1969年9月

1969年5月		
5/ 1	18:51	蠍
5/ 3	20:20	射手
5/ 5	20:58	山羊
5/ 7	22:29	水瓶
5/10	02:05	魚
5/12	08:10	牡羊
5/14	16:29	牡牛
5/17	02:42	双子
5/19	14:31	蟹
5/22	03:13	獅子
5/24	15:07	乙女
5/27	00:08	天秤
5/29	05:06	蠍
5/31	06:31	射手

1969年6月		
6/ 2	06:08	山羊
6/ 4	06:05	水瓶
6/ 6	08:14	魚
6/ 8	13:38	牡羊
6/10	22:07	牡牛
6/13	08:49	双子
6/15	20:53	蟹
6/18	09:36	獅子
6/20	21:54	乙女
6/23	08:04	天秤
6/25	14:34	蠍
6/27	16:01	射手
6/29	16:20	山羊

1969年7月		
7/ 1	15:51	水瓶
7/ 3	16:27	魚
7/ 5	20:18	牡羊
7/ 8	03:54	牡牛
7/10	14:32	双子
7/13	02:48	蟹
7/15	15:30	獅子
7/18	03:43	乙女
7/20	14:21	天秤
7/22	22:05	蠍
7/25	02:11	射手
7/27	03:10	山羊
7/29	02:35	水瓶
7/31	02:31	魚

1969年8月		
8/ 2	04:55	牡羊
8/ 4	11:03	牡牛
8/ 6	20:51	双子
8/ 9	08:58	蟹
8/11	21:39	獅子
8/14	09:34	乙女
8/16	19:52	天秤
8/19	03:55	蠍
8/21	09:13	射手
8/23	11:50.	山羊
8/25	12:37	水瓶
8/27	13:04	魚
8/29	14:58	牡羊
8/31	19:51	牡牛

1969年9月		
9/ 3	04:25	双子
9/ 5	15:58	蟹
9/ 8	04:37	獅子
9/10	16:22	乙女
9/13	02:03	天秤
9/15	09:26	蠍
9/17	14:43	射手
9/19	18:15	山羊
9/21	20:32	水瓶
9/23	22:23	魚
9/26	00:56	牡羊
9/28	05:29	牡牛
9/30	13:06	双子

1968年12月		
12/ 1	17:58	牡牛
12/ 4	06:06	双子
12/ 6	18:44	蟹
12/ 9	07:03	獅子
12/11	18:00	乙女
12/14	02:10	天秤
12/16	06:32	蠍
12/18	07:28	射手
12/20	06:33	山羊
12/22	06:01	水瓶
12/24	08:02	魚
12/26	14:03	牡羊
12/28	23:58	牡牛
12/31	12:12	双子

1969年1月		
1/ 3	00:53	蟹
1/ 5	12:55	獅子
1/ 7	23:43	乙女
1/10	08:34	天秤
1/12	14:33	蠍
1/14	17:19	射手
1/16	17:40	山羊
1/18	17:18	水瓶
1/20	18:22	魚
1/22	22:45	牡羊
1/25	07:14	牡牛
1/27	18:54	双子
1/30	07:37	蟹

1969年2月		
2/ 1	19:30	獅子
2/ 4	05:41	乙女
2/ 6	14:01	天秤
2/ 8	20:19	蠍
2/11	00:24	射手
2/13	02:29	山羊
2/15	03:32	水瓶
2/17	05:05	魚
2/19	08:50	牡羊
2/21	16:03	牡牛
2/24	02:42	双子
2/26	15:12	蟹

1969年3月		
3/ 1	03:13	獅子
3/ 3	13:08	乙女
3/ 5	20:35	天秤
3/ 8	01:57	蠍
3/10	05:49	射手
3/12	08:41	山羊
3/14	11:10	水瓶
3/16	14:05	魚
3/18	18:28	牡羊
3/21	01:22	牡牛
3/23	11:13	双子
3/25	23:19	蟹
3/28	11:38	獅子
3/30	21:55	乙女

1969年4月		
4/ 2	05:05	天秤
4/ 4	09:24	蠍
4/ 6	11:59	射手
4/ 8	14:06	山羊
4/10	16:47	水瓶
4/12	20:42	魚
4/15	02:14	牡羊
4/17	09:44	牡牛
4/19	19:29	双子
4/22	07:18	蟹
4/24	19:51	獅子
4/27	06:58	乙女
4/29	14:45	天秤

1968年7月		
7/ 3	01:11	天秤
7/ 5	05:21	蠍
7/ 7	07:06	射手
7/ 9	07:25	山羊
7/11	08:04	水瓶
7/13	11:04	魚
7/15	17:53	牡羊
7/18	04:32	牡牛
7/20	17:14	双子
7/23	05:32	蟹
7/25	15:56	獅子
7/28	00:11	乙女
7/30	06:33	天秤

1968年8月		
8/ 1	11:12	蠍
8/ 3	14:12	射手
8/ 5	15:58	山羊
8/ 7	17:38	水瓶
8/ 9	20:46	魚
8/12	02:53	牡羊
8/14	12:37	牡牛
8/17	00:52	双子
8/19	13:16	蟹
8/21	23:41	獅子
8/24	07:22	乙女
8/26	12:45	天秤
8/28	16:39	蠍
8/30	19:42	射手

1968年9月		
9/ 1	22:23	山羊
9/ 4	01:20	水瓶
9/ 6	05:28	魚
9/ 8	11:49	牡羊
9/10	21:06	牡牛
9/13	08:55	双子
9/15	21:30	蟹
9/18	08:26	獅子
9/20	16:16	乙女
9/22	21:00	天秤
9/24	23:39	蠍
9/27	01:31	射手
9/29	03:46	山羊

1968年10月		
10/ 1	07:12	水瓶
10/ 3	12:22	魚
10/ 5	19:36	牡羊
10/ 8	05:07	牡牛
10/10	16:44	双子
10/13	05:24	蟹
10/15	17:09	獅子
10/18	01:59	乙女
10/20	07:06	天秤
10/22	09:06	蠍
10/24	09:33	射手
10/26	10:15	山羊
10/28	12:44	水瓶
10/30	17:55	魚

1968年11月		
11/ 2	01:52	牡羊
11/ 4	12:02	牡牛
11/ 6	23:48	双子
11/ 9	12:27	蟹
11/12	00:45	獅子
11/14	10:55	乙女
11/16	17:27	天秤
11/18	20:07	蠍
11/20	20:05	射手
11/22	19:21	山羊
11/24	20:04	水瓶
11/26	23:53	魚
11/29	07:27	牡羊

1970年8月

8/ 1	19:45	獅子
8/ 4	08:35	乙女
8/ 6	21:34	天秤
8/ 9	08:58	蠍
8/11	17:08	射手
8/13	21:26	山羊
8/15	22:32	水瓶
8/17	22:02	魚
8/19	21:51	牡羊
8/21	23:47	牡牛
8/24	05:05	双子
8/26	13:59	蟹
8/29	01:39	獅子
8/31	14:37	乙女

1970年9月

9/ 3	03:27	天秤
9/ 5	14:56	蠍
9/ 7	23:59	射手
9/10	05:53	山羊
9/12	08:35	水瓶
9/14	08:58	魚
9/16	08:35	牡羊
9/18	09:21	牡牛
9/20	13:03	双子
9/22	20:42	蟹
9/25	07:55	獅子
9/27	20:54	乙女
9/30	09:35	天秤

1970年10月

10/ 2	20:37	蠍
10/ 5	05:32	射手
10/ 7	12:11	山羊
10/ 9	16:27	水瓶
10/11	18:31	魚
10/13	19:13	牡羊
10/15	20:00	牡牛
10/17	22:44	双子
10/20	05:00	蟹
10/22	15:13	獅子
10/25	03:58	乙女
10/27	16:37	天秤
10/30	03:16	蠍

1970年11月

11/ 1	11:25	射手
11/ 3	17:33	山羊
11/ 5	22:12	水瓶
11/ 8	01:34	魚
11/10	03:53	牡羊
11/12	05:51	牡牛
11/14	08:49	双子
11/16	14:23	蟹
11/18	23:37	獅子
11/21	11:51	乙女
11/24	00:40	天秤
11/26	11:25	蠍
11/28	19:03	射手

1970年12月

12/ 1	00:07	山羊
12/ 3	03:46	水瓶
12/ 5	06:50	魚
12/ 7	10:05	牡羊
12/ 9	13:46	牡牛
12/11	17:35	双子
12/13	22:44	蟹
12/16	08:23	獅子
12/18	20:06	乙女
12/21	09:06	天秤
12/23	20:28	蠍
12/26	04:29	射手
12/28	09:03	山羊
12/30	11:25	水瓶

1970年3月

3/ 2	21:55	山羊
3/ 4	23:36	水瓶
3/ 6	23:47	魚
3/ 9	00:18	牡羊
3/11	02:45	牡牛
3/13	08:38	双子
3/15	18:19	蟹
3/18	06:40	獅子
3/20	19:31	乙女
3/23	06:58	天秤
3/25	16:11	蠍
3/27	23:08	射手
3/30	04:01	山羊

1970年4月

4/ 1	07:09	水瓶
4/ 3	09:02	魚
4/ 5	10:34	牡羊
4/ 7	13:04	牡牛
4/ 9	18:03	双子
4/12	02:34	蟹
4/14	14:16	獅子
4/17	03:08	乙女
4/19	14:36	天秤
4/21	23:17	蠍
4/24	05:16	射手
4/26	09:27	山羊
4/28	12:44	水瓶
4/30	15:39	魚

1970年5月

5/ 2	18:34	牡羊
5/ 4	22:07	牡牛
5/ 7	03:39	双子
5/ 9	11:18	蟹
5/11	22:23	獅子
5/14	11:11	乙女
5/16	23:04	天秤
5/19	07:51	蠍
5/21	13:12	射手
5/23	16:14	山羊
5/25	18:27	水瓶
5/27	21:00	魚
5/30	00:28	牡羊

1970年6月

6/ 1	05:04	牡牛
6/ 3	11:11	双子
6/ 5	19:26	蟹
6/ 8	06:18	獅子
6/10	19:03	乙女
6/13	07:28	天秤
6/15	17:02	蠍
6/17	22:40	射手
6/20	01:06	山羊
6/22	02:02	水瓶
6/24	03:13	魚
6/26	05:53	牡羊
6/28	10:36	牡牛
6/30	17:25	双子

1970年7月

7/ 3	02:22	蟹
7/ 5	13:27	獅子
7/ 8	02:12	乙女
7/10	15:03	天秤
7/13	01:41	蠍
7/15	08:27	射手
7/17	11:20	山羊
7/19	11:45	水瓶
7/21	11:37	魚
7/23	12:43	牡羊
7/25	16:19	牡牛
7/27	22:54	双子
7/30	08:15	蟹

1969年10月

10/ 2	23:53	蟹
10/ 5	12:26	獅子
10/ 8	00:22	乙女
10/10	09:49	天秤
10/12	16:19	蠍
10/14	20:34	射手
10/16	23:37	山羊
10/19	02:22	水瓶
10/21	05:27	魚
10/23	09:18	牡羊
10/25	14:33	牡牛
10/27	22:00	双子
10/30	08:13	蟹

1969年11月

11/ 1	20:35	獅子
11/ 4	09:01	乙女
11/ 6	18:59	天秤
11/ 9	01:18	蠍
11/11	04:31	射手
11/13	06:10	山羊
11/15	07:54	水瓶
11/17	10:53	魚
11/19	15:33	牡羊
11/21	21:53	牡牛
11/24	06:00	双子
11/26	16:11	蟹
11/29	04:23	獅子

1969年12月

12/ 1	17:15	乙女
12/ 4	04:17	天秤
12/ 6	11:31	蠍
12/ 8	14:44	射手
12/10	15:22	山羊
12/12	15:29	水瓶
12/14	16:57	魚
12/16	20:57	牡羊
12/19	03:37	牡牛
12/21	12:29	双子
12/23	23:10	蟹
12/26	11:22	獅子
12/29	00:22	乙女
12/31	12:19	天秤

1970年1月

1/ 2	21:04	蠍
1/ 5	01:34	射手
1/ 7	02:31	山羊
1/ 9	01:49	水瓶
1/11	01:38	魚
1/13	03:49	牡羊
1/15	09:22	牡牛
1/17	18:08	双子
1/20	05:15	蟹
1/22	17:41	獅子
1/25	06:34	乙女
1/27	18:44	天秤
1/30	04:35	蠍

1970年2月

2/ 1	10:51	射手
2/ 3	13:23	山羊
2/ 5	13:21	水瓶
2/ 7	12:39	魚
2/ 9	13:18	牡牛
2/11	17:00	双子
2/14	00:30	双子
2/16	11:18	蟹
2/18	23:54	獅子
2/21	12:43	乙女
2/24	00:31	天秤
2/26	10:24	蠍
2/28	17:39	射手

月の運行表　1969年10月～1972年3月

1971年11月		
11/ 2	14:56	牡牛
11/ 4	14:28	双子
11/ 6	16:16	蟹
11/ 8	21:58	獅子
11/11	07:45	乙女
11/13	20:06	天秤
11/16	08:50	蠍
11/18	20:30	射手
11/21	06:37	山羊
11/23	14:53	水瓶
11/25	20:49	魚
11/28	00:05	牡羊
11/30	01:09	牡牛

1971年12月		
12/ 2	01:26	双子
12/ 4	02:52	蟹
12/ 6	07:18	獅子
12/ 8	15:42	乙女
12/11	03:20	天秤
12/13	16:02	蠍
12/16	03:38	射手
12/18	13:08	山羊
12/20	20:33	水瓶
12/23	02:11	魚
12/25	06:10	牡羊
12/27	08:46	牡牛
12/29	10:39	双子
12/31	13:02	蟹

1972年1月		
1/ 2	17:23	獅子
1/ 5	00:51	乙女
1/ 7	11:34	天秤
1/10	00:04	蠍
1/12	11:58	射手
1/14	21:27	山羊
1/17	04:04	水瓶
1/19	08:29	魚
1/21	11:37	牡羊
1/23	14:18	牡牛
1/25	17:15	双子
1/27	21:03	蟹
1/30	02:23	獅子

1972年2月		
2/ 1	09:57	乙女
2/ 3	20:08	天秤
2/ 6	08:19	蠍
2/ 8	20:39	射手
2/11	06:51	山羊
2/13	13:37	水瓶
2/15	17:12	魚
2/17	18:52	牡羊
2/19	20:13	牡牛
2/21	22:37	双子
2/24	02:53	蟹
2/26	09:16	獅子
2/28	17:40	乙女

1972年3月		
3/ 2	04:01	天秤
3/ 4	16:01	蠍
3/ 7	04:37	射手
3/ 9	15:50	山羊
3/11	23:44	水瓶
3/14	03:41	魚
3/16	04:39	牡羊
3/18	04:29	牡牛
3/20	05:14	双子
3/22	08:27	蟹
3/24	14:47	獅子
3/26	23:49	乙女
3/29	10:43	天秤
3/31	22:49	蠍

1971年6月		
6/ 3	02:27	天秤
6/ 5	14:37	蠍
6/ 8	00:29	射手
6/10	07:46	山羊
6/12	13:03	水瓶
6/14	17:02	魚
6/16	20:07	牡羊
6/18	22:40	牡牛
6/21	01:25	双子
6/23	05:32	蟹
6/25	12:13	獅子
6/27	22:07	乙女
6/30	10:23	天秤

1971年7月		
7/ 2	22:47	蠍
7/ 5	09:00	射手
7/ 7	16:04	山羊
7/ 9	20:27	水瓶
7/11	23:15	魚
7/14	01:33	牡羊
7/16	04:11	牡牛
7/18	07:48	双子
7/20	12:58	蟹
7/22	20:18	獅子
7/25	06:10	乙女
7/27	18:12	天秤
7/30	06:51	蠍

1971年8月		
8/ 1	17:51	射手
8/ 4	01:33	山羊
8/ 6	05:47	水瓶
8/ 8	07:35	魚
8/10	08:28	牡羊
8/12	09:57	牡牛
8/14	13:12	双子
8/16	18:51	蟹
8/19	02:59	獅子
8/21	13:19	乙女
8/24	01:23	天秤
8/26	14:10	蠍
8/29	01:58	射手
8/31	10:55	山羊

1971年9月		
9/ 2	16:05	水瓶
9/ 4	17:51	魚
9/ 6	17:44	牡羊
9/ 8	17:39	牡牛
9/10	19:26	双子
9/13	00:22	蟹
9/15	08:39	獅子
9/17	19:30	乙女
9/20	07:48	天秤
9/22	20:34	蠍
9/25	08:44	射手
9/27	18:53	山羊
9/30	01:40	水瓶

1971年10月		
10/ 2	04:38	魚
10/ 4	04:41	牡羊
10/ 6	03:43	牡牛
10/ 8	03:54	双子
10/10	07:12	蟹
10/12	14:31	獅子
10/15	01:17	乙女
10/17	13:48	天秤
10/20	02:32	蠍
10/22	14:32	射手
10/25	01:06	山羊
10/27	09:12	水瓶
10/29	13:58	魚
10/31	15:27	牡羊

1971年1月		
1/ 1	13:09	魚
1/ 3	15:28	牡羊
1/ 5	19:02	牡牛
1/ 8	00:10	双子
1/10	07:10	蟹
1/12	16:26	獅子
1/15	03:59	乙女
1/17	16:55	天秤
1/20	05:05	蠍
1/22	14:17	射手
1/24	19:34	山羊
1/26	21:37	水瓶
1/28	22:03	魚
1/30	22:37	牡羊

1971年2月		
2/ 2	00:50	牡牛
2/ 4	05:36	双子
2/ 6	13:08	蟹
2/ 8	23:08	獅子
2/11	10:59	乙女
2/13	23:52	天秤
2/16	12:23	蠍
2/18	22:46	射手
2/21	05:38	山羊
2/23	08:44	水瓶
2/25	09:07	魚
2/27	08:31	牡羊

1971年3月		
3/ 1	08:55	牡牛
3/ 3	12:03	双子
3/ 5	18:49	蟹
3/ 8	04:56	獅子
3/10	17:11	乙女
3/13	06:07	天秤
3/15	18:32	蠍
3/18	05:24	射手
3/20	13:38	山羊
3/22	18:30	水瓶
3/24	20:09	魚
3/26	19:48	牡羊
3/28	19:18	牡牛
3/30	20:45	双子

1971年4月		
4/ 2	01:52	蟹
4/ 4	11:07	獅子
4/ 6	23:17	乙女
4/ 9	12:18	天秤
4/12	00:29	蠍
4/14	11:04	射手
4/16	19:39	山羊
4/19	01:47	水瓶
4/21	05:09	魚
4/23	06:10	牡羊
4/25	06:09	牡牛
4/27	07:00	双子
4/29	10:45	蟹

1971年5月		
5/ 1	18:36	獅子
5/ 4	06:04	乙女
5/ 6	19:00	天秤
5/ 9	07:05	蠍
5/11	17:09	射手
5/14	01:10	山羊
5/16	07:21	水瓶
5/18	11:41	魚
5/20	14:12	牡羊
5/22	15:33	牡牛
5/24	17:03	双子
5/26	20:27	蟹
5/29	03:17	獅子
5/31	13:49	乙女

291

1973年 2 月			1972年 9 月			1972年 4 月		
2/ 2	14:56	水瓶	9/ 2	11:13	蟹	4/ 3	11:28	射手
2/ 4	23:23	魚	9/ 4	15:55	獅子	4/ 5	23:21	山羊
2/ 7	05:30	牡羊	9/ 6	22:16	乙女	4/ 8	08:38	水瓶
2/ 9	09:55	牡牛	9/ 9	06:37	天秤	4/10	13:59	魚
2/11	13:11	双子	9/11	17:16	蠍	4/12	15:34	牡羊
2/13	15:45	蟹	9/14	05:43	射手	4/14	14:56	牡牛
2/15	18:13	獅子	9/16	18:08	山羊	4/16	14:18	双子
2/17	21:33	乙女	9/19	04:05	水瓶	4/18	15:47	蟹
2/20	02:59	天秤	9/21	10:10	魚	4/20	20:48	獅子
2/22	11:36	蠍	9/23	12:45	牡羊	4/23	05:26	乙女
2/24	23:15	射手	9/25	13:29	牡牛	4/25	16:35	天秤
2/27	12:04	山羊	9/27	14:16	双子	4/28	04:56	蠍
			9/29	16:40	蟹	4/30	17:31	射手

1973年 3 月			1972年10月			1972年 5 月		
3/ 1	23:23	水瓶	10/ 1	21:26	獅子	5/ 3	05:30	山羊
3/ 4	07:32	魚	10/ 4	04:32	乙女	5/ 5	15:36	水瓶
3/ 6	12:38	牡羊	10/ 6	13:35	天秤	5/ 7	22:29	魚
3/ 8	15:52	牡牛	10/ 9	00:27	蠍	5/10	01:36	牡羊
3/10	18:32	双子	10/11	12:53	射手	5/12	01:49	牡牛
3/12	21:30	蟹	10/14	01:45	山羊	5/14	00:59	双子
3/15	01:09	獅子	10/16	12:52	水瓶	5/16	01:17	蟹
3/17	05:44	乙女	10/18	20:13	魚	5/18	04:39	獅子
3/19	11:49	天秤	10/20	23:23	牡羊	5/20	11:57	乙女
3/21	20:16	蠍	10/22	23:38	牡牛	5/22	22:38	天秤
3/24	07:27	射手	10/24	23:04	双子	5/25	11:02	蠍
3/26	20:16	山羊	10/26	23:46	蟹	5/27	23:34	射手
3/29	08:13	水瓶	10/29	03:15	獅子	5/30	11:13	山羊
3/31	16:56	魚	10/31	10:00	乙女			

1973年 4 月			1972年11月			1972年 6 月		
4/ 2	21:49	牡羊	11/ 2	19:28	天秤	6/ 1	21:16	水瓶
4/ 4	23:59	牡牛	11/ 5	06:47	蠍	6/ 4	04:53	魚
4/ 7	01:13	双子	11/ 7	19:17	射手	6/ 6	09:28	牡羊
4/ 9	03:05	蟹	11/10	08:12	山羊	6/ 8	11:15	牡牛
4/11	06:32	獅子	11/12	20:03	水瓶	6/10	11:26	双子
4/13	11:48	乙女	11/15	04:57	魚	6/12	11:46	蟹
4/15	18:51	天秤	11/17	09:45	牡羊	6/14	14:11	獅子
4/18	03:52	蠍	11/19	10:54	牡牛	6/16	20:04	乙女
4/20	15:03	射手	11/21	10:06	双子	6/19	05:40	天秤
4/23	03:50	山羊	11/23	09:32	蟹	6/21	17:43	蠍
4/25	16:21	水瓶	11/25	11:13	獅子	6/24	06:15	射手
4/28	02:10	魚	11/27	16:25	乙女	6/26	17:37	山羊
4/30	07:54	牡羊	11/30	01:16	天秤	6/29	03:03	水瓶

1973年 5 月			1972年12月			1972年 7 月		
5/ 2	10:03	牡牛	12/ 2	12:43	蠍	7/ 1	10:19	魚
5/ 4	10:17	双子	12/ 5	01:23	射手	7/ 3	15:23	牡羊
5/ 6	10:36	蟹	12/ 7	14:07	山羊	7/ 5	18:26	牡牛
5/ 8	12:37	獅子	12/10	01:55	水瓶	7/ 7	20:06	双子
5/10	17:14	乙女	12/12	11:34	魚	7/ 9	21:31	蟹
5/13	00:32	天秤	12/14	18:00	牡羊	7/12	00:06	獅子
5/15	10:10	蠍	12/16	21:00	牡牛	7/14	05:17	乙女
5/17	21:42	射手	12/18	21:25	双子	7/16	13:50	天秤
5/20	10:31	山羊	12/20	20:58	蟹	7/19	01:16	蠍
5/22	23:18	水瓶	12/22	21:35	獅子	7/21	13:47	射手
5/25	10:05	魚	12/25	01:03	乙女	7/24	01:11	山羊
5/27	17:15	牡羊	12/27	08:23	天秤	7/26	10:08	水瓶
5/29	20:28	牡牛	12/29	19:11	蠍	7/28	16:30	魚
5/31	20:54	双子				7/30	20:51	牡羊

1973年 6 月			1973年 1 月			1972年 8 月		
6/ 2	20:22	蟹	1/ 1	07:52	射手	8/ 1	23:59	牡牛
6/ 4	20:50	獅子	1/ 3	20:30	山羊	8/ 4	02:34	双子
6/ 6	23:52	乙女	1/ 6	07:48	水瓶	8/ 6	05:19	蟹
6/ 9	06:17	天秤	1/ 8	17:04	魚	8/ 8	08:57	獅子
6/11	15:53	蠍	1/10	23:59	牡羊	8/10	14:23	乙女
6/14	03:44	射手	1/13	04:25	牡牛	8/12	22:28	天秤
6/16	16:37	山羊	1/15	06:41	双子	8/15	09:20	蠍
6/19	05:20	水瓶	1/17	07:39	蟹	8/17	21:50	射手
6/21	16:30	魚	1/19	08:41	獅子	8/20	09:39	山羊
6/24	00:49	牡羊	1/21	11:24	乙女	8/22	18:44	水瓶
6/26	05:38	牡牛	1/23	17:17	天秤	8/25	00:29	魚
6/28	07:19	双子	1/26	02:53	蠍	8/27	03:41	牡羊
6/30	07:09	蟹	1/28	15:11	射手	8/29	05:44	牡牛
			1/31	03:54	山羊	8/31	07:57	双子

月の運行表　1972年4月～1974年9月

1974年 5月		
5/ 1	05:02	乙女
5/ 3	08:40	天秤
5/ 5	13:44	蠍
5/ 7	21:06	射手
5/10	07:16	山羊
5/12	19:35	水瓶
5/15	08:03	魚
5/17	18:20	牡羊
5/20	01:11	牡牛
5/22	04:55	双子
5/24	06:46	蟹
5/26	08:13	獅子
5/28	10:27	乙女
5/30	14:17	天秤

1974年 6月		
6/ 1	20:12	蠍
6/ 4	04:23	射手
6/ 6	14:49	山羊
6/ 9	03:03	水瓶
6/11	15:44	魚
6/14	02:53	牡羊
6/16	10:47	牡牛
6/18	15:00	双子
6/20	16:22	蟹
6/22	16:31	獅子
6/24	17:12	乙女
6/26	19:58	天秤
6/29	01:41	蠍

1974年 7月		
7/ 1	10:22	射手
7/ 3	21:20	山羊
7/ 6	09:42	水瓶
7/ 8	22:27	魚
7/11	10:12	牡羊
7/13	19:22	牡牛
7/16	00:55	双子
7/18	02:57	蟹
7/20	02:44	獅子
7/22	02:11	乙女
7/24	03:20	天秤
7/26	07:47	蠍
7/28	16:00	射手
7/31	03:12	山羊

1974年 8月		
8/ 2	15:47	水瓶
8/ 5	04:28	魚
8/ 7	16:17	牡羊
8/10	02:14	牡牛
8/12	09:16	双子
8/14	12:50	蟹
8/16	13:27	獅子
8/18	12:44	乙女
8/20	12:46	天秤
8/22	15:38	蠍
8/24	22:35	射手
8/27	09:16	山羊
8/29	21:54	水瓶

1974年 9月		
9/ 1	10:31	魚
9/ 3	21:59	牡羊
9/ 6	07:51	牡牛
9/ 8	15:37	双子
9/10	20:41	蟹
9/12	22:55	獅子
9/14	23:13	乙女
9/16	23:18	天秤
9/19	01:15	蠍
9/21	06:47	射手
9/23	16:23	山羊
9/26	04:39	水瓶
9/28	17:16	魚

1973年12月		
12/ 2	13:33	魚
12/ 4	22:51	牡羊
12/ 7	04:10	牡牛
12/ 9	05:59	双子
12/11	05:53	蟹
12/13	05:46	獅子
12/15	07:22	乙女
12/17	11:55	天秤
12/19	19:45	蠍
12/22	06:21	射手
12/24	18:42	山羊
12/27	07:44	水瓶
12/29	20:12	魚

1974年 1月		
1/ 1	06:35	牡羊
1/ 3	13:39	牡牛
1/ 5	17:01	双子
1/ 7	17:29	蟹
1/ 9	16:44	獅子
1/11	16:43	乙女
1/13	19:23	天秤
1/16	01:56	蠍
1/18	12:13	射手
1/21	00:48	山羊
1/23	13:50	水瓶
1/26	02:02	魚
1/28	12:33	牡羊
1/30	20:43	牡牛

1974年 2月		
2/ 2	01:54	双子
2/ 4	04:06	蟹
2/ 6	04:13	獅子
2/ 8	03:53	乙女
2/10	05:12	天秤
2/12	09:59	蠍
2/14	19:02	射手
2/17	07:17	山羊
2/19	20:21	水瓶
2/22	08:16	魚
2/24	18:14	牡羊
2/27	02:13	牡牛

1974年 3月		
3/ 1	08:12	双子
3/ 3	12:00	蟹
3/ 5	13:50	獅子
3/ 7	14:35	乙女
3/ 9	15:54	天秤
3/11	19:41	蠍
3/14	03:21	射手
3/16	14:42	山羊
3/19	03:39	水瓶
3/21	15:34	魚
3/24	01:04	牡羊
3/26	08:11	牡牛
3/28	13:34	双子
3/30	17:41	蟹

1974年 4月		
4/ 1	20:42	獅子
4/ 3	22:58	乙女
4/ 6	01:24	天秤
4/ 8	05:26	蠍
4/10	12:28	射手
4/12	22:57	山羊
4/15	11:35	水瓶
4/17	23:45	魚
4/20	09:21	牡羊
4/22	15:55	牡牛
4/24	20:12	双子
4/26	23:18	蟹
4/29	02:04	獅子

1973年 7月		
7/ 2	06:57	獅子
7/ 4	08:32	乙女
7/ 6	13:25	天秤
7/ 8	22:06	蠍
7/11	09:48	射手
7/13	22:46	山羊
7/16	11:16	水瓶
7/18	22:09	魚
7/21	06:45	牡羊
7/23	12:42	牡牛
7/25	16:00	双子
7/27	17:11	蟹
7/29	17:30	獅子
7/31	18:35	乙女

1973年 8月		
8/ 2	22:13	天秤
8/ 5	05:37	蠍
8/ 7	16:37	射手
8/10	05:30	山羊
8/12	17:54	水瓶
8/15	04:16	魚
8/17	12:17	牡羊
8/19	18:15	牡牛
8/21	22:28	双子
8/24	01:09	蟹
8/26	02:50	獅子
8/28	04:34	乙女
8/30	07:53	天秤

1973年 9月		
9/ 1	14:18	蠍
9/ 4	00:25	射手
9/ 6	13:02	山羊
9/ 9	01:31	水瓶
9/11	11:41	魚
9/13	18:57	牡羊
9/16	00:00	牡牛
9/18	03:49	双子
9/20	07:02	蟹
9/22	09:58	獅子
9/24	12:59	乙女
9/26	17:01	天秤
9/28	23:18	蠍

1973年10月		
10/ 1	08:48	射手
10/ 3	21:03	山羊
10/ 6	09:50	水瓶
10/ 8	20:24	魚
10/11	03:30	牡羊
10/13	07:37	牡牛
10/15	10:10	双子
10/17	12:30	蟹
10/19	15:26	獅子
10/21	19:20	乙女
10/24	00:29	天秤
10/26	07:29	蠍
10/28	16:58	射手
10/31	04:58	山羊

1973年11月		
11/ 2	17:59	水瓶
11/ 5	05:27	魚
11/ 7	13:20	牡羊
11/ 9	17:27	牡牛
11/11	19:01	双子
11/13	19:48	蟹
11/15	21:21	獅子
11/18	00:42	乙女
11/20	06:17	天秤
11/22	14:08	蠍
11/25	00:12	射手
11/27	12:14	山羊
11/30	01:19	水瓶

1975年8月			1975年3月			1974年10月		
8/ 2	13:03	双子	3/ 1	23:35	蠍	10/ 1	04:27	牡羊
8/ 4	19:17	蟹	3/ 4	04:06	射手	10/ 3	13:40	牡牛
8/ 6	21:44	獅子	3/ 6	12:41	山羊	10/ 5	21:01	双子
8/ 8	21:54	乙女	3/ 9	00:11	水瓶	10/ 8	02:31	蟹
8/10	21:52	天秤	3/11	12:50	魚	10/10	06:04	獅子
8/12	23:31	蠍	3/14	01:20	牡羊	10/12	07:57	乙女
8/15	04:00	射手	3/16	12:54	牡牛	10/14	09:12	天秤
8/17	11:26	山羊	3/18	22:44	双子	10/16	11:24	蠍
8/19	21:10	水瓶	3/21	05:49	蟹	10/18	16:15	射手
8/22	08:33	魚	3/23	09:32	獅子	10/21	00:45	山羊
8/24	21:04	牡羊	3/25	10:22	乙女	10/23	12:21	水瓶
8/27	09:46	牡牛	3/27	09:53	天秤	10/26	00:58	魚
8/29	20:54	双子	3/29	10:09	蠍	10/28	12:15	牡羊
			3/31	13:10	射手	10/30	21:01	牡牛

1975年9月			1975年4月			1974年11月		
9/ 1	04:36	蟹	4/ 2	20:09	山羊	11/ 2	03:24	双子
9/ 3	08:08	獅子	4/ 5	06:46	水瓶	11/ 4	08:02	蟹
9/ 5	08:30	乙女	4/ 7	19:18	魚	11/ 6	11:31	獅子
9/ 7	07:39	天秤	4/10	07:45	牡羊	11/ 8	14:19	乙女
9/ 9	07:47	蠍	4/12	18:54	牡牛	11/10	17:00	天秤
9/11	10:41	射手	4/15	04:15	双子	11/12	20:25	蠍
9/13	17:12	山羊	4/17	11:28	蟹	11/15	01:40	射手
9/16	02:52	水瓶	4/19	16:15	獅子	11/17	09:43	山羊
9/18	14:33	魚	4/21	18:43	乙女	11/19	20:40	水瓶
9/21	03:08	牡羊	4/23	19:43	天秤	11/22	09:13	魚
9/23	15:44	牡牛	4/25	20:41	蠍	11/24	21:01	牡羊
9/26	03:13	双子	4/27	23:21	射手	11/27	06:06	牡牛
9/28	12:08	蟹	4/30	05:09	山羊	11/29	11:59	双子
9/30	17:21	獅子						

1975年10月			1975年5月			1974年12月		
10/ 2	19:04	乙女	5/ 2	14:34	水瓶	12/ 1	15:23	蟹
10/ 4	18:40	天秤	5/ 5	02:35	魚	12/ 3	17:33	獅子
10/ 6	18:10	蠍	5/ 7	15:04	牡羊	12/ 5	19:41	乙女
10/ 8	19:37	射手	5/10	02:04	牡牛	12/ 7	22:44	天秤
10/11	00:30	山羊	5/12	10:45	双子	12/10	03:15	蠍
10/13	09:11	水瓶	5/14	17:08	蟹	12/12	09:36	射手
10/15	20:41	魚	5/16	21:39	獅子	12/14	18:05	山羊
10/18	09:21	牡羊	5/19	00:46	乙女	12/17	04:49	水瓶
10/20	21:44	牡牛	5/21	03:06	天秤	12/19	17:13	魚
10/23	08:51	双子	5/23	05:27	蠍	12/22	05:37	牡羊
10/25	17:58	蟹	5/25	08:53	射手	12/24	15:46	牡牛
10/28	00:21	獅子	5/27	14:32	山羊	12/26	22:17	双子
10/30	03:48	乙女	5/29	23:10	水瓶	12/29	01:17	蟹
						12/31	02:06	獅子

1975年11月			1975年6月			1975年1月		
11/ 1	04:56	天秤	6/ 1	10:33	魚	1/ 2	02:34	乙女
11/ 3	05:09	蠍	6/ 3	23:02	牡羊	1/ 4	04:23	天秤
11/ 5	06:17	射手	6/ 6	10:20	牡牛	1/ 6	08:40	蠍
11/ 7	09:46	山羊	6/ 8	18:50	双子	1/ 8	15:41	射手
11/ 9	17:00	水瓶	6/11	00:22	蟹	1/11	00:59	山羊
11/12	03:43	魚	6/13	03:46	獅子	1/13	12:04	水瓶
11/14	16:19	牡羊	6/15	06:12	乙女	1/16	00:25	魚
11/17	04:39	牡牛	6/17	08:42	天秤	1/18	13:05	牡羊
11/19	15:14	双子	6/19	12:00	蠍	1/21	00:22	牡牛
11/21	23:37	蟹	6/21	16:36	射手	1/23	08:24	双子
11/24	05:49	獅子	6/23	22:57	山羊	1/25	12:21	蟹
11/26	10:05	乙女	6/26	07:33	水瓶	1/27	13:02	獅子
11/28	12:49	天秤	6/28	18:34	魚	1/29	12:16	乙女
11/30	14:38	蠍				1/31	12:15	天秤

1975年12月			1975年7月			1975年2月		
12/ 2	16:34	射手	7/ 1	07:03	牡羊	2/ 2	14:55	蠍
12/ 4	19:59	山羊	7/ 3	18:55	牡牛	2/ 4	21:11	射手
12/ 7	02:12	水瓶	7/ 6	03:59	双子	2/ 7	06:43	山羊
12/ 9	11:53	魚	7/ 8	09:24	蟹	2/ 9	18:17	水瓶
12/12	00:07	牡羊	7/10	11:51	獅子	2/12	06:46	魚
12/14	12:40	牡牛	7/12	12:57	乙女	2/14	19:24	牡羊
12/16	23:13	双子	7/14	14:22	天秤	2/17	07:10	牡牛
12/19	06:49	蟹	7/16	17:24	蠍	2/19	16:36	双子
12/21	11:55	獅子	7/18	22:33	射手	2/21	22:19	蟹
12/23	15:29	乙女	7/21	05:47	山羊	2/24	00:14	獅子
12/25	18:28	天秤	7/23	14:57	水瓶	2/25	23:39	乙女
12/27	21:29	蠍	7/26	01:59	魚	2/27	22:40	天秤
12/30	00:54	射手	7/28	14:29	牡羊			
			7/31	02:55	牡牛			

月の運行表　1974年10月～1977年3月

1976年11月

日付	時刻	星座
11/ 1	02:54	魚
11/ 3	13:47	牡羊
11/ 6	02:24	牡牛
11/ 8	15:21	双子
11/11	03:28	蟹
11/13	13:37	獅子
11/15	20:48	乙女
11/18	00:36	天秤
11/20	01:33	蠍
11/22	01:04	射手
11/24	01:04	山羊
11/26	03:31	水瓶
11/28	09:48	魚
11/30	20:03	牡羊

1976年12月

日付	時刻	星座
12/ 3	08:42	牡牛
12/ 5	21:39	双子
12/ 8	09:21	蟹
12/10	19:13	獅子
12/13	02:56	乙女
12/15	08:14	天秤
12/17	11:02	蠍
12/19	11:55	射手
12/21	12:12	山羊
12/23	13:49	水瓶
12/25	18:37	魚
12/28	03:33	牡羊
12/30	15:44	牡牛

1977年 1月

日付	時刻	星座
1/ 2	04:43	双子
1/ 4	16:13	蟹
1/ 7	01:21	獅子
1/ 9	08:24	乙女
1/11	13:49	天秤
1/13	17:46	蠍
1/15	20:19	射手
1/17	22:03	山羊
1/20	00:13	水瓶
1/22	04:31	魚
1/24	12:20	牡羊
1/26	23:42	牡牛
1/29	12:38	双子

1977年 2月

日付	時刻	星座
2/ 1	00:21	蟹
2/ 3	09:13	獅子
2/ 5	15:18	乙女
2/ 7	19:37	天秤
2/ 9	23:06	蠍
2/12	02:12	射手
2/14	05:15	山羊
2/16	08:46	水瓶
2/18	13:46	魚
2/20	21:23	牡羊
2/23	08:07	牡牛
2/25	20:51	双子
2/28	09:03	蟹

1977年 3月

日付	時刻	星座
3/ 2	18:26	獅子
3/ 5	00:20	乙女
3/ 7	03:35	天秤
3/ 9	05:38	蠍
3/11	07:43	射手
3/13	10:41	山羊
3/15	15:01	水瓶
3/17	21:07	魚
3/20	05:24	牡羊
3/22	16:06	牡牛
3/25	04:40	双子
3/27	17:17	蟹
3/30	03:41	獅子

1976年 6月

日付	時刻	星座
6/ 2	13:39	獅子
6/ 4	19:22	乙女
6/ 6	23:01	天秤
6/ 9	00:59	蠍
6/11	02:08	射手
6/13	03:46	山羊
6/15	07:32	水瓶
6/17	14:44	魚
6/20	01:33	牡羊
6/22	14:22	牡牛
6/25	02:38	双子
6/27	12:30	蟹
6/29	19:41	獅子

1976年 7月

日付	時刻	星座
7/ 2	00:47	乙女
7/ 4	04:35	天秤
7/ 6	07:34	蠍
7/ 8	10:06	射手
7/10	12:51	山羊
7/12	16:54	水瓶
7/14	23:37	魚
7/17	09:41	牡羊
7/19	22:12	牡牛
7/22	10:41	双子
7/24	20:40	蟹
7/27	03:19	獅子
7/29	07:24	乙女
7/31	10:15	天秤

1976年 8月

日付	時刻	星座
8/ 2	12:56	蠍
8/ 4	16:04	射手
8/ 6	19:56	山羊
8/ 9	00:58	水瓶
8/11	08:01	魚
8/13	17:50	牡羊
8/16	06:06	牡牛
8/18	18:55	双子
8/21	05:35	獅子
8/23	12:31	獅子
8/25	16:04	乙女
8/27	17:42	天秤
8/29	19:06	蠍
8/31	21:29	射手

1976年 9月

日付	時刻	星座
9/ 3	01:30	山羊
9/ 5	07:21	水瓶
9/ 7	15:13	魚
9/10	01:19	牡羊
9/12	13:31	牡牛
9/15	02:33	双子
9/17	14:08	蟹
9/19	22:12	獅子
9/22	02:17	乙女
9/24	03:29	天秤
9/26	03:35	蠍
9/28	04:23	射手
9/30	07:14	山羊

1976年10月

日付	時刻	星座
10/ 2	12:50	水瓶
10/ 4	21:11	魚
10/ 7	07:51	牡羊
10/ 9	20:12	牡牛
10/12	09:15	双子
10/14	21:25	蟹
10/17	06:51	獅子
10/19	12:26	乙女
10/21	14:28	天秤
10/23	14:18	蠍
10/25	13:50	射手
10/27	14:57	山羊
10/29	19:06	水瓶

1976年 1月

日付	時刻	星座
1/ 1	05:17	山羊
1/ 3	11:34	水瓶
1/ 5	20:36	魚
1/ 8	08:22	牡羊
1/10	21:11	牡牛
1/13	08:20	双子
1/15	16:01	蟹
1/17	20:16	獅子
1/19	22:26	乙女
1/22	00:12	天秤
1/24	02:49	蠍
1/26	06:52	射手
1/28	12:25	山羊
1/30	19:35	水瓶

1976年 2月

日付	時刻	星座
2/ 2	04:48	魚
2/ 4	16:18	牡羊
2/ 7	05:14	牡牛
2/ 9	17:17	双子
2/12	02:00	蟹
2/14	06:34	獅子
2/16	08:01	乙女
2/18	08:15	天秤
2/20	09:15	蠍
2/22	12:19	射手
2/24	17:55	山羊
2/27	01:50	水瓶
2/29	11:42	魚

1976年 3月

日付	時刻	星座
3/ 2	23:23	牡羊
3/ 5	12:19	牡牛
3/ 8	00:57	双子
3/10	11:00	蟹
3/12	16:56	獅子
3/14	19:00	乙女
3/16	18:46	天秤
3/18	18:19	蠍
3/20	19:34	射手
3/22	23:49	山羊
3/25	07:21	水瓶
3/27	17:35	魚
3/30	05:38	牡羊

1976年 4月

日付	時刻	星座
4/ 1	18:35	牡牛
4/ 4	07:17	双子
4/ 6	18:07	蟹
4/ 9	01:37	獅子
4/11	05:16	乙女
4/13	05:55	天秤
4/15	05:15	蠍
4/17	05:16	射手
4/19	07:43	山羊
4/21	13:48	水瓶
4/23	23:29	魚
4/26	11:37	牡羊
4/29	00:38	牡牛

1976年 5月

日付	時刻	星座
5/ 1	13:06	双子
5/ 3	23:54	蟹
5/ 6	08:10	獅子
5/ 8	13:22	乙女
5/10	15:40	天秤
5/12	16:03	蠍
5/14	16:05	射手
5/16	17:32	山羊
5/18	22:03	水瓶
5/21	06:28	魚
5/23	18:08	牡羊
5/26	07:08	牡牛
5/28	19:23	双子
5/31	05:40	蟹

1978年2月			1977年9月			1977年4月		
2/ 2	16:15	射手	9/ 2	09:53	牡牛	4/ 1	10:26	乙女
2/ 4	17:51	山羊	9/ 4	21:28	双子	4/ 3	13:40	天秤
2/ 6	18:05	水瓶	9/ 7	10:04	蟹	4/ 5	14:41	蠍
2/ 8	18:49	魚	9/ 9	21:15	獅子	4/ 7	15:10	射手
2/10	21:57	牡羊	9/12	05:35	乙女	4/ 9	16:42	山羊
2/13	04:51	牡牛	9/14	11:08	天秤	4/11	20:25	水瓶
2/15	15:25	双子	9/16	14:47	蠍	4/14	02:51	魚
2/18	03:57	蟹	9/18	17:30	射手	4/16	11:53	牡羊
2/20	16:11	獅子	9/20	20:05	山羊	4/18	23:03	牡牛
2/23	02:40	乙女	9/22	23:13	水瓶	4/21	11:38	双子
2/25	11:04	天秤	9/25	03:31	魚	4/24	00:26	蟹
2/27	17:29	蠍	9/27	09:42	牡羊	4/26	11:44	獅子
			9/29	18:22	牡牛	4/28	19:53	乙女

1978年3月			1977年10月			1977年5月		
3/ 1	22:03	射手	10/ 2	05:34	双子	5/ 1	00:13	天秤
3/ 4	00:59	山羊	10/ 4	18:10	蟹	5/ 3	01:24	蠍
3/ 6	02:51	水瓶	10/ 7	05:59	獅子	5/ 5	01:00	射手
3/ 8	04:47	魚	10/ 9	15:00	乙女	5/ 7	00:55	山羊
3/10	08:09	牡羊	10/11	20:31	天秤	5/ 9	03:01	水瓶
3/12	14:18	牡牛	10/13	23:12	蠍	5/11	08:30	魚
3/14	23:49	双子	10/16	00:29	射手	5/13	17:31	牡羊
3/17	11:50	蟹	10/18	01:52	山羊	5/16	05:05	牡牛
3/20	00:13	獅子	10/20	04:37	水瓶	5/18	17:51	双子
3/22	10:51	乙女	10/22	09:28	魚	5/21	06:37	蟹
3/24	18:42	天秤	10/24	16:36	牡羊	5/23	18:15	獅子
3/27	00:02	蠍	10/27	01:54	牡牛	5/26	03:32	乙女
3/29	03:39	射手	10/29	13:09	双子	5/28	09:29	天秤
3/31	06:25	山羊				5/30	11:57	蠍

1978年4月			1977年11月			1977年6月		
4/ 2	09:06	水瓶	11/ 1	01:41	蟹	6/ 1	11:55	射手
4/ 4	12:22	魚	11/ 3	14:05	獅子	6/ 3	11:09	山羊
4/ 6	16:52	牡羊	11/ 6	00:19	乙女	6/ 5	11:45	水瓶
4/ 8	23:23	牡牛	11/ 8	06:53	天秤	6/ 7	15:37	魚
4/11	08:28	双子	11/10	09:43	蠍	6/ 9	23:35	牡羊
4/13	20:00	蟹	11/12	10:05	射手	6/12	10:57	牡牛
4/16	08:31	獅子	11/14	09:52	山羊	6/14	23:51	双子
4/18	19:45	乙女	11/16	11:01	水瓶	6/17	12:30	蟹
4/21	03:54	天秤	11/18	14:59	魚	6/19	23:55	獅子
4/23	08:40	蠍	11/20	22:14	牡羊	6/22	09:31	乙女
4/25	11:01	射手	11/23	08:11	牡牛	6/24	16:37	天秤
4/27	12:29	山羊	11/25	19:49	双子	6/26	20:43	蠍
4/29	14:29	水瓶	11/28	08:21	蟹	6/28	22:02	射手
			11/30	20:54	獅子	6/30	21:49	山羊

1978年5月			1977年12月			1977年7月		
5/ 1	18:01	魚	12/ 3	08:07	乙女	7/ 2	21:58	水瓶
5/ 3	23:28	牡羊	12/ 5	16:19	天秤	7/ 5	00:33	魚
5/ 6	06:53	牡牛	12/ 7	20:34	蠍	7/ 7	07:04	牡羊
5/ 8	16:19	双子	12/ 9	21:22	射手	7/ 9	17:33	牡牛
5/11	03:42	蟹	12/11	20:27	山羊	7/12	06:15	双子
5/13	16:18	獅子	12/13	20:10	水瓶	7/14	18:51	蟹
5/16	04:01	乙女	12/15	22:10	魚	7/17	05:53	獅子
5/18	13:25	天秤	12/18	04:12	牡羊	7/19	15:00	乙女
5/20	18:40	蠍	12/20	13:55	牡牛	7/21	22:11	天秤
5/22	20:32	射手	12/23	01:52	双子	7/24	03:14	蠍
5/24	20:43	山羊	12/25	14:31	蟹	7/26	06:05	射手
5/26	21:12	水瓶	12/28	02:53	獅子	7/28	07:16	山羊
5/28	23:38	魚	12/30	14:15	乙女	7/30	08:06	水瓶
5/31	04:53	牡羊						

1978年6月			1978年1月			1977年8月		
6/ 2	12:51	牡牛	1/ 1	23:33	天秤	8/ 1	10:25	魚
6/ 4	22:54	双子	1/ 4	05:36	蠍	8/ 3	15:55	牡羊
6/ 7	10:31	蟹	1/ 6	08:04	射手	8/ 6	01:19	牡牛
6/ 9	23:09	獅子	1/ 8	07:56	山羊	8/ 8	13:30	双子
6/12	11:36	乙女	1/10	07:07	水瓶	8/11	02:05	蟹
6/14	21:57	天秤	1/12	07:52	魚	8/13	12:58	獅子
6/17	04:29	蠍	1/14	12:06	牡羊	8/15	21:27	乙女
6/19	07:02	射手	1/16	20:31	牡牛	8/18	03:50	天秤
6/21	06:53	山羊	1/19	08:07	双子	8/20	08:36	蠍
6/23	06:09	水瓶	1/21	20:50	蟹	8/22	12:04	射手
6/25	06:58	魚	1/24	09:03	獅子	8/24	14:31	山羊
6/27	10:54	牡羊	1/26	19:57	乙女	8/26	16:42	水瓶
6/29	18:21	牡牛	1/29	05:09	天秤	8/28	19:48	魚
			1/31	12:05	蠍	8/31	01:12	牡羊

月の運行表　1977年4月～1979年9月

1979年 5月			**1978年12月**			**1978年 7月**		
5/ 1	00:12	蟹	12/ 2	05:46	山羊	7/ 2	04:38	双子
5/ 3	10:57	獅子	12/ 4	06:37	水瓶	7/ 4	16:34	蟹
5/ 5	23:42	乙女	12/ 6	08:37	魚	7/ 7	05:14	獅子
5/ 8	11:49	天秤	12/ 8	12:41	牡羊	7/ 9	17:46	乙女
5/10	21:11	蠍	12/10	18:52	牡牛	7/12	04:50	天秤
5/13	03:26	射手	12/13	02:56	双子	7/14	12:48	蠍
5/15	07:27	山羊	12/15	12:51	蟹	7/16	16:50	射手
5/17	10:27	水瓶	12/18	00:38	獅子	7/18	17:34	山羊
5/19	13:20	魚	12/20	13:36	乙女	7/20	16:43	水瓶
5/21	16:31	牡羊	12/23	01:41	天秤	7/22	16:28	魚
5/23	20:22	牡牛	12/25	10:33	蠍	7/24	18:47	牡羊
5/26	01:29	双子	12/27	15:09	射手	7/27	00:51	牡牛
5/28	08:52	蟹	12/29	16:17	山羊	7/29	10:31	双子
5/30	19:09	獅子	12/31	15:55	水瓶	7/31	22:29	蟹
1979年 6月			**1979年 1月**			**1978年 8月**		
6/ 2	07:42	乙女	1/ 2	16:10	魚	8/ 3	11:11	獅子
6/ 4	20:12	天秤	1/ 4	18:42	牡羊	8/ 5	23:30	乙女
6/ 7	06:06	蠍	1/ 7	00:19	牡牛	8/ 8	10:31	天秤
6/ 9	12:16	射手	1/ 9	08:44	双子	8/10	19:12	蠍
6/11	15:25	山羊	1/11	19:16	蟹	8/13	00:44	射手
6/13	17:08	水瓶	1/14	07:17	獅子	8/15	03:04	山羊
6/15	18:58	魚	1/16	20:11	乙女	8/17	03:16	水瓶
6/17	21:54	牡羊	1/19	08:41	天秤	8/19	03:06	魚
6/20	02:19	牡牛	1/21	18:52	蠍	8/21	04:31	牡羊
6/22	08:24	双子	1/24	01:09	射手	8/23	09:07	牡牛
6/24	16:26	蟹	1/26	03:29	山羊	8/25	17:33	双子
6/27	02:48	獅子	1/28	03:14	水瓶	8/28	05:00	蟹
6/29	15:15	乙女	1/30	02:27	魚	8/30	17:41	獅子
1979年 7月			**1979年 2月**			**1978年 9月**		
7/ 2	04:09	天秤	2/ 1	03:12	牡羊	9/ 2	05:48	乙女
7/ 4	14:58	蠍	2/ 3	07:03	牡牛	9/ 4	16:17	天秤
7/ 6	21:57	射手	2/ 5	14:34	双子	9/ 7	00:39	蠍
7/ 9	01:08	山羊	2/ 8	01:07	蟹	9/ 9	06:41	射手
7/11	02:00	水瓶	2/10	13:27	獅子	9/11	10:21	山羊
7/13	02:24	魚	2/13	02:19	乙女	9/13	12:10	水瓶
7/15	03:58	牡羊	2/15	14:38	天秤	9/15	13:11	魚
7/17	07:44	牡牛	2/18	01:13	蠍	9/17	14:51	牡羊
7/19	14:00	双子	2/20	08:52	射手	9/19	18:44	牡牛
7/21	22:41	蟹	2/22	13:01	山羊	9/22	01:57	双子
7/24	09:31	獅子	2/24	14:13	水瓶	9/24	12:32	蟹
7/26	22:02	乙女	2/26	13:53	魚	9/27	01:03	獅子
7/29	11:07	天秤	2/28	13:55	牡羊	9/29	13:12	乙女
7/31	22:47	蠍						
1979年 8月			**1979年 3月**			**1978年10月**		
8/ 3	07:07	射手	3/ 2	16:09	牡牛	10/ 1	23:18	天秤
8/ 5	11:24	山羊	3/ 4	21:59	双子	10/ 4	06:49	蠍
8/ 7	12:29	水瓶	3/ 7	07:35	蟹	10/ 6	12:08	射手
8/ 9	12:07	魚	3/ 9	19:49	獅子	10/ 8	15:54	山羊
8/11	12:12	牡羊	3/12	08:44	乙女	10/10	18:44	水瓶
8/13	14:23	牡牛	3/14	20:42	天秤	10/12	21:14	魚
8/15	19:43	双子	3/17	06:50	蠍	10/15	00:07	牡羊
8/18	04:18	蟹	3/19	14:39	射手	10/17	04:23	牡牛
8/20	15:30	獅子	3/21	19:57	山羊	10/19	11:06	双子
8/23	04:12	乙女	3/23	22:53	水瓶	10/21	20:53	蟹
8/25	17:15	天秤	3/26	00:05	魚	10/24	09:05	獅子
8/28	05:13	蠍	3/28	00:48	牡羊	10/26	21:33	乙女
8/30	14:40	射手	3/30	02:37	牡牛	10/29	07:52	天秤
						10/31	14:54	蠍
1979年 9月			**1979年 4月**			**1978年11月**		
9/ 1	20:35	山羊	4/ 1	07:09	双子	11/ 2	19:05	射手
9/ 3	23:00	水瓶	4/ 3	15:24	蟹	11/ 4	21:42	山羊
9/ 5	23:04	魚	4/ 6	02:58	獅子	11/ 7	00:05	水瓶
9/ 7	22:30	牡羊	4/ 8	15:53	乙女	11/ 9	03:07	魚
9/ 9	23:14	牡牛	4/11	03:46	天秤	11/11	07:13	牡羊
9/12	02:56	双子	4/13	13:16	蠍	11/13	12:37	牡牛
9/14	10:28	蟹	4/15	20:19	射手	11/15	19:46	双子
9/16	21:26	獅子	4/18	01:24	山羊	11/18	05:16	蟹
9/19	10:17	乙女	4/20	05:03	水瓶	11/20	17:10	獅子
9/21	23:12	天秤	4/22	07:42	魚	11/23	05:59	乙女
9/24	10:55	蠍	4/24	09:52	牡羊	11/25	17:08	天秤
9/26	20:36	射手	4/26	12:29	牡牛	11/28	00:40	蠍
9/29	03:41	山羊	4/28	16:50	双子	11/30	04:24	射手

1980年 8 月
8/ 3	01:57	牡牛
8/ 5	05:11	双子
8/ 7	10:14	蟹
8/ 9	17:25	獅子
8/12	02:55	乙女
8/14	14:33	天秤
8/17	03:16	蠍
8/19	15:09	射手
8/22	00:12	山羊
8/24	05:34	水瓶
8/26	07:44	魚
8/28	08:12	牡羊
8/30	08:43	牡牛

1980年 9 月
9/ 1	10:52	双子
9/ 3	15:41	蟹
9/ 5	23:23	獅子
9/ 8	09:32	乙女
9/10	21:23	天秤
9/13	10:07	蠍
9/15	22:28	射手
9/18	08:46	山羊
9/20	15:32	水瓶
9/22	18:28	魚
9/24	18:38	牡羊
9/26	17:54	牡牛
9/28	18:23	双子
9/30	21:48	蟹

1980年10月
10/ 3	04:58	獅子
10/ 5	15:20	乙女
10/ 8	03:31	天秤
10/10	16:16	蠍
10/13	04:38	射手
10/15	15:37	山羊
10/17	23:55	水瓶
10/20	04:32	魚
10/22	05:44	牡羊
10/24	04:56	牡牛
10/26	04:18	双子
10/28	06:01	蟹
10/30	11:40	獅子

1980年11月
11/ 1	21:19	乙女
11/ 4	09:32	天秤
11/ 6	22:25	蠍
11/ 9	10:26	射手
11/11	21:16	山羊
11/14	06:11	水瓶
11/16	12:22	魚
11/18	15:22	牡羊
11/20	15:51	牡牛
11/22	15:28	双子
11/24	16:18	蟹
11/26	20:24	獅子
11/29	04:38	乙女

1980年12月
12/ 1	16:14	天秤
12/ 4	05:01	蠍
12/ 6	16:58	射手
12/ 9	03:12	山羊
12/11	11:05	水瓶
12/13	18:04	魚
12/15	22:22	牡羊
12/18	00:37	牡牛
12/20	01:40	双子
12/22	03:04	蟹
12/24	06:35	獅子
12/26	13:27	乙女
12/29	00:05	天秤
12/31	12:37	蠍

1980年 3 月
3/ 1	06:55	乙女
3/ 3	19:41	天秤
3/ 6	08:23	蠍
3/ 8	19:39	射手
3/11	04:03	山羊
3/13	08:46	水瓶
3/15	10:12	魚
3/17	09:42	牡羊
3/19	09:14	牡牛
3/21	10:48	双子
3/23	15:56	蟹
3/26	01:00	獅子
3/28	12:53	乙女
3/31	01:50	天秤

1980年 4 月
4/ 2	14:22	蠍
4/ 5	01:35	射手
4/ 7	10:44	山羊
4/ 9	17:01	水瓶
4/11	20:08	魚
4/13	20:41	牡羊
4/15	20:12	牡牛
4/17	20:43	双子
4/20	00:13	蟹
4/22	07:53	獅子
4/24	19:13	乙女
4/27	08:10	天秤
4/29	20:36	蠍

1980年 5 月
5/ 2	07:22	射手
5/ 4	16:15	山羊
5/ 6	23:05	水瓶
5/ 9	03:35	魚
5/11	05:46	牡羊
5/13	06:26	牡牛
5/15	07:09	双子
5/17	09:54	蟹
5/19	16:15	獅子
5/22	02:33	乙女
5/24	15:11	天秤
5/27	03:38	蠍
5/29	14:06	射手
5/31	22:15	山羊

1980年 6 月
6/ 3	04:31	水瓶
6/ 5	09:11	魚
6/ 7	12:25	牡羊
6/ 9	14:31	牡牛
6/11	16:24	双子
6/13	19:31	蟹
6/16	01:23	獅子
6/18	10:48	乙女
6/20	22:56	天秤
6/23	11:27	蠍
6/25	22:03	射手
6/28	05:47	山羊
6/30	11:05	水瓶

1980年 7 月
7/ 2	14:50	魚
7/ 4	17:48	牡羊
7/ 6	20:32	牡牛
7/ 8	23:35	双子
7/11	03:46	蟹
7/13	10:04	獅子
7/15	19:12	乙女
7/18	06:56	天秤
7/20	19:34	蠍
7/23	06:43	射手
7/25	14:46	山羊
7/27	19:35	水瓶
7/29	22:12	魚
7/31	23:55	牡羊

1979年10月
10/ 1	07:50	水瓶
10/ 3	09:25	魚
10/ 5	09:29	牡羊
10/ 7	09:46	牡牛
10/ 9	12:08	双子
10/11	18:10	蟹
10/14	04:13	獅子
10/16	16:52	乙女
10/19	05:46	天秤
10/21	17:03	蠍
10/24	02:10	射手
10/26	09:12	山羊
10/28	14:18	水瓶
10/30	17:30	魚

1979年11月
11/ 1	19:10	牡羊
11/ 3	20:17	牡牛
11/ 5	22:26	双子
11/ 8	03:24	蟹
11/10	12:15	獅子
11/13	00:21	乙女
11/15	13:17	天秤
11/18	00:31	蠍
11/20	08:57	射手
11/22	15:02	山羊
11/24	19:38	水瓶
11/26	23:18	魚
11/29	02:18	牡羊

1979年12月
12/ 1	04:56	牡牛
12/ 3	08:03	双子
12/ 5	13:02	蟹
12/ 7	21:10	獅子
12/10	08:34	乙女
12/12	21:30	天秤
12/15	09:09	蠍
12/17	17:38	射手
12/19	22:56	山羊
12/22	02:14	水瓶
12/24	04:51	魚
12/26	07:41	牡羊
12/28	11:09	牡牛
12/30	15:33	双子

1980年 1 月
1/ 1	21:31	蟹
1/ 4	05:49	獅子
1/ 6	16:50	乙女
1/ 9	05:39	天秤
1/11	17:56	蠍
1/14	03:19	射手
1/16	08:53	山羊
1/18	11:26	水瓶
1/20	12:34	魚
1/22	13:53	牡羊
1/24	16:33	牡牛
1/26	21:12	双子
1/29	04:04	蟹
1/31	13:10	獅子

1980年 2 月
2/ 3	00:22	乙女
2/ 5	13:05	天秤
2/ 8	01:47	蠍
2/10	12:20	射手
2/12	19:13	山羊
2/14	22:21	水瓶
2/16	22:55	魚
2/18	22:44	牡羊
2/20	23:36	牡牛
2/23	02:59	双子
2/25	09:36	蟹
2/27	19:12	獅子

月の運行表　1979年10月～1982年3月

1981年11月
日付	時刻	星座
11/ 1	21:47	山羊
11/ 4	09:51	水瓶
11/ 6	18:53	魚
11/ 8	23:39	牡羊
11/11	00:45	牡牛
11/13	00:00	双子
11/14	23:39	蟹
11/17	01:34	獅子
11/19	06:54	乙女
11/21	15:34	天秤
11/24	02:37	蠍
11/26	15:01	射手
11/29	03:53	山羊

1981年12月
日付	時刻	星座
12/ 1	16:10	水瓶
12/ 4	02:16	魚
12/ 6	08:49	牡羊
12/ 8	11:32	牡牛
12/10	11:31	双子
12/12	10:42	蟹
12/14	11:10	獅子
12/16	14:39	乙女
12/18	21:59	天秤
12/21	08:39	蠍
12/23	21:11	射手
12/26	10:00	山羊
12/28	21:54	水瓶
12/31	08:01	魚

1982年1月
日付	時刻	星座
1/ 2	15:34	牡羊
1/ 4	20:03	牡牛
1/ 6	21:49	双子
1/ 8	22:02	蟹
1/10	22:22	獅子
1/13	00:38	乙女
1/15	06:17	天秤
1/17	15:47	蠍
1/20	04:01	射手
1/22	16:51	山羊
1/25	04:25	水瓶
1/27	13:50	魚
1/29	21:00	牡羊

1982年2月
日付	時刻	星座
2/ 1	02:05	牡牛
2/ 3	05:21	双子
2/ 5	07:19	蟹
2/ 7	08:51	獅子
2/ 9	11:16	乙女
2/11	16:03	天秤
2/14	00:16	蠍
2/16	11:45	射手
2/19	00:37	山羊
2/21	12:16	水瓶
2/23	21:10	魚
2/26	03:18	牡羊
2/28	07:33	牡牛

1982年3月
日付	時刻	星座
3/ 2	10:51	双子
3/ 4	13:49	蟹
3/ 6	16:51	獅子
3/ 8	20:28	乙女
3/11	01:35	天秤
3/13	09:17	蠍
3/15	20:04	射手
3/18	08:48	山羊
3/20	20:54	水瓶
3/23	06:03	魚
3/25	11:38	牡羊
3/27	14:41	牡牛
3/29	16:45	双子
3/31	19:10	蟹

1981年6月
日付	時刻	星座
6/ 2	01:50	双子
6/ 4	01:40	蟹
6/ 6	03:44	獅子
6/ 8	09:26	乙女
6/10	18:55	天秤
6/13	06:55	蠍
6/15	19:32	射手
6/18	07:22	山羊
6/20	17:37	水瓶
6/23	01:45	魚
6/25	07:20	牡羊
6/27	10:18	牡牛
6/29	11:23	双子

1981年7月
日付	時刻	星座
7/ 1	11:59	蟹
7/ 3	13:49	獅子
7/ 5	18:27	乙女
7/ 8	02:43	天秤
7/10	14:02	蠍
7/13	02:36	射手
7/15	14:20	山羊
7/18	00:02	水瓶
7/20	07:26	魚
7/22	12:45	牡羊
7/24	16:20	牡牛
7/26	18:43	双子
7/28	20:43	蟹
7/30	23:22	獅子

1981年8月
日付	時刻	星座
8/ 2	03:56	乙女
8/ 4	11:25	天秤
8/ 6	22:00	蠍
8/ 9	10:23	射手
8/11	22:21	山羊
8/14	07:57	水瓶
8/16	14:35	魚
8/18	18:50	牡羊
8/20	21:45	牡牛
8/23	00:20	双子
8/25	03:18	蟹
8/27	07:12	獅子
8/29	12:33	乙女
8/31	20:04	天秤

1981年9月
日付	時刻	星座
9/ 3	06:11	蠍
9/ 5	18:25	射手
9/ 8	06:49	山羊
9/10	17:00	水瓶
9/12	23:35	魚
9/15	02:56	牡羊
9/17	04:31	牡牛
9/19	06:00	双子
9/21	08:41	蟹
9/23	13:09	獅子
9/25	19:30	乙女
9/28	03:41	天秤
9/30	13:53	蠍

1981年10月
日付	時刻	星座
10/ 2	02:00	射手
10/ 5	14:50	山羊
10/ 8	02:02	水瓶
10/10	09:33	魚
10/12	13:01	牡羊
10/14	13:44	牡牛
10/16	13:43	双子
10/18	14:54	蟹
10/20	18:36	獅子
10/23	01:06	乙女
10/25	09:57	天秤
10/27	20:39	蠍
10/30	08:49	射手

1981年1月
日付	時刻	星座
1/ 3	00:43	射手
1/ 5	10:42	山羊
1/ 7	18:13	水瓶
1/ 9	23:43	魚
1/12	03:45	牡羊
1/14	06:46	牡牛
1/16	09:18	双子
1/18	12:09	蟹
1/20	16:22	獅子
1/22	23:03	乙女
1/25	08:46	天秤
1/27	20:49	蠍
1/30	09:12	射手

1981年2月
日付	時刻	星座
2/ 1	19:38	山羊
2/ 4	02:56	水瓶
2/ 6	07:22	魚
2/ 8	10:03	牡羊
2/10	12:12	牡牛
2/12	14:52	双子
2/14	18:44	蟹
2/17	00:12	獅子
2/19	07:36	乙女
2/21	17:13	天秤
2/24	04:55	蠍
2/26	17:30	射手

1981年3月
日付	時刻	星座
3/ 1	04:47	山羊
3/ 3	12:52	水瓶
3/ 5	17:13	魚
3/ 7	18:49	牡羊
3/ 9	19:24	牡牛
3/11	20:43	双子
3/14	00:07	蟹
3/16	06:04	獅子
3/18	14:21	乙女
3/21	00:32	天秤
3/23	12:15	蠍
3/26	00:52	射手
3/28	12:53	山羊
3/30	22:17	水瓶

1981年4月
日付	時刻	星座
4/ 2	03:42	魚
4/ 4	05:26	牡羊
4/ 6	05:06	牡牛
4/ 8	04:49	双子
4/10	06:35	蟹
4/12	11:38	獅子
4/14	19:58	乙女
4/17	06:39	天秤
4/19	18:39	蠍
4/22	07:15	射手
4/24	19:32	山羊
4/27	05:58	水瓶
4/29	12:58	魚

1981年5月
日付	時刻	星座
5/ 1	15:59	牡羊
5/ 3	16:01	牡牛
5/ 5	15:03	双子
5/ 7	15:19	蟹
5/ 9	18:41	獅子
5/12	01:56	乙女
5/14	12:25	天秤
5/17	00:38	蠍
5/19	13:15	射手
5/22	01:21	山羊
5/24	12:02	水瓶
5/26	20:07	魚
5/29	00:45	牡羊
5/31	02:12	牡牛

1983年 2 月			1982年 9 月			1982年 4 月		
2/ 1	18:48	天秤	9/ 3	01:12	魚	4/ 2	22:38	獅子
2/ 3	23:33	蠍	9/ 5	09:24	牡羊	4/ 5	03:20	乙女
2/ 6	08:30	射手	9/ 7	15:27	牡牛	4/ 7	09:28	天秤
2/ 8	20:34	山羊	9/ 9	19:59	双子	4/ 9	17:34	蠍
2/11	09:41	水瓶	9/11	23:20	蟹	4/12	04:07	射手
2/13	22:03	魚	9/14	01:47	獅子	4/14	16:42	山羊
2/16	08:47	牡羊	9/16	03:59	乙女	4/17	05:19	水瓶
2/18	17:32	牡牛	9/18	07:04	天秤	4/19	15:21	魚
2/20	23:53	双子	9/20	12:34	蠍	4/21	21:24	牡羊
2/23	03:32	蟹	9/22	21:31	射手	4/24	00:00	牡牛
2/25	04:47	獅子	9/25	09:32	山羊	4/26	00:50	双子
2/27	04:50	乙女	9/27	22:22	水瓶	4/28	01:45	蟹
			9/30	09:19	魚	4/30	04:10	獅子
1983年 3 月			1982年10月			1982年 5 月		
3/ 1	05:31	天秤	10/ 2	17:06	牡羊	5/ 2	08:46	乙女
3/ 3	08:52	蠍	10/ 4	22:09	牡牛	5/ 4	15:34	天秤
3/ 5	16:16	射手	10/ 7	01:40	双子	5/ 7	00:29	蠍
3/ 8	03:30	山羊	10/ 9	04:41	蟹	5/ 9	11:17	射手
3/10	16:31	水瓶	10/11	07:45	獅子	5/11	23:51	山羊
3/13	04:49	魚	10/13	11:10	乙女	5/14	12:45	水瓶
3/15	15:02	牡羊	10/15	15:24	天秤	5/16	23:47	魚
3/17	23:06	牡牛	10/17	21:22	蠍	5/19	07:05	牡羊
3/20	05:21	双子	10/20	06:03	射手	5/21	10:23	牡牛
3/22	09:54	蟹	10/22	17:39	山羊	5/23	10:56	双子
3/24	12:44	獅子	10/25	06:37	水瓶	5/25	10:40	蟹
3/26	14:19	乙女	10/27	18:13	魚	5/27	11:28	獅子
3/28	15:50	天秤	10/30	02:26	牡羊	5/29	14:44	乙女
3/30	18:58	蠍				5/31	21:03	天秤
1983年 4 月			1982年11月			1982年 6 月		
4/ 2	01:21	射手	11/ 1	07:04	牡牛	6/ 3	06:12	蠍
4/ 4	11:31	山羊	11/ 3	09:24	双子	6/ 5	17:32	射手
4/ 7	00:07	水瓶	11/ 5	11:01	蟹	6/ 8	06:13	山羊
4/ 9	12:32	魚	11/ 7	13:12	獅子	6/10	19:09	水瓶
4/11	22:39	牡羊	11/ 9	16:41	乙女	6/13	06:45	魚
4/14	06:01	牡牛	11/11	21:47	天秤	6/15	15:21	牡羊
4/16	11:16	双子	11/14	04:43	蠍	6/17	20:08	牡牛
4/18	15:15	蟹	11/16	13:53	射手	6/19	21:35	双子
4/20	18:28	獅子	11/19	01:12	山羊	6/21	21:14	蟹
4/22	21:13	乙女	11/21	14:21	水瓶	6/23	20:58	獅子
4/25	00:05	天秤	11/24	02:43	魚	6/25	22:37	乙女
4/27	04:06	蠍	11/26	12:08	牡羊	6/28	03:31	天秤
4/29	10:29	射手	11/28	17:33	牡牛	6/30	12:03	蠍
			11/30	19:37	双子			
1983年 5 月			1982年12月			1982年 7 月		
5/ 1	20:02	山羊	12/ 2	20:00	蟹	7/ 2	23:26	射手
5/ 4	08:10	水瓶	12/ 4	20:28	獅子	7/ 5	12:16	山羊
5/ 6	20:44	魚	12/ 6	22:34	乙女	7/ 8	01:04	水瓶
5/ 9	07:18	牡羊	12/ 9	03:12	天秤	7/10	12:36	魚
5/11	14:38	牡牛	12/11	10:35	蠍	7/12	21:50	牡羊
5/13	19:05	双子	12/13	20:28	射手	7/15	04:01	牡牛
5/15	21:49	蟹	12/16	08:17	山羊	7/17	07:05	双子
5/18	00:02	獅子	12/18	21:13	水瓶	7/19	07:47	蟹
5/20	02:38	乙女	12/21	09:57	魚	7/21	07:37	獅子
5/22	06:13	天秤	12/23	20:35	牡羊	7/23	08:21	乙女
5/24	11:18	蠍	12/26	03:38	牡牛	7/25	11:47	天秤
5/26	18:28	射手	12/28	06:50	双子	7/27	19:00	蠍
5/29	04:08	山羊	12/30	07:13	蟹	7/30	05:49	射手
5/31	16:01	水瓶						
1983年 6 月			1983年 1 月			1982年 8 月		
6/ 3	04:43	魚	1/ 1	06:35	獅子	8/ 1	18:37	山羊
6/ 5	16:00	牡羊	1/ 3	06:51	乙女	8/ 4	07:18	水瓶
6/ 8	00:06	牡牛	1/ 5	09:46	天秤	8/ 6	18:24	魚
6/10	04:39	双子	1/ 7	16:17	蠍	8/ 9	03:21	牡羊
6/12	06:33	蟹	1/10	02:15	射手	8/11	10:01	牡牛
6/14	07:23	獅子	1/12	14:27	山羊	8/13	14:23	双子
6/16	08:39	乙女	1/15	03:07	水瓶	8/15	16:42	蟹
6/18	11:38	天秤	1/17	16:03	魚	8/17	17:41	獅子
6/20	17:01	蠍	1/20	03:09	牡羊	8/19	18:41	乙女
6/23	00:56	射手	1/22	11:37	牡牛	8/21	21:23	天秤
6/25	11:10	山羊	1/24	16:41	双子	8/24	03:23	蠍
6/27	23:08	水瓶	1/26	18:29	蟹	8/26	13:12	射手
6/30	11:53	魚	1/28	18:11	獅子	8/29	01:42	山羊
			1/30	17:36	乙女	8/31	14:25	水瓶

月の運行表　1982年4月～1984年9月

1984年 5 月
5/ 3	01:03	双子
5/ 5	08:27	蟹
5/ 7	13:44	獅子
5/ 9	17:03	乙女
5/11	18:55	天秤
5/13	20:24	蠍
5/15	22:51	射手
5/18	03:44	山羊
5/20	11:56	水瓶
5/22	23:09	魚
5/25	11:40	牡羊
5/27	23:15	牡牛
5/30	08:24	双子

1984年 6 月
6/ 1	14:54	蟹
6/ 3	19:20	獅子
6/ 5	22:29	乙女
6/ 8	01:05	天秤
6/10	03:50	蠍
6/12	07:28	射手
6/14	12:49	山羊
6/16	20:42	水瓶
6/19	07:19	魚
6/21	19:41	牡羊
6/24	07:39	牡牛
6/26	17:05	双子
6/28	23:10	蟹

1984年 7 月
7/ 1	02:31	獅子
7/ 3	04:29	乙女
7/ 5	06:28	天秤
7/ 7	09:30	蠍
7/ 9	14:04	射手
7/11	20:25	山羊
7/14	04:42	水瓶
7/16	15:11	魚
7/19	03:27	牡羊
7/21	15:53	牡牛
7/24	02:11	双子
7/26	08:45	蟹
7/28	11:42	獅子
7/30	12:30	乙女

1984年 8 月
8/ 1	13:04	天秤
8/ 3	15:05	蠍
8/ 5	19:31	射手
8/ 8	02:26	山羊
8/10	11:27	水瓶
8/12	22:13	魚
8/15	10:29	牡羊
8/17	23:14	牡牛
8/20	10:32	双子
8/22	18:21	蟹
8/24	22:00	獅子
8/26	22:32	乙女
8/28	21:57	天秤
8/30	22:24	蠍

1984年 9 月
9/ 2	01:31	射手
9/ 4	07:56	山羊
9/ 6	17:13	水瓶
9/ 9	04:25	魚
9/11	16:47	牡羊
9/14	05:34	牡牛
9/16	17:26	双子
9/19	02:37	蟹
9/21	07:50	獅子
9/23	09:19	乙女
9/25	08:41	天秤
9/27	08:04	蠍
9/29	09:33	射手

1983年12月
12/ 1	18:42	蠍
12/ 3	23:58	射手
12/ 6	07:29	山羊
12/ 8	17:40	水瓶
12/11	05:54	魚
12/13	18:17	牡羊
12/16	04:34	牡牛
12/18	11:25	双子
12/20	15:04	蟹
12/22	16:45	獅子
12/24	18:03	乙女
12/26	20:20	天秤
12/29	00:28	蠍
12/31	06:45	射手

1984年 1 月
1/ 2	15:09	山羊
1/ 5	01:32	水瓶
1/ 7	13:35	魚
1/10	02:16	牡羊
1/12	13:37	牡牛
1/14	21:42	双子
1/17	01:49	蟹
1/19	02:51	獅子
1/21	02:37	乙女
1/23	03:08	天秤
1/25	06:05	蠍
1/27	12:13	射手
1/29	21:14	山羊

1984年 2 月
2/ 1	08:12	水瓶
2/ 3	20:23	魚
2/ 6	09:05	牡羊
2/ 8	21:06	牡牛
2/11	06:40	双子
2/13	12:21	蟹
2/15	14:10	獅子
2/17	13:33	乙女
2/19	12:41	天秤
2/21	13:46	蠍
2/23	18:23	射手
2/26	02:51	山羊
2/28	14:03	水瓶

1984年 3 月
3/ 2	02:31	魚
3/ 4	15:09	牡羊
3/ 7	03:10	牡牛
3/ 9	13:31	双子
3/11	20:49	蟹
3/14	00:22	獅子
3/16	00:48	乙女
3/17	23:53	天秤
3/19	23:50	蠍
3/22	02:42	射手
3/24	09:37	山羊
3/26	20:10	水瓶
3/29	08:38	魚
3/31	21:15	牡羊

1984年 4 月
4/ 3	08:57	牡牛
4/ 5	19:06	双子
4/ 8	03:01	蟹
4/10	08:02	獅子
4/12	10:12	乙女
4/14	10:31	天秤
4/16	10:43	蠍
4/18	12:45	射手
4/20	18:11	山羊
4/23	03:28	水瓶
4/25	15:27	魚
4/28	04:04	牡羊
4/30	15:32	牡牛

1983年 7 月
7/ 2	23:48	牡羊
7/ 5	09:06	牡牛
7/ 7	14:42	双子
7/ 9	16:51	蟹
7/11	16:55	獅子
7/13	16:44	乙女
7/15	18:12	天秤
7/17	22:40	蠍
7/20	06:33	射手
7/22	17:12	山羊
7/25	05:28	水瓶
7/27	18:12	魚
7/30	06:21	牡羊

1983年 8 月
8/ 1	16:38	牡牛
8/ 3	23:44	双子
8/ 6	03:10	蟹
8/ 8	03:38	獅子
8/10	02:50	乙女
8/12	02:53	天秤
8/14	05:46	蠍
8/16	12:35	射手
8/18	23:00	山羊
8/21	11:27	水瓶
8/24	00:11	魚
8/26	12:09	牡羊
8/28	22:38	牡牛
8/31	06:50	双子

1983年 9 月
9/ 2	11:54	蟹
9/ 4	13:48	獅子
9/ 6	13:37	乙女
9/ 8	13:14	天秤
9/10	14:50	蠍
9/12	20:09	射手
9/15	05:35	山羊
9/17	17:46	水瓶
9/20	06:31	魚
9/22	18:12	牡羊
9/25	04:13	牡牛
9/27	12:25	双子
9/29	18:26	蟹

1983年10月
10/ 1	21:56	獅子
10/ 3	23:16	乙女
10/ 5	23:42	天秤
10/ 8	01:07	蠍
10/10	05:22	射手
10/12	13:31	山羊
10/15	01:01	水瓶
10/17	13:42	魚
10/20	01:20	牡羊
10/22	10:48	牡牛
10/24	18:11	双子
10/26	23:48	蟹
10/29	03:52	獅子
10/31	06:34	乙女

1983年11月
11/ 2	08:32	天秤
11/ 4	10:54	蠍
11/ 6	15:10	射手
11/ 8	22:32	山羊
11/11	09:11	水瓶
11/13	21:42	魚
11/16	09:37	牡羊
11/18	19:07	牡牛
11/21	01:46	双子
11/23	06:12	蟹
11/25	09:21	獅子
11/27	12:03	乙女
11/29	14:58	天秤

1985年8月			1985年3月			1984年10月		
8/ 2	21:34	魚	3/ 2	00:24	蟹	10/ 1	14:29	山羊
8/ 5	06:43	牡羊	3/ 4	06:29	獅子	10/ 3	23:04	水瓶
8/ 7	18:42	牡牛	3/ 6	08:44	乙女	10/ 6	06:20	魚
8/10	07:32	双子	3/ 8	08:49	天秤	10/ 8	22:52	牡羊
8/12	18:29	蟹	3/10	08:48	蠍	10/11	11:29	牡牛
8/15	01:58	獅子	3/12	10:30	射手	10/13	23:15	双子
8/17	06:15	乙女	3/14	14:56	山羊	10/16	09:01	蟹
8/19	08:44	天秤	3/16	22:12	水瓶	10/18	15:42	獅子
8/21	10:52	蠍	3/19	07:51	魚	10/20	18:57	乙女
8/23	13:37	射手	3/21	19:21	牡羊	10/22	19:32	天秤
8/25	17:25	山羊	3/24	08:08	牡牛	10/24	19:08	蠍
8/27	22:33	水瓶	3/26	21:03	双子	10/26	19:44	射手
8/30	05:25	魚	3/29	08:14	蟹	10/28	23:06	山羊
			3/31	15:52	獅子	10/31	06:14	水瓶

1985年9月			1985年4月			1984年11月		
9/ 1	14:42	牡羊	4/ 2	19:26	乙女	11/ 2	16:50	魚
9/ 4	02:28	牡牛	4/ 4	19:55	天秤	11/ 5	05:21	牡羊
9/ 6	15:28	双子	4/ 6	19:12	蠍	11/ 7	17:54	牡牛
9/ 9	03:11	蟹	4/ 8	19:19	射手	11/10	05:11	双子
9/11	11:28	獅子	4/10	21:58	山羊	11/12	14:32	蟹
9/13	15:53	乙女	4/13	04:05	水瓶	11/14	21:34	獅子
9/15	17:34	天秤	4/15	13:31	魚	11/17	02:09	乙女
9/17	18:17	蠍	4/18	01:18	牡羊	11/19	04:31	天秤
9/19	19:41	射手	4/20	14:13	牡牛	11/21	05:32	蠍
9/21	22:50	山羊	4/23	03:02	双子	11/23	06:35	射手
9/24	04:13	水瓶	4/25	14:27	蟹	11/25	09:18	山羊
9/26	11:52	魚	4/27	23:11	獅子	11/27	15:07	水瓶
9/28	21:43	牡羊	4/30	04:25	乙女	11/30	00:34	魚

1985年10月			1985年5月			1984年12月		
10/ 1	09:36	牡牛	5/ 2	06:24	天秤	12/ 2	12:43	牡羊
10/ 3	22:37	双子	5/ 4	06:19	蠍	12/ 5	01:21	牡牛
10/ 6	11:00	蟹	5/ 6	05:57	射手	12/ 7	12:24	双子
10/ 8	20:54	獅子	5/ 8	07:13	山羊	12/ 9	20:57	蟹
10/11	04:12	乙女	5/10	11:39	水瓶	12/12	03:09	獅子
10/13	04:12	天秤	5/12	19:56	魚	12/14	07:36	乙女
10/15	04:13	蠍	5/15	07:05	牡羊	12/16	10:53	天秤
10/17	04:06	射手	5/17	20:24	牡牛	12/18	13:29	蠍
10/19	05:36	山羊	5/20	09:02	双子	12/20	16:00	射手
10/21	09:56	水瓶	5/22	20:06	蟹	12/22	19:22	山羊
10/23	17:28	魚	5/25	04:55	獅子	12/25	00:48	水瓶
10/26	03:48	牡羊	5/27	11:08	乙女	12/27	09:19	魚
10/28	16:00	牡牛	5/29	14:42	天秤	12/29	20:51	牡羊
10/31	05:00	双子	5/31	16:09	蠍			

1985年11月			1985年6月			1985年1月		
11/ 2	17:32	蟹	6/ 2	16:35	射手	1/ 1	09:37	牡牛
11/ 5	04:04	獅子	6/ 4	17:35	山羊	1/ 3	21:01	双子
11/ 7	11:19	乙女	6/ 6	20:53	水瓶	1/ 6	05:19	蟹
11/ 9	14:53	天秤	6/ 9	03:48	魚	1/ 8	10:29	獅子
11/11	15:32	蠍	6/11	14:01	牡羊	1/10	13:41	乙女
11/13	14:53	射手	6/14	03:12	牡牛	1/12	16:15	天秤
11/15	14:54	山羊	6/16	15:46	双子	1/14	19:09	蠍
11/17	17:27	水瓶	6/19	02:23	蟹	1/16	22:49	射手
11/19	23:43	魚	6/21	10:33	獅子	1/19	03:30	山羊
11/22	09:43	牡羊	6/23	16:34	乙女	1/21	09:40	水瓶
11/24	22:07	牡牛	6/25	20:49	天秤	1/23	18:03	魚
11/27	11:09	双子	6/27	23:39	蠍	1/26	05:07	牡羊
11/29	23:24	蟹	6/30	01:32	射手	1/28	17:54	牡牛
						1/31	06:01	双子

1985年12月			1985年7月			1985年2月		
12/ 2	10:00	獅子	7/ 2	03:23	山羊	2/ 2	15:00	蟹
12/ 4	18:15	乙女	7/ 4	06:37	水瓶	2/ 4	20:03	獅子
12/ 6	23:35	天秤	7/ 6	12:41	魚	2/ 6	22:10	乙女
12/ 9	01:58	蠍	7/ 8	22:22	牡羊	2/ 8	23:12	天秤
12/11	02:14	射手	7/11	10:45	牡牛	2/11	00:50	蠍
12/13	02:01	山羊	7/13	23:24	双子	2/13	04:10	射手
12/15	03:16	水瓶	7/16	09:55	蟹	2/15	09:28	山羊
12/17	07:51	魚	7/18	17:26	獅子	2/17	16:38	水瓶
12/19	16:38	牡羊	7/20	22:02	乙女	2/20	01:39	魚
12/22	04:41	牡牛	7/23	02:11	天秤	2/22	12:44	牡羊
12/24	17:45	双子	7/25	05:17	蠍	2/25	01:29	牡牛
12/27	05:45	蟹	7/27	08:14	射手	2/27	14:12	双子
12/29	15:45	獅子	7/29	11:22	山羊			
12/31	23:44	乙女	7/31	15:27	水瓶			

月の運行表　1984年10月〜1987年3月

1986年11月

日付	時刻	星座
11/ 1	23:20	蠍
11/ 4	00:20	射手
11/ 6	00:50	山羊
11/ 8	02:30	水瓶
11/10	06:31	魚
11/12	13:16	牡羊
11/14	22:25	牡牛
11/17	09:27	双子
11/19	21:46	蟹
11/22	10:26	獅子
11/24	21:47	乙女
11/27	06:00	天秤
11/29	10:14	蠍

1986年12月

日付	時刻	星座
12/ 1	11:09	射手
12/ 3	10:30	山羊
12/ 5	10:27	水瓶
12/ 7	12:50	魚
12/ 9	18:50	牡羊
12/12	04:11	牡牛
12/14	15:42	双子
12/17	04:10	蟹
12/19	16:45	獅子
12/22	04:31	乙女
12/24	14:06	天秤
12/26	20:08	蠍
12/28	22:21	射手
12/30	21:55	山羊

1987年1月

日付	時刻	星座
1/ 1	20:55	水瓶
1/ 3	21:37	魚
1/ 6	01:52	牡羊
1/ 8	10:14	牡牛
1/10	21:40	双子
1/13	10:19	蟹
1/15	22:46	獅子
1/18	10:16	乙女
1/20	20:10	天秤
1/23	03:32	蠍
1/25	07:37	射手
1/27	08:43	山羊
1/29	08:18	水瓶
1/31	08:26	魚

1987年2月

日付	時刻	星座
2/ 2	11:11	牡羊
2/ 4	17:54	牡牛
2/ 7	04:25	双子
2/ 9	16:56	蟹
2/12	05:23	獅子
2/14	16:27	乙女
2/17	01:45	天秤
2/19	09:06	蠍
2/21	14:11	射手
2/23	16:58	山羊
2/25	18:10	水瓶
2/27	19:08	魚

1987年3月

日付	時刻	星座
3/ 1	21:39	牡羊
3/ 4	03:13	牡牛
3/ 6	12:27	双子
3/ 9	00:25	蟹
3/11	12:56	獅子
3/13	23:57	乙女
3/16	08:35	天秤
3/18	14:58	蠍
3/20	19:33	射手
3/22	22:50	山羊
3/25	01:19	水瓶
3/27	03:47	魚
3/29	07:14	牡羊
3/31	12:47	牡牛

1986年6月

日付	時刻	星座
6/ 1	13:44	牡羊
6/ 4	00:46	牡牛
6/ 6	13:27	双子
6/ 9	02:17	蟹
6/11	14:12	獅子
6/14	00:19	乙女
6/16	07:39	天秤
6/18	11:38	蠍
6/20	12:37	射手
6/22	12:01	山羊
6/24	11:52	水瓶
6/26	14:14	魚
6/28	20:36	牡羊

1986年7月

日付	時刻	星座
7/ 1	06:55	牡牛
7/ 3	19:33	双子
7/ 6	08:21	蟹
7/ 8	19:57	獅子
7/11	05:51	乙女
7/13	13:41	天秤
7/15	18:59	蠍
7/17	21:36	射手
7/19	22:11	山羊
7/21	22:19	水瓶
7/24	00:00	魚
7/26	05:04	牡羊
7/28	14:13	牡牛
7/31	02:20	双子

1986年8月

日付	時刻	星座
8/ 2	15:05	蟹
8/ 5	02:28	獅子
8/ 7	11:46	乙女
8/ 9	19:06	天秤
8/12	00:37	蠍
8/14	04:18	射手
8/16	06:23	山羊
8/18	07:45	水瓶
8/20	09:53	魚
8/22	14:28	牡羊
8/24	22:37	牡牛
8/27	10:01	双子
8/29	22:41	蟹

1986年9月

日付	時刻	星座
9/ 1	10:10	獅子
9/ 3	19:07	乙女
9/ 6	01:34	天秤
9/ 8	06:13	蠍
9/10	09:42	射手
9/12	12:29	山羊
9/14	15:08	水瓶
9/16	18:28	魚
9/18	23:34	牡羊
9/21	07:26	牡牛
9/23	18:15	双子
9/26	06:46	蟹
9/28	18:41	獅子

1986年10月

日付	時刻	星座
10/ 1	03:58	乙女
10/ 3	10:03	天秤
10/ 5	13:36	蠍
10/ 7	15:49	射手
10/ 9	17:54	山羊
10/11	20:46	水瓶
10/14	01:05	魚
10/16	07:14	牡羊
10/18	15:36	牡牛
10/21	02:16	双子
10/23	14:38	蟹
10/26	03:03	獅子
10/28	13:21	乙女
10/30	20:05	天秤

1986年1月

日付	時刻	星座
1/ 3	05:47	天秤
1/ 5	09:46	蠍
1/ 7	11:48	射手
1/ 9	12:43	山羊
1/11	14:03	水瓶
1/13	17:40	魚
1/16	01:05	牡羊
1/18	12:15	牡牛
1/21	01:13	双子
1/23	13:16	蟹
1/25	22:48	獅子
1/28	05:52	乙女
1/30	11:11	天秤

1986年2月

日付	時刻	星座
2/ 1	15:21	蠍
2/ 3	18:33	射手
2/ 5	21:03	山羊
2/ 7	23:36	水瓶
2/10	03:34	魚
2/12	10:22	牡羊
2/14	20:39	牡牛
2/17	09:18	双子
2/19	21:40	蟹
2/22	07:26	獅子
2/24	13:59	乙女
2/26	18:08	天秤
2/28	21:07	蠍

1986年3月

日付	時刻	星座
3/ 2	23:53	射手
3/ 5	02:57	山羊
3/ 7	06:44	水瓶
3/ 9	11:49	魚
3/11	19:05	牡羊
3/14	05:05	牡牛
3/16	17:24	双子
3/19	06:05	蟹
3/21	16:40	獅子
3/23	23:41	乙女
3/26	03:24	天秤
3/28	05:07	蠍
3/30	06:22	射手

1986年4月

日付	時刻	星座
4/ 1	08:27	山羊
4/ 3	12:12	水瓶
4/ 5	18:04	魚
4/ 8	02:12	牡羊
4/10	12:37	牡牛
4/13	00:52	双子
4/15	13:43	蟹
4/18	01:10	獅子
4/20	09:25	乙女
4/22	13:52	天秤
4/24	15:17	蠍
4/26	15:18	射手
4/28	15:42	山羊
4/30	18:07	水瓶

1986年5月

日付	時刻	星座
5/ 2	23:31	魚
5/ 5	08:01	牡羊
5/ 7	18:59	牡牛
5/10	07:27	双子
5/12	20:19	蟹
5/15	08:16	獅子
5/17	17:46	乙女
5/19	23:43	天秤
5/22	02:04	蠍
5/24	01:58	射手
5/26	01:17	山羊
5/28	02:01	水瓶
5/30	05:56	魚

1988年 2 月			1987年 9 月			1987年 4 月		
2/ 2	03:07	獅子	9/ 3	02:05	山羊	4/ 2	21:17	双子
2/ 4	15:56	乙女	9/ 5	03:23	水瓶	4/ 5	08:34	蟹
2/ 7	04:38	天秤	9/ 7	03:37	魚	4/ 7	21:04	獅子
2/ 9	15:43	蠍	9/ 9	04:34	牡羊	4/10	08:29	乙女
2/11	23:37	射手	9/11	07:58	牡牛	4/12	17:07	天秤
2/14	03:37	山羊	9/13	14:56	双子	4/14	22:42	蠍
2/16	04:27	水瓶	9/16	01:23	蟹	4/17	02:03	射手
2/18	03:46	魚	9/18	13:51	獅子	4/19	04:22	山羊
2/20	03:36	牡羊	9/21	02:14	乙女	4/21	06:46	水瓶
2/22	05:52	牡牛	9/23	13:00	天秤	4/23	10:03	魚
2/24	11:43	双子	9/25	21:32	蠍	4/25	14:42	牡羊
2/26	21:13	蟹	9/28	03:50	射手	4/27	21:07	牡牛
2/29	09:13	獅子	9/30	08:10	山羊	4/30	05:44	双子

1988年 3 月			1987年10月			1987年 5 月		
3/ 2	22:07	乙女	10/ 2	10:53	水瓶	5/ 2	16:40	蟹
3/ 5	10:33	天秤	10/ 4	12:40	魚	5/ 5	05:07	獅子
3/ 7	21:28	蠍	10/ 6	14:36	牡羊	5/ 7	17:08	乙女
3/10	06:00	射手	10/ 8	17:58	牡牛	5/10	02:30	天秤
3/12	11:32	山羊	10/11	00:04	双子	5/12	08:11	蠍
3/14	14:09	水瓶	10/13	09:32	蟹	5/14	10:42	射手
3/16	14:44	魚	10/15	21:35	獅子	5/16	11:38	山羊
3/18	14:47	牡羊	10/18	10:07	乙女	5/18	12:44	水瓶
3/20	16:07	牡牛	10/20	20:51	天秤	5/20	15:25	魚
3/22	20:22	双子	10/23	04:42	蠍	5/22	20:24	牡羊
3/25	04:28	蟹	10/25	09:58	射手	5/25	03:40	牡牛
3/27	15:55	獅子	10/27	13:34	山羊	5/27	12:56	双子
3/30	04:50	乙女	10/29	16:28	水瓶	5/30	00:00	蟹
			10/31	19:21	魚			

1988年 4 月			1987年11月			1987年 6 月		
4/ 1	17:06	天秤	11/ 2	22:41	牡羊	6/ 1	12:26	獅子
4/ 4	03:27	蠍	11/ 5	03:03	牡牛	6/ 4	00:57	乙女
4/ 6	11:30	射手	11/ 7	09:17	双子	6/ 6	11:25	天秤
4/ 8	17:21	山羊	11/ 9	18:11	蟹	6/ 8	18:08	蠍
4/10	21:12	水瓶	11/12	05:46	獅子	6/10	20:54	射手
4/12	23:26	魚	11/14	18:30	乙女	6/12	21:06	山羊
4/15	00:49	牡羊	11/17	05:49	天秤	6/14	20:46	水瓶
4/17	02:33	牡牛	11/19	13:47	蠍	6/16	21:56	魚
4/19	06:12	双子	11/21	18:17	射手	6/19	01:58	牡羊
4/21	13:05	蟹	11/23	20:33	山羊	6/21	09:10	牡牛
4/23	23:35	獅子	11/25	22:14	水瓶	6/23	18:55	双子
4/26	12:17	乙女	11/28	00:42	魚	6/26	06:23	蟹
4/29	00:39	天秤	11/30	04:37	牡羊	6/28	18:53	獅子

1988年 5 月			1987年12月			1987年 7 月		
5/ 1	10:41	蠍	12/ 2	10:07	牡牛	7/ 1	07:35	乙女
5/ 3	17:53	射手	12/ 4	17:15	双子	7/ 3	18:55	天秤
5/ 5	22:55	山羊	12/ 7	02:21	蟹	7/ 6	03:04	蠍
5/ 8	02:38	水瓶	12/ 9	13:41	獅子	7/ 8	07:06	射手
5/10	05:40	魚	12/12	02:31	乙女	7/10	07:44	山羊
5/12	08:25	牡羊	12/14	14:41	天秤	7/12	06:50	水瓶
5/14	11:24	牡牛	12/16	23:42	蠍	7/14	06:37	魚
5/16	15:33	双子	12/19	04:34	射手	7/16	09:01	牡羊
5/18	22:06	蟹	12/21	06:09	山羊	7/18	15:06	牡牛
5/21	07:52	獅子	12/23	06:22	水瓶	7/21	00:34	双子
5/23	20:13	乙女	12/25	07:11	魚	7/23	12:14	蟹
5/26	08:50	天秤	12/27	10:06	牡羊	7/26	00:51	獅子
5/28	19:08	蠍	12/29	15:38	牡牛	7/28	13:27	乙女
5/31	01:59	射手	12/31	23:30	双子	7/31	01:01	天秤

1988年 6 月			1988年 1 月			1987年 8 月		
6/ 2	06:00	山羊	1/ 3	09:18	蟹	8/ 2	10:10	蠍
6/ 4	08:35	水瓶	1/ 5	20:49	獅子	8/ 4	15:48	射手
6/ 6	11:02	魚	1/ 8	09:37	乙女	8/ 6	17:52	山羊
6/ 8	14:05	牡羊	1/10	22:18	天秤	8/ 8	17:37	水瓶
6/10	18:00	牡牛	1/13	08:40	蠍	8/10	17:02	魚
6/12	23:16	双子	1/15	14:59	射手	8/12	18:10	牡羊
6/15	06:20	蟹	1/17	17:17	山羊	8/14	22:39	牡牛
6/17	15:58	獅子	1/19	17:04	水瓶	8/17	07:00	双子
6/20	04:04	乙女	1/21	16:28	魚	8/19	18:20	蟹
6/22	16:58	天秤	1/23	17:32	牡羊	8/22	06:59	獅子
6/25	03:59	蠍	1/25	21:38	牡牛	8/24	19:25	乙女
6/27	11:19	射手	1/28	05:04	双子	8/27	06:37	天秤
6/29	15:01	山羊	1/30	15:13	蟹	8/29	15:51	蠍
						8/31	22:25	射手

月の運行表　1987年4月～1989年9月

1989年 5月
日付	時刻	星座
5/ 2	20:53	牡羊
5/ 4	20:57	牡牛
5/ 6	21:05	双子
5/ 8	23:21	蟹
5/11	05:24	獅子
5/13	15:32	乙女
5/16	04:08	天秤
5/18	16:49	蠍
5/21	03:53	射手
5/23	12:55	山羊
5/25	20:02	水瓶
5/28	01:15	魚
5/30	04:27	牡羊

1988年12月
日付	時刻	星座
12/ 3	09:57	天秤
12/ 5	21:52	蠍
12/ 8	06:56	射手
12/10	13:08	山羊
12/12	17:27	水瓶
12/14	20:54	魚
12/17	00:05	牡羊
12/19	03:12	牡牛
12/21	06:44	双子
12/23	11:36	蟹
12/25	18:59	獅子
12/28	05:29	乙女
12/30	18:11	天秤

1988年 7月
日付	時刻	星座
7/ 1	16:31	水瓶
7/ 3	17:35	魚
7/ 5	19:38	牡羊
7/ 7	23:28	牡牛
7/10	05:17	双子
7/12	13:10	蟹
7/14	23:12	獅子
7/17	11:18	乙女
7/20	00:23	天秤
7/22	12:14	蠍
7/24	20:43	射手
7/27	01:08	山羊
7/29	02:25	水瓶
7/31	02:23	魚

1989年 6月
日付	時刻	星座
6/ 1	06:01	牡牛
6/ 3	07:04	双子
6/ 5	09:19	蟹
6/ 7	14:30	獅子
6/ 9	23:31	乙女
6/12	11:32	天秤
6/15	00:12	蠍
6/17	11:14	射手
6/19	19:42	山羊
6/22	01:58	水瓶
6/24	06:37	魚
6/26	10:07	牡羊
6/28	12:46	牡牛
6/30	15:10	双子

1989年 1月
日付	時刻	星座
1/ 2	06:35	蠍
1/ 4	16:13	射手
1/ 6	22:15	山羊
1/ 9	01:32	水瓶
1/11	03:32	魚
1/13	05:37	牡羊
1/15	08:37	牡牛
1/17	12:58	双子
1/19	18:59	蟹
1/22	03:04	獅子
1/24	13:34	乙女
1/27	02:03	天秤
1/29	14:50	蠍

1988年 8月
日付	時刻	星座
8/ 2	02:54	牡羊
8/ 4	05:25	牡牛
8/ 6	10:44	双子
8/ 8	18:53	蟹
8/11	05:27	獅子
8/13	17:47	乙女
8/16	06:53	天秤
8/18	19:13	蠍
8/21	04:56	射手
8/23	10:50	山羊
8/25	13:05	水瓶
8/27	13:02	魚
8/29	12:30	牡羊
8/31	13:23	牡牛

1989年 7月
日付	時刻	星座
7/ 2	18:21	蟹
7/ 4	23:39	獅子
7/ 7	08:05	乙女
7/ 9	19:31	天秤
7/12	08:10	蠍
7/14	19:32	射手
7/17	04:02	山羊
7/19	09:36	水瓶
7/21	13:08	魚
7/23	15:42	牡羊
7/25	18:11	牡牛
7/27	21:16	双子
7/30	01:33	蟹

1989年 2月
日付	時刻	星座
2/ 1	01:31	射手
2/ 3	08:31	山羊
2/ 5	11:52	水瓶
2/ 7	12:53	魚
2/ 9	13:19	牡羊
2/11	14:46	牡牛
2/13	18:24	双子
2/16	00:42	蟹
2/18	09:34	獅子
2/20	20:35	乙女
2/23	09:06	天秤
2/25	21:58	蠍
2/28	09:30	射手

1988年 9月
日付	時刻	星座
9/ 2	17:13	双子
9/ 5	00:38	蟹
9/ 7	11:15	獅子
9/ 9	23:49	乙女
9/12	12:53	天秤
9/15	01:09	蠍
9/17	11:26	射手
9/19	18:46	山羊
9/21	22:44	水瓶
9/23	23:52	魚
9/25	23:30	牡羊
9/27	23:29	牡牛
9/30	01:44	双子

1989年 8月
日付	時刻	星座
8/ 1	07:42	獅子
8/ 3	16:19	乙女
8/ 6	03:29	天秤
8/ 8	16:06	蠍
8/11	04:03	射手
8/13	13:17	山羊
8/15	19:00	水瓶
8/17	21:46	魚
8/19	23:00	牡羊
8/22	00:12	牡牛
8/24	02:40	双子
8/26	07:14	蟹
8/28	14:13	獅子
8/30	23:30	乙女

1989年 3月
日付	時刻	星座
3/ 2	17:59	山羊
3/ 4	22:38	水瓶
3/ 7	00:01	魚
3/ 8	23:38	牡羊
3/10	23:27	牡牛
3/13	01:18	双子
3/15	06:29	蟹
3/17	15:14	獅子
3/20	02:40	乙女
3/22	15:25	天秤
3/25	04:12	蠍
3/27	15:55	射手
3/30	01:27	山羊

1988年10月
日付	時刻	星座
10/ 2	07:40	蟹
10/ 4	17:32	獅子
10/ 7	06:02	乙女
10/ 9	19:05	天秤
10/12	06:59	蠍
10/14	16:59	射手
10/17	00:46	山羊
10/19	06:06	水瓶
10/21	09:00	魚
10/23	10:00	牡羊
10/25	10:23	牡牛
10/27	11:56	双子
10/29	16:29	蟹

1989年 9月
日付	時刻	星座
9/ 2	10:48	天秤
9/ 4	23:24	蠍
9/ 7	11:52	射手
9/ 9	22:14	山羊
9/12	05:03	水瓶
9/14	08:08	魚
9/16	08:39	牡羊
9/18	08:24	牡牛
9/20	09:17	双子
9/22	12:52	蟹
9/24	19:45	獅子
9/27	05:33	乙女
9/29	17:15	天秤

1989年 4月
日付	時刻	星座
4/ 1	07:46	水瓶
4/ 3	10:39	魚
4/ 5	10:53	牡羊
4/ 7	10:10	牡牛
4/ 9	10:33	双子
4/11	13:59	蟹
4/13	21:22	獅子
4/16	08:40	乙女
4/18	21:32	天秤
4/21	10:14	蠍
4/23	21:39	射手
4/26	07:16	山羊
4/28	14:34	水瓶
4/30	19:05	魚

1988年11月
日付	時刻	星座
11/ 1	01:05	獅子
11/ 3	13:03	乙女
11/ 6	02:04	天秤
11/ 8	13:47	蠍
11/10	23:06	射手
11/13	06:13	山羊
11/15	11:38	水瓶
11/17	15:35	魚
11/19	18:14	牡羊
11/21	20:03	牡牛
11/23	22:13	双子
11/26	02:20	蟹
11/28	09:53	獅子
11/30	21:01	乙女

1990年 8 月			1990年 3 月			1989年10月		
8/ 3	11:10	山羊	3/ 1	10:44	牡牛	10/ 2	05:54	蠍
8/ 5	21:20	水瓶	3/ 3	12:39	双子	10/ 4	18:30	射手
8/ 8	04:55	魚	3/ 5	16:04	蟹	10/ 7	05:46	山羊
8/10	10:14	牡羊	3/ 7	21:26	獅子	10/ 9	14:08	水瓶
8/12	13:56	牡牛	3/10	04:48	乙女	10/11	18:39	魚
8/14	16:43	双子	3/12	14:10	天秤	10/13	19:42	牡羊
8/16	19:14	蟹	3/15	01:26	蠍	10/15	18:53	牡牛
8/18	22:13	獅子	3/17	13:57	射手	10/17	18:21	双子
8/21	02:34	乙女	3/20	02:02	山羊	10/19	20:11	蟹
8/23	09:17	天秤	3/22	11:32	水瓶	10/22	01:49	獅子
8/25	18:57	蠍	3/24	17:10	魚	10/24	11:16	乙女
8/28	06:58	射手	3/26	19:17	牡羊	10/26	23:11	天秤
8/30	19:24	山羊	3/28	19:28	牡牛	10/29	11:57	蠍
			3/30	19:44	双子			

1990年 9 月			1990年 4 月			1989年11月		
9/ 2	05:52	水瓶	4/ 1	21:51	蟹	11/ 1	00:23	射手
9/ 4	13:06	魚	4/ 4	02:51	獅子	11/ 3	11:47	山羊
9/ 6	17:24	牡羊	4/ 6	10:43	乙女	11/ 5	21:10	水瓶
9/ 8	19:57	牡牛	4/ 8	20:45	天秤	11/ 8	03:26	魚
9/10	22:06	双子	4/11	08:18	蠍	11/10	06:09	牡羊
9/13	00:54	蟹	4/13	20:49	射手	11/12	06:10	牡牛
9/15	04:53	獅子	4/16	09:16	山羊	11/14	05:20	双子
9/17	10:20	乙女	4/18	19:53	水瓶	11/16	05:52	蟹
9/19	17:34	天秤	4/21	02:58	魚	11/18	09:47	獅子
9/22	02:55	蠍	4/23	06:00	牡羊	11/20	17:56	乙女
9/24	14:53	射手	4/25	06:05	牡牛	11/23	05:26	天秤
9/27	03:37	山羊	4/27	05:14	双子	11/25	18:13	蠍
9/29	14:55	水瓶	4/29	05:41	蟹	11/28	06:30	射手
						11/30	17:27	山羊

1990年10月			1990年 5 月			1989年12月		
10/ 1	22:43	魚	5/ 1	09:10	獅子	12/ 3	02:43	水瓶
10/ 4	02:43	牡羊	5/ 3	16:20	乙女	12/ 5	09:49	魚
10/ 6	04:07	牡牛	5/ 6	02:30	天秤	12/ 7	14:13	牡羊
10/ 8	04:49	双子	5/ 8	14:23	蠍	12/ 9	16:00	牡牛
10/10	06:31	蟹	5/11	02:57	射手	12/11	16:16	双子
10/12	10:17	獅子	5/13	15:22	山羊	12/13	16:50	蟹
10/14	16:22	乙女	5/16	02:31	水瓶	12/15	19:43	獅子
10/17	00:27	天秤	5/18	10:55	魚	12/18	02:21	乙女
10/19	10:24	蠍	5/20	15:33	牡羊	12/20	12:47	天秤
10/21	22:10	射手	5/22	16:44	牡牛	12/23	01:19	蠍
10/24	11:03	山羊	5/24	16:02	双子	12/25	13:38	射手
10/26	23:15	水瓶	5/26	15:36	蟹	12/28	00:11	山羊
10/29	08:23	魚	5/28	17:31	獅子	12/30	08:39	水瓶
10/31	13:15	牡羊	5/30	23:09	乙女			

1990年11月			1990年 6 月			1990年 1 月		
11/ 2	14:33	牡牛	6/ 2	08:32	天秤	1/ 1	15:11	魚
11/ 4	14:08	双子	6/ 4	20:23	蠍	1/ 3	19:58	牡羊
11/ 6	14:02	蟹	6/ 7	09:01	射手	1/ 5	23:05	牡牛
11/ 8	16:25	獅子	6/ 9	21:12	山羊	1/ 8	01:03	双子
11/10	21:49	乙女	6/12	08:10	水瓶	1/10	02:53	蟹
11/13	06:09	天秤	6/14	17:01	魚	1/12	06:04	獅子
11/15	16:40	蠍	6/16	22:56	牡羊	1/14	11:59	乙女
11/18	04:40	射手	6/19	01:44	牡牛	1/16	21:19	天秤
11/20	17:32	山羊	6/21	02:16	双子	1/19	09:17	蠍
11/23	06:08	水瓶	6/23	02:11	蟹	1/21	21:45	射手
11/25	16:33	魚	6/25	03:26	獅子	1/24	08:28	山羊
11/27	23:07	牡羊	6/27	07:43	乙女	1/26	16:26	水瓶
11/30	01:38	牡牛	6/29	15:48	天秤	1/28	21:52	魚
						1/31	01:36	牡羊

1990年12月			1990年 7 月			1990年 2 月		
12/ 2	01:24	双子	7/ 2	03:02	蠍	2/ 2	04:29	牡牛
12/ 4	00:29	蟹	7/ 4	15:36	射手	2/ 4	07:14	双子
12/ 6	01:02	獅子	7/ 7	03:41	山羊	2/ 6	10:28	蟹
12/ 8	04:40	乙女	7/ 9	14:08	水瓶	2/ 8	14:53	獅子
12/10	12:01	天秤	7/11	22:30	魚	2/10	21:15	乙女
12/12	22:29	蠍	7/14	04:37	牡羊	2/13	06:10	天秤
12/15	10:45	射手	7/16	08:30	牡牛	2/15	17:35	蠍
12/17	23:35	山羊	7/18	10:33	双子	2/18	06:08	射手
12/20	12:00	水瓶	7/20	11:45	蟹	2/20	17:31	山羊
12/22	22:49	魚	7/22	13:30	獅子	2/23	01:53	水瓶
12/25	06:46	牡羊	7/24	17:18	乙女	2/25	06:51	魚
12/27	11:10	牡牛	7/27	00:19	天秤	2/27	09:18	牡羊
12/29	12:27	双子	7/29	10:40	蠍			
12/31	12:04	蟹	7/31	23:01	射手			

月の運行表　1989年10月～1992年3月

1991年11月		
11/ 1	08:48	乙女
11/ 3	13:14	天秤
11/ 5	19:10	蠍
11/ 8	03:22	射手
11/10	14:17	山羊
11/13	03:07	水瓶
11/15	15:34	魚
11/18	01:09	牡羊
11/20	06:51	牡牛
11/22	09:24	双子
11/24	10:27	蟹
11/26	11:39	獅子
11/28	14:13	乙女
11/30	18:48	天秤

1991年12月		
12/ 3	01:35	蠍
12/ 5	10:34	射手
12/ 7	21:42	山羊
12/10	10:28	水瓶
12/12	23:01	魚
12/15	10:08	牡羊
12/17	17:11	牡牛
12/19	20:23	双子
12/21	20:56	蟹
12/23	20:40	獅子
12/25	21:25	乙女
12/28	00:39	天秤
12/30	07:05	蠍

1992年1月		
1/ 1	16:31	射手
1/ 4	04:10	山羊
1/ 6	17:00	水瓶
1/ 9	05:54	魚
1/11	17:24	牡羊
1/14	02:02	牡牛
1/16	06:56	双子
1/18	08:27	蟹
1/20	07:58	獅子
1/22	07:24	乙女
1/24	08:44	天秤
1/26	13:34	蠍
1/28	22:21	射手
1/31	10:08	山羊

1992年2月		
2/ 2	23:09	水瓶
2/ 5	11:52	魚
2/ 7	23:17	牡牛
2/10	08:37	牡牛
2/12	15:09	双子
2/14	18:32	蟹
2/16	19:17	獅子
2/18	18:49	乙女
2/20	19:06	天秤
2/22	22:13	蠍
2/25	05:28	射手
2/27	16:34	山羊

1992年3月		
3/ 1	05:35	水瓶
3/ 3	18:12	魚
3/ 6	05:08	牡羊
3/ 8	14:07	牡牛
3/10	21:05	双子
3/13	01:51	蟹
3/15	04:22	獅子
3/17	05:15	乙女
3/19	05:57	天秤
3/21	08:21	蠍
3/23	14:14	射手
3/26	00:10	山羊
3/28	12:45	水瓶
3/31	01:24	魚

1991年6月		
6/ 2	08:43	水瓶
6/ 4	20:37	魚
6/ 7	05:26	牡羊
6/ 9	10:14	牡牛
6/11	11:38	双子
6/13	11:18	蟹
6/15	11:12	獅子
6/17	13:04	乙女
6/19	18:03	天秤
6/22	02:20	蠍
6/24	13:17	射手
6/27	01:50	山羊
6/29	14:49	水瓶

1991年7月		
7/ 2	02:52	魚
7/ 4	12:34	牡羊
7/ 6	18:53	牡牛
7/ 8	21:43	双子
7/10	22:04	蟹
7/12	21:36	獅子
7/14	22:13	乙女
7/17	01:35	天秤
7/19	08:42	蠍
7/21	19:17	射手
7/24	07:56	山羊
7/26	20:50	水瓶
7/29	08:36	魚
7/31	18:22	牡羊

1991年8月		
8/ 3	01:33	牡牛
8/ 5	05:56	双子
8/ 7	07:49	蟹
8/ 9	08:11	獅子
8/11	08:36	乙女
8/13	10:53	天秤
8/15	16:35	蠍
8/18	02:12	射手
8/20	14:35	山羊
8/23	03:28	水瓶
8/25	14:53	魚
8/28	00:02	牡羊
8/30	07:01	牡牛

1991年9月		
9/ 1	12:04	双子
9/ 3	15:21	蟹
9/ 5	17:15	獅子
9/ 7	18:36	乙女
9/ 9	20:52	天秤
9/12	01:43	蠍
9/14	10:15	射手
9/16	22:04	山羊
9/19	10:59	水瓶
9/21	22:22	魚
9/24	06:57	牡羊
9/26	13:00	牡牛
9/28	17:27	双子
9/30	21:00	蟹

1991年10月		
10/ 3	00:00	獅子
10/ 5	02:46	乙女
10/ 7	06:01	天秤
10/ 9	11:00	蠍
10/11	18:58	射手
10/14	06:11	山羊
10/16	19:05	水瓶
10/19	06:54	魚
10/21	15:34	牡羊
10/23	20:57	牡牛
10/26	00:10	双子
10/28	02:39	蟹
10/30	05:22	獅子

1991年1月		
1/ 2	11:56	獅子
1/ 4	13:58	乙女
1/ 6	19:35	天秤
1/ 9	05:01	蠍
1/11	17:07	射手
1/14	06:01	山羊
1/16	18:05	水瓶
1/19	04:25	魚
1/21	12:29	牡羊
1/23	18:02	牡牛
1/25	21:07	双子
1/27	22:24	蟹
1/29	23:05	獅子

1991年2月		
2/ 1	00:45	乙女
2/ 3	05:03	天秤
2/ 5	13:02	蠍
2/ 8	00:24	射手
2/10	13:16	山羊
2/13	01:17	水瓶
2/15	11:00	魚
2/17	18:13	牡羊
2/19	23:26	牡牛
2/22	03:12	双子
2/24	05:57	蟹
2/26	08:14	獅子
2/28	10:52	乙女

1991年3月		
3/ 2	15:05	天秤
3/ 4	22:09	蠍
3/ 7	08:36	射手
3/ 9	21:14	山羊
3/12	09:32	水瓶
3/14	19:12	魚
3/17	01:39	牡羊
3/19	05:42	牡牛
3/21	08:38	双子
3/23	11:29	蟹
3/25	14:45	獅子
3/27	18:43	乙女
3/29	23:51	天秤

1991年4月		
4/ 1	07:02	蠍
4/ 3	17:00	射手
4/ 6	05:20	山羊
4/ 8	18:00	水瓶
4/11	04:18	魚
4/13	10:51	牡羊
4/15	14:07	牡牛
4/17	15:43	双子
4/19	17:19	蟹
4/21	20:06	獅子
4/24	00:31	乙女
4/26	06:38	天秤
4/28	14:35	蠍

1991年5月		
5/ 1	00:43	射手
5/ 3	12:56	山羊
5/ 6	01:52	水瓶
5/ 8	13:04	魚
5/10	20:35	牡羊
5/13	00:09	牡牛
5/15	01:03	双子
5/17	01:15	蟹
5/19	02:31	獅子
5/21	06:02	乙女
5/23	12:09	天秤
5/25	20:43	蠍
5/28	07:22	射手
5/30	19:41	山羊

1993年 2 月			1992年 9 月			1992年 4 月		
2/ 1	20:16	双子	9/ 1	04:40	蠍	4/ 2	12:05	牡羊
2/ 4	01:58	蟹	9/ 3	09:51	射手	4/ 4	20:19	牡牛
2/ 6	03:53	獅子	9/ 5	19:07	山羊	4/ 7	02:34	双子
2/ 8	03:31	乙女	9/ 8	07:10	水瓶	4/ 9	07:20	蟹
2/10	03:01	天秤	9/10	19:58	魚	4/11	10:47	獅子
2/12	04:25	蠍	9/13	08:04	牡羊	4/13	13:11	乙女
2/14	09:09	射手	9/15	18:48	牡牛	4/15	15:12	天秤
2/16	17:22	山羊	9/18	03:41	双子	4/17	18:12	蠍
2/19	04:06	水瓶	9/20	10:01	蟹	4/19	23:41	射手
2/21	16:13	魚	9/22	13:20	獅子	4/22	08:42	山羊
2/24	04:52	牡羊	9/24	14:09	乙女	4/24	20:39	水瓶
2/26	17:13	牡牛	9/26	13:57	天秤	4/27	09:20	魚
			9/28	14:45	蠍	4/29	20:14	牡羊
			9/30	18:35	射手			

1993年 3 月			1992年10月			1992年 5 月		
3/ 1	03:54	双子	10/ 3	02:30	山羊	5/ 2	04:11	牡牛
3/ 3	11:17	蟹	10/ 5	13:54	水瓶	5/ 4	09:29	双子
3/ 5	14:42	獅子	10/ 8	02:39	魚	5/ 6	13:11	蟹
3/ 7	14:54	乙女	10/10	14:37	牡羊	5/ 8	16:09	獅子
3/ 9	13:48	天秤	10/13	00:49	牡牛	5/10	18:58	乙女
3/11	13:41	蠍	10/15	09:09	双子	5/12	22:07	天秤
3/13	16:35	射手	10/17	15:37	蟹	5/15	02:17	蠍
3/15	23:23	山羊	10/19	20:03	獅子	5/17	08:23	射手
3/18	09:54	水瓶	10/21	22:29	乙女	5/19	17:14	山羊
3/20	22:12	魚	10/23	23:41	天秤	5/22	04:44	水瓶
3/23	10:52	牡羊	10/26	01:06	蠍	5/24	17:26	魚
3/25	23:01	牡牛	10/28	04:30	射手	5/27	04:53	牡羊
3/28	09:49	双子	10/30	11:19	山羊	5/29	13:17	牡牛
3/30	18:15	蟹				5/31	18:20	双子

1993年 4 月			1992年11月			1992年 6 月		
4/ 1	23:22	獅子	11/ 1	21:44	水瓶	6/ 2	20:59	蟹
4/ 4	01:12	乙女	11/ 4	10:14	魚	6/ 4	22:36	獅子
4/ 6	00:56	天秤	11/ 6	22:21	牡羊	6/ 7	00:29	乙女
4/ 8	00:34	蠍	11/ 9	08:20	牡牛	6/ 9	03:35	天秤
4/10	02:11	射手	11/11	15:50	双子	6/11	08:28	蠍
4/12	07:25	山羊	11/13	21:20	蟹	6/13	15:31	射手
4/14	16:37	水瓶	11/16	01:25	獅子	6/16	00:51	山羊
4/17	04:26	魚	11/18	04:29	乙女	6/18	12:20	水瓶
4/19	17:15	牡羊	11/20	07:04	天秤	6/21	01:01	魚
4/22	05:08	牡牛	11/22	09:53	蠍	6/23	13:04	牡羊
4/24	15:28	双子	11/24	14:02	射手	6/25	22:30	牡牛
4/26	23:47	蟹	11/26	20:39	山羊	6/28	04:15	双子
4/29	05:41	獅子	11/29	06:20	水瓶	6/30	06:43	蟹

1993年 5 月			1992年12月			1992年 7 月		
5/ 1	09:01	乙女	12/ 1	18:25	魚	7/ 2	07:16	獅子
5/ 3	10:21	天秤	12/ 4	06:50	牡羊	7/ 4	07:39	乙女
5/ 5	10:59	蠍	12/ 6	17:18	牡牛	7/ 6	09:29	天秤
5/ 7	12:36	射手	12/ 9	00:38	双子	7/ 8	13:55	蠍
5/ 9	16:52	山羊	12/11	05:07	蟹	7/10	21:19	射手
5/12	00:45	水瓶	12/13	07:49	獅子	7/13	07:17	山羊
5/14	11:51	魚	12/15	09:59	乙女	7/15	19:04	水瓶
5/17	00:25	牡羊	12/17	12:35	天秤	7/18	07:46	魚
5/19	12:18	牡牛	12/19	16:21	蠍	7/20	20:09	牡羊
5/21	22:08	双子	12/21	21:44	射手	7/23	06:37	牡牛
5/24	05:39	蟹	12/24	05:06	山羊	7/25	13:46	双子
5/26	11:04	獅子	12/26	14:44	水瓶	7/27	17:09	蟹
5/28	14:47	乙女	12/29	02:29	魚	7/29	17:40	獅子
5/30	17:19	天秤	12/31	15:08	牡羊	7/31	17:03	乙女

1993年 6 月			1993年 1 月			1992年 8 月		
6/ 1	19:24	蠍	1/ 3	02:31	牡牛	8/ 2	17:19	天秤
6/ 3	22:03	射手	1/ 5	10:43	双子	8/ 4	20:17	蠍
6/ 6	02:58	山羊	1/ 7	15:12	蟹	8/ 7	02:58	射手
6/ 8	09:40	水瓶	1/ 9	16:51	獅子	8/ 9	13:01	山羊
6/10	19:57	魚	1/11	17:22	乙女	8/12	01:08	水瓶
6/13	08:15	牡羊	1/13	18:32	天秤	8/14	13:53	魚
6/15	20:20	牡牛	1/15	21:44	蠍	8/17	02:13	牡羊
6/18	06:13	双子	1/18	03:41	射手	8/19	13:11	牡牛
6/20	13:06	蟹	1/20	11:48	山羊	8/21	21:38	双子
6/22	17:27	獅子	1/22	22:02	水瓶	8/24	02:38	蟹
6/24	20:20	乙女	1/25	09:49	魚	8/26	04:16	獅子
6/26	22:47	天秤	1/27	22:29	牡羊	8/28	03:48	乙女
6/29	01:38	蠍	1/30	10:38	牡牛	8/30	03:12	天秤

月の運行表 1992年4月〜1994年9月

1994年 5月
日付	時刻	星座
5/ 2	01:36	水瓶
5/ 4	09:48	魚
5/ 6	21:02	牡羊
5/ 9	09:51	牡牛
5/11	22:44	双子
5/14	10:28	蟹
5/16	20:00	獅子
5/19	02:32	乙女
5/21	05:55	天秤
5/23	06:52	蠍
5/25	06:44	射手
5/27	07:18	山羊
5/29	10:20	水瓶
5/31	17:05	魚

1994年 6月
日付	時刻	星座
6/ 3	03:32	牡羊
6/ 5	16:15	牡牛
6/ 8	05:04	双子
6/10	16:23	蟹
6/13	01:30	獅子
6/15	08:18	乙女
6/17	12:49	天秤
6/19	15:21	蠍
6/21	16:33	射手
6/23	17:38	山羊
6/25	20:11	水瓶
6/28	01:45	魚
6/30	11:08	牡羊

1994年 7月
日付	時刻	星座
7/ 2	23:24	牡牛
7/ 5	12:13	双子
7/ 7	23:19	蟹
7/10	07:45	獅子
7/12	13:50	乙女
7/14	18:16	天秤
7/16	21:36	蠍
7/19	00:10	射手
7/21	02:32	山羊
7/23	05:39	水瓶
7/25	10:57	魚
7/27	19:32	牡羊
7/30	07:14	牡牛

1994年 8月
日付	時刻	星座
8/ 1	20:06	双子
8/ 4	07:23	蟹
8/ 6	15:32	獅子
8/ 8	20:43	乙女
8/11	00:08	天秤
8/13	02:57	蠍
8/15	05:54	射手
8/17	09:19	山羊
8/19	13:35	水瓶
8/21	19:28	魚
8/24	03:55	牡羊
8/26	15:14	牡牛
8/29	04:09	双子
8/31	16:01	蟹

1994年 9月
日付	時刻	星座
9/ 3	00:38	獅子
9/ 5	05:34	乙女
9/ 7	07:58	天秤
9/ 9	09:27	蠍
9/11	11:26	射手
9/13	14:45	山羊
9/15	19:44	水瓶
9/18	02:33	魚
9/20	11:31	牡羊
9/22	22:48	牡牛
9/25	11:42	双子
9/28	00:13	蟹
9/30	09:56	獅子

1993年12月
日付	時刻	星座
12/ 1	11:18	蟹
12/ 3	18:34	獅子
12/ 5	23:44	乙女
12/ 8	03:05	天秤
12/10	05:05	蠍
12/12	06:41	射手
12/14	09:07	山羊
12/16	13:52	水瓶
12/18	22:00	魚
12/21	09:20	牡羊
12/23	22:06	牡牛
12/26	09:46	双子
12/28	18:47	蟹
12/31	01:00	獅子

1994年 1月
日付	時刻	星座
1/ 2	05:16	乙女
1/ 4	08:32	天秤
1/ 6	11:30	蠍
1/ 8	14:35	射手
1/10	18:17	山羊
1/12	23:26	水瓶
1/15	07:04	魚
1/17	17:43	牡羊
1/20	06:23	牡牛
1/22	18:35	双子
1/25	03:56	蟹
1/27	09:39	獅子
1/29	12:40	乙女
1/31	14:35	天秤

1994年 2月
日付	時刻	星座
2/ 2	16:51	蠍
2/ 4	20:16	射手
2/ 7	01:03	山羊
2/ 9	07:18	水瓶
2/11	15:24	魚
2/14	01:50	牡羊
2/16	14:21	牡牛
2/19	03:06	双子
2/21	13:28	蟹
2/23	19:49	獅子
2/25	22:29	乙女
2/27	23:08	天秤

1994年 3月
日付	時刻	星座
3/ 1	23:45	蠍
3/ 4	01:55	射手
3/ 6	06:25	山羊
3/ 8	13:16	水瓶
3/10	22:10	魚
3/13	09:00	牡羊
3/15	21:29	牡牛
3/18	10:30	双子
3/20	21:55	蟹
3/23	05:40	獅子
3/25	09:15	乙女
3/27	09:48	天秤
3/29	09:16	蠍
3/31	09:42	射手

1994年 4月
日付	時刻	星座
4/ 2	12:39	山羊
4/ 4	18:47	水瓶
4/ 7	03:52	魚
4/ 9	15:09	牡羊
4/12	03:48	牡牛
4/14	16:49	双子
4/17	04:42	蟹
4/19	13:46	獅子
4/21	18:59	乙女
4/23	20:41	天秤
4/25	20:19	蠍
4/27	19:49	射手
4/29	21:06	山羊

1993年 7月
日付	時刻	星座
7/ 1	05:30	射手
7/ 3	10:50	山羊
7/ 5	18:15	水瓶
7/ 8	04:10	魚
7/10	16:12	牡羊
7/13	04:39	牡牛
7/15	15:08	双子
7/17	22:08	蟹
7/20	01:48	獅子
7/22	03:25	乙女
7/24	04:41	天秤
7/26	07:01	蠍
7/28	11:14	射手
7/30	17:28	山羊

1993年 8月
日付	時刻	星座
8/ 2	01:38	水瓶
8/ 4	11:44	魚
8/ 6	23:40	牡羊
8/ 9	12:24	牡牛
8/11	23:48	双子
8/14	07:47	蟹
8/16	11:44	獅子
8/18	12:42	乙女
8/20	12:36	天秤
8/22	13:29	蠍
8/24	16:46	射手
8/26	22:59	山羊
8/29	07:43	水瓶
8/31	18:20	魚

1993年 9月
日付	時刻	星座
9/ 3	06:22	牡羊
9/ 5	19:10	牡牛
9/ 8	07:17	双子
9/10	16:38	蟹
9/12	21:52	獅子
9/14	23:21	乙女
9/16	22:45	天秤
9/18	22:16	蠍
9/20	23:54	射手
9/23	04:55	山羊
9/25	13:20	水瓶
9/28	00:14	魚
9/30	12:30	牡羊

1993年10月
日付	時刻	星座
10/ 3	01:14	牡牛
10/ 5	13:27	双子
10/ 7	23:43	蟹
10/10	06:35	獅子
10/12	09:37	乙女
10/14	09:49	天秤
10/16	09:02	蠍
10/18	09:25	射手
10/20	12:43	山羊
10/22	19:50	水瓶
10/25	06:19	魚
10/27	18:40	牡羊
10/30	07:21	牡牛

1993年11月
日付	時刻	星座
11/ 1	19:13	双子
11/ 4	05:25	蟹
11/ 6	13:08	獅子
11/ 8	17:48	乙女
11/10	19:44	天秤
11/12	20:01	蠍
11/14	20:22	射手
11/16	22:35	山羊
11/19	04:08	水瓶
11/21	13:29	魚
11/24	01:32	牡羊
11/26	14:15	牡牛
11/29	01:48	双子

1995年 8 月			1995年 3 月			1994年10月		
8/ 1	10:25	天秤	3/ 1	02:17	魚	10/ 2	15:40	乙女
8/ 3	08:31	蠍	3/ 3	08:31	牡羊	10/ 4	17:57	天秤
8/ 5	20:15	射手	3/ 5	17:51	牡牛	10/ 6	18:23	蠍
8/ 7	21:53	山羊	3/ 8	05:56	双子	10/ 8	18:49	射手
8/ 9	22:29	水瓶	3/10	18:41	蟹	10/10	20:45	山羊
8/11	23:48	魚	3/13	05:29	獅子	10/13	01:10	水瓶
8/14	03:42	牡羊	3/15	12:56	乙女	10/15	08:20	魚
8/16	11:26	牡牛	3/17	17:19	天秤	10/17	17:58	牡羊
8/18	22:41	双子	3/19	19:53	蠍	10/20	05:35	牡牛
8/21	11:25	蟹	3/21	21:59	射手	10/22	18:28	双子
8/23	23:14	獅子	3/24	00:33	山羊	10/25	07:16	蟹
8/26	08:52	乙女	3/26	04:11	水瓶	10/27	18:06	獅子
8/28	16:16	天秤	3/28	09:19	魚	10/30	01:23	乙女
8/30	21:53	蠍	3/30	16:27	牡羊			
1995年 9 月			1995年 4 月			1994年11月		
9/ 2	01:58	射手	4/ 2	01:59	牡牛	11/ 1	04:48	天秤
9/ 4	04:46	山羊	4/ 4	13:50	双子	11/ 3	05:21	蠍
9/ 6	06:48	水瓶	4/ 7	02:41	蟹	11/ 5	04:47	射手
9/ 8	09:09	魚	4/ 9	14:16	獅子	11/ 7	05:03	山羊
9/10	13:15	牡羊	4/11	22:40	乙女	11/ 9	07:49	水瓶
9/12	20:23	牡牛	4/14	03:21	天秤	11/11	14:05	魚
9/15	06:49	双子	4/16	05:53	蠍	11/13	23:45	牡羊
9/17	19:17	蟹	4/18	05:53	射手	11/16	11:45	牡牛
9/20	07:21	獅子	4/20	06:55	山羊	11/19	00:42	双子
9/22	17:03	乙女	4/22	09:39	水瓶	11/21	13:22	蟹
9/24	23:51	天秤	4/24	14:52	魚	11/24	00:34	獅子
9/27	04:21	蠍	4/26	22:42	牡羊	11/26	09:10	乙女
9/29	07:32	射手	4/29	08:54	牡牛	11/28	14:24	天秤
						11/30	16:23	蠍
1995年10月			1995年 5 月			1994年12月		
10/ 1	10:12	山羊	5/ 1	20:54	双子	12/ 2	16:14	射手
10/ 3	13:01	水瓶	5/ 4	09:46	蟹	12/ 4	15:44	山羊
10/ 5	16:37	魚	5/ 6	21:56	獅子	12/ 6	16:53	水瓶
10/ 7	21:43	牡羊	5/ 9	07:34	乙女	12/ 8	21:25	魚
10/10	05:06	牡牛	5/11	13:31	天秤	12/11	06:05	牡羊
10/12	15:11	双子	5/13	15:54	蠍	12/13	17:57	牡牛
10/15	03:21	蟹	5/15	15:59	射手	12/16	07:00	双子
10/17	15:48	獅子	5/17	15:37	山羊	12/18	19:25	蟹
10/20	02:07	乙女	5/19	16:41	水瓶	12/21	06:14	獅子
10/22	09:17	天秤	5/21	20:41	魚	12/23	15:02	乙女
10/24	13:18	蠍	5/24	04:14	牡羊	12/25	21:29	天秤
10/26	14:58	射手	5/26	14:47	牡牛	12/28	01:18	蠍
10/28	16:17	山羊	5/29	03:08	双子	12/30	02:46	射手
10/30	18:25	水瓶	5/31	16:00	蟹			
1995年11月			1995年 6 月			1995年 1 月		
11/ 1	22:19	魚	6/ 3	04:19	獅子	1/ 1	02:58	山羊
11/ 4	04:22	牡羊	6/ 5	14:48	乙女	1/ 3	03:40	水瓶
11/ 6	12:37	牡牛	6/ 7	22:14	天秤	1/ 5	06:50	魚
11/ 8	22:56	双子	6/10	02:04	蠍	1/ 7	13:58	牡羊
11/11	10:57	蟹	6/12	02:51	射手	1/10	00:59	牡牛
11/13	23:39	獅子	6/14	02:06	山羊	1/12	13:58	双子
11/16	11:20	乙女	6/16	01:54	水瓶	1/15	02:21	蟹
11/18	19:20	天秤	6/18	04:15	魚	1/17	12:37	獅子
11/20	23:42	蠍	6/20	10:30	牡羊	1/19	20:40	乙女
11/23	00:58	射手	6/22	20:36	牡牛	1/22	02:55	天秤
11/25	00:50	山羊	6/25	09:03	双子	1/24	07:34	蠍
11/27	01:17	水瓶	6/27	21:57	蟹	1/26	10:38	射手
11/29	04:00	魚	6/30	10:03	獅子	1/28	12:27	山羊
						1/30	14:04	水瓶
1995年12月			1995年 7 月			1995年 2 月		
12/ 1	09:52	牡羊	7/ 2	20:37	乙女	2/ 1	17:06	魚
12/ 3	18:41	牡牛	7/ 5	04:57	天秤	2/ 3	23:13	牡羊
12/ 6	05:36	双子	7/ 7	10:20	蠍	2/ 6	09:09	牡牛
12/ 8	17:45	蟹	7/ 9	12:38	射手	2/ 8	21:44	双子
12/11	06:26	獅子	7/11	12:45	山羊	2/11	10:18	蟹
12/13	18:28	乙女	7/13	12:22	水瓶	2/13	20:32	獅子
12/16	04:07	天秤	7/15	13:39	魚	2/16	03:53	乙女
12/18	10:09	蠍	7/17	18:24	牡羊	2/18	09:01	天秤
12/20	12:20	射手	7/20	03:21	牡牛	2/20	12:57	蠍
12/22	11:47	山羊	7/22	15:24	双子	2/22	16:14	射手
12/24	10:54	水瓶	7/25	04:17	蟹	2/24	19:12	山羊
12/26	11:46	魚	7/27	16:08	獅子	2/26	22:15	水瓶
12/28	16:07	牡羊	7/30	02:14	乙女			
12/31	00:22	牡牛						

月の運行表　1994年10月〜1997年3月

1996年11月

日付	時刻	星座
11/ 2	18:17	獅子
11/ 5	06:59	乙女
11/ 7	18:30	天秤
11/10	03:03	蠍
11/12	08:28	射手
11/14	11:45	山羊
11/16	14:16	水瓶
11/18	17:01	魚
11/20	20:35	牡羊
11/23	01:14	牡牛
11/25	07:21	双子
11/27	15:38	蟹
11/30	02:31	獅子

1996年12月

日付	時刻	星座
12/ 2	15:12	乙女
12/ 5	03:25	天秤
12/ 7	12:40	蠍
12/ 9	18:00	射手
12/11	20:16	山羊
12/13	21:16	水瓶
12/15	22:45	魚
12/18	01:57	牡羊
12/20	07:11	牡牛
12/22	14:19	双子
12/24	23:15	蟹
12/27	10:10	獅子
12/29	22:46	乙女

1997年1月

日付	時刻	星座
1/ 1	11:33	天秤
1/ 3	22:03	蠍
1/ 6	04:29	射手
1/ 8	06:56	山羊
1/10	07:02	水瓶
1/12	06:53	魚
1/14	08:23	牡羊
1/16	12:41	牡牛
1/18	19:55	双子
1/21	05:30	蟹
1/23	16:51	獅子
1/26	05:28	乙女
1/28	18:23	天秤
1/31	05:49	蠍

1997年2月

日付	時刻	星座
2/ 2	13:52	射手
2/ 4	17:46	山羊
2/ 6	18:23	水瓶
2/ 8	17:35	魚
2/10	17:30	牡羊
2/12	19:57	牡牛
2/15	01:54	双子
2/17	11:14	蟹
2/19	22:54	獅子
2/22	11:39	乙女
2/25	00:24	天秤
2/27	11:58	蠍

1997年3月

日付	時刻	星座
3/ 1	21:02	射手
3/ 4	02:40	山羊
3/ 6	04:56	水瓶
3/ 8	04:58	魚
3/10	04:34	牡羊
3/12	05:38	牡牛
3/14	09:49	双子
3/16	17:52	蟹
3/19	05:10	獅子
3/21	18:01	乙女
3/24	06:36	天秤
3/26	17:43	蠍
3/29	02:41	射手
3/31	09:08	山羊

1996年6月

日付	時刻	星座
6/ 1	10:44	射手
6/ 3	11:30	山羊
6/ 5	11:47	水瓶
6/ 7	13:21	魚
6/ 9	17:24	牡羊
6/12	00:12	牡牛
6/14	09:17	双子
6/16	20:09	蟹
6/19	08:23	獅子
6/21	21:09	乙女
6/24	08:39	天秤
6/26	16:55	蠍
6/28	21:02	射手
6/30	21:48	山羊

1996年7月

日付	時刻	星座
7/ 2	21:07	水瓶
7/ 4	21:09	魚
7/ 6	23:43	牡羊
7/ 9	05:44	牡牛
7/11	14:53	双子
7/14	02:09	蟹
7/16	14:33	獅子
7/19	03:18	乙女
7/21	15:15	天秤
7/24	00:44	蠍
7/26	06:25	射手
7/28	08:18	山羊
7/30	07:49	水瓶

1996年8月

日付	時刻	星座
8/ 1	07:03	魚
8/ 3	08:06	牡羊
8/ 5	12:34	牡牛
8/ 7	20:50	双子
8/10	07:58	蟹
8/12	20:30	獅子
8/15	09:09	乙女
8/17	20:56	天秤
8/20	06:51	蠍
8/22	13:50	射手
8/24	17:23	山羊
8/26	18:12	水瓶
8/28	17:50	魚
8/30	18:17	牡羊

1996年9月

日付	時刻	星座
9/ 1	21:21	牡牛
9/ 4	04:10	双子
9/ 6	14:31	蟹
9/ 9	02:55	獅子
9/11	15:30	乙女
9/14	02:52	天秤
9/16	12:21	蠍
9/18	19:32	射手
9/21	00:14	山羊
9/23	02:41	水瓶
9/25	03:45	魚
9/27	04:47	牡羊
9/29	07:25	牡牛

1996年10月

日付	時刻	星座
10/ 1	13:03	双子
10/ 3	22:16	蟹
10/ 6	10:13	獅子
10/ 8	22:50	乙女
10/11	10:02	天秤
10/13	18:47	蠍
10/16	01:09	射手
10/18	05:39	山羊
10/20	08:52	水瓶
10/22	11:23	魚
10/24	13:52	牡羊
10/26	17:13	牡牛
10/28	22:36	双子
10/31	06:57	蟹

1996年1月

日付	時刻	星座
1/ 2	11:30	双子
1/ 4	23:57	蟹
1/ 7	12:32	獅子
1/10	00:31	乙女
1/12	10:56	天秤
1/14	18:32	蠍
1/16	22:26	射手
1/18	23:08	山羊
1/20	22:16	水瓶
1/22	22:04	魚
1/25	00:38	牡羊
1/27	07:17	牡牛
1/29	17:43	双子

1996年2月

日付	時刻	星座
2/ 1	06:12	蟹
2/ 3	18:47	獅子
2/ 6	06:23	乙女
2/ 8	16:31	天秤
2/11	00:37	蠍
2/13	06:00	射手
2/15	08:31	山羊
2/17	09:01	水瓶
2/19	09:11	魚
2/21	10:59	牡羊
2/23	16:09	牡牛
2/26	01:14	双子
2/28	13:11	蟹

1996年3月

日付	時刻	星座
3/ 2	01:49	獅子
3/ 4	13:14	乙女
3/ 6	22:41	天秤
3/ 9	06:06	蠍
3/11	11:34	射手
3/13	15:09	山羊
3/15	17:16	水瓶
3/17	18:52	魚
3/19	21:17	牡羊
3/22	01:59	牡牛
3/24	10:00	双子
3/26	21:06	蟹
3/29	09:38	獅子
3/31	21:16	乙女

1996年4月

日付	時刻	星座
4/ 3	06:27	天秤
4/ 5	12:58	蠍
4/ 7	17:23	射手
4/ 9	20:32	山羊
4/11	23:11	水瓶
4/14	02:01	魚
4/16	05:44	牡羊
4/18	11:07	牡牛
4/20	18:55	双子
4/23	05:25	蟹
4/25	17:45	獅子
4/28	05:49	乙女
4/30	15:28	天秤

1996年5月

日付	時刻	星座
5/ 2	21:44	蠍
5/ 5	01:06	射手
5/ 7	02:55	山羊
5/ 9	04:41	水瓶
5/11	07:30	魚
5/13	12:02	牡羊
5/15	18:26	牡牛
5/18	02:49	双子
5/20	13:17	蟹
5/23	01:29	獅子
5/25	14:00	乙女
5/28	00:35	天秤
5/30	07:32	蠍

1998年 2 月			1997年 9 月			1997年 4 月		
2/ 1	04:22	牡羊	9/ 1	13:28	乙女	4/ 2	13:00	水瓶
2/ 3	06:26	牡牛	9/ 4	02:31	天秤	4/ 4	14:43	魚
2/ 5	10:11	双子	9/ 6	15:11	蠍	4/ 6	15:20	牡羊
2/ 7	15:59	蟹	9/ 9	01:55	射手	4/ 8	16:22	牡牛
2/ 9	23:59	獅子	9/11	09:25	山羊	4/10	19:29	双子
2/12	10:11	乙女	9/13	13:12	水瓶	4/13	02:04	蟹
2/14	22:18	天秤	9/15	14:01	魚	4/15	12:23	獅子
2/17	11:14	蠍	9/17	13:26	牡羊	4/18	01:01	乙女
2/19	22:57	射手	9/19	13:23	牡牛	4/20	13:38	天秤
2/22	07:31	山羊	9/21	15:40	双子	4/23	00:20	蠍
2/24	12:11	水瓶	9/23	21:34	蟹	4/25	08:33	射手
2/26	13:43	魚	9/26	07:14	獅子	4/27	14:34	山羊
2/28	13:43	牡羊	9/28	19:29	乙女	4/29	18:52	水瓶

1998年 3 月			1997年10月			1997年 5 月		
3/ 2	14:02	牡牛	10/ 1	08:34	天秤	5/ 1	21:52	魚
3/ 4	16:16	双子	10/ 3	20:59	蠍	5/ 4	00:01	牡羊
3/ 6	21:28	蟹	10/ 6	07:44	射手	5/ 6	02:06	牡牛
3/ 9	05:48	獅子	10/ 8	16:05	山羊	5/ 8	05:22	双子
3/11	16:37	乙女	10/10	21:30	水瓶	5/10	11:14	蟹
3/14	04:59	天秤	10/13	00:01	魚	5/12	20:34	獅子
3/16	17:51	蠍	10/15	00:26	牡羊	5/15	08:44	乙女
3/19	05:57	射手	10/17	00:17	牡牛	5/17	21:28	天秤
3/21	15:45	山羊	10/19	01:28	双子	5/20	08:13	蠍
3/23	22:03	水瓶	10/21	05:46	蟹	5/22	15:52	射手
3/26	00:44	魚	10/23	14:11	獅子	5/24	20:52	山羊
3/28	00:50	牡羊	10/26	02:00	乙女	5/27	00:22	水瓶
3/30	00:07	牡牛	10/28	15:06	天秤	5/29	03:20	魚
			10/31	03:17	蠍	5/31	06:19	牡羊

1998年 4 月			1997年11月			1997年 6 月		
4/ 1	00:39	双子	11/ 2	13:28	射手	6/ 2	09:40	牡牛
4/ 3	04:11	蟹	11/ 4	21:32	山羊	6/ 4	13:56	双子
4/ 5	11:37	獅子	11/ 7	03:35	水瓶	6/ 6	20:03	蟹
4/ 7	22:27	乙女	11/ 9	07:36	魚	6/ 9	04:59	獅子
4/10	11:06	天秤	11/11	09:45	牡羊	6/11	16:44	乙女
4/12	23:56	蠍	11/13	10:46	牡牛	6/14	05:36	天秤
4/15	11:53	射手	11/15	12:06	双子	6/16	16:52	蠍
4/17	22:06	山羊	11/17	15:33	蟹	6/19	00:40	射手
4/20	05:43	水瓶	11/19	22:39	獅子	6/21	05:04	山羊
4/22	10:07	魚	11/22	09:34	乙女	6/23	07:22	水瓶
4/24	11:32	牡羊	11/24	22:30	天秤	6/25	09:11	魚
4/26	11:10	牡牛	11/27	10:44	蠍	6/27	11:40	牡羊
4/28	10:57	双子	11/29	20:29	射手	6/29	15:24	牡牛
4/30	12:58	蟹						

1998年 5 月			1997年12月			1997年 7 月		
5/ 2	18:50	獅子	12/ 2	03:39	山羊	7/ 1	20:37	双子
5/ 5	04:48	乙女	12/ 4	08:59	水瓶	7/ 4	03:34	蟹
5/ 7	17:19	天秤	12/ 6	13:09	魚	7/ 6	12:46	獅子
5/10	06:11	蠍	12/ 8	16:25	牡羊	7/ 9	00:23	乙女
5/12	17:49	射手	12/10	19:01	牡牛	7/11	13:22	天秤
5/15	03:40	山羊	12/12	21:36	双子	7/14	01:21	蠍
5/17	11:32	水瓶	12/15	01:28	蟹	7/16	10:04	射手
5/19	17:05	魚	12/17	07:59	獅子	7/18	14:46	山羊
5/21	20:07	牡羊	12/19	18:01	乙女	7/20	16:30	水瓶
5/23	21:07	牡牛	12/22	06:36	天秤	7/22	17:01	魚
5/25	21:27	双子	12/24	19:08	蠍	7/24	18:15	牡羊
5/27	23:00	蟹	12/27	05:09	射手	7/26	20:55	牡牛
5/30	03:39	獅子	12/29	11:50	山羊	7/29	02:05	双子
			12/31	16:00	水瓶	7/31	09:39	蟹

1998年 6 月			1998年 1 月			1997年 8 月		
6/ 1	12:22	乙女	1/ 2	18:57	魚	8/ 2	19:28	獅子
6/ 4	00:17	天秤	1/ 4	21:45	牡羊	8/ 5	07:16	乙女
6/ 6	13:06	蠍	1/ 7	00:54	牡牛	8/ 7	20:18	天秤
6/ 9	00:36	射手	1/ 9	04:43	双子	8/10	08:51	蠍
6/11	09:51	山羊	1/11	09:45	蟹	8/12	18:46	射手
6/13	17:04	水瓶	1/13	16:47	獅子	8/15	00:43	山羊
6/15	22:33	魚	1/16	02:32	乙女	8/17	02:59	水瓶
6/18	02:25	牡羊	1/18	14:47	天秤	8/19	03:02	魚
6/20	04:49	牡牛	1/21	03:35	蠍	8/21	02:47	牡羊
6/22	06:28	双子	1/23	14:27	射手	8/23	03:59	牡牛
6/24	08:41	蟹	1/25	21:41	山羊	8/25	07:58	双子
6/26	13:05	獅子	1/28	01:28	水瓶	8/27	15:12	蟹
6/28	20:55	乙女	1/30	03:10	魚	8/30	01:20	獅子

月の運行表　1997年4月～1999年9月

1999年 5月

日付	時刻	星座
5/ 2	16:37	射手
5/ 5	05:13	山羊
5/ 7	16:42	水瓶
5/10	01:17	魚
5/12	05:54	牡羊
5/14	06:58	牡牛
5/16	06:09	双子
5/18	05:41	蟹
5/20	07:38	獅子
5/22	13:16	乙女
5/24	22:30	天秤
5/27	10:05	蠍
5/29	22:38	射手

1999年 6月

日付	時刻	星座
6/ 1	11:06	山羊
6/ 3	22:38	水瓶
6/ 6	08:02	魚
6/ 8	14:09	牡羊
6/10	16:45	牡牛
6/12	16:50	双子
6/14	16:16	蟹
6/16	17:09	獅子
6/18	21:13	乙女
6/21	05:11	天秤
6/23	16:18	蠍
6/26	04:52	射手
6/28	17:13	山羊

1999年 7月

日付	時刻	星座
7/ 1	04:20	水瓶
7/ 3	13:36	魚
7/ 5	20:23	牡羊
7/ 8	00:23	牡牛
7/10	02:01	双子
7/12	02:29	蟹
7/14	03:27	獅子
7/16	06:40	乙女
7/18	13:21	天秤
7/20	23:31	蠍
7/23	11:49	射手
7/26	00:09	山羊
7/28	10:55	水瓶
7/30	19:28	魚

1999年 8月

日付	時刻	星座
8/ 2	01:48	牡羊
8/ 4	06:10	牡牛
8/ 6	08:59	双子
8/ 8	10:54	蟹
8/10	12:57	獅子
8/12	16:23	乙女
8/14	22:25	天秤
8/17	07:41	蠍
8/19	19:33	射手
8/22	08:00	山羊
8/24	18:50	水瓶
8/27	02:51	魚
8/29	08:10	牡羊
8/31	11:42	牡牛

1999年 9月

日付	時刻	星座
9/ 2	14:27	双子
9/ 4	17:11	蟹
9/ 6	20:31	獅子
9/ 9	00:58	乙女
9/11	07:17	天秤
9/13	16:09	蠍
9/16	03:36	射手
9/18	16:14	山羊
9/21	03:39	水瓶
9/23	11:52	魚
9/25	16:34	牡羊
9/27	18:52	牡牛
9/29	20:23	双子

1998年12月

日付	時刻	星座
12/ 1	06:53	牡牛
12/ 3	06:30	双子
12/ 5	06:29	蟹
12/ 7	08:57	獅子
12/ 9	15:23	乙女
12/12	01:44	天秤
12/14	14:17	蠍
12/17	02:48	射手
12/19	13:56	山羊
12/21	23:17	水瓶
12/24	06:46	魚
12/26	12:05	牡羊
12/28	15:06	牡牛
12/30	16:23	双子

1999年 1月

日付	時刻	星座
1/ 1	17:16	蟹
1/ 3	19:32	獅子
1/ 6	00:50	乙女
1/ 8	09:53	天秤
1/10	21:49	蠍
1/13	10:24	射手
1/15	21:30	山羊
1/18	06:12	水瓶
1/20	12:41	魚
1/22	17:26	牡羊
1/24	20:54	牡牛
1/26	23:31	双子
1/29	01:58	蟹
1/31	05:17	獅子

1999年 2月

日付	時刻	星座
2/ 2	10:38	乙女
2/ 4	18:56	天秤
2/ 7	06:07	蠍
2/ 9	18:39	射手
2/12	06:11	山羊
2/14	14:58	水瓶
2/16	20:41	魚
2/19	00:08	牡羊
2/21	02:31	牡牛
2/23	04:55	双子
2/25	08:10	蟹
2/27	12:46	獅子

1999年 3月

日付	時刻	星座
3/ 1	19:06	乙女
3/ 4	03:35	天秤
3/ 6	14:23	蠍
3/ 9	02:46	射手
3/11	14:54	山羊
3/14	00:33	水瓶
3/16	06:31	魚
3/18	09:14	牡羊
3/20	10:10	牡牛
3/22	11:07	双子
3/24	13:35	蟹
3/26	18:24	獅子
3/29	01:36	乙女
3/31	10:51	天秤

1999年 4月

日付	時刻	星座
4/ 2	21:49	蠍
4/ 5	10:08	射手
4/ 7	22:40	山羊
4/10	09:25	水瓶
4/12	16:36	魚
4/14	19:47	牡羊
4/16	20:09	牡牛
4/18	19:41	双子
4/20	20:29	蟹
4/23	00:07	獅子
4/25	07:05	乙女
4/27	16:47	天秤
4/30	04:13	蠍

1998年 7月

日付	時刻	星座
7/ 1	08:06	天秤
7/ 3	20:46	蠍
7/ 6	08:25	射手
7/ 8	17:29	山羊
7/10	23:53	水瓶
7/13	04:24	魚
7/15	07:46	牡羊
7/17	10:35	牡牛
7/19	13:19	双子
7/21	16:45	蟹
7/23	21:50	獅子
7/26	05:35	乙女
7/28	16:15	天秤
7/31	04:46	蠍

1998年 8月

日付	時刻	星座
8/ 2	16:49	射手
8/ 5	02:19	山羊
8/ 7	08:32	水瓶
8/ 9	12:05	魚
8/11	14:12	牡羊
8/13	16:06	牡牛
8/15	18:48	双子
8/17	22:57	蟹
8/20	05:02	獅子
8/22	13:23	乙女
8/25	00:03	天秤
8/27	12:26	蠍
8/30	00:56	射手

1998年 9月

日付	時刻	星座
9/ 1	11:24	山羊
9/ 3	18:22	水瓶
9/ 5	21:49	魚
9/ 7	22:54	牡羊
9/ 9	23:18	牡牛
9/12	00:42	双子
9/14	04:21	蟹
9/16	10:49	獅子
9/18	19:53	乙女
9/21	06:58	天秤
9/23	19:23	蠍
9/26	08:05	射手
9/28	19:31	山羊

1998年10月

日付	時刻	星座
10/ 1	03:55	水瓶
10/ 3	08:25	魚
10/ 5	09:33	牡羊
10/ 7	08:58	牡牛
10/ 9	08:45	双子
10/11	10:50	蟹
10/13	16:26	獅子
10/16	01:33	乙女
10/18	13:03	天秤
10/21	01:37	蠍
10/23	14:17	射手
10/26	02:05	山羊
10/28	11:46	水瓶
10/30	18:00	魚

1998年11月

日付	時刻	星座
11/ 1	20:28	牡羊
11/ 3	20:13	牡牛
11/ 5	19:12	双子
11/ 7	19:41	蟹
11/ 9	23:34	獅子
11/12	07:38	乙女
11/14	18:58	天秤
11/17	07:41	蠍
11/19	20:14	射手
11/22	07:46	山羊
11/24	17:44	水瓶
11/27	01:16	魚
11/29	05:35	牡羊

2000年8月			2000年3月			1999年10月		
8/1	22:29	乙女	3/2	22:15	水瓶	10/1	22:33	蟹
8/4	00:33	天秤	3/5	08:31	魚	10/4	02:15	獅子
8/6	06:06	蠍	3/7	15:55	牡羊	10/6	07:41	乙女
8/8	15:32	射手	3/9	21:02	牡牛	10/8	14:53	天秤
8/11	03:45	山羊	3/12	00:47	双子	10/11	00:02	蠍
8/13	16:44	水瓶	3/14	03:52	蟹	10/13	11:19	射手
8/16	04:42	魚	3/16	06:44	獅子	10/16	00:04	山羊
8/18	14:44	牡羊	3/18	09:50	乙女	10/18	12:18	水瓶
8/20	22:32	牡牛	3/20	13:58	天秤	10/20	21:34	魚
8/23	03:56	双子	3/22	20:18	蠍	10/23	02:42	牡羊
8/25	07:01	蟹	3/25	05:44	射手	10/25	04:26	牡牛
8/27	08:19	獅子	3/27	17:52	山羊	10/27	04:35	双子
8/29	08:57	乙女	3/30	06:35	水瓶	10/29	05:11	蟹
8/31	10:34	天秤				10/31	07:49	獅子

2000年9月			2000年4月			1999年11月		
9/2	14:57	蠍	4/1	17:14	魚	11/2	13:08	乙女
9/4	23:10	射手	4/4	00:23	牡羊	11/4	20:58	天秤
9/7	10:48	山羊	4/6	04:31	牡牛	11/7	06:46	蠍
9/9	23:45	水瓶	4/8	07:00	双子	11/9	18:16	射手
9/12	11:35	魚	4/10	09:17	蟹	11/12	07:01	山羊
9/14	21:01	牡羊	4/12	12:17	獅子	11/14	19:46	水瓶
9/17	04:06	牡牛	4/14	16:20	乙女	11/17	06:22	魚
9/19	09:23	双子	4/16	21:37	天秤	11/19	12:58	牡羊
9/21	13:17	蟹	4/19	04:36	蠍	11/21	15:27	牡牛
9/23	16:02	獅子	4/21	13:58	射手	11/23	15:15	双子
9/25	18:03	乙女	4/24	01:48	山羊	11/25	14:31	蟹
9/27	20:23	天秤	4/26	14:43	水瓶	11/27	15:21	獅子
9/30	00:31	蠍	4/29	02:07	魚	11/29	19:12	乙女

2000年10月			2000年5月			1999年12月		
10/2	07:51	射手	5/1	09:56	牡羊	12/2	02:30	天秤
10/4	18:43	山羊	5/3	13:56	牡牛	12/4	12:36	蠍
10/7	07:34	水瓶	5/5	15:47	双子	12/7	00:28	射手
10/9	19:37	魚	5/7	16:15	蟹	12/9	13:14	山羊
10/12	04:52	牡羊	5/9	18:03	獅子	12/12	02:00	水瓶
10/14	11:07	牡牛	5/11	21:42	乙女	12/14	13:18	魚
10/16	15:20	双子	5/14	03:29	天秤	12/16	21:31	牡羊
10/18	18:39	蟹	5/16	11:17	蠍	12/19	01:46	牡牛
10/20	21:44	獅子	5/18	21:10	射手	12/21	02:40	双子
10/23	00:54	乙女	5/21	09:02	山羊	12/23	01:54	蟹
10/25	04:31	天秤	5/23	22:02	水瓶	12/25	01:34	獅子
10/27	09:25	蠍	5/26	10:08	魚	12/27	03:36	乙女
10/29	16:41	射手	5/28	19:09	牡羊	12/29	09:15	天秤
			5/31	00:03	牡牛	12/31	18:37	蠍

2000年11月			2000年6月			2000年1月		
11/1	03:02	山羊	6/2	01:36	双子	1/3	06:32	射手
11/3	15:42	水瓶	6/4	01:31	蟹	1/5	19:24	山羊
11/6	04:14	魚	6/6	01:47	獅子	1/8	07:53	水瓶
11/8	14:03	牡羊	6/8	03:58	乙女	1/10	19:00	魚
11/10	20:13	牡牛	6/10	09:00	天秤	1/13	03:49	牡羊
11/12	23:29	双子	6/12	16:56	蠍	1/15	09:39	牡牛
11/15	01:23	蟹	6/15	03:19	射手	1/17	12:26	双子
11/17	03:21	獅子	6/17	15:27	山羊	1/19	13:02	蟹
11/19	06:17	乙女	6/20	04:27	水瓶	1/21	13:00	獅子
11/21	10:36	天秤	6/22	16:53	魚	1/23	14:08	乙女
11/23	16:34	蠍	6/25	02:56	牡羊	1/25	18:10	天秤
11/26	00:34	射手	6/27	09:20	牡牛	1/28	02:02	蠍
11/28	10:58	山羊	6/29	12:01	双子	1/30	13:18	射手
11/30	23:27	水瓶						

2000年12月			2000年7月			2000年2月		
12/3	12:23	魚	7/1	12:11	蟹	2/2	02:10	山羊
12/5	23:18	牡羊	7/3	11:39	獅子	2/4	14:32	水瓶
12/8	06:28	牡牛	7/5	12:47	乙女	2/7	01:02	魚
12/10	09:52	双子	7/7	15:48	天秤	2/9	09:18	牡羊
12/12	10:51	蟹	7/9	21:40	蠍	2/11	15:22	牡牛
12/14	11:07	獅子	7/12	09:07	射手	2/13	19:24	双子
12/16	12:32	乙女	7/14	09:50	山羊	2/15	21:46	蟹
12/18	16:30	天秤	7/17	10:28	水瓶	2/17	23:12	獅子
12/20	22:13	蠍	7/19	22:45	魚	2/20	00:55	乙女
12/23	06:58	射手	7/22	09:10	牡羊	2/22	04:22	天秤
12/25	17:55	山羊	7/24	16:45	牡牛	2/24	10:58	蠍
12/28	06:27	水瓶	7/26	22:31	双子	2/26	21:11	射手
12/30	19:28	魚	7/30	22:25	獅子	2/29	09:46	山羊

月の運行表　1999年10月～2002年3月

2001年11月
日付	時刻	星座
11/ 3	06:13	双子
11/ 5	12:45	蟹
11/ 7	17:35	獅子
11/ 9	20:50	乙女
11/11	22:54	天秤
11/14	00:46	蠍
11/16	03:52	射手
11/18	09:41	山羊
11/20	18:56	水瓶
11/23	06:53	魚
11/25	19:22	牡羊
11/28	06:07	牡牛
11/30	14:05	双子

2001年12月
日付	時刻	星座
12/ 2	19:31	蟹
12/ 4	23:17	獅子
12/ 7	02:13	乙女
12/ 9	04:58	天秤
12/11	08:11	蠍
12/13	12:32	射手
12/15	18:50	山羊
12/18	03:44	水瓶
12/20	15:10	魚
12/23	03:46	牡羊
12/25	15:13	牡牛
12/27	23:40	双子
12/30	04:41	蟹

2002年1月
日付	時刻	星座
1/ 1	07:11	獅子
1/ 3	08:36	乙女
1/ 5	10:25	天秤
1/ 7	13:43	蠍
1/ 9	18:59	射手
1/12	02:20	山羊
1/14	11:43	水瓶
1/16	23:01	魚
1/19	11:36	牡羊
1/21	23:48	牡牛
1/24	09:29	双子
1/26	15:18	蟹
1/28	17:32	獅子
1/30	17:42	乙女

2002年2月
日付	時刻	星座
2/ 1	17:46	天秤
2/ 3	19:37	蠍
2/ 6	00:23	射手
2/ 8	08:10	山羊
2/10	18:16	水瓶
2/13	05:54	魚
2/15	18:27	牡羊
2/18	06:59	牡牛
2/20	17:51	双子
2/23	01:17	蟹
2/25	04:38	獅子
2/27	04:49	乙女

2002年3月
日付	時刻	星座
3/ 1	03:48	天秤
3/ 3	03:53	蠍
3/ 5	06:56	射手
3/ 7	13:49	山羊
3/ 9	23:58	水瓶
3/12	11:58	魚
3/15	00:35	牡羊
3/17	13:03	牡牛
3/20	00:21	双子
3/22	09:08	蟹
3/24	14:14	獅子
3/26	15:45	乙女
3/28	15:05	天秤
3/30	14:23	蠍

2001年6月
日付	時刻	星座
6/ 2	23:57	蠍
6/ 5	05:59	射手
6/ 7	14:24	山羊
6/10	01:21	水瓶
6/12	13:54	魚
6/15	02:04	牡羊
6/17	11:40	牡牛
6/19	17:44	双子
6/21	20:42	蟹
6/23	21:56	獅子
6/25	22:59	乙女
6/28	01:23	天秤
6/30	05:30	蠍

2001年7月
日付	時刻	星座
7/ 2	12:15	射手
7/ 4	21:23	山羊
7/ 7	08:34	水瓶
7/ 9	21:06	魚
7/12	09:36	牡羊
7/14	20:14	牡牛
7/17	03:27	双子
7/19	06:57	蟹
7/21	07:44	獅子
7/23	07:30	乙女
7/25	08:10	天秤
7/27	11:19	蠍
7/29	17:46	射手

2001年8月
日付	時刻	星座
8/ 1	03:17	山羊
8/ 3	14:55	水瓶
8/ 6	03:31	魚
8/ 8	16:06	牡羊
8/11	03:24	牡牛
8/13	12:00	双子
8/15	16:56	蟹
8/17	18:26	獅子
8/19	17:54	乙女
8/21	17:20	天秤
8/23	18:52	蠍
8/26	00:01	射手
8/28	09:03	山羊
8/30	20:49	水瓶

2001年9月
日付	時刻	星座
9/ 2	09:33	魚
9/ 4	21:59	牡羊
9/ 7	09:18	牡牛
9/ 9	18:42	双子
9/12	01:11	蟹
9/14	04:17	獅子
9/16	04:40	乙女
9/18	04:01	天秤
9/20	04:28	蠍
9/22	08:04	射手
9/24	15:49	山羊
9/27	03:06	水瓶
9/29	15:51	魚

2001年10月
日付	時刻	星座
10/ 2	04:09	牡羊
10/ 4	15:02	牡牛
10/ 7	00:13	双子
10/ 9	07:21	蟹
10/11	11:56	獅子
10/13	13:59	乙女
10/15	14:27	天秤
10/17	15:03	蠍
10/19	17:48	射手
10/22	00:12	山羊
10/24	10:27	水瓶
10/26	22:56	魚
10/29	11:16	牡羊
10/31	21:49	牡牛

2001年1月
日付	時刻	星座
1/ 2	07:15	牡羊
1/ 4	15:58	牡牛
1/ 6	20:45	双子
1/ 8	22:10	蟹
1/10	21:46	獅子
1/12	21:28	乙女
1/14	23:07	天秤
1/17	04:04	蠍
1/19	12:37	射手
1/21	23:58	山羊
1/24	12:44	水瓶
1/27	01:40	魚
1/29	13:36	牡羊
1/31	23:22	牡牛

2001年2月
日付	時刻	星座
2/ 3	05:57	双子
2/ 5	09:01	蟹
2/ 7	09:22	獅子
2/ 9	08:37	乙女
2/11	08:47	天秤
2/13	11:52	蠍
2/15	19:03	射手
2/18	06:00	山羊
2/20	18:55	水瓶
2/23	07:46	魚
2/25	19:21	牡羊
2/28	05:07	牡牛

2001年3月
日付	時刻	星座
3/ 2	12:38	双子
3/ 4	17:26	蟹
3/ 6	19:31	獅子
3/ 8	19:45	乙女
3/10	19:49	天秤
3/12	21:44	蠍
3/15	03:18	射手
3/17	13:03	山羊
3/20	01:37	水瓶
3/22	14:30	魚
3/25	01:45	牡羊
3/27	10:52	牡牛
3/29	18:02	双子
3/31	23:25	蟹

2001年4月
日付	時刻	星座
4/ 3	02:55	獅子
4/ 5	04:48	乙女
4/ 7	05:58	天秤
4/ 9	08:03	蠍
4/11	12:48	射手
4/13	21:22	山羊
4/16	09:12	水瓶
4/18	22:01	魚
4/21	09:20	牡羊
4/23	17:58	牡牛
4/26	00:13	双子
4/28	04:51	蟹
4/30	08:26	獅子

2001年5月
日付	時刻	星座
5/ 2	11:18	乙女
5/ 4	13:51	天秤
5/ 6	17:02	蠍
5/ 8	22:06	射手
5/11	06:11	山羊
5/13	17:21	水瓶
5/16	06:02	魚
5/18	17:43	牡羊
5/21	02:31	牡牛
5/23	08:14	双子
5/25	11:44	蟹
5/27	14:13	獅子
5/29	16:40	乙女
5/31	19:43	天秤

2003年 2 月

2/ 3	04:56	魚
2/ 5	14:46	牡羊
2/ 8	03:00	牡牛
2/10	15:46	双子
2/13	02:20	蟹
2/15	09:06	獅子
2/17	12:24	乙女
2/19	13:49	天秤
2/21	15:11	蠍
2/23	17:47	射手
2/25	22:12	山羊
2/28	04:26	水瓶

2003年 3 月

3/ 2	12:27	魚
3/ 4	22:31	牡羊
3/ 7	10:38	牡牛
3/ 9	23:39	双子
3/12	11:12	蟹
3/14	19:08	獅子
3/16	22:54	乙女
3/18	23:45	天秤
3/20	23:39	蠍
3/23	00:34	射手
3/25	03:49	山羊
3/27	09:52	水瓶
3/29	18:26	魚

2003年 4 月

4/ 1	05:05	牡羊
4/ 3	17:21	牡牛
4/ 6	06:25	双子
4/ 8	18:37	蟹
4/11	03:55	獅子
4/13	09:08	乙女
4/15	10:43	天秤
4/17	10:18	蠍
4/19	09:53	射手
4/21	11:22	山羊
4/23	15:59	水瓶
4/26	00:03	魚
4/28	10:54	牡羊
4/30	23:27	牡牛

2003年 5 月

5/ 3	12:28	双子
5/ 6	00:43	蟹
5/ 8	10:47	獅子
5/10	17:32	乙女
5/12	20:55	天秤
5/14	21:15	蠍
5/16	20:44	射手
5/18	21:05	山羊
5/21	00:02	水瓶
5/23	06:42	魚
5/25	16:59	牡羊
5/28	05:33	牡牛
5/30	18:33	双子

2003年 6 月

6/ 2	06:28	蟹
6/ 4	16:26	獅子
6/ 6	23:52	乙女
6/ 9	04:31	天秤
6/11	06:41	蠍
6/13	07:14	射手
6/15	07:40	山羊
6/17	09:43	水瓶
6/19	14:58	魚
6/22	00:07	牡羊
6/24	12:16	牡牛
6/27	01:14	双子
6/29	12:53	蟹

2002年 9 月

9/ 2	06:15	蟹
9/ 4	11:37	獅子
9/ 6	13:16	乙女
9/ 8	12:57	天秤
9/10	12:49	蠍
9/12	14:45	射手
9/14	19:48	山羊
9/17	03:55	水瓶
9/19	14:19	魚
9/22	02:12	牡羊
9/24	14:55	牡牛
9/27	03:27	双子
9/29	14:03	蟹

2002年10月

10/ 1	20:59	獅子
10/ 3	23:53	乙女
10/ 5	23:51	天秤
10/ 7	22:58	蠍
10/ 9	23:22	射手
10/12	02:46	山羊
10/14	09:52	水瓶
10/16	20:07	魚
10/19	08:14	牡羊
10/21	20:58	牡牛
10/24	09:18	双子
10/26	20:11	蟹
10/29	04:21	獅子
10/31	09:00	乙女

2002年11月

11/ 2	10:29	天秤
11/ 4	10:11	蠍
11/ 6	10:02	射手
11/ 8	12:00	山羊
11/10	17:28	水瓶
11/13	02:43	魚
11/15	14:38	牡羊
11/18	03:24	牡牛
11/20	15:26	双子
11/23	01:48	蟹
11/25	10:00	獅子
11/27	15:43	乙女
11/29	18:55	天秤

2002年12月

12/ 1	20:17	蠍
12/ 3	20:59	射手
12/ 5	22:40	山羊
12/ 8	02:55	水瓶
12/10	10:47	魚
12/12	21:59	牡羊
12/15	10:44	牡牛
12/17	22:43	双子
12/20	08:30	蟹
12/22	15:49	獅子
12/24	21:06	乙女
12/27	00:54	天秤
12/29	03:43	蠍
12/31	06:03	射手

2003年 1 月

1/ 2	08:44	山羊
1/ 4	12:58	水瓶
1/ 6	19:58	魚
1/ 9	06:16	牡羊
1/11	18:45	牡牛
1/14	07:08	双子
1/16	16:57	蟹
1/18	23:30	獅子
1/21	03:35	乙女
1/23	06:24	天秤
1/25	09:10	蠍
1/27	12:27	射手
1/29	16:31	山羊
1/31	21:46	水瓶

2002年 4 月

4/ 1	15:50	射手
4/ 3	21:00	山羊
4/ 6	03:16	水瓶
4/ 8	17:58	魚
4/11	06:42	牡羊
4/13	18:57	牡牛
4/16	05:58	双子
4/18	15:02	蟹
4/20	21:22	獅子
4/23	00:36	乙女
4/25	01:23	天秤
4/27	01:17	蠍
4/29	02:14	射手

2002年 5 月

5/ 1	06:04	山羊
5/ 3	13:44	水瓶
5/ 6	00:47	魚
5/ 8	13:23	牡羊
5/11	01:34	牡牛
5/13	12:05	双子
5/15	20:34	蟹
5/18	02:54	獅子
5/20	07:02	乙女
5/22	09:20	天秤
5/24	10:40	蠍
5/26	12:22	射手
5/28	15:56	山羊
5/30	22:36	水瓶

2002年 6 月

6/ 2	08:38	魚
6/ 4	20:52	牡羊
6/ 7	09:08	牡牛
6/ 9	19:30	双子
6/12	03:16	蟹
6/14	08:41	獅子
6/16	12:25	乙女
6/18	15:12	天秤
6/20	17:44	蠍
6/22	20:44	射手
6/25	01:03	山羊
6/27	07:37	水瓶
6/29	17:01	魚

2002年 7 月

7/ 2	04:50	牡羊
7/ 4	17:17	牡牛
7/ 7	04:02	双子
7/ 9	11:37	蟹
7/11	16:08	獅子
7/13	18:42	乙女
7/15	20:41	天秤
7/17	23:14	蠍
7/20	03:04	射手
7/22	08:27	山羊
7/24	15:41	水瓶
7/27	01:05	魚
7/29	12:39	牡羊

2002年 8 月

8/ 1	01:18	牡牛
8/ 3	12:47	双子
8/ 5	21:02	蟹
8/ 8	01:28	獅子
8/10	03:04	乙女
8/12	03:39	天秤
8/14	05:02	蠍
8/16	08:27	射手
8/18	14:17	山羊
8/20	22:18	水瓶
8/23	08:11	魚
8/25	19:48	牡羊
8/28	08:32	牡牛
8/30	20:46	双子

月の運行表　2002年4月～2004年9月

2004年5月			2003年12月			2003年7月		
5/ 2	03:05	天秤	12/ 2	19:57	牡羊	7/ 1	22:14	獅子
5/ 4	05:41	蠍	12/ 5	07:30	牡牛	7/ 4	05:17	乙女
5/ 6	06:10	射手	12/ 7	20:27	双子	7/ 6	10:22	天秤
5/ 8	06:18	山羊	12/10	09:11	蟹	7/ 8	13:45	蠍
5/10	07:48	水瓶	12/12	20:41	獅子	7/10	15:50	射手
5/12	11:53	魚	12/15	06:07	乙女	7/12	17:22	山羊
5/14	19:03	牡羊	12/17	12:48	天秤	7/14	19:39	水瓶
5/17	04:57	牡牛	12/19	16:21	蠍	7/17	00:15	魚
5/19	16:48	双子	12/21	17:17	射手	7/19	08:21	牡羊
5/22	05:36	蟹	12/23	16:56	山羊	7/21	19:49	牡牛
5/24	18:08	獅子	12/25	17:15	水瓶	7/24	08:43	双子
5/27	04:53	乙女	12/27	20:11	魚	7/26	20:24	蟹
5/29	12:24	天秤	12/30	03:10	牡羊	7/29	05:18	獅子
5/31	16:10	蠍				7/31	11:28	乙女

2004年6月			2004年1月			2003年8月		
6/ 2	16:54	射手	1/ 1	14:02	牡牛	8/ 2	15:49	天秤
6/ 4	16:14	山羊	1/ 4	02:59	双子	8/ 4	19:14	蠍
6/ 6	16:11	水瓶	1/ 6	15:39	蟹	8/ 6	22:12	射手
6/ 8	18:40	魚	1/ 9	02:39	獅子	8/ 9	01:04	山羊
6/11	00:51	牡羊	1/11	11:38	乙女	8/11	04:25	水瓶
6/13	10:37	牡牛	1/13	18:39	天秤	8/13	09:19	魚
6/15	22:45	双子	1/15	23:34	蠍	8/15	17:00	牡羊
6/18	11:38	蟹	1/18	02:19	射手	8/18	03:53	牡牛
6/21	00:06	獅子	1/20	03:25	山羊	8/20	16:42	双子
6/23	11:11	乙女	1/22	04:12	水瓶	8/23	04:45	蟹
6/25	19:51	天秤	1/24	06:30	魚	8/25	13:49	獅子
6/28	01:14	蠍	1/26	12:07	牡羊	8/27	19:27	乙女
6/30	03:17	射手	1/28	21:47	牡牛	8/29	22:42	天秤
			1/31	10:19	双子			

2004年7月			2004年2月			2003年9月		
7/ 2	03:02	山羊	2/ 2	23:04	蟹	9/ 1	01:01	蠍
7/ 4	02:23	水瓶	2/ 5	09:51	獅子	9/ 3	03:33	射手
7/ 6	03:28	魚	2/ 7	18:04	乙女	9/ 5	06:52	山羊
7/ 8	08:05	牡羊	2/10	00:13	天秤	9/ 7	11:16	水瓶
7/10	16:52	牡牛	2/12	04:59	蠍	9/ 9	17:08	魚
7/13	04:45	双子	2/14	08:37	射手	9/12	01:09	牡羊
7/15	17:42	蟹	2/16	11:15	山羊	9/14	11:50	牡牛
7/18	05:57	獅子	2/18	13:29	水瓶	9/17	00:33	双子
7/20	16:45	乙女	2/20	16:28	魚	9/19	13:08	蟹
7/23	01:40	天秤	2/22	21:47	牡羊	9/21	23:03	獅子
7/25	08:10	蠍	2/25	06:32	牡牛	9/24	05:05	乙女
7/27	11:49	射手	2/27	18:23	双子	9/26	07:49	天秤
7/29	12:59	山羊				9/28	08:53	蠍
7/31	12:55	水瓶				9/30	09:58	射手

2004年8月			2004年3月			2003年10月		
8/ 2	13:35	魚	3/ 1	07:13	蟹	10/ 2	12:23	山羊
8/ 4	17:01	牡羊	3/ 3	18:19	獅子	10/ 4	16:46	水瓶
8/ 7	00:27	牡牛	3/ 6	02:19	乙女	10/ 6	23:21	魚
8/ 9	11:34	双子	3/ 8	07:32	天秤	10/ 9	08:08	牡羊
8/12	00:21	蟹	3/10	11:04	蠍	10/11	19:06	牡牛
8/14	12:31	獅子	3/12	13:59	射手	10/14	07:46	双子
8/16	22:51	乙女	3/14	16:53	山羊	10/16	20:42	蟹
8/19	07:11	天秤	3/16	20:12	水瓶	10/19	07:42	獅子
8/21	13:38	蠍	3/19	00:27	魚	10/21	15:02	乙女
8/23	18:10	射手	3/21	06:30	牡羊	10/23	18:27	天秤
8/25	20:48	山羊	3/23	15:11	牡牛	10/25	19:09	蠍
8/27	22:09	水瓶	3/26	02:36	双子	10/27	18:56	射手
8/29	23:34	魚	3/28	15:24	蟹	10/29	19:38	山羊
			3/31	03:08	獅子	10/31	22:43	水瓶

2004年9月			2004年4月			2003年11月		
9/ 1	02:46	牡羊	4/ 2	11:47	乙女	11/ 3	04:53	魚
9/ 3	09:16	牡牛	4/ 4	16:54	天秤	11/ 5	14:03	牡羊
9/ 5	19:26	双子	4/ 6	19:26	蠍	11/ 8	01:30	牡牛
9/ 8	07:52	蟹	4/ 8	20:52	射手	11/10	14:15	双子
9/10	20:07	獅子	4/10	22:35	山羊	11/13	03:11	蟹
9/13	06:18	乙女	4/13	01:34	水瓶	11/15	14:49	獅子
9/15	13:55	天秤	4/15	06:25	魚	11/17	23:37	乙女
9/17	19:26	蠍	4/17	13:25	牡羊	11/20	04:43	天秤
9/19	23:31	射手	4/19	22:43	牡牛	11/22	06:25	蠍
9/22	02:37	山羊	4/22	10:11	双子	11/24	06:04	射手
9/24	05:11	水瓶	4/24	22:57	蟹	11/26	05:33	山羊
9/26	07:57	魚	4/27	11:15	獅子	11/28	06:49	水瓶
9/28	11:58	牡羊	4/29	21:01	乙女	11/30	11:27	魚
9/30	18:24	牡牛						

2005年8月			2005年3月			2004年10月		
8/ 1	21:53	蟹	3/ 3	03:31	射手	10/ 3	03:56	双子
8/ 4	10:11	獅子	3/ 5	07:13	山羊	10/ 5	15:55	蟹
8/ 6	22:55	乙女	3/ 7	08:51	水瓶	10/ 8	04:24	獅子
8/ 9	11:10	天秤	3/ 9	09:34	魚	10/10	15:01	乙女
8/11	21:36	蠍	3/11	11:05	牡羊	10/12	22:33	天秤
8/14	04:49	射手	3/13	15:07	牡牛	10/15	03:11	蠍
8/16	08:14	山羊	3/15	22:45	双子	10/17	05:59	射手
8/18	08:39	水瓶	3/18	09:44	蟹	10/19	08:09	山羊
8/20	07:53	魚	3/20	22:18	獅子	10/21	10:39	水瓶
8/22	08:02	牡羊	3/23	10:12	乙女	10/23	14:15	魚
8/24	10:59	牡牛	3/25	20:01	天秤	10/25	19:26	牡羊
8/26	17:44	双子	3/28	03:30	蠍	10/28	02:39	牡牛
8/29	03:58	蟹	3/30	08:58	射手	10/30	12:12	双子
8/31	16:15	獅子						

2005年9月			2005年4月			2004年11月		
9/ 3	04:58	乙女	4/ 1	12:50	山羊	11/ 1	23:54	蟹
9/ 5	16:54	天秤	4/ 3	15:33	水瓶	11/ 4	12:33	獅子
9/ 8	03:12	蠍	4/ 5	17:47	魚	11/ 7	00:01	乙女
9/10	11:04	射手	4/ 7	20:30	牡羊	11/ 9	08:24	天秤
9/12	15:58	山羊	4/10	00:52	牡牛	11/11	13:06	蠍
9/14	18:03	水瓶	4/12	07:56	双子	11/13	14:58	射手
9/16	18:25	魚	4/14	18:04	蟹	11/15	15:35	山羊
9/18	18:43	牡羊	4/17	06:18	獅子	11/17	16:41	水瓶
9/20	20:48	牡牛	4/19	18:28	乙女	11/19	19:39	魚
9/23	02:13	双子	4/22	04:29	天秤	11/22	01:12	牡羊
9/25	11:12	蟹	4/24	11:27	蠍	11/24	09:17	牡牛
9/27	23:04	獅子	4/26	15:47	射手	11/26	19:26	双子
9/30	11:45	乙女	4/28	18:34	山羊	11/29	07:11	蟹
			4/30	20:55	水瓶			

2005年10月			2005年5月			2004年12月		
10/ 2	23:25	天秤	5/ 2	23:44	魚	12/ 1	19:50	獅子
10/ 5	09:05	蠍	5/ 5	03:37	牡羊	12/ 4	08:01	乙女
10/ 7	16:29	射手	5/ 7	09:03	牡牛	12/ 6	17:47	天秤
10/ 9	21:45	山羊	5/ 9	16:30	双子	12/ 8	23:45	蠍
10/12	01:07	水瓶	5/12	02:21	蟹	12/11	01:55	射手
10/14	03:07	魚	5/14	14:18	獅子	12/13	01:43	山羊
10/16	04:40	牡羊	5/17	02:47	乙女	12/15	01:12	水瓶
10/18	07:05	牡牛	5/19	13:31	天秤	12/17	02:25	魚
10/20	11:45	双子	5/21	20:51	蠍	12/19	06:53	牡羊
10/22	19:42	蟹	5/24	00:40	射手	12/21	14:53	牡牛
10/25	06:50	獅子	5/26	02:12	山羊	12/24	01:33	双子
10/27	19:29	乙女	5/28	03:11	水瓶	12/26	13:39	蟹
10/30	07:16	天秤	5/30	05:11	魚	12/29	02:15	獅子
						12/31	14:34	乙女

2005年11月			2005年6月			2005年1月		
11/ 1	16:30	蠍	6/ 1	09:09	牡羊	1/ 3	01:20	天秤
11/ 3	22:56	射手	6/ 3	15:21	牡牛	1/ 5	09:01	蠍
11/ 6	03:18	山羊	6/ 5	23:37	双子	1/ 7	12:45	射手
11/ 8	06:32	水瓶	6/ 8	09:47	蟹	1/ 9	13:12	山羊
11/10	09:24	魚	6/10	21:40	獅子	1/11	12:09	水瓶
11/12	12:24	牡羊	6/13	10:23	乙女	1/13	11:52	魚
11/14	16:04	牡牛	6/15	21:59	天秤	1/15	14:28	牡羊
11/16	21:11	双子	6/18	06:25	蠍	1/17	21:07	牡牛
11/19	04:43	蟹	6/20	10:46	射手	1/20	07:25	双子
11/21	15:04	獅子	6/22	11:53	山羊	1/22	19:43	蟹
11/24	03:42	乙女	6/24	11:38	水瓶	1/25	08:22	獅子
11/26	15:58	天秤	6/26	12:05	魚	1/27	20:25	乙女
11/29	01:33	蠍	6/28	14:53	牡羊	1/30	07:14	天秤
			6/30	20:46	牡牛			

2005年12月			2005年7月			2005年2月		
12/ 1	07:33	射手	7/ 3	05:27	双子	2/ 1	15:53	蠍
12/ 3	10:43	山羊	7/ 5	16:08	蟹	2/ 3	21:23	射手
12/ 5	12:38	水瓶	7/ 8	04:12	獅子	2/ 5	23:33	山羊
12/ 7	14:46	魚	7/10	16:58	乙女	2/ 7	23:28	水瓶
12/ 9	18:03	牡羊	7/13	05:10	天秤	2/ 9	23:01	魚
12/11	22:47	牡牛	7/15	14:52	蠍	2/12	00:23	牡羊
12/14	05:11	双子	7/17	20:36	射手	2/14	05:19	牡牛
12/16	13:02	蟹	7/19	22:27	山羊	2/16	14:19	双子
12/18	23:19	獅子	7/21	21:56	水瓶	2/19	02:14	蟹
12/21	11:40	乙女	7/23	21:13	魚	2/21	14:56	獅子
12/24	00:27	天秤	7/25	22:24	牡羊	2/24	02:46	乙女
12/26	11:04	蠍	7/28	02:56	牡牛	2/26	13:00	天秤
12/28	17:45	射手	7/30	11:03	双子	2/28	21:22	蠍
12/30	20:37	山羊						

月の運行表　2004年10月～2007年3月

日付	時刻	星座	日付	時刻	星座	日付	時刻	星座
2006年11月			**2006年6月**			**2006年1月**		
11/ 3	00:47	牡羊	6/ 3	05:18	乙女	1/ 1	21:15	水瓶
11/ 5	01:05	牡牛	6/ 5	18:10	天秤	1/ 3	21:44	魚
11/ 7	01:47	双子	6/ 8	05:42	蠍	1/ 5	23:45	牡羊
11/ 9	04:46	蟹	6/10	14:06	射手	1/ 8	04:09	牡牛
11/11	11:35	獅子	6/12	19:20	山羊	1/10	10:59	双子
11/13	22:20	乙女	6/14	22:33	水瓶	1/12	19:50	蟹
11/16	11:15	天秤	6/17	01:06	魚	1/15	06:31	獅子
11/18	23:48	蠍	6/19	03:54	牡羊	1/17	18:49	乙女
11/21	10:16	射手	6/21	07:23	牡牛	1/20	07:50	天秤
11/23	18:26	山羊	6/23	11:49	双子	1/22	19:30	蠍
11/26	00:41	水瓶	6/25	17:48	蟹	1/25	03:39	射手
11/28	05:21	魚	6/28	02:10	獅子	1/27	07:32	山羊
11/30	08:30	牡羊	6/30	13:16	乙女	1/29	08:10	水瓶
						1/31	07:32	魚
2006年12月			**2006年7月**			**2006年2月**		
12/ 2	10:27	牡牛	7/ 3	02:07	天秤	2/ 2	07:46	牡羊
12/ 4	12:06	双子	7/ 5	14:14	蠍	2/ 4	10:31	牡牛
12/ 6	15:02	蟹	7/ 7	23:14	射手	2/ 6	16:33	双子
12/ 8	20:53	獅子	7/10	04:25	山羊	2/ 9	01:34	蟹
12/11	06:32	乙女	7/12	06:46	水瓶	2/11	12:45	獅子
12/13	19:01	天秤	7/14	08:00	魚	2/14	01:14	乙女
12/16	07:43	蠍	7/16	09:39	牡羊	2/16	14:10	天秤
12/18	18:11	射手	7/18	12:45	牡牛	2/19	02:12	蠍
12/21	01:39	山羊	7/20	17:39	双子	2/21	11:38	射手
12/23	06:49	水瓶	7/23	00:29	蟹	2/23	17:16	山羊
12/25	10:44	魚	7/25	09:26	獅子	2/25	19:15	水瓶
12/27	14:05	牡羊	7/27	20:37	乙女	2/27	18:56	魚
12/29	17:09	牡牛	7/30	09:28	天秤			
12/31	20:17	双子						
2007年1月			**2006年8月**			**2006年3月**		
1/ 3	00:15	蟹	8/ 1	22:08	蠍	3/ 1	18:19	牡羊
1/ 5	06:15	獅子	8/ 4	08:14	射手	3/ 3	19:23	牡牛
1/ 7	15:19	乙女	8/ 6	14:20	山羊	3/ 5	23:38	双子
1/10	03:15	天秤	8/ 8	16:48	水瓶	3/ 8	07:39	蟹
1/12	16:08	蠍	8/10	17:11	魚	3/10	18:43	獅子
1/15	03:12	射手	8/12	17:23	牡羊	3/13	07:24	乙女
1/17	10:50	山羊	8/14	19:01	牡牛	3/15	20:13	天秤
1/19	15:16	水瓶	8/16	23:08	双子	3/18	07:59	蠍
1/21	17:49	魚	8/19	06:04	蟹	3/20	17:43	射手
1/23	19:53	牡羊	8/21	15:34	獅子	3/23	00:36	山羊
1/25	22:29	牡牛	8/24	03:08	乙女	3/25	04:22	水瓶
1/28	02:10	双子	8/26	16:01	天秤	3/27	05:33	魚
1/30	07:17	蟹	8/29	04:56	蠍	3/29	05:32	牡羊
			8/31	16:00	射手	3/31	06:02	牡牛
2007年2月			**2006年9月**			**2006年4月**		
2/ 1	14:15	獅子	9/ 2	23:35	山羊	4/ 2	08:50	双子
2/ 3	23:34	乙女	9/ 5	03:15	水瓶	4/ 4	15:15	蟹
2/ 6	11:15	天秤	9/ 7	03:57	魚	4/ 7	01:26	獅子
2/ 9	00:10	蠍	9/ 9	03:24	牡羊	4/ 9	13:59	乙女
2/11	12:02	射手	9/11	03:31	牡牛	4/12	02:47	天秤
2/13	20:43	山羊	9/13	06:00	双子	4/14	14:09	蠍
2/16	01:36	水瓶	9/15	11:54	蟹	4/16	23:20	射手
2/18	03:31	魚	9/17	21:15	獅子	4/19	06:14	山羊
2/20	04:07	牡羊	9/20	09:07	乙女	4/21	10:57	水瓶
2/22	05:04	牡牛	9/22	22:07	天秤	4/23	13:44	魚
2/24	07:42	双子	9/25	10:55	蠍	4/25	15:13	牡羊
2/26	12:48	蟹	9/27	22:17	射手	4/27	16:28	牡牛
2/28	20:30	獅子	9/30	07:02	山羊	4/29	18:58	双子
2007年3月			**2006年10月**			**2006年5月**		
3/ 3	06:32	乙女	10/ 2	12:25	水瓶	5/ 2	00:18	蟹
3/ 5	18:26	天秤	10/ 4	14:34	魚	5/ 4	09:18	獅子
3/ 8	07:18	蠍	10/ 6	14:33	牡羊	5/ 6	21:20	乙女
3/10	19:38	射手	10/ 8	14:05	牡牛	5/ 9	10:10	天秤
3/13	05:35	山羊	10/10	15:06	双子	5/11	21:25	蠍
3/15	11:53	水瓶	10/12	19:21	蟹	5/14	05:57	射手
3/17	14:31	魚	10/15	03:38	獅子	5/16	12:00	山羊
3/19	14:42	牡羊	10/17	15:16	乙女	5/18	16:20	水瓶
3/21	14:16	牡牛	10/20	04:20	天秤	5/20	19:40	魚
3/23	15:07	双子	10/22	16:55	蠍	5/22	22:24	牡羊
3/25	18:49	蟹	10/25	03:54	射手	5/25	01:01	牡牛
3/28	02:05	獅子	10/27	12:48	山羊	5/27	04:19	双子
3/30	12:28	乙女	10/29	19:17	水瓶	5/29	09:34	蟹
			10/31	23:11	魚	5/31	17:52	獅子

2008年2月

日期	时间	星座
2/ 1	07:08	射手
2/ 3	18:52	山羊
2/ 6	04:10	水瓶
2/ 8	10:47	鱼
2/10	15:18	牡羊
2/12	18:35	牡牛
2/14	21:20	双子
2/17	00:13	蟹
2/19	03:52	狮子
2/21	09:07	乙女
2/23	16:45	天秤
2/26	03:06	蝎
2/28	15:23	射手

2008年3月

日期	时间	星座
3/ 2	03:33	山羊
3/ 4	13:25	水瓶
3/ 6	19:54	鱼
3/ 8	23:24	牡羊
3/11	01:15	牡牛
3/13	02:55	双子
3/15	05:38	蟹
3/17	10:04	狮子
3/19	16:25	乙女
3/22	00:45	天秤
3/24	11:47	蝎
3/26	23:12	射手
3/29	11:44	山羊
3/31	22:35	水瓶

2008年4月

日期	时间	星座
4/ 3	05:56	鱼
4/ 5	09:28	牡羊
4/ 7	10:20	牡牛
4/ 9	10:27	双子
4/11	11:43	蟹
4/13	15:29	狮子
4/15	22:07	乙女
4/18	07:11	天秤
4/20	18:01	蝎
4/23	06:08	射手
4/25	18:48	山羊
4/28	06:28	水瓶
4/30	15:11	鱼

2008年5月

日期	时间	星座
5/ 2	19:51	牡羊
5/ 4	20:58	牡牛
5/ 6	20:18	双子
5/ 8	20:02	蟹
5/10	22:11	狮子
5/13	03:49	乙女
5/15	12:47	天秤
5/18	00:00	蝎
5/20	12:19	射手
5/23	00:56	山羊
5/25	12:52	水瓶
5/27	22:38	鱼
5/30	04:53	牡羊

2008年6月

日期	时间	星座
6/ 1	07:19	牡牛
6/ 3	07:07	双子
6/ 5	06:17	蟹
6/ 7	07:01	狮子
6/ 9	11:02	乙女
6/11	18:56	天秤
6/14	05:53	蝎
6/16	18:20	射手
6/19	06:52	山羊
6/21	18:34	水瓶
6/24	04:33	鱼
6/26	11:50	牡羊
6/28	15:51	牡牛
6/30	17:04	双子

2007年9月

日期	时间	星座
9/ 1	14:36	牡牛
9/ 3	16:31	双子
9/ 5	20:09	蟹
9/ 8	02:00	狮子
9/10	10:11	乙女
9/12	20:32	天秤
9/15	08:37	蝎
9/17	21:21	射手
9/20	08:52	山羊
9/22	17:18	水瓶
9/24	21:56	鱼
9/26	23:23	牡羊
9/28	23:18	牡牛
9/30	23:35	双子

2007年10月

日期	时间	星座
10/ 3	01:58	蟹
10/ 5	07:28	狮子
10/ 7	16:04	乙女
10/10	02:58	天秤
10/12	15:14	蝎
10/15	03:58	射手
10/17	16:04	山羊
10/20	01:52	水瓶
10/22	08:03	鱼
10/24	10:25	牡羊
10/26	10:08	牡牛
10/28	09:12	双子
10/30	09:50	蟹

2007年11月

日期	时间	星座
11/ 1	13:48	狮子
11/ 3	21:45	乙女
11/ 6	08:47	天秤
11/ 8	21:19	蝎
11/11	09:59	射手
11/13	22:01	山羊
11/16	08:31	水瓶
11/18	16:15	鱼
11/20	20:25	牡羊
11/22	21:19	牡牛
11/24	20:29	双子
11/26	20:07	蟹
11/28	22:23	狮子

2007年12月

日期	时间	星座
12/ 1	04:45	乙女
12/ 3	15:02	天秤
12/ 6	03:32	蝎
12/ 8	16:12	射手
12/11	03:51	山羊
12/13	14:02	水瓶
12/15	22:15	鱼
12/18	03:53	牡羊
12/20	06:38	牡牛
12/22	07:14	双子
12/24	07:19	蟹
12/26	08:53	狮子
12/28	13:45	乙女
12/30	22:38	天秤

2008年1月

日期	时间	星座
1/ 2	10:33	蝎
1/ 4	23:14	射手
1/ 7	10:43	山羊
1/ 9	20:13	水瓶
1/12	03:44	鱼
1/14	09:24	牡羊
1/16	13:13	牡牛
1/18	15:30	双子
1/20	17:06	蟹
1/22	19:21	狮子
1/24	23:49	乙女
1/27	07:36	天秤
1/29	18:35	蝎

2007年4月

日期	时间	星座
4/ 2	00:45	天秤
4/ 4	13:37	蝎
4/ 7	01:57	射手
4/ 9	12:36	山羊
4/11	20:23	水瓶
4/14	00:39	鱼
4/16	01:47	牡羊
4/18	01:12	牡牛
4/20	00:52	双子
4/22	02:51	蟹
4/24	08:39	狮子
4/26	18:25	乙女
4/29	06:46	天秤

2007年5月

日期	时间	星座
5/ 1	19:42	蝎
5/ 4	07:48	射手
5/ 6	18:21	山羊
5/ 9	02:48	水瓶
5/11	08:32	鱼
5/13	11:20	牡羊
5/15	11:50	牡牛
5/17	11:35	双子
5/19	12:39	蟹
5/21	16:57	狮子
5/24	01:27	乙女
5/26	13:17	天秤
5/29	02:12	蝎
5/31	14:07	射手

2007年6月

日期	时间	星座
6/ 3	00:10	山羊
6/ 5	08:16	水瓶
6/ 7	14:25	鱼
6/ 9	18:27	牡羊
6/11	20:30	牡牛
6/13	21:24	双子
6/15	22:46	蟹
6/18	02:25	狮子
6/20	09:46	乙女
6/22	20:44	天秤
6/25	09:27	蝎
6/27	21:25	射手
6/30	07:06	山羊

2007年7月

日期	时间	星座
7/ 2	14:25	水瓶
7/ 4	19:53	鱼
7/ 6	23:57	牡羊
7/ 9	02:54	牡牛
7/11	05:10	双子
7/13	07:40	蟹
7/15	11:44	狮子
7/17	18:40	乙女
7/20	04:54	天秤
7/22	17:19	蝎
7/25	05:31	射手
7/27	15:22	山羊
7/29	22:14	水瓶

2007年8月

日期	时间	星座
8/ 1	02:41	鱼
8/ 3	05:43	牡羊
8/ 5	08:16	牡牛
8/ 7	11:02	双子
8/ 9	14:37	蟹
8/11	19:42	狮子
8/14	03:04	乙女
8/16	13:05	天秤
8/19	01:14	蝎
8/21	13:45	射手
8/24	00:20	山羊
8/26	07:35	水瓶
8/28	11:34	鱼
8/30	13:25	牡羊

月の運行表　2007年4月～2009年9月

2009年 5月
日付	時刻	星座
5/ 1	09:56	獅子
5/ 3	13:37	乙女
5/ 5	18:52	天秤
5/ 8	01:48	蠍
5/10	10:50	射手
5/12	22:10	山羊
5/15	11:03	水瓶
5/17	23:18	魚
5/20	08:31	牡羊
5/22	13:41	牡牛
5/24	15:34	双子
5/26	15:58	蟹
5/28	16:45	獅子
5/30	19:18	乙女

2009年 6月
日付	時刻	星座
6/ 2	00:17	天秤
6/ 4	07:45	蠍
6/ 6	17:25	射手
6/ 9	05:01	山羊
6/11	17:53	水瓶
6/14	06:33	魚
6/16	16:52	牡羊
6/18	23:21	牡牛
6/21	02:00	双子
6/23	02:12	蟹
6/25	01:51	獅子
6/27	02:47	乙女
6/29	06:25	天秤

2009年 7月
日付	時刻	星座
7/ 1	13:20	蠍
7/ 3	23:12	射手
7/ 6	11:08	山羊
7/ 9	00:04	水瓶
7/11	12:44	魚
7/13	23:40	牡羊
7/16	07:30	牡牛
7/18	11:42	双子
7/20	12:52	蟹
7/22	12:28	獅子
7/24	12:24	乙女
7/26	14:26	天秤
7/28	19:56	蠍
7/31	05:10	射手

2009年 8月
日付	時刻	星座
8/ 2	17:09	山羊
8/ 5	06:08	水瓶
8/ 7	18:35	魚
8/10	05:24	牡羊
8/12	13:50	牡牛
8/14	19:26	双子
8/16	22:14	蟹
8/18	22:57	獅子
8/20	23:01	乙女
8/23	00:12	天秤
8/25	04:16	蠍
8/27	12:16	射手
8/29	23:44	山羊

2009年 9月
日付	時刻	星座
9/ 1	12:43	水瓶
9/ 4	00:59	魚
9/ 6	11:15	牡羊
9/ 8	19:18	牡牛
9/11	01:18	双子
9/13	05:20	蟹
9/15	07:40	獅子
9/17	08:56	乙女
9/19	10:26	天秤
9/21	13:52	蠍
9/23	20:43	射手
9/26	07:19	山羊
9/28	20:07	水瓶

2008年12月
日付	時刻	星座
12/ 2	15:45	水瓶
12/ 5	03:24	魚
12/ 7	11:45	牡羊
12/ 9	15:53	牡牛
12/11	16:34	双子
12/13	15:40	蟹
12/15	15:23	獅子
12/17	17:36	乙女
12/19	23:23	天秤
12/22	08:37	蠍
12/24	20:14	射手
12/27	08:57	山羊
12/29	21:43	水瓶

2009年 1月
日付	時刻	星座
1/ 1	09:28	魚
1/ 3	18:50	牡羊
1/ 6	00:46	牡牛
1/ 8	03:12	双子
1/10	03:14	蟹
1/12	02:41	獅子
1/14	03:33	乙女
1/16	07:31	天秤
1/18	15:21	蠍
1/21	02:31	射手
1/23	15:19	山羊
1/26	03:57	水瓶
1/28	15:13	魚
1/31	00:25	牡羊

2009年 2月
日付	時刻	星座
2/ 2	07:09	牡牛
2/ 4	11:15	双子
2/ 6	13:06	蟹
2/ 8	13:44	獅子
2/10	14:39	乙女
2/12	17:34	天秤
2/14	23:51	蠍
2/17	09:54	射手
2/19	22:26	山羊
2/22	11:06	水瓶
2/24	22:00	魚
2/27	06:24	牡羊

2009年 3月
日付	時刻	星座
3/ 1	12:34	牡牛
3/ 3	17:00	双子
3/ 5	20:08	蟹
3/ 7	22:25	獅子
3/10	00:35	乙女
3/12	03:47	天秤
3/14	09:23	蠍
3/16	18:22	射手
3/19	06:19	山羊
3/21	19:06	水瓶
3/24	06:08	魚
3/26	14:03	牡羊
3/28	19:10	牡牛
3/30	22:37	双子

2009年 4月
日付	時刻	星座
4/ 2	01:31	蟹
4/ 4	04:33	獅子
4/ 6	08:02	乙女
4/ 8	12:23	天秤
4/10	18:23	蠍
4/13	03:01	射手
4/15	14:28	山羊
4/18	03:20	水瓶
4/20	14:56	魚
4/22	23:10	牡羊
4/25	03:47	牡牛
4/27	06:03	双子
4/29	07:39	蟹

2008年 7月
日付	時刻	星座
7/ 2	16:54	蟹
7/ 4	17:16	獅子
7/ 6	20:04	乙女
7/ 9	02:32	天秤
7/11	12:35	蠍
7/14	00:50	射手
7/16	13:20	山羊
7/19	00:41	水瓶
7/21	10:09	魚
7/23	17:23	牡羊
7/25	22:15	牡牛
7/28	00:56	双子
7/30	02:12	蟹

2008年 8月
日付	時刻	星座
8/ 1	03:22	獅子
8/ 3	05:59	乙女
8/ 5	11:28	天秤
8/ 7	20:27	蠍
8/10	08:11	射手
8/12	20:43	山羊
8/15	07:57	水瓶
8/17	16:47	魚
8/19	23:10	牡羊
8/22	03:38	牡牛
8/24	06:48	双子
8/26	09:19	蟹
8/28	11:51	獅子
8/30	15:18	乙女

2008年 9月
日付	時刻	星座
9/ 1	20:45	天秤
9/ 4	05:03	蠍
9/ 6	16:12	射手
9/ 9	04:46	山羊
9/11	16:20	水瓶
9/14	01:05	魚
9/16	06:39	牡羊
9/18	09:57	牡牛
9/20	12:17	双子
9/22	14:49	蟹
9/24	18:14	獅子
9/26	22:53	乙女
9/29	05:06	天秤

2008年10月
日付	時刻	星座
10/ 1	13:27	蠍
10/ 4	00:15	射手
10/ 6	12:49	山羊
10/ 9	01:03	水瓶
10/11	10:31	魚
10/13	16:07	牡羊
10/15	18:31	牡牛
10/17	19:26	双子
10/19	20:41	蟹
10/21	23:36	獅子
10/24	04:41	乙女
10/26	11:48	天秤
10/28	20:48	蠍
10/31	07:41	射手

2008年11月
日付	時刻	星座
11/ 2	20:13	山羊
11/ 5	09:01	水瓶
11/ 7	19:44	魚
11/10	02:27	牡羊
11/12	05:06	牡牛
11/14	05:13	双子
11/16	04:53	蟹
11/18	06:08	獅子
11/20	10:13	乙女
11/22	17:20	天秤
11/25	02:54	蠍
11/27	14:14	射手
11/30	02:48	山羊

2010年8月			2010年3月			2009年10月		
8/ 2	17:13	牡牛	3/ 2	09:32	天秤	10/ 1	08:27	魚
8/ 5	01:54	双子	3/ 4	11:12	蠍	10/ 3	18:21	牡羊
8/ 7	08:59	蟹	3/ 6	16:37	射手	10/ 6	01:33	牡牛
8/ 9	08:23	獅子	3/ 9	02:15	山羊	10/ 8	06:47	双子
8/11	08:01	乙女	3/11	14:44	水瓶	10/10	10:48	蟹
8/13	07:43	天秤	3/14	03:44	魚	10/12	14:03	獅子
8/15	09:27	蠍	3/16	15:32	牡羊	10/14	16:46	乙女
8/17	14:35	射手	3/19	01:30	牡牛	10/16	19:30	天秤
8/19	23:18	山羊	3/21	09:28	双子	10/18	23:23	蠍
8/22	10:38	水瓶	3/23	15:16	蟹	10/21	05:50	射手
8/24	23:11	魚	3/25	18:25	獅子	10/23	15:40	山羊
8/27	11:49	牡羊	3/27	19:58	乙女	10/26	04:08	水瓶
8/29	23:35	牡牛	3/29	20:22	天秤	10/28	16:46	魚
			3/31	21:42	蠍	10/31	02:57	牡羊

2010年9月			2010年4月			2009年11月		
9/ 1	09:20	双子	4/ 3	01:54	射手	11/ 2	09:45	牡牛
9/ 3	15:51	蟹	4/ 5	10:08	山羊	11/ 4	13:53	双子
9/ 5	18:46	獅子	4/ 7	21:51	水瓶	11/ 6	16:43	蟹
9/ 7	18:53	乙女	4/10	10:48	魚	11/ 8	19:23	獅子
9/ 9	18:02	天秤	4/12	22:31	牡羊	11/10	22:31	乙女
9/11	18:22	蠍	4/15	07:55	牡牛	11/13	02:23	天秤
9/13	21:52	射手	4/17	15:09	双子	11/15	07:25	蠍
9/16	05:30	山羊	4/19	20:40	蟹	11/17	14:23	射手
9/18	16:35	水瓶	4/22	00:43	獅子	11/20	00:01	山羊
9/21	05:15	魚	4/24	03:25	乙女	11/22	12:11	水瓶
9/23	17:47	牡羊	4/26	05:18	天秤	11/25	01:07	魚
9/26	05:17	牡牛	4/28	07:30	蠍	11/27	12:11	牡羊
9/28	15:11	双子	4/30	11:36	射手	11/29	19:35	牡牛
9/30	22:47	蟹						

2010年10月			2010年5月			2009年12月		
10/ 3	03:22	獅子	5/ 2	19:00	山羊	12/ 1	23:24	双子
10/ 5	05:00	乙女	5/ 5	05:52	水瓶	12/ 4	01:01	蟹
10/ 7	04:52	天秤	5/ 7	18:34	魚	12/ 6	02:08	獅子
10/ 9	04:52	蠍	5/10	06:29	牡羊	12/ 8	04:07	乙女
10/11	07:09	射手	5/12	15:54	牡牛	12/10	07:48	天秤
10/13	13:17	山羊	5/14	22:19	双子	12/12	13:32	蠍
10/15	23:24	水瓶	5/17	02:47	蟹	12/14	21:25	射手
10/18	11:52	魚	5/19	06:07	獅子	12/17	07:32	山羊
10/21	00:24	牡羊	5/21	08:59	乙女	12/19	19:39	水瓶
10/23	11:30	牡牛	5/23	11:50	天秤	12/22	08:42	魚
10/25	20:48	双子	5/25	15:18	蠍	12/24	20:40	牡羊
10/28	04:15	蟹	5/27	20:16	射手	12/27	05:27	牡牛
10/30	09:39	獅子	5/30	03:44	山羊	12/29	10:15	双子
						12/31	11:46	蟹

2010年11月			2010年6月			2010年1月		
11/ 1	12:51	乙女	6/ 1	14:08	水瓶	1/ 2	11:42	獅子
11/ 3	14:19	天秤	6/ 4	02:34	魚	1/ 4	11:53	乙女
11/ 5	15:16	蠍	6/ 6	14:51	牡羊	1/ 6	13:59	天秤
11/ 7	17:28	射手	6/ 9	00:42	牡牛	1/ 8	19:00	蠍
11/ 9	22:37	山羊	6/11	07:12	双子	1/11	03:10	射手
11/12	07:33	水瓶	6/13	10:51	蟹	1/13	13:54	山羊
11/14	19:25	魚	6/15	12:55	獅子	1/16	02:17	水瓶
11/17	07:59	牡羊	6/17	14:41	乙女	1/18	15:18	魚
11/19	19:05	牡牛	6/19	17:13	天秤	1/21	03:37	牡羊
11/22	03:46	双子	6/21	21:14	蠍	1/23	13:41	牡牛
11/24	10:14	蟹	6/24	03:11	射手	1/25	20:12	双子
11/26	15:01	獅子	6/26	11:22	山羊	1/27	23:02	蟹
11/28	18:34	乙女	6/28	21:53	水瓶	1/29	23:10	獅子
11/30	21:16	天秤				1/31	22:23	乙女

2010年12月			2010年7月			2010年2月		
12/ 2	23:44	蠍	7/ 1	10:11	魚	2/ 2	22:42	天秤
12/ 5	03:00	射手	7/ 3	22:45	牡羊	2/ 5	01:56	蠍
12/ 7	08:17	山羊	7/ 6	09:30	牡牛	2/ 7	09:04	射手
12/ 9	16:32	水瓶	7/ 8	16:51	双子	2/ 9	19:44	山羊
12/12	03:41	魚	7/10	20:38	蟹	2/12	08:25	水瓶
12/14	16:15	牡羊	7/12	21:54	獅子	2/14	21:24	魚
12/17	03:49	牡牛	7/14	22:15	乙女	2/17	09:31	牡羊
12/19	12:38	双子	7/16	23:25	天秤	2/19	19:56	牡牛
12/21	18:22	蟹	7/19	02:42	蠍	2/22	03:47	双子
12/23	21:51	獅子	7/21	08:49	射手	2/24	08:29	蟹
12/26	00:15	乙女	7/23	17:40	山羊	2/26	10:09	獅子
12/28	02:39	天秤	7/26	04:39	水瓶	2/28	09:53	乙女
12/30	05:50	蠍	7/28	17:00	魚			
			7/31	05:42	牡羊			

月の運行表　2009年10月〜2012年3月

2011年11月		
11/ 2	07:08	水瓶
11/ 4	16:18	魚
11/ 7	04:02	牡羊
11/ 9	16:46	牡牛
11/12	05:11	双子
11/14	16:20	蟹
11/17	01:18	獅子
11/19	07:20	乙女
11/21	10:17	天秤
11/23	10:59	蠍
11/25	10:58	射手
11/27	12:05	山羊
11/29	16:02	水瓶

2011年12月		
12/ 1	23:46	魚
12/ 4	10:52	牡羊
12/ 6	23:36	牡牛
12/ 9	11:54	双子
12/11	22:27	蟹
12/14	06:49	獅子
12/16	12:59	乙女
12/18	17:06	天秤
12/20	19:33	蠍
12/22	21:03	射手
12/24	22:48	山羊
12/27	02:15	水瓶
12/29	08:46	魚
12/31	18:49	牡羊

2012年 1月		
1/ 3	07:17	牡牛
1/ 5	19:45	双子
1/ 8	06:06	蟹
1/10	13:35	獅子
1/12	18:44	乙女
1/14	22:29	天秤
1/17	01:34	蠍
1/19	04:30	射手
1/21	07:42	山羊
1/23	11:54	水瓶
1/25	18:12	魚
1/28	03:29	牡羊
1/30	15:29	牡牛

2012年 2月		
2/ 2	04:15	双子
2/ 4	15:04	蟹
2/ 6	22:24	獅子
2/ 9	02:33	乙女
2/11	04:55	天秤
2/13	07:02	蠍
2/15	09:57	射手
2/17	14:04	山羊
2/19	19:29	水瓶
2/22	02:32	魚
2/24	11:48	牡羊
2/26	23:30	牡牛
2/29	12:27	双子

2012年 3月		
3/ 3	00:09	蟹
3/ 5	08:19	獅子
3/ 7	12:28	乙女
3/ 9	13:51	天秤
3/11	14:25	蠍
3/13	15:54	射手
3/15	19:24	山羊
3/18	01:12	水瓶
3/20	09:05	魚
3/22	18:58	牡羊
3/25	06:48	牡牛
3/27	19:44	双子
3/30	08:08	蟹

2011年 6月		
6/ 1	08:57	双子
6/ 3	17:37	蟹
6/ 6	00:04	獅子
6/ 8	04:34	乙女
6/10	07:32	天秤
6/12	09:34	蠍
6/14	11:39	射手
6/16	14:59	山羊
6/18	20:47	水瓶
6/21	05:45	魚
6/23	17:24	牡羊
6/26	05:53	牡牛
6/28	16:57	双子

2011年 7月		
7/ 1	01:14	蟹
7/ 3	06:44	獅子
7/ 5	10:16	乙女
7/ 7	12:54	天秤
7/ 9	15:32	蠍
7/11	18:47	射手
7/13	23:14	山羊
7/16	05:30	水瓶
7/18	14:13	魚
7/21	01:26	牡羊
7/23	13:59	牡牛
7/26	01:35	双子
7/28	10:12	蟹
7/30	15:16	獅子

2011年 8月		
8/ 1	17:42	乙女
8/ 3	19:04	天秤
8/ 5	20:57	蠍
8/ 8	00:21	射手
8/10	05:38	山羊
8/12	12:48	水瓶
8/14	21:55	魚
8/17	09:03	牡羊
8/19	21:37	牡牛
8/22	09:53	双子
8/24	19:31	蟹
8/27	01:09	獅子
8/29	03:13	乙女
8/31	03:26	天秤

2011年 9月		
9/ 2	03:48	蠍
9/ 4	06:04	射手
9/ 6	11:04	山羊
9/ 8	18:43	水瓶
9/11	04:27	魚
9/13	15:50	牡羊
9/16	04:25	牡牛
9/18	17:06	双子
9/21	03:54	蟹
9/23	10:56	獅子
9/25	13:50	乙女
9/27	13:51	天秤
9/29	13:06	蠍

2011年10月		
10/ 1	13:42	射手
10/ 3	17:16	山羊
10/ 6	00:19	水瓶
10/ 8	10:13	魚
10/10	21:57	牡羊
10/13	10:35	牡牛
10/15	23:15	双子
10/18	10:39	蟹
10/20	19:07	獅子
10/22	23:42	乙女
10/25	00:50	天秤
10/27	00:09	蠍
10/28	23:46	射手
10/31	01:39	山羊

2011年 1月		
1/ 1	10:22	射手
1/ 3	16:39	山羊
1/ 6	01:08	水瓶
1/ 8	11:57	魚
1/11	00:24	牡羊
1/13	12:37	牡牛
1/15	22:23	双子
1/18	04:30	蟹
1/20	07:17	獅子
1/22	08:11	乙女
1/24	09:00	天秤
1/26	11:16	蠍
1/28	15:55	射手
1/30	23:04	山羊

2011年 2月		
2/ 2	08:21	水瓶
2/ 4	19:24	魚
2/ 7	07:46	牡羊
2/ 9	20:23	牡牛
2/12	07:22	双子
2/14	14:50	蟹
2/16	18:15	獅子
2/18	18:40	乙女
2/20	18:01	天秤
2/22	18:29	蠍
2/24	21:46	射手
2/27	04:32	山羊

2011年 3月		
3/ 1	14:15	水瓶
3/ 4	01:48	魚
3/ 6	14:15	牡羊
3/ 9	02:53	牡牛
3/11	14:32	双子
3/13	23:30	蟹
3/16	04:34	獅子
3/18	05:53	乙女
3/20	05:03	天秤
3/22	04:17	蠍
3/24	05:46	射手
3/26	10:58	山羊
3/28	20:01	水瓶
3/31	07:39	魚

2011年 4月		
4/ 2	20:17	牡羊
4/ 5	08:47	牡牛
4/ 7	20:22	双子
4/10	06:02	蟹
4/12	12:37	獅子
4/14	15:41	乙女
4/16	15:59	天秤
4/18	15:20	蠍
4/20	15:51	射手
4/22	19:26	山羊
4/25	03:00	水瓶
4/27	13:58	魚
4/30	02:34	牡羊

2011年 5月		
5/ 2	14:59	牡牛
5/ 5	02:09	双子
5/ 7	11:32	蟹
5/ 9	18:36	獅子
5/11	23:00	乙女
5/14	00:57	天秤
5/16	01:33	蠍
5/18	02:24	射手
5/20	05:17	山羊
5/22	11:32	水瓶
5/24	21:24	魚
5/27	09:36	牡羊
5/29	22:02	牡牛

2013年 2 月

日期	時間	星座
2/ 2	21:02	蠍
2/ 5	00:46	射手
2/ 7	02:56	山羊
2/ 9	04:18	水瓶
2/11	06:21	魚
2/13	10:53	牡羊
2/15	19:09	牡牛
2/18	06:51	雙子
2/20	19:45	蟹
2/23	07:12	獅子
2/25	15:53	乙女
2/27	22:02	天秤

2013年 3 月

日期	時間	星座
3/ 2	02:34	蠍
3/ 4	06:11	射手
3/ 6	09:15	山羊
3/ 8	12:03	水瓶
3/10	15:20	魚
3/12	20:18	牡羊
3/15	04:09	牡牛
3/17	15:05	雙子
3/20	03:56	蟹
3/22	15:50	獅子
3/25	00:50	乙女
3/27	06:33	天秤
3/29	09:55	蠍
3/31	12:14	射手

2013年 4 月

日期	時間	星座
4/ 2	14:36	山羊
4/ 4	17:42	水瓶
4/ 6	22:01	魚
4/ 9	04:03	牡羊
4/11	12:22	牡牛
4/13	23:13	雙子
4/16	11:50	蟹
4/19	00:15	獅子
4/21	10:10	乙女
4/23	16:26	天秤
4/25	19:27	蠍
4/27	20:33	射手
4/29	21:22	山羊

2013年 5 月

日期	時間	星座
5/ 1	23:20	水瓶
5/ 4	03:26	魚
5/ 6	10:03	牡羊
5/ 8	19:09	牡牛
5/11	06:29	雙子
5/13	18:58	蟹
5/16	07:39	獅子
5/18	18:34	乙女
5/21	02:08	天秤
5/23	05:56	蠍
5/25	06:50	射手
5/27	06:29	山羊
5/29	06:49	水瓶
5/31	09:31	魚

2013年 6 月

日期	時間	星座
6/ 2	15:34	牡羊
6/ 5	00:54	牡牛
6/ 7	12:33	雙子
6/10	01:17	蟹
6/12	13:59	獅子
6/15	01:26	乙女
6/17	10:19	天秤
6/19	15:39	蠍
6/21	17:31	射手
6/23	17:09	山羊
6/25	16:27	水瓶
6/27	17:33	魚
6/29	22:08	牡羊

2012年 9 月

日期	時間	星座
9/ 2	14:38	牡羊
9/ 5	00:42	牡牛
9/ 7	13:11	雙子
9/10	01:50	蟹
9/12	12:01	獅子
9/14	18:31	乙女
9/16	21:55	天秤
9/18	23:46	蠍
9/21	01:34	射手
9/23	04:21	山羊
9/25	08:33	水瓶
9/27	14:25	魚
9/29	22:15	牡羊

2012年10月

日期	時間	星座
10/ 2	08:27	牡牛
10/ 4	20:47	雙子
10/ 7	09:46	蟹
10/ 9	20:55	獅子
10/12	04:24	乙女
10/14	08:02	天秤
10/16	09:07	蠍
10/18	09:26	射手
10/20	10:42	山羊
10/22	14:03	水瓶
10/24	20:01	魚
10/27	04:32	牡羊
10/29	15:16	牡牛

2012年11月

日期	時間	星座
11/ 1	03:40	雙子
11/ 3	16:43	蟹
11/ 6	04:40	獅子
11/ 8	13:36	乙女
11/10	18:36	天秤
11/12	20:11	蠍
11/14	19:53	射手
11/16	19:36	山羊
11/18	21:11	水瓶
11/21	01:55	魚
11/23	10:12	牡羊
11/25	21:18	牡牛
11/28	09:59	雙子
11/30	22:56	蟹

2012年12月

日期	時間	星座
12/ 3	10:58	獅子
12/ 5	20:53	乙女
12/ 8	03:37	天秤
12/10	06:52	蠍
12/12	07:22	射手
12/14	06:43	山羊
12/16	06:53	水瓶
12/18	09:48	魚
12/20	16:44	牡羊
12/23	03:26	牡牛
12/25	16:14	雙子
12/28	05:08	蟹
12/30	16:47	獅子

2013年 1 月

日期	時間	星座
1/ 2	02:36	乙女
1/ 4	10:11	天秤
1/ 6	15:10	蠍
1/ 8	17:29	射手
1/10	17:55	山羊
1/12	18:02	水瓶
1/14	19:50	魚
1/17	01:08	牡羊
1/19	10:11	牡牛
1/21	23:06	雙子
1/24	12:01	蟹
1/26	23:21	獅子
1/29	08:28	乙女
1/31	15:36	天秤

2012年 4 月

日期	時間	星座
4/ 1	17:37	獅子
4/ 3	22:54	乙女
4/ 6	00:33	天秤
4/ 8	00:18	蠍
4/10	00:13	射手
4/12	02:02	山羊
4/14	06:48	水瓶
4/16	14:38	魚
4/19	01:00	牡羊
4/21	13:06	牡牛
4/24	02:06	雙子
4/26	14:43	蟹
4/29	01:11	獅子

2012年 5 月

日期	時間	星座
5/ 1	08:03	乙女
5/ 3	11:04	天秤
5/ 5	11:20	蠍
5/ 7	10:40	射手
5/ 9	11:01	山羊
5/11	14:04	水瓶
5/13	20:43	魚
5/16	06:47	牡羊
5/18	19:04	牡牛
5/21	08:06	雙子
5/23	20:32	蟹
5/26	07:12	獅子
5/28	15:07	乙女
5/30	19:46	天秤

2012年 6 月

日期	時間	星座
6/ 1	21:32	蠍
6/ 3	21:33	射手
6/ 5	21:32	山羊
6/ 7	23:18	水瓶
6/10	04:23	魚
6/12	13:22	牡羊
6/15	01:22	牡牛
6/17	14:24	雙子
6/20	02:34	蟹
6/22	12:48	獅子
6/24	20:43	乙女
6/27	02:16	天秤
6/29	05:33	蠍

2012年 7 月

日期	時間	星座
7/ 1	07:04	射手
7/ 3	07:52	山羊
7/ 5	09:26	水瓶
7/ 7	13:29	魚
7/ 9	21:14	牡羊
7/12	08:30	牡牛
7/14	21:17	雙子
7/17	09:32	蟹
7/19	19:14	獅子
7/22	02:25	乙女
7/24	07:39	天秤
7/26	11:30	蠍
7/28	14:18	射手
7/30	16:30	山羊

2012年 8 月

日期	時間	星座
8/ 1	18:56	水瓶
8/ 3	22:58	魚
8/ 6	05:59	牡羊
8/ 8	16:28	牡牛
8/11	05:12	雙子
8/13	17:29	蟹
8/16	03:06	獅子
8/18	09:34	乙女
8/20	13:46	天秤
8/22	16:54	蠍
8/24	19:50	射手
8/26	22:59	山羊
8/29	02:39	水瓶
8/31	07:32	魚

月の運行表　2012年4月～2014年9月

2014年5月			2013年12月			2013年7月		
5/ 1	05:56	双子	12/ 2	15:32	射手	7/ 2	06:44	牡牛
5/ 3	15:13	蟹	12/ 4	15:51	山羊	7/ 4	18:23	双子
5/ 6	02:56	獅子	12/ 6	15:55	水瓶	7/ 7	07:14	蟹
5/ 8	15:25	乙女	12/ 8	17:35	魚	7/ 9	19:48	獅子
5/11	02:20	天秤	12/10	22:06	牡羊	7/12	07:12	乙女
5/13	10:08	蠍	12/13	05:41	牡牛	7/14	16:41	天秤
5/15	14:45	射手	12/15	15:41	双子	7/16	23:25	蠍
5/17	17:13	山羊	12/18	03:17	蟹	7/19	02:55	射手
5/19	18:59	水瓶	12/20	15:48	獅子	7/21	03:40	山羊
5/21	21:19	魚	12/23	04:20	乙女	7/23	03:08	水瓶
5/24	01:02	牡羊	12/25	15:18	天秤	7/25	03:23	魚
5/26	06:28	牡牛	12/27	22:59	蠍	7/27	06:30	牡羊
5/28	13:47	双子	12/30	02:38	射手	7/29	13:44	牡牛
5/30	23:14	蟹						

2014年6月			2014年1月			2013年8月		
6/ 2	10:44	獅子	1/ 1	03:02	山羊	8/ 1	00:42	双子
6/ 4	23:21	乙女	1/ 3	02:04	水瓶	8/ 3	13:30	蟹
6/ 7	11:02	天秤	1/ 5	01:59	魚	8/ 6	01:58	獅子
6/ 9	19:39	蠍	1/ 7	04:46	牡羊	8/ 8	12:58	乙女
6/12	00:24	射手	1/ 9	11:24	牡牛	8/10	22:09	天秤
6/14	02:05	山羊	1/11	21:26	双子	8/13	05:19	蠍
6/16	02:28	水瓶	1/14	09:25	蟹	8/15	10:05	射手
6/18	03:26	魚	1/16	22:01	獅子	8/17	12:26	山羊
6/20	06:26	牡羊	1/19	10:25	乙女	8/19	13:07	水瓶
6/22	12:03	牡牛	1/21	21:45	天秤	8/21	13:44	魚
6/24	20:06	双子	1/24	06:45	蠍	8/23	16:13	牡羊
6/27	06:06	蟹	1/26	12:14	射手	8/25	22:14	牡牛
6/29	17:44	獅子	1/28	14:05	山羊	8/28	08:08	双子
			1/30	13:33	水瓶	8/30	20:33	蟹

2014年7月			2014年2月			2013年9月		
7/ 2	06:25	乙女	2/ 1	12:45	魚	9/ 2	09:02	獅子
7/ 4	18:44	天秤	2/ 3	13:55	牡羊	9/ 4	19:45	乙女
7/ 7	04:34	蠍	2/ 5	18:47	牡牛	9/ 7	04:14	天秤
7/ 9	10:25	射手	2/ 8	03:45	双子	9/ 9	10:45	蠍
7/11	12:25	山羊	2/10	15:34	蟹	9/11	15:36	射手
7/13	12:07	水瓶	2/13	04:17	獅子	9/13	18:56	山羊
7/15	11:41	魚	2/15	16:27	乙女	9/15	21:06	水瓶
7/17	13:07	牡羊	2/18	03:24	天秤	9/17	22:58	魚
7/19	17:43	牡牛	2/20	12:33	蠍	9/20	01:58	牡羊
7/22	01:37	双子	2/22	19:12	射手	9/22	07:34	牡牛
7/24	12:00	蟹	2/24	22:51	山羊	9/24	16:35	双子
7/26	23:56	獅子	2/26	23:56	水瓶	9/27	04:25	蟹
7/29	12:37	乙女	2/28	23:53	魚	9/29	16:58	獅子

2014年8月			2014年3月			2013年10月		
8/ 1	01:10	天秤	3/ 3	00:41	牡羊	10/ 2	03:53	乙女
8/ 3	11:57	蠍	3/ 5	04:13	牡牛	10/ 4	12:00	天秤
8/ 5	19:19	射手	3/ 7	11:39	双子	10/ 6	17:33	蠍
8/ 7	22:39	山羊	3/ 9	22:34	蟹	10/ 8	21:22	射手
8/ 9	22:52	水瓶	3/12	11:10	獅子	10/11	00:18	山羊
8/11	21:56	魚	3/14	23:18	乙女	10/13	05:00	水瓶
8/13	22:01	牡羊	3/17	09:46	天秤	10/15	06:06	魚
8/16	00:59	牡牛	3/19	18:14	蠍	10/17	10:18	牡羊
8/18	07:42	双子	3/22	00:39	射手	10/19	16:28	牡牛
8/20	17:45	蟹	3/24	05:03	山羊	10/22	01:15	双子
8/23	05:50	獅子	3/26	07:40	水瓶	10/24	12:37	蟹
8/25	18:33	乙女	3/28	09:11	魚	10/27	01:13	獅子
8/28	06:54	天秤	3/30	10:55	牡羊	10/29	12:45	乙女
8/30	17:53	蠍				10/31	21:22	天秤

2014年9月			2014年4月			2013年11月		
9/ 2	02:17	射手	4/ 1	14:21	牡牛	11/ 3	02:35	蠍
9/ 4	07:16	山羊	4/ 3	20:49	双子	11/ 5	05:14	射手
9/ 6	09:00	水瓶	4/ 6	06:40	蟹	11/ 7	06:44	山羊
9/ 8	08:48	魚	4/ 8	18:51	獅子	11/ 9	08:31	水瓶
9/10	08:34	牡羊	4/11	07:08	乙女	11/11	11:37	魚
9/12	10:17	牡牛	4/13	17:33	天秤	11/13	16:40	牡羊
9/14	15:27	双子	4/16	01:21	蠍	11/15	23:50	牡牛
9/17	00:24	蟹	4/18	06:44	射手	11/18	09:08	双子
9/19	12:10	獅子	4/20	10:29	山羊	11/20	20:24	蟹
9/22	00:54	乙女	4/22	13:19	水瓶	11/23	08:57	獅子
9/24	13:00	天秤	4/24	15:56	魚	11/25	21:11	乙女
9/26	23:30	蠍	4/26	19:02	牡羊	11/28	07:00	天秤
9/29	07:51	射手	4/28	23:24	牡牛	11/30	13:04	蠍

2014年12月			2014年11月			2014年10月		
12/ 1	10:14	牡羊	11/ 2	01:37	魚	10/ 1	13:42	山羊
12/ 3	14:16	牡牛	11/ 4	03:54	牡羊	10/ 3	17:01	水瓶
12/ 5	19:29	双子	11/ 6	06:34	牡牛	10/ 5	18:25	魚
12/ 8	02:35	蟹	11/ 8	10:45	双子	10/ 7	19:07	牡羊
12/10	12:15	獅子	11/10	17:39	蟹	10/ 9	20:44	牡牛
12/13	00:20	乙女	11/13	03:45	獅子	10/12	00:51	双子
12/15	13:05	天秤	11/15	16:09	乙女	10/14	08:30	蟹
12/17	23:52	蠍	11/18	04:31	天秤	10/16	19:30	獅子
12/20	06:55	射手	11/20	14:32	蠍	10/19	08:09	乙女
12/22	10:25	山羊	11/22	21:20	射手	10/21	20:13	天秤
12/24	11:53	水瓶	11/25	01:32	山羊	10/24	06:11	蠍
12/26	13:08	魚	11/27	04:23	水瓶	10/26	13:41	射手
12/28	15:36	牡羊	11/29	07:04	魚	10/28	19:04	山羊
12/30	19:57	牡牛				10/30	22:52	水瓶

金星の運行表 1935年〜1943年

金星の運行表

1941年		
1／14	06:21	山羊
2／ 7	06:40	水瓶
3／ 3	07:24	魚
3／27	09:46	牡羊
4／20	14:37	牡牛
5／14	22:20	双子
6／ 8	08:38	蟹
7／ 2	21:19	獅子
7／27	12:58	乙女
8／21	09:16	天秤
9／15	12:57	蠍
10／11	04:16	射手
11／ 6	19:17	山羊
12／ 6	07:59	水瓶

1938年		
1／23	20:11	水瓶
2／16	17:54	魚
3／12	18:11	牡羊
4／ 5	22:38	牡牛
4／30	08:28	双子
5／25	00:47	蟹
6／19	01:30	獅子
7／14	14:39	乙女
8／10	01:24	天秤
9／ 7	10:45	蠍
10／14	04:07	射手
11／16	00:59	蠍

1935年		
1／ 9	07:37	水瓶
2／ 2	06:33	魚
2／26	09:23	牡羊
3／22	19:20	牡牛
4／16	16:30	双子
5／12	06:56	蟹
6／ 8	04:07	獅子
7／ 8	05:32	乙女
11／10	01:34	天秤
12／ 8	23:36	蠍

1942年		
4／ 6	22:13	魚
5／ 6	11:15	牡羊
6／ 2	09:15	牡牛
6／28	07:05	双子
7／23	14:56	蟹
8／17	11:45	獅子
9／10	23:22	乙女
10／ 5	03:36	天秤
10／29	03:29	蠍
11／22	00:57	射手
12／15	21:39	山羊

1939年		
1／ 5	07:00	射手
2／ 6	18:24	山羊
3／ 5	22:31	水瓶
3／31	17:33	魚
4／25	23:23	牡羊
5／20	23:04	牡牛
6／14	19:00	双子
7／ 9	11:16	蟹
8／ 2	23:02	獅子
8／27	06:13	乙女
9／20	09:52	天秤
10／14	11:35	蠍
11／ 7	12:32	射手
12／ 1	13:50	山羊
12／25	16:20	水瓶

1936年		
1／ 3	23:20	射手
1／28	23:01	山羊
2／22	13:15	水瓶
3／17	23:52	魚
4／11	09:37	牡羊
5／ 5	19:44	牡牛
5／30	06:31	双子
6／23	17:09	蟹
7／18	02:41	獅子
8／11	11:04	乙女
9／ 4	18:50	天秤
9／29	03:36	蠍
10／23	14:01	射手
11／17	03:39	山羊
12／11	23:52	水瓶

1943年		
1／ 8	18:53	水瓶
2／ 1	17:52	魚
2／25	20:51	牡羊
3／22	07:08	牡牛
4／16	04:58	双子
5／11	20:40	蟹
6／ 7	20:53	獅子
7／ 8	08:43	乙女
11／10	03:07	天秤
12／ 8	16:37	蠍

1940年		
1／18	22:54	魚
2／12	14:45	牡羊
3／ 9	01:18	牡牛
4／ 5	03:03	双子
5／ 7	03:39	蟹
7／ 6	01:27	双子
8／ 1	11:07	蟹
9／ 9	01:54	獅子
10／ 7	06:01	乙女
11／ 2	02:15	天秤
11／26	21:29	蠍
12／21	04:30	射手

1937年		
1／ 6	12:21	魚
2／ 2	19:42	牡羊
3／ 9	22:23	牡牛
4／14	13:14	牡羊
6／ 4	15:37	牡牛
7／ 8	06:08	双子
8／ 5	05:11	蟹
8／31	09:01	獅子
9／25	12:57	乙女
10／20	01:27	天秤
11／13	04:38	蠍
12／ 7	03:04	射手
12／30	23:42	山羊

1952年			1948年			1944年		
1／3	03:45	射手	1／18	11:04	魚	1／3	13:37	射手
1／28	00:54	山羊	2／12	03:37	牡羊	1／28	12:02	山羊
2／21	13:41	水瓶	3／8	15:45	牡牛	2／22	01:30	水瓶
3／16	23:16	魚	4／4	21:29	双子	3／17	11:37	魚
4／10	08:02	牡羊	5／7	17:14	蟹	4／10	20:54	牡羊
5／4	17:42	牡牛	6／29	17:13	双子	5／5	06:44	牡牛
5／29	04:07	双子	8／3	10:57	蟹	5／29	17:16	双子
6／22	14:33	蟹	9／8	22:28	獅子	6／23	03:49	蟹
7／17	00:08	獅子	10／6	21:11	乙女	7／17	13:27	獅子
8／10	08:47	乙女	11／1	15:31	天秤	8／10	21:53	乙女
9／3	17:08	天秤	11／26	09:47	蠍	9／4	05:55	天秤
9／28	02:29	蠍	12／20	16:18	射手	9／28	14:59	蠍
10／22	13:58	射手				10／23	01:56	射手
11／16	05:03	山羊				11／16	16:16	山羊
12／11	03:30	水瓶				12／11	13:38	水瓶

1953年			1949年			1945年		
1／5	20:16	魚	1／13	17:50	山羊	1／6	04:08	魚
2／2	14:58	牡羊	2／6	17:51	水瓶	2／2	17:00	牡羊
3／15	04:00	牡牛	3／2	18:28	魚	3／11	19:57	牡牛
3／31	14:06	牡羊	3／26	20:36	牡羊	4／8	04:44	牡羊
6／5	19:29	牡牛	4／20	01:28	牡牛	6／5	07:39	牡牛
7／7	19:25	双子	5／14	09:07	双子	7／8	01:06	双子
8／4	10:02	蟹	6／7	19:28	蟹	8／4	19:44	蟹
8／30	10:30	獅子	7／2	08:24	獅子	8／30	21:47	獅子
9／24	12:38	乙女	7／27	00:26	乙女	9／25	00:45	乙女
10／19	00:20	天秤	8／20	21:27	天秤	10／19	02:50	天秤
11／12	03:09	蠍	9／15	02:07	蠍	11／12	15:50	蠍
12／6	01:20	射手	10／10	19:12	射手	12／6	14:06	射手
12／29	21:50	山羊	11／6	13:49	山羊	12／30	10:39	山羊
			12／6	15:06	水瓶			

1954年			1950年			1946年		
1／22	18:15	水瓶	4／7	00:09	魚	1／23	07:12	水瓶
2／15	15:56	魚	5／6	04:13	牡羊	2／16	04:54	魚
3／11	16:17	牡羊	6／1	23:07	牡牛	3／12	05:13	牡羊
4／4	20:46	牡牛	6／27	19:31	双子	4／5	09:39	牡牛
4／29	06:56	双子	7／23	02:37	蟹	4／29	19:37	双子
5／23	23:56	蟹	8／16	23:02	獅子	5／24	12:20	蟹
6／18	01:58	獅子	9／10	10:25	乙女	6／18	13:40	獅子
7／13	17:35	乙女	10／4	14:35	天秤	7／14	04:05	乙女
8／9	09:31	天秤	10／28	14:26	蠍	8／9	17:01	天秤
9／7	08:36	蠍	11／21	11:53	射手	9／7	09:09	蠍
10／24	07:10	射手	12／15	08:48	山羊	10／16	19:27	射手
10／27	19:31	蠍				11／8	18:01	蠍

1955年			1951年			1947年		
1／6	16:00	射手	1／8	06:02	水瓶	1／6	01:40	射手
2／6	10:22	山羊	2／1	05:10	魚	2／6	14:32	山羊
3／5	05:23	水瓶	2／25	08:15	牡羊	3／5	13:58	水瓶
3／30	20:30	魚	3／21	18:52	牡牛	3／31	07:03	魚
4／25	00:07	牡羊	4／15	17:22	双子	4／25	11:54	牡羊
5／19	22:29	牡牛	5／11	10:30	蟹	5／20	10:47	牡牛
6／13	17:29	双子	6／7	14:03	獅子	6／14	06:16	双子
7／8	09:07	蟹	7／8	13:44	乙女	7／8	22:08	蟹
8／1	20:30	獅子	11／10	03:40	天秤	8／2	09:46	獅子
8／26	03:45	乙女	12／8	09:22	蠍	8／26	16:59	乙女
9／19	07:30	天秤				9／19	20:41	天秤
10／13	09:36	蠍				10／13	22:32	蠍
11／6	10:59	射手				11／6	23:42	射手
11／30	12:39	山羊				12／1	01:12	山羊
12／24	15:50	水瓶				12／25	04:04	水瓶

328

金星の運行表 1944年～1967年

1964年
1／17	11:40	魚
2／11	05:54	牡羊
3／ 7	21:24	牡牛
4／ 4	11:49	双子
5／ 9	11:50	蟹
6／18	03:37	双子
8／ 5	17:35	蟹
9／ 8	13:33	獅子
10／ 6	02:55	乙女
10／31	17:34	天秤
11／25	10:12	蠍
12／19	15:51	射手

1960年
1／ 2	17:36	射手
1／27	13:43	山羊
2／21	01:42	水瓶
3／16	10:44	魚
4／ 9	19:17	牡羊
5／ 4	04:40	牡牛
5／28	14:52	双子
6／22	01:18	蟹
7／16	10:54	獅子
8／ 9	19:36	乙女
9／ 3	04:14	天秤
9／27	14:01	蠍
10／22	02:01	射手
11／15	17:48	山羊
12／10	17:26	水瓶

1956年
1／17	23:20	魚
2／11	16:47	牡羊
3／ 8	06:27	牡牛
4／ 4	16:18	双子
5／ 8	11:15	蟹
6／23	21:03	双子
8／ 4	18:50	蟹
9／ 8	18:20	獅子
10／ 6	12:04	乙女
11／ 1	04:33	天秤
11／25	22:01	蠍
12／20	04:05	射手

1965年
1／12	16:48	山羊
2／ 5	16:29	水瓶
3／ 1	16:41	魚
3／25	18:38	牡羊
4／18	23:08	牡牛
5／13	06:47	双子
6／ 6	17:20	蟹
7／ 1	06:36	獅子
7／25	23:32	乙女
8／19	21:45	天秤
9／14	04:38	蠍
10／10	01:37	射手
11／ 6	04:29	山羊
12／ 7	13:32	水瓶

1961年
1／ 5	12:26	魚
2／ 2	13:44	牡羊
6／ 6	04:11	牡牛
7／ 7	13:19	双子
8／ 4	00:14	蟹
8／29	23:01	獅子
9／24	00:25	乙女
10／18	11:42	天秤
11／11	14:21	蠍
12／ 5	12:24	射手
12／29	08:54	山羊

1957年
1／13	05:19	山羊
2／ 6	05:10	水瓶
3／ 2	05:36	魚
3／26	07:36	牡羊
4／19	12:18	牡牛
5／13	19:54	双子
6／ 7	06:24	蟹
7／ 1	19:30	獅子
7／26	11:58	乙女
8／20	09:34	天秤
9／14	15:21	蠍
10／10	10:17	射手
11／ 6	08:46	山羊
12／ 7	00:28	水瓶

1966年
2／ 6	21:47	山羊
2／25	19:55	水瓶
4／ 7	00:44	魚
5／ 5	13:21	牡羊
6／ 1	02:43	牡牛
6／26	20:20	双子
7／22	01:54	蟹
8／15	21:29	獅子
9／ 9	08:19	乙女
10／ 3	12:22	天秤
10／27	12:16	蠍
11／20	09:51	射手
12／14	06:53	山羊

1962年
1／22	05:17	水瓶
2／15	02:56	魚
3／11	03:08	牡羊
4／ 4	07:43	牡牛
4／28	18:04	双子
5／23	11:26	蟹
6／17	14:12	乙女
7／13	07:16	乙女
8／ 9	01:57	天秤
9／ 7	09:09	蠍

1958年
4／ 7	01:00	魚
5／ 5	20:54	牡牛
6／ 1	13:02	牡牛
6／27	07:56	双子
7／22	14:15	蟹
8／16	10:16	獅子
9／ 9	21:22	乙女
10／ 4	01:30	天秤
10／28	01:15	蠍
11／20	22:50	射手
12／14	19:46	山羊

1967年
1／ 7	04:22	水瓶
1／31	03:43	魚
2／24	07:17	牡羊
3／20	18:38	牡牛
4／14	18:36	双子
5／10	14:53	蟹
6／ 7	01:35	獅子
7／ 9	06:56	乙女
9／ 9	21:19	獅子
10／ 2	02:41	乙女
11／10	01:19	天秤
12／ 7	17:42	蠍

1963年
1／ 7	02:33	射手
2／ 6	05:27	山羊
3／ 4	20:32	水瓶
3／30	09:48	魚
4／24	12:24	牡羊
5／19	10:00	牡牛
6／13	04:33	双子
7／ 7	19:55	蟹
8／ 1	07:16	獅子
8／25	14:30	乙女
9／18	18:20	天秤
10／12	20:33	蠍
11／ 5	22:09	射手
11／30	00:07	山羊
12／24	03:37	水瓶

1959年
1／ 7	17:09	水瓶
1／31	16:20	魚
2／24	19:39	牡羊
3／21	06:42	牡牛
4／15	05:54	双子
5／11	00:34	蟹
6／ 7	07:37	獅子
7／ 8	20:57	乙女
9／20	12:34	獅子
9／25	16:10	乙女
11／10	03:05	天秤
12／ 8	01:37	蠍

1976年
1／1	21:14	射手
1／26	15:07	山羊
2／20	01:45	水瓶
3／15	09:52	魚
4／8	17:51	牡羊
5／3	02:33	牡牛
5／27	12:28	双子
6／20	22:41	蟹
7／15	08:21	獅子
8／8	17:21	乙女
9／2	02:33	天秤
9／26	13:11	蠍
10／21	02:20	射手
11／14	19:37	山羊
12／9	21:50	水瓶

1977年
1／4	22:01	魚
2／2	14:55	牡羊
6／6	15:03	牡牛
7／7	00:03	双子
8／3	04:12	蟹
8／28	23:59	獅子
9／22	23:56	乙女
10／17	10:24	天秤
11／10	12:45	蠍
12／4	10:39	射手
12／28	07:03	山羊

1978年
1／21	03:20	水瓶
2／14	00:58	魚
3／10	01:15	牡羊
4／3	05:58	牡牛
4／27	16:36	双子
5／22	10:47	蟹
6／16	12:52	獅子
7／12	11:02	乙女
8／8	11:59	天秤
9／7	14:03	蠍

1979年
1／7	15:38	射手
2／5	18:09	山羊
3／4	02:15	水瓶
3／29	12:12	魚
4／23	12:52	牡羊
5／18	09:14	牡牛
6／12	02:58	双子
7／6	17:44	蟹
7／31	04:50	獅子
8／24	11:55	乙女
9／17	16:02	天秤
10／11	18:34	蠍
11／4	20:36	射手
11／28	23:09	山羊
12／23	03:24	水瓶

1972年
1／17	00:01	魚
2／10	19:04	牡羊
3／7	12:19	牡牛
4／4	07:44	双子
5／10	22:48	蟹
6／12	04:59	蟹
8／6	10:26	獅子
9／8	08:22	乙女
10／5	17:25	天秤
10／31	06:34	蠍
11／24	22:22	射手
12／19	03:33	山羊

1973年
1／12	04:12	山羊
2／5	03:40	水瓶
3／1	03:40	魚
3／25	05:22	牡羊
4／18	09:52	牡牛
5／12	17:28	双子
6／6	04:10	蟹
6／30	17:46	獅子
7／25	11:06	乙女
8／19	09:59	天秤
9／13	18:06	蠍
10／9	17:08	射手
11／6	00:45	山羊
12／8	06:52	水瓶

1974年
1／30	04:29	山羊
2／28	23:41	水瓶
4／6	23:24	魚
5／5	05:17	牡羊
5／31	16:11	牡牛
6／26	08:33	双子
7／21	13:28	蟹
8／15	08:34	獅子
9／8	19:15	乙女
10／2	23:13	天秤
10／26	23:08	蠍
11／19	20:53	射手
12／13	18:02	山羊

1975年
1／6	15:35	水瓶
1／30	14:59	魚
2／23	18:49	牡羊
3／20	06:31	牡牛
4／14	07:19	双子
5／10	05:06	蟹
6／6	19:48	獅子
7／9	20:04	獅子
9／3	00:28	乙女
10／4	14:18	乙女
11／9	22:49	天秤
12／7	09:30	蠍

1968年
1／2	07:31	射手
1／27	02:27	山羊
2／20	13:46	水瓶
3／15	22:20	魚
4／9	06:35	牡羊
5／3	15:38	牡牛
5／28	01:44	双子
6／21	12:03	蟹
7／15	21:41	獅子
8／9	06:34	乙女
9／2	15:20	天秤
9／27	01:38	蠍
10／21	14:09	射手
11／15	06:41	山羊
12／15	07:33	水瓶

1969年
1／5	05:06	魚
2／2	13:41	牡羊
6／6	10:43	牡牛
7／7	06:54	双子
8／3	14:18	蟹
8／29	11:36	獅子
9／23	12:16	乙女
10／17	23:05	天秤
11／11	01:33	蠍
12／4	23:33	射手
12／28	19:52	山羊

1970年
1／21	16:16	水瓶
2／14	13:57	魚
3／10	14:11	牡羊
4／3	18:50	牡牛
4／28	05:18	双子
5／22	23:04	蟹
6／17	02:41	獅子
7／12	21:06	乙女
8／8	18:52	天秤
9／7	10:53	蠍

1971年
1／7	10:03	射手
2／5	23:59	山羊
3／4	11:25	水瓶
3／29	23:02	魚
4／24	00:36	牡羊
5／18	21:39	牡牛
6／12	15:48	双子
7／7	06:50	蟹
7／31	18:04	獅子
8／25	01:15	乙女
9／18	05:15	天秤
10／12	07:37	蠍
11／5	09:26	射手
11／29	11:35	山羊
12／23	15:28	水瓶

金星の運行表 1968年〜1991年

1988年
月/日	時刻	星座
1/16	00:56	魚
2/9	21:58	牡羊
3/6	19:12	牡牛
4/4	01:57	双子
5/18	01:24	蟹
5/27	16:59	双子
8/7	08:21	蟹
9/7	20:30	獅子
10/4	22:06	乙女
10/30	08:07	天秤
11/23	22:26	蠍
12/18	02:47	射手

1989年
月/日	時刻	星座
1/11	02:59	山羊
2/4	02:08	水瓶
2/28	01:51	魚
3/24	03:24	牡羊
4/17	07:40	牡牛
5/11	15:14	双子
6/5	02:02	蟹
6/29	16:07	獅子
7/24	10:19	乙女
8/18	10:48	天秤
9/12	21:20	蠍
10/9	00:57	射手
11/5	19:17	山羊
12/10	14:02	水瓶

1990年
月/日	時刻	星座
1/17	00:01	山羊
3/4	03:00	水瓶
4/6	18:13	魚
5/4	12:50	牡羊
5/30	19:05	牡牛
6/25	09:04	双子
7/20	12:33	蟹
8/14	06:53	獅子
9/7	17:09	乙女
10/1	21:00	天秤
10/25	20:59	蠍
11/18	18:53	射手
12/12	16:13	山羊

1991年
月/日	時刻	星座
1/5	13:57	水瓶
1/29	13:39	魚
2/22	17:54	牡羊
3/19	06:35	牡牛
4/13	09:03	双子
5/9	10:24	蟹
6/6	10:11	獅子
7/11	14:08	乙女
8/21	23:58	獅子
10/7	06:16	乙女
11/9	15:34	天秤
12/6	16:22	蠍

1984年
月/日	時刻	星座
1/1	10:47	射手
1/26	03:37	山羊
2/19	13:39	水瓶
3/14	21:19	魚
4/8	04:54	牡羊
5/2	13:33	牡牛
5/26	23:18	双子
6/20	09:26	蟹
7/14	19:08	獅子
8/8	04:21	乙女
9/1	13:47	天秤
9/26	00:54	蠍
10/20	14:35	射手
11/14	08:40	山羊
12/9	12:16	水瓶

1985年
月/日	時刻	星座
1/4	15:12	魚
2/2	17:22	牡羊
6/6	17:41	牡牛
7/6	16:44	双子
8/2	17:55	蟹
8/28	12:20	獅子
9/22	11:31	乙女
10/16	21:42	天秤
11/9	23:55	蠍
12/3	21:45	射手
12/27	18:00	山羊

1986年
月/日	時刻	星座
1/20	14:25	水瓶
2/13	11:59	魚
3/9	12:19	牡羊
4/2	17:00	牡牛
4/27	03:51	双子
5/21	22:28	蟹
6/16	03:36	獅子
7/12	01:11	乙女
8/8	05:36	天秤
9/7	19:15	蠍

1987年
月/日	時刻	星座
1/7	19:15	射手
2/5	11:58	山羊
3/3	16:49	水瓶
3/29	01:11	魚
4/23	00:50	牡羊
5/17	20:40	牡牛
6/11	13:56	双子
7/6	04:32	蟹
7/30	15:30	獅子
8/23	22:40	乙女
9/17	02:53	天秤
10/11	05:38	蠍
11/4	07:56	射手
11/28	10:43	山羊
12/22	15:21	水瓶

1980年
月/日	時刻	星座
1/16	12:30	魚
2/10	08:29	牡羊
3/7	03:39	牡牛
4/4	04:33	双子
5/13	05:24	蟹
6/5	15:06	双子
8/6	23:14	蟹
9/8	02:45	獅子
10/5	07:52	乙女
10/30	19:19	天秤
11/24	10:22	蠍
12/18	15:07	射手

1981年
月/日	時刻	星座
1/11	15:37	山羊
2/4	14:55	水瓶
2/28	14:45	魚
3/24	16:24	牡羊
4/17	20:49	牡牛
5/12	04:20	双子
6/5	15:07	蟹
6/30	04:56	獅子
7/24	22:44	乙女
8/18	22:25	天秤
9/13	07:38	蠍
10/9	08:53	射手
11/5	21:33	山羊
12/9	05:44	水瓶

1982年
月/日	時刻	星座
1/23	11:52	山羊
3/2	20:16	水瓶
4/6	21:11	魚
5/4	21:12	牡羊
5/31	05:47	牡牛
6/25	20:55	双子
7/21	01:01	蟹
8/14	19:46	獅子
9/8	06:18	乙女
10/2	10:11	天秤
10/26	10:04	蠍
11/19	07:50	射手
12/13	05:04	山羊

1983年
月/日	時刻	星座
1/6	02:43	水瓶
1/30	02:16	魚
2/23	06:12	牡羊
3/19	18:33	牡牛
4/13	20:07	双子
5/9	19:38	蟹
6/6	14:49	獅子
7/10	14:04	乙女
8/27	21:00	獅子
10/6	04:12	乙女
11/9	19:36	天秤
12/7	01:04	蠍

2000年			1996年			1992年		
1／25	04:39	山羊	1／15	13:25	魚	1／ 1	00:22	射手
2／18	13:32	水瓶	2／ 9	11:28	牡羊	1／25	16:11	山羊
3／13	20:21	魚	3／ 6	40:54	牡牛	2／19	01:39	水瓶
4／ 7	03:20	牡羊	4／ 4	00:19	双子	3／14	08:53	魚
5／ 1	11:26	牡牛	8／ 7	15:12	蟹	4／ 7	16:04	牡羊
5／25	20:52	双子	9／ 7	14:00	獅子	5／ 2	00:27	牡牛
6／19	06:50	蟹	10／ 4	12:07	乙女	5／26	10:05	双子
7／13	16:42	獅子	10／29	20:50	天秤	6／19	20:11	蟹
8／ 7	02:09	乙女	11／23	10:24	蠍	7／14	05:54	獅子
8／31	12:15	天秤	12／17	14:28	射手	8／ 7	15:14	乙女
9／25	00:10	蠍				9／ 1	00:57	天秤
10／19	15:02	射手				9／25	12:29	蠍
11／13	10:59	山羊				10／20	02:45	射手
12／ 8	17:39	水瓶				11／13	21:48	山羊
						12／ 9	02:51	水瓶

2001年			1997年			1993年		
1／ 4	03:01	魚	1／10	14:20	山羊	1／ 4	08:57	魚
2／ 3	04:03	牡羊	2／ 3	13:15	水瓶	2／ 2	21:45	牡羊
6／ 6	19:10	牡牛	2／27	12:50	魚	6／ 6	18:57	牡牛
7／ 6	01:23	双子	3／23	14:14	牡羊	7／ 6	09:15	双子
8／ 1	20:59	蟹	4／16	18:23	牡牛	8／ 2	07:30	蟹
8／27	12:55	獅子	5／11	02:00	双子	8／28	00:38	獅子
9／21	10:49	乙女	6／ 4	13:02	蟹	9／21	23:15	乙女
10／15	20:18	天秤	6／29	03:18	獅子	10／16	09:00	天秤
11／ 8	22:14	蠍	7／23	22:03	乙女	11／ 9	11:02	蠍
12／ 2	19:56	射手	8／17	23:14	天秤	12／ 3	08:47	射手
12／26	16:09	山羊	9／12	11:10	蠍	12／27	05:05	山羊
			10／ 8	17:20	射手			
			11／ 5	17:46	山羊			
			12／12	13:45	水瓶			

2002年			1998年			1994年		
1／19	12:27	水瓶	1／10	05:48	山羊	1／20	01:22	水瓶
2／12	10:00	魚	3／ 5	01:13	水瓶	2／12	23:00	魚
3／ 8	10:20	牡羊	4／ 6	14:34	魚	3／ 8	23:16	牡羊
4／ 1	15:16	牡牛	5／ 4	04:03	牡羊	4／ 2	04:03	牡牛
4／26	02:33	双子	5／30	08:16	牡牛	4／26	15:14	双子
5／20	22:06	蟹	6／24	21:08	双子	5／21	10:13	蟹
6／15	04:55	獅子	7／20	00:02	蟹	6／15	16:15	獅子
7／11	05:48	乙女	8／13	17:58	獅子	7／11	15:28	乙女
8／ 7	17:53	天秤	9／ 7	04:06	乙女	8／ 7	23:29	天秤
9／ 8	11:58	蠍	10／ 1	07:52	天秤	9／ 8	02:20	蠍
			10／25	07:53	蠍			
			11／18	05:49	射手			
			12／12	03:16	山羊			

2003年			1999年			1995年		
1／ 7	22:02	射手	1／ 5	01:11	水瓶	1／ 7	21:13	射手
2／ 4	22:15	山羊	1／29	01:04	魚	2／ 5	05:14	山羊
3／ 2	21:28	水瓶	2／22	05:36	牡羊	3／ 3	07:09	水瓶
3／28	03:00	魚	3／18	18:40	牡牛	3／28	14:08	魚
4／21	01:05	牡羊	4／12	22:02	双子	4／22	12:58	牡羊
5／16	19:36	牡牛	5／ 9	01:13	蟹	5／17	08:07	牡牛
6／10	12:11	双子	6／ 6	06:06	獅子	6／11	01:07	双子
7／ 5	02:19	蟹	7／13	00:01	乙女	7／ 5	15:27	蟹
7／29	13:04	獅子	8／15	23:27	獅子	7／30	02:17	獅子
8／22	21:24	乙女	10／ 8	01:36	乙女	8／23	09:26	乙女
9／16	00:37	天秤	11／ 9	11:01	天秤	9／16	13:44	天秤
10／10	03:38	蠍	12／ 6	07:31	蠍	10／10	16:43	蠍
11／ 3	06:25	射手	12／31	13:42	射手	11／ 3	19:11	射手
11／27	09:51	山羊				11／27	22:17	山羊
12／21	15:22	水瓶				12／22	03:16	水瓶

金星の運行表　1992年～2014年

2012年
日付	時刻	星座
1／14	14:48	魚
2／ 8	15:01	牡羊
3／ 5	19:25	牡牛
4／ 4	00:18	双子
8／ 7	22:43	蟹
9／ 6	23:48	獅子
10／ 3	15:59	乙女
10／28	22:04	天秤
11／22	10:20	蠍
12／16	13:39	射手

2013年
日付	時刻	星座
1／ 9	13:11	山羊
2／ 2	11:47	水瓶
2／26	11:03	魚
3／22	12:16	牡羊
4／15	16:25	牡牛
5／10	00:03	双子
6／ 3	11:13	蟹
6／28	02:04	獅子
7／22	21:41	乙女
8／17	00:37	天秤
9／11	15:16	蠍
10／ 8	02:54	射手
11／ 5	17:43	山羊

2014年
日付	時刻	星座
3／ 6	06:04	水瓶
4／ 6	05:31	魚
5／ 3	10:22	牡羊
5／29	10:46	牡牛
6／23	21:34	双子
7／18	23:07	蟹
8／12	16:24	獅子
9／ 6	02:07	乙女
9／30	05:53	天秤
10／24	05:53	蠍
11／17	04:04	射手
12／11	01:42	山羊

2008年
日付	時刻	星座
1／24	17:06	山羊
2／18	01:22	水瓶
3／13	07:51	魚
4／ 6	14:36	牡羊
4／30	22:34	牡牛
5／25	07:52	双子
6／18	17:49	蟹
7／13	03:39	獅子
8／ 6	13:20	乙女
8／30	23:42	天秤
9／24	11:59	蠍
10／19	03:31	射手
11／13	00:25	山羊
12／ 8	08:37	水瓶

2009年
日付	時刻	星座
1／ 3	21:36	魚
2／ 3	12:41	牡羊
4／11	21:47	魚
4／24	16:19	牡羊
6／ 6	18:07	牡牛
7／ 5	17:23	双子
8／ 1	10:28	蟹
8／27	01:12	獅子
9／20	22:32	乙女
10／15	07:47	天秤
11／ 8	09:24	蠍
12／ 2	07:04	射手
12／26	03:17	山羊

2010年
日付	時刻	星座
1／18	23:35	水瓶
2／11	21:10	魚
3／ 7	21:34	牡羊
4／ 1	02:35	牡牛
4／25	14:05	双子
5／20	10:05	蟹
6／14	17:50	獅子
7／10	20:32	乙女
8／ 7	12:48	天秤
9／ 9	00:45	蠍
11／ 8	12:06	天秤
11／30	09:33	蠍

2011年
日付	時刻	星座
1／ 7	21:31	射手
2／ 4	14:59	山羊
3／ 2	11:39	水瓶
3／27	15:53	魚
4／21	13:07	牡羊
5／16	07:12	牡牛
6／ 9	23:24	双子
7／ 4	13:17	蟹
7／28	23:59	獅子
8／22	07:11	乙女
9／15	11:40	天秤
10／ 9	14:50	蠍
11／ 2	17:52	射手
11／26	21:36	山羊
12／21	03:26	水瓶

2004年
日付	時刻	星座
1／15	02:05	魚
2／ 9	01:07	牡羊
3／ 6	03:00	牡牛
4／ 3	23:40	双子
8／ 7	19:48	蟹
9／ 7	07:04	獅子
10／ 4	02:05	乙女
10／29	09:24	天秤
11／22	22:18	蠍
12／17	01:57	射手

2005年
日付	時刻	星座
1／10	01:46	山羊
2／ 3	00:29	水瓶
2／26	23:56	魚
3／23	01:05	牡羊
4／16	05:14	牡牛
5／10	12:54	双子
6／ 3	23:56	蟹
6／28	14:35	獅子
7／23	09:46	乙女
8／17	11:51	天秤
9／12	01:06	蠍
10／ 8	09:56	射手
11／ 5	17:07	山羊
12／16	01:05	水瓶

2006年
日付	時刻	星座
1／ 2	05:18	山羊
3／ 5	17:39	水瓶
4／ 6	10:21	魚
5／ 3	19:25	牡羊
5／29	21:41	牡牛
6／24	09:31	双子
7／19	11:41	蟹
8／13	05:21	獅子
9／ 6	15:15	乙女
9／30	19:02	天秤
10／24	18:58	蠍
11／17	17:02	射手
12／11	14:33	山羊

2007年
日付	時刻	星座
1／ 4	12:32	水瓶
1／28	12:32	魚
2／21	17:22	牡羊
3／18	07:01	牡牛
4／12	11:15	双子
5／ 8	16:28	蟹
6／ 6	02:59	獅子
7／15	03:24	乙女
8／ 9	10:10	獅子
10／ 8	15:53	乙女
11／ 9	06:05	天秤
12／ 5	22:29	蠍
12／31	03:02	射手

火星の運行表

1945年
1／6	04:11	山羊
2／14	18:34	水瓶
3／25	12:26	魚
5／3	05:02	牡羊
6／11	20:25	牡牛
7／23	17:30	双子
9／8	05:25	蟹
11／12	05:00	獅子
12／27	00:49	蟹

1946年
4／23	03:56	獅子
6／20	16:57	乙女
8／9	21:43	天秤
9／25	01:17	蠍
11／7	03:00	射手
12／17	19:34	山羊

1947年
1／25	20:28	水瓶
3／5	01:24	魚
4／12	07:32	牡羊
5／21	12:12	牡牛
7／1	11:59	双子
8／14	05:58	蟹
10／1	10:54	獅子
12／1	20:11	乙女

1948年
2／12	19:48	獅子
5／19	05:22	乙女
7／17	13:59	天秤
9／3	22:42	蠍
10／17	14:25	射手
11／27	06:43	山羊

1940年
1／4	08:49	牡羊
2／17	10:35	牡牛
4／2	03:22	双子
5／17	23:25	蟹
7／3	19:10	獅子
8／20	00:31	乙女
10／5	22:52	天秤
11／21	02:06	蠍

1941年
1／5	04:35	射手
2／18	08:25	山羊
4／2	20:37	水瓶
5／16	13:57	魚
7／2	14:12	牡羊

1942年
1／12	07:03	牡牛
3／7	16:43	双子
4／26	14:48	蟹
6／14	12:27	獅子
8／1	16:52	乙女
9／17	18:35	天秤
11／2	07:13	蠍
12／16	01:36	射手

1943年
1／27	03:53	山羊
3／8	21:25	水瓶
4／17	19:12	魚
5／27	18:08	牡羊
7／8	07:44	牡牛
8／24	08:32	双子

1944年
3／28	18:21	蟹
5／22	22:41	獅子
7／12	11:19	乙女
8／29	08:50	天秤
10／13	20:50	蠍
11／26	00:46	射手

1935年
7／30	02:42	蠍
9／16	22:08	射手
10／29	03:26	山羊
12／7	13:35	水瓶

1936年
1／14	22:58	魚
2／22	13:09	牡羊
4／2	18:18	牡牛
5／13	18:04	双子
6／26	06:37	蟹
8／10	18:29	獅子
9／26	23:37	乙女
11／14	23:43	天秤

1937年
1／6	05:48	蠍
3／13	12:18	射手
5／15	07:24	蠍
8／9	07:28	射手
9／30	18:14	山羊
11／12	03:37	水瓶
12／22	02:46	魚

1938年
1／30	21:37	牡羊
3／12	16:34	牡牛
4／24	03:25	双子
6／7	10:13	蟹
7／23	07:09	獅子
9／8	05:08	乙女
10／25	14:55	天秤
12／12	08:22	蠍

1939年
1／29	18:52	射手
3／21	16:34	山羊
5／25	09:12	水瓶
7／22	04:09	山羊
9／24	10:21	水瓶
11／20	01:03	魚

火星の運行表　1935年〜1966年

1961年			**1955年**			**1949年**		
2／5	12:14	双子	1／15	13:39	牡羊	1／5	02:33	水瓶
2／7	10:27	蟹	2／26	19:15	牡牛	2／12	02:52	魚
5／6	09:40	獅子	4／11	07:49	双子	3／22	06:42	牡羊
6／29	08:21	乙女	5／26	09:37	蟹	4／30	11:08	牡牛
8／17	09:13	天秤	7／11	18:02	獅子	6／10	09:27	双子
10／2	04:40	蠍	8／27	18:51	乙女	7／23	14:32	蟹
11／14	06:24	射手	10／13	20:04	天秤	9／7	13:27	獅子
12／25	02:28	山羊	11／29	10:27	蠍	10／27	09:28	乙女
						12／26	13:55	天秤
1962年			**1956年**			**1950年**		
2／2	07:49	水瓶	1／14	11:27	射手	3／28	20:29	乙女
3／12	16:40	魚	2／29	05:08	山羊	6／12	04:57	天秤
4／20	01:29	牡羊	4／15	08:48	水瓶	8／11	01:42	蠍
5／29	08:17	牡牛	6／3	17:00	魚	9／26	04:47	射手
7／9	12:24	双子	12／6	20:22	牡羊	11／6	15:32	山羊
8／22	20:09	蟹				12／15	17:52	水瓶
10／12	08:17	獅子						
1963年			**1957年**			**1951年**		
6／3	14:54	乙女	1／28	23:16	牡牛	1／22	21:53	魚
7／27	12:41	天秤	3／18	06:27	双子	3／2	06:46	牡羊
9／12	17:49	蠍	5／5	00:05	蟹	4／10	18:19	牡牛
10／26	02:08	射手	6／21	20:57	獅子	5／22	00:09	双子
12／5	17:38	山羊	8／8	14:05	乙女	7／4	08:18	蟹
			9／24	13:14	天秤	8／18	19:33	獅子
			11／9	05:56	蠍	10／5	09:00	乙女
			12／23	10:22	射手	11／24	14:48	天秤
1964年			**1958年**			**1952年**		
1／13	14:48	水瓶	2／4	03:57	山羊	1／20	10:38	蠍
2／20	16:10	魚	3／17	16:06	水瓶	8／28	03:54	射手
3／29	19:53	牡羊	4／27	11:32	魚	10／12	13:43	山羊
5／7	23:10	牡牛	6／7	15:12	牡羊	11／22	04:37	水瓶
6／17	20:09	双子	7／21	15:54	牡牛	12／31	06:35	魚
7／31	02:51	蟹	9／21	14:14	双子			
9／15	13:50	獅子	10／29	09:19	牡牛			
11／6	11:43	乙女						
1965年			**1959年**			**1953年**		
6／29	09:32	天秤	2／10	22:42	双子	2／8	10:03	牡羊
8／20	21:02	蠍	4／10	18:31	蟹	3／20	15:34	牡牛
10／4	15:27	射手	6／1	11:01	獅子	5／1	14:44	双子
11／14	15:55	山羊	7／20	19:40	乙女	6／14	12:35	蟹
12／23	14:17	水瓶	9／6	07:22	天秤	7／30	04:03	獅子
			10／21	18:27	蠍	9／15	02:41	乙女
			12／4	02:58	射手	11／1	22:59	天秤
						12／20	20:23	蠍
1966年			**1960年**			**1954年**		
1／30	15:39	魚	1／14	13:42	山羊	2／10	04:25	射手
3／9	21:23	牡羊	2／23	13:03	水瓶	4／13	01:48	山羊
4／18	04:59	牡牛	4／2	15:13	魚	7／3	15:45	射手
5／29	06:34	双子	5／11	16:04	牡羊	8／24	22:50	山羊
7／11	11:39	蟹	6／20	17:43	牡牛	10／21	21:12	水瓶
8／26	00:23	獅子	8／2	13:13	双子	12／4	16:42	魚
10／13	03:08	乙女	9／21	12:51	蟹			
12／4	09:19	天秤						

1979年			1973年			1967年		
1／21	01:50	水瓶	2／12	14:50	山羊	2／12	20:58	蠍
2／28	05:07	魚	3／27	05:59	水瓶	3／31	15:16	天秤
4／ 7	09:51	牡羊	5／ 8	13:10	魚	7／20	07:51	蠍
5／16	12:59	牡牛	6／21	05:46	牡羊	9／10	10:35	射手
6／26	10:30	双子	8／13	00:00	牡牛	10／23	11:00	山羊
8／ 8	21:58	蟹	10／30	07:42	牡羊	12／ 2	05:01	水瓶
9／25	05:57	獅子	12／24	17:19	牡牛			
11／20	06:12	乙女						

1980年			1974年			1968年		
3／12	06:03	獅子	2／27	19:01	双子	1／ 9	18:34	魚
5／ 4	10:48	乙女	4／20	17:05	蟹	2／17	11:57	牡羊
7／11	02:29	天秤	6／ 9	09:39	獅子	3／28	08:16	牡牛
8／29	14:33	蠍	7／27	04:17	乙女	5／ 8	22:47	双子
10／12	15:11	射手	9／13	03:50	天秤	6／21	13:34	蟹
11／22	10:25	山羊	10／28	15:57	蠍	8／ 6	01:35	獅子
12／31	07:08	水瓶	12／11	06:55	射手	9／22	03:11	乙女
						11／ 9	14:49	天秤
						12／30	06:54	蠍

1981年			1975年			1969年		
2／ 7	07:29	魚	1／22	03:43	山羊	2／25	15:19	射手
3／17	11:13	牡羊	3／ 3	14:30	水瓶	9／25	15:42	山羊
4／25	15:45	牡牛	4／12	04:17	魚	11／ 5	03:48	水瓶
6／ 5	13:51	双子	5／21	17:06	牡羊	12／15	23:17	魚
7／18	17:23	蟹	7／ 1	12:45	牡牛			
9／ 2	10:21	獅子	8／15	05:41	双子			
10／21	10:22	乙女	10／17	17:30	蟹			
12／16	08:42	天秤	11／26	04:15	双子			

1982年			1976年			1970年		
8／ 3	20:27	蠍	3／18	21:58	蟹	1／25	06:24	牡羊
9／20	09:59	射手	5／16	20:00	獅子	3／ 7	10:07	牡牛
11／ 1	07:45	山羊	7／ 7	08:07	乙女	4／19	03:39	双子
12／10	15:01	水瓶	8／24	14:37	天秤	6／ 2	15:27	蟹
			10／ 9	05:15	蠍	7／18	15:25	獅子
			11／21	08:45	射手	9／ 3	13:37	乙女
						10／20	19:35	天秤
						12／ 7	01:25	蠍

1983年			1977年			1971年		
1／17	21:48	魚	1／ 1	09:32	山羊	1／23	10:29	射手
2／25	08:50	牡羊	2／ 9	20:44	水瓶	3／12	19:18	山羊
4／ 5	22:25	牡牛	3／20	11:13	魚	5／ 4	06:06	水瓶
5／17	06:04	双子	4／28	00:32	牡羊	11／ 6	21:37	魚
6／29	15:19	蟹	6／ 6	11:41	牡牛	12／27	03:01	牡羊
8／14	01:23	獅子	7／18	00:00	双子			
9／30	08:33	乙女	9／ 1	09:04	蟹			
11／18	18:42	天秤	10／27	03:41	獅子			

1984年			1978年			1972年		
1／11	12:05	蠍	1／26	11:13	蟹	2／10	22:55	牡牛
8／18	04:42	射手	4／11	03:34	獅子	3／27	13:16	双子
10／ 5	14:49	山羊	6／14	11:22	乙女	5／12	21:59	蟹
11／16	02:57	水瓶	8／ 4	17:50	天秤	6／29	00:48	獅子
12／25	15:22	魚	9／20	05:44	蠍	8／15	09:38	乙女
			11／ 2	10:07	射手	10／ 1	08:05	天秤
			12／13	02:18	山羊	11／16	07:11	蠍
						12／31	01:10	射手

火星の運行表 1967年〜2002年

1997年
1/ 3	16:55	天秤
3/ 9	04:55	乙女
6/19	17:12	天秤
8/14	17:29	蠍
9/29	07:05	射手
11/ 9	14:21	山羊
12/18	15:19	水瓶

1998年
1/25	18:07	魚
3/ 5	00:56	牡羊
4/13	09:32	牡牛
5/24	12:10	双子
7/ 6	17:29	蟹
8/21	03:49	獅子
10/ 7	20:59	乙女
11/27	18:43	天秤

1999年
1/26	20:44	蠍
5/ 6	06:40	天秤
7/ 5	12:24	蠍
9/ 3	04:18	射手
10/17	10:17	山羊
11/26	15:38	水瓶

2000年
1/ 4	11:39	魚
2/12	09:42	牡羊
3/23	09:54	牡牛
5/ 4	03:41	双子
6/16	20:53	蟹
8/ 1	09:42	獅子
9/17	08:47	乙女
11/ 4	10:18	天秤
12/23	23:17	蠍

2001年
2/15	04:53	射手
9/ 9	02:36	山羊
10/28	02:09	水瓶
12/ 9	06:37	魚

2002年
1/19	07:33	牡羊
3/ 1	23:28	牡牛
4/14	01:58	双子
5/28	20:08	蟹
7/13	23:44	獅子
8/29	22:56	乙女
10/16	01:58	天秤
12/ 1	23:01	蠍

1991年
1/21	10:26	双子
4/ 3	09:39	蟹
5/26	21:04	獅子
7/15	21:23	乙女
9/ 1	15:25	天秤
10/17	04:04	蠍
11/29	11:10	射手

1992年
1/ 9	18:43	山羊
2/18	13:32	水瓶
3/28	10:59	魚
5/ 6	06:24	牡羊
6/15	00:41	牡牛
7/27	03:55	双子
9/12	14:59	蟹

1993年
4/28	08:39	獅子
6/23	16:33	乙女
8/12	09:58	天秤
9/27	11:12	蠍
11/ 9	14:24	射手
12/20	09:27	山羊

1994年
1/28	12:56	水瓶
3/ 7	19:51	魚
4/15	02:56	牡羊
5/24	07:24	牡牛
7/ 4	07:18	双子
8/17	04:06	蟹
10/ 5	00:32	獅子
12/12	20:21	乙女

1995年
1/23	08:29	獅子
5/26	00:59	乙女
7/21	18:05	天秤
9/ 7	15:52	蠍
10/21	05:51	射手
11/30	22:46	山羊

1996年
1/ 8	19:54	水瓶
2/15	20:37	魚
3/24	23:58	牡羊
5/ 3	02:47	牡牛
6/12	23:19	双子
7/26	03:04	蟹
9/10	04:45	獅子
10/30	15:56	乙女

1985年
2/ 3	01:56	牡羊
3/15	13:34	牡牛
4/26	17:41	双子
6/ 9	19:03	蟹
7/25	12:31	獅子
9/10	10:03	乙女
10/27	23:38	天秤
12/15	03:37	蠍

1986年
2/ 2	15:10	射手
3/28	12:37	山羊
10/ 9	09:58	水瓶
11/26	11:34	魚

1987年
1/ 8	21:03	牡羊
2/20	23:19	牡牛
4/ 6	01:07	双子
5/21	11:27	蟹
7/ 7	01:17	獅子
8/23	04:23	乙女
10/ 9	03:54	天秤
11/24	12:03	蠍

1988年
1/ 9	00:16	射手
2/22	19:07	山羊
4/ 7	06:38	水瓶
5/22	16:42	魚
7/14	04:58	牡羊
10/24	04:30	魚
11/ 1	22:54	牡羊

1989年
1/19	16:57	牡牛
3/11	17:33	双子
4/29	13:19	蟹
6/16	22:53	獅子
8/ 3	22:13	乙女
9/19	23:12	天秤
11/ 4	14:23	蠍
12/18	13:48	射手

1990年
1/29	23:06	山羊
3/12	00:53	水瓶
4/21	07:03	魚
5/31	16:15	牡羊
7/12	23:34	牡牛
8/31	20:27	双子
12/14	16:27	牡牛

火星の運行表　2003年〜2014年

2009年		
2/ 5	00:55	水瓶
3/15	12:20	魚
4/22	22:44	牡羊
6/ 1	06:19	牡牛
7/12	11:56	双子
8/26	02:16	蟹
10/17	00:33	獅子

2010年		
6/ 7	15:11	乙女
7/30	08:46	天秤
9/15	07:38	蠍
10/28	15:48	射手
12/ 8	08:49	山羊

2011年		
1/16	07:42	水瓶
2/23	10:06	魚
4/ 2	13:51	牡羊
5/11	16:04	牡牛
6/21	11:50	双子
8/ 3	18:22	蟹
9/19	10:51	獅子
11/11	13:15	乙女

2012年		
7/ 3	21:33	天秤
8/24	00:25	蠍
10/ 7	12:21	射手
11/17	11:36	山羊
12/26	09:49	水瓶

2013年		
2/ 2	10:54	魚
3/12	15:26	牡羊
4/20	20:49	牡牛
5/31	19:39	双子
7/13	22:23	蟹
8/28	11:05	獅子
10/15	20:05	乙女
12/ 8	05:43	天秤

2014年		
7/26	11:24	蠍
9/14	06:57	射手
10/26	19:43	山羊
12/ 5	08:57	水瓶

2003年		
1/17	13:08	射手
3/ 5	06:05	山羊
4/22	08:39	水瓶
6/17	11:06	魚
12/16	21:59	牡羊

2004年		
2/ 3	18:39	牡牛
3/21	16:09	双子
5/ 7	17:12	蟹
6/24	05:11	獅子
8/10	18:41	乙女
9/26	17:41	天秤
11/11	13:49	蠍
12/26	00:44	射手

2005年		
2/ 7	03:20	山羊
3/21	02:53	水瓶
5/ 1	11:51	魚
6/12	11:15	牡羊
7/28	13:56	牡牛

2006年		
2/18	07:45	双子
4/14	09:59	蟹
6/ 4	03:44	獅子
7/23	03:53	乙女
9/ 8	13:19	天秤
10/24	01:38	蠍
12/ 6	13:58	射手

2007年		
1/17	05:54	山羊
2/26	10:33	水瓶
4/ 6	17:50	魚
5/15	23:06	牡羊
6/25	06:27	牡牛
8/ 7	15:02	双子
9/29	08:53	蟹

2008年		
1/ 1	01:00	双子
3/ 4	19:01	蟹
5/10	05:20	獅子
7/ 2	01:21	乙女
8/19	19:03	天秤
10/ 4	13:34	蠍
11/16	17:27	射手
12/27	16:31	山羊

「運命の輪」シート

氏　名
生年月日　　　　年　　　　月　　　　日
出 生 時　　　　　　　　　時　　　　分
　　　　　　　　　　　　　　　(24時間制)

山羊座　射手座　蠍座　天秤座　乙女座　獅子座　蟹座　双子座　牡牛座　牡羊座　魚座　水瓶座

出生DATA

惑　星	星　座
太陽 ☉	
月 ☽	
金星 ♀	
火星 ♂	

あとがき

これでこの本は終わりです。本書を全て読まれた後にここに辿り着かれたのでしたら、おめでとうございます。そして読了を感謝申し上げます。

もしもあなたが何気なくパラパラとページをめくっていて、これをお読みになっているのでしたら、一言申し上げたいと思います。

今本屋さんで立ち読みをしていて、この本を買おうか、買うまいか思案されているのでしたら、迷うことなく財布を取り出してください。決して購入を後悔されることはないでしょう。

お友達の家でこの本にざっと目を通しながら、借りるか否か迷っておられるのでしたら、それは即やめてください。

いったん借りたらずっと自分のものにしておきたいと思われるに違いありません。友情を台無しにすべきではありません。自分の分を買いましょう。

閑話休題。本書でカバーできたのは占星術のほんの一端であり、まだまだ勉強すべきことが山のようにある、ということは既によくご存じのことと思います。一生涯を占星術の勉強に捧げても、表面をかする程度かもしれません。ほかによい占星術の本が出回っていますので、さらに勉強を続けるのもいいでしょう。

ただ、占星術の世界においては経験に勝るものはありません。だれかの星座盤を見て「な

るほど！」と思うような特徴を見つけたとします。得意満面で講釈した後に、ほとんど皆が
その特徴を共有しているということを知ったらどうしますか？
こういう問題を避けるためにはたくさんのホロスコープを研究しなければなりません。友
達の誕生日を聞き出して調べてみてください。家族のも調べてみてください。有名人の誕生
日を探り出して、彼らのホロスコープを研究してみるのも手です。また、大嫌いな人たちの
ホロスコープも研究してみましょう。共通点が見つかるかもしれません！
いちばん大事なのは楽しむことです。占星術はそれが全てなのです。
喜びと魔法にあふれた皆さまの未来をお祈りいたします。

ジョナサン・ケイナー

With very best wishes
for a future full
of joy + magic

Guide to the Zodiac
Copyright ©1997by Jonathan Cainer
Japanese translation rights arranged with Judy Piatkus(Publishers)Ltd,London
through K.Takeuchi
Copyright in Japan©2000by Setsuwasha Co. Ltd.
(Sub-agency by Ragie Rodgers Office.Tokyo)

著者紹介

ジョナサン・ケイナー Jonathan Cainer

イギリス、サービトンに生まれる。20代に音楽家を目指して渡米、カリフォルニアで偶然知り合った詩人で霊能物のチャールズ・ジョン・クアトロから、将来有名な占星術師になるとの予言を受ける。イギリスに帰国後、占星術の教育機関としては世界一と評されるFaculty of Astrological Studiesに入学、占星術を修める。現在、新聞の占い欄で健筆をふるうほか、テレビ・ラジオでレギュラー番組を持ち、「イギリスで最も権威ある占星術師」として尊敬を集めている。さらに、アメリカ、オーストラリア、南アフリカ、マレーシアの雑誌に記事を寄稿、世界中に2000万人の読者を有する。ファン層は厚く、有名スター、企業幹部、政治家など多岐に及ぶ。彼の予報を掲載したウェブサイトは、1日6万人のアクセスがあり、人気が高い。詳しい月間・週間占いは日本語版ウェブサイトでも公開中。

ホームページアドレス http://www.cainer.com/Japan

占いコンテンツ「英国式占星術」Yahool、nifty、so-net、biglobe、MSNで好評サービス中。

訳者紹介

竹内克明(たけうち かつあき)

静岡県出身。現在イギリス在住、Faculty of Astrological Studiesで占星術を勉強するかたわら、ジョナサン・ケイナーの著述作品の邦訳、日本でのマーケティング、およびウェブサイトの日本語版管理を担当。同サイトは1日5000人以上のアクセスがある。

開運ブックス

英国式占星術（えいこくしきせんせいじゅつ）

Discover the real you

2000年8月10日　初版発行
2010年9月13日　第3刷発行

著　者　ジョナサン・ケイナー

訳　者　竹内克明

発行者　酒井文人

発行所　株式会社　説話社

〒169-8077　東京都新宿区西早稲田1-1-6
電話／代表 03-3204-3221　編集部 03-3204-5185　販売部 03-3204-8288
振替口座／00160-8-69378
説話社ホームページ　http://www.setsuwa.co.jp/

印刷・製本　大日本印刷株式会社

ISBN4-916217-11-X
落丁本・乱丁本の場合は、お取り替えいたします。